國際關係概論

過子庸◆著

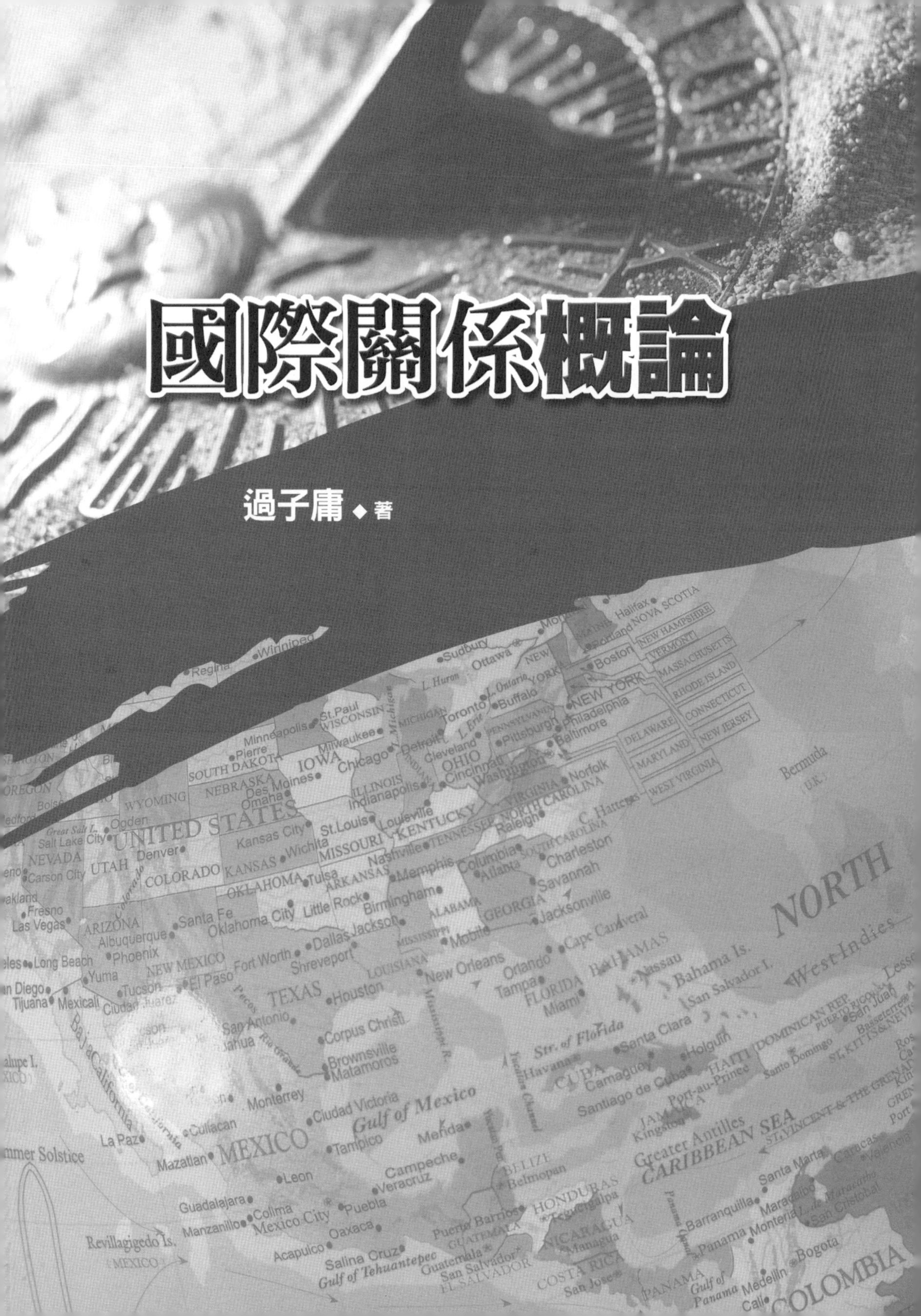

　　坊間有關國際關係學的中外文書籍有如汗牛充棟，多得不勝枚舉，所以本書好比在大湖中倒進一滴水而已，並不會激起太大之漣漪。雖然如此，本書可提供有心學習國際關係學的讀者多一項選擇。作者當初之所以會撰擬此書，是因為準備報考博士班時所做的筆記，因此蒐羅國內外重要學者的書籍，並吸收渠等之精華，以利在最短的時間內能夠達到事半功倍的效果。所以作者是從一位考生的角度來撰寫，而且寫作方式深入淺出，內容應該會比較貼近讀者的立場。待讀者熟讀本書之後，可再去涉獵其他學者的著作時，就比較容易瞭解其內容。

　　筆者雖然從大學開始即涉獵國際關係學的知識，迄今已長達十幾年之久，惟在撰寫此書時，才瞭解到自己在這方面知識之淺薄及缺乏，頗有中國人所說：「書到用時方恨少」的感慨。因此再度鑽進圖書館，從最基本之知識著手，翻閱許多中外重要學者之著作。並且在課堂上與國內著名之學者請益及討論，汲取寶貴的知識，釐清重要的觀念，並解開心中多年之疑惑，讓筆者獲益良多，因此要感謝多年來教導我的師長。本書之內容並無法超越前輩們之著作，只希望能將他們的知識加以融會貫通，做為一塊「敲門磚」，以協助初學者順利踏入國際關係學的殿堂。

過子庸

目　錄

第一節　國際關係學的起源

顧名思義，國際關係學就是在探討國與國之間如何相處與交往的一門學問。但是在西元1648年以前，世界上並沒有像今日的國際社會一樣，存在著許多主權獨立的民族國家（nation-state）。在中古時期，統治者與領土、人民間的關係非常模糊。許多不同層級的權威（封建領主、國王與神聖羅馬帝國的統治者）都可宣稱對同一塊土地、同一批人民歸其所有，並且有權介入他們的事務，例如天主教會聲稱它對基督教國家的人民有管轄權，所以某一個統治者的上面可能有好幾個更高的統治者。因此在任何一個政治體系中，何者為最高權威？其領土界線為何？並沒有定論。[1]

在1648年，西歐各國簽訂了「西發里亞條約」（The Treaty of Westphalia，又音譯為「威斯特發利亞條約」），此條約不但結束長達30年（1618至1648年）歐洲地區天主教徒與新教徒間的宗教戰爭，[2]也出現了新的政治單元——主權國家（sovereign state），讓歐洲的政治秩序出現清晰的模式，每個主權國家都有明確的領土與人民，[3]在此領土內所建立的政府，對其領土、人民及事務具有最高的管轄權，不受其他外來權力的干預。從此歐洲國家走向政教分離之路，也讓教皇的神權臣服於國家的主權，教皇的地位不再高於國家政府之

1　Richard C. Bush著，林添貴譯，2011年2月1日，《台灣的未來》（Untying the Knot）（台北：遠流出版社），第2版，頁109。

2　「三十年戰爭」是歐洲歷史上第一次大規模的國際戰爭，起先是由德意志民族所建立的神聖羅馬帝國（Holy Roman Empire）爆發內戰開始，後來發展成為歐洲主要國家捲入的大規模國際性戰爭。孫鐵，2006年，〈威斯特發利亞和約〉，《影響世界歷史的重大事件》（台北：大地出版社），頁242-245。

3　Richard C. Bush著，林添貴譯，《台灣的未來》，頁110。

上，國家開始在國際體系中扮演著主要的角色。此種以主權國家為主體的國際體系，就被稱為「西發里亞體系」（Westphalia System）。[4]

通常學者將「西發里亞條約」的簽署，視為現代國際關係體系誕生之日。[5]因為此條約建立了主權國家間的新秩序，一些國家間交往的基本原則逐漸被確立下來。曾經盛極一時的封建領主的私人外交，隨著封建主的沒落而失去了往日地位，民族國家開始作為新型的外交主體，登上權力鬥爭的舞台。過去羅馬帝國的附庸國紛紛獨立，因此英、法、瑞典與西班牙等國逐漸成為西方大國。[6]倫敦、巴黎、華沙、馬德里、維也納、阿姆斯特丹、斯德哥爾摩取代中世紀星羅棋布的封邑，成為歐洲的權力中心。[7]

雖然以主權國家為主的國際體系逐漸形成，但是當時尚未發展出研究主權國家互動的專門學術，而有關國際關係的學術討論，則散見於歷史學、法學、政治學及哲學之中。[8]正式以科學的方法來研究國際關係，並使國際關係學成為一門社會科學，是直到20世紀初的事情。第一次世界大戰前，歐洲各國間的關係主要是操縱在各國的皇室及少數外交官的手中，當時的戰爭也都是屬於區域性。但是第一次世界大戰（1914至1918年）的慘痛代價，[9]使世人瞭解過去舊有的外交官僚、外交思維及手段是無法維持和平，於是渴望學術界能夠研究出保障世界和平的可靠方法。

在一次大戰結束後，各國於1919年5月30日在巴黎召開和會，以解決戰後的問題。同時，英國與美國同意在會後開始展開國際關係的研究，尤其是英國的威爾斯大學（University of Wales）首先在1919年，成立了世界上第一個專門研究國際關係的學術機構，研究如何避免類似的世界大戰悲劇再度發生。所以

4　陳欣之，2007年，〈國際關係學的發展〉，張亞中主編，《國際關係總論》（台北：揚智文化事業有限公司），第2版，頁2。

5　S. Joshua Goldstein著，歐信宏、胡祖慶譯，2003年，《國際關係》（International Relations）（台北：雙葉書廊出版公司），頁24。

6　劉富本，2003年，《國際關係》（台北：五南出版社），第5版，頁9。

7　孫鐵，〈威斯特發利亞和約〉，頁241-246。

8　陳欣之，〈國際關係學的發展〉，頁3。

9　孫鐵，〈薩拉熱窩事件〉，頁455。

英國國際關係學者布贊（Barry Buzan）與利特爾（Richard Little）曾說：「國際關係的研究主要是英、美兩國對第一次世界大戰的恐懼所做出的反應」。[10] 國際關係學因此而誕生，當時歐洲成為國際關係研究的重鎮。由此可知，第一次世界大戰不但是人類歷史的重要轉折點，更是為國際關係學的催生產生了決定性的作用，有關國際關係理論的探討也正式的展開。[11]

雖然國際關係的研究最早是從歐洲的英國開始展開，但是最後卻在美國開花結果，並逐漸成為一門獨立的科學，所以後來有人稱國際關係學其實就是美國的一門社會科學。之所以如此，有三項美國國內因素的配合，才使國際關係學在美國快速的成長。

第一，有利的學術條件：包括受到戰後美國「行為科學」的影響，讓國際關係學走向較為科學之路；另外，各國優秀的國際關係學者移民至美國，例如「現實主義」宗師摩根索（Hans J. Morgenthau）、陶意志（Karl W. Deutsch）、哈斯（Ernst Hass）、季辛吉（Henry Alfred Kissinger）、布里辛斯基（Zbigniew Brezinski）等，都是從歐洲移民到美國的學者。而季辛吉與布里辛斯基更進入政界，直接參與政治，反過來帶動國際關係學的成長。[12]

第二，有利的政治環境：戰後美國的政治環境有利國際關係學的進步，主要是每隔一段時間，決策者與學術界會匯合。因為決策者需要學術界提供政策分析，以便做決策的參考，學術界因而也有豐碩的成就。換言之，在供需定律之下，使國際關係學獲得成長的機會。[13]

第三，有利的制度提供機會：首先，學術界與政界之間有直接聯繫管道，不論在政府體系內外，都使學者能夠直接或間接參與權力決策過程；其次，在政府單位與學術界之間，有各種基金會充當媒介的角色，並提供充裕的研究

---

[10] Barry Buzan & Richard Little, 2000, *International Systems in World History: Remaking the Study of International Relations* (Oxford: Oxford University Press), p. 24.

[11] 陳欣之，〈國際關係學的發展〉，頁9-11。

[12] 蔡政文，1997年，《當前國際關係理論：發展及其評估》（台北：三民書局），頁120-122。

[13] 蔡政文，《當前國際關係理論：發展及其評估》，頁122。

經費；最後，大學本身的制度也提供有利的發展機會。美國大學有二項較歐洲
為佳的因素：大學較富有彈性也較自由，可自由發表其創見；美國高等教育已
經非常的普及，而且在大學內有許多政治學系，可作為國際關係學的發展基
礎。[14]

第二節　國際關係理論的發展

　　一門學科要能夠被大多數學者承認為科學，必須要有理論的支持。有了
理論作為基礎，學習者在觀察情勢變化時才有所憑藉，在提出解釋時也有所根
據，當然在尋找解決方法時，也才有所指引。國際關係學從1919年之後在大學
教授，最初是借用歷史學、政治學及國際法。很長的一段時間，沒有自己的理
論。[15]而現在此學門已經被大多數學者承認為一門社會科學了，其原因乃是因
為無數的優秀學者投入這門學問的研究，並提出許多的理論，企圖解釋複雜
的國際現象。任何理論必須具有描述、解釋及預測三項功能，因此西方學者
Robert Lieber表示，國際關係的理論也必須具有以下三項功能：第一，確實的
「描述」（description）世界所發生的事件；第二，清楚的「解釋」（explana-
tion）事件的因果關係（causality）；[16]第三，正確的「預測」（prediction）事
件未來發展的可能趨勢。[17]

　　國際關係學原屬於政治科學（Political Sciences）的三個次領域之一（其他
兩個為比較政治學與公共行政學），雖然現今還有人將國際關係學視為政治學
的分支，例如台灣大學仍將此學門設於政治系內。但是一般學者都認為，國際

---

[14] 蔡政文，《當前國際關係理論：發展及其評估》，頁125-126。

[15] 林碧炤，2010年1月，〈國際關係的典範發展〉，《國際關係學報》（台北：國立政治大
學），第29期，頁12。

[16] 例如「如果發生A，然後就會導致B」，具體說明為「如果國家從事武器競賽，就可能導致
戰爭的發生」。Paul R. Viotti & Mark V. Kauppi, 1993, *International Relations Theory: Realism,
Pluralism, Globalism* (New York: Macmillan Publishing Company), p. 3.

[17] Robert Lieber, 1972, *Theory and World Politics* (New York: Winthrop Publishers), pp. 5-6.

關係學已經成為一門獨立的學科了。[18]國際關係學非常強調理論，這是因為國際關係充滿著許多非制式與不可預期的突發事件（contingent events），例如戰爭、恐怖主義攻擊、國際金融風暴等。這些重大事件是無法事先預知其發生的時間、地點與規模，因此國際關係學者特別強調透過理論來對複雜的國際事務進行解釋、分析與預測，以作為分析國際關係的指導綱領。[19]誠如「新自由制度主義」大師基歐漢（Robert Keohane）所言：「不藉助理論，任何人都無法梳理錯綜複雜的世界政治」。[20]

迄今，雖然有許多的國際關係理論被提出來，但是國際關係學的理論發展並非像其他學科一樣，是由一個新的學說取代另一個舊的學說，而是多種的理論同時存在並相互爭論。因此，Dougherty與Pfaltzgraff就以《爭論中的國際關係理論》（*Contending Theories of International Relations*）為書名，以彰顯國際關係理論的多樣化與爭議性。國際關係學的特色之一，就是過去所提出來的理論並非完全過時與不適用，而後來的學說也並非一定優於之前學者所提出的學說。

因為國際關係學領域仍停留在不同理論相互爭論的情況，學者很難評價各種理論的實際效用，因為每種理論的效用會隨著時間的變化而變化。[21]傳統的理論也可能經過修正之後，以不同的面貌重新出現，並主導國際關係學，例如「古典現實主義」經過後繼學者的修正後，以「新現實主義」或是「新古典現實主義」的面貌出現；另外「理想主義」經過學者修正之後，以「新自由主義」的面貌出現，並且在國際關係學中占有一席之地。

在研究國際關係時，雖然學者希望像自然科學一樣，從複雜的國際關係

---

18 劉富本，《國際關係》，頁2。

19 宋學文，2008年12月，〈層次分析與國際關係研究的重要性及模型建構〉，《問題與研究》（台北），第47卷第4期，頁167-168。

20 Robert O. Keohane, ed., 1986, *Neorealism and Its Critics* (New York: Columbia University Press), p. 3.

21 J. E. Dougherty & R. L. Pfaltzgraff著，閻學通、陳寒溪等譯，2002年，《爭論中的國際關係理論》（Contending Theories of International Relations—A Comprehensive Survey, 5th ed.）（北京：世界知識出版社），頁662-663。

中，發展出一套被大眾所接受的「一般性法則」（general rule）或「理論」（theory），來預測國際關係的未來發展趨勢，但是迄今都尚未成功。究其原因是因為國際關係實在是太複雜，有太多影響國際事務的變數存在。現今國際關係學的內容，不但是由支離破碎或甚至相互矛盾的學說所組成，而且這些理論也都帶有主觀的色彩。嚴格說來，這些理論只能算是理論的雛型或一種「模式」（model）。[22]因此有國際關係學者改以「典範」（paradigm）一詞，來稱呼國際關係學的各種學派，因為「典範」一詞似乎較為符合國際關係學領域的特性及真實面。

　　政治大學國際關係學者林碧炤教授就曾發表一篇名為〈國際關係的典範發展〉的專論，以「典範」的概念說明國際關係學科的演變。「典範」的概念最先是由美國社會學家湯馬斯・孔恩（Thomas S. Kuhn）於1962年在其《科學革命的結構》（*The Structure of Scientific Resolution*）一書中所提出。「典範」是指某一學科的成員所共同擁有的信仰、價值及共識，所以其意義比「理論」一詞更為寬廣。然而「典範」不可能永久不變，所以「典範移轉」（Paradigm Shift）是必然的現象，他認為科學的演進過程不是逐漸的演化，而是以革命的方式為之。也就是從昨日的新發明中，不會找到今日新發明的線索，而是來自全新的創意與思考邏輯。「典範移轉」是指一群擁有共同信仰、價值及共識的研究者，打破固有的傳統，而產生另一個新的典範。這個論述最先使用在自然科學，以後使用在社會科學，後來國際關係學也跟著使用。[23]但是「典範」的使用並不普遍，大多數學者還是喜歡使用理論或學派，因為它們清楚、易懂。[24]因此本文還是採用傳統的理論或學派等用詞。

　　人類一直在努力追求和平，而戰爭卻是和平的最大破壞者。國際關係學是因為要消弭戰爭而發展出來的學問，所以早期的國際關係學是專門研究戰爭與

---

[22] 「模式」的建立比較容易，一般而言，模式只解釋一種現象，其範圍較小，主題亦較為專門，所以容易被接受，故「模式」可說是發展成為理論前的一個階段。

[23] 林碧炤，〈國際關係的典範發展〉，頁13。

[24] 林碧炤，〈國際關係的典範發展〉，頁20。

和平的學門。但是此研究內容隨著世界情勢的發展，許多現代世界性議題也都逐漸被納入此學門的研究領域，尤其是在冷戰結束之後，研究的內容有很大的轉變。例如由於經濟的重要性越來越重要，因此很多學者開始研究國際政治經濟學；接著隨著全球化的來臨，全球化議題也開始被學者所重視；現在由於全球氣候變遷的問題越來越嚴重，也有很多的國際關係學者開始投入國際環境政治學的研究。由上述可知，其實國際關係學是一門範圍非常廣泛、目標非常具體以及內容非常實用的學科，所以它是一門「經世濟民」之學。學習國際關係學不但可以瞭解世界情勢的發展脈動，也可以運用所學來推進國與國之間關係的正面發展。

第三節　國際政治與國際關係的區別

很多國際關係學的初學者常將「國際政治」與「國際關係」劃上等號，其實隨著國際關係的發展，國際關係學已經包括了國際政治的範疇。[25]過去國際政治學所研究的議題主要集中於政治與安全的範圍，較少涉及其他議題。主要是與當時的國際大環境有關，因為在冷戰以前，國際政治與國家安全是各國最主要關切的議題，但是在冷戰結束之後，這些議題雖然仍具有重要性，但已經不是世界各國唯一關注的議題。現代的國際關係泛指國家間的各種關係，甚至包括非國家組織間的各種關係，這些關係除了傳統的政治與軍事領域外，還包括經濟、社會、文化、科技、環境等。

加上近年來一些新的國際議題紛紛出現，例如人權、反恐、環保、重大傳染病防制（AIDS、SARS、禽流感、H1N1新型流感）等議題，也都包括在國際關係的範圍內。這些議題是無法僅憑外交官透過政治手段就能夠解決，必須依賴各方面的專家參與。而且現今國際社會的主角，不但包括傳統的主要行為

---

[25] K. J. Holsti, 1988, *International Politics: A Framework for Analysis* (Englewood Cliff, N.J.: Prentice Hall Press), p. 18.

者——國家，還包括國際組織、跨國公司，甚至個人等。現代的國際關係就是包括這些各式各樣國際主體間錯綜複雜的互動關係，所以其範圍較傳統的國際政治更為廣泛而且多樣化。

　　由於過去國家間的關係主要以政治及安全議題為主，所以以前學者的著作也都以國際政治為書名，例如莫頓・卡普蘭（Morton A. Kaplan）於1957年所著的《國際政治的系統與過程》（*System and Process in International Politics*）、「現實主義」宗師摩根索（Hans J. Morgenthau）於1973年所著的《國際政治學》（*Politics among Nations*）、「新現實主義」華爾滋（Kenneth N. Waltz）於1979所著的《國際政治學理論》（*Theory of International Politics*）、郝思迪（K. J. Holsti）於1988年所著的《國際政治——一個分析的架構》（*International Politics—A Framework for Anslysis*）等，我國學者的著作有林碧炤教授於1999年所著的《國際政治與外交政策》、李登科與劉德海教授於1996年合著的《國際政治》，以及中國大陸學者王逸舟教授於1998年所著的《國際政治析論》及1999年的《西方國際政治學：歷史與理論》等。

　　但是近年來，由於國際關係趨向多樣化，政治及安全議題已經不再是最主要及唯一的世界性議題，而且其他世界性議題的重要性也逐漸的提升，因此現在大多數的學者已經不再使用「國際政治」，而普遍使用「國際關係」一詞，例如Dougherty與Pfaltzgraff所合著的《爭論中的國際關係理論》（*Contending Theories of International Relations*），國內學者張亞中教授於2003年所主編的《國際關係總論》、倪金教授於2003年所著的《當代國際關係理論》、明居正教授於2010年主編的《國際關係綜論》、蔡正文教授於2011年所著的《國際關係理論》，以及中國大陸學者胡宗山教授於2007年所著的《國際關係理論方法論研究》、倪世雄教授於2010年所著的〈當代國際關係理論〉等。

第四節　國內政治與國際政治的區別

　　接著，要學習國際關係學之前，還必須先要瞭解國內政治與國際政治之間

的區別。政治活動可大約分為三種類別：第一類是競爭性的活動。例如國內的政黨競爭活動，或是兩國之間對同一塊領土的爭奪，這種活動是一種一方所得必是一方所失的「零和」性活動；第二類是合作性的活動。例如兩個政黨聯合起來組織聯合政府，或是國家之間締結聯盟。這此情況之下，合則俱利，分則俱害，所以是一種「非零和」活動；第三類是競爭與合作相混合的活動。例如兩個政黨之間，一方面相互競爭議會的席次，另一方面卻聯合起來反對另一政黨。或是兩國一面從事權力競爭，另一方面又合力阻止核子武力的擴散。[26]

從此種政治的活動分類來看，國內政治與國際政治似乎沒有什麼兩樣。因為這兩類政治均是某些團體之間對某種目標的追求，均包含競爭性、合作性與混合性三種活動。[27]然而大部分的國際政治學者均認為，國際社會主要是由兩百多個國家或地區的政治單元所組成，經由這些政治單元互動所形成的國際關係型態，確實與國內政治有著很大的差異。其差異分述如下：

第一，國內政治與國際政治之間最顯著的區別，就是前者有一個最高的權威機關存在，而後者則沒有。也就是在國內政治方面有一個中央政府的組織，不論該政府是經由民主合法的選舉程序所組成，或是透過暴力非法奪權所產生，該組織都擁有最高的政治權力；而在國際社會上，並沒有一個中央集權的政府存在，雖然一直都有政治人物及學者提倡建立世界政府（world government），但是卻從未實現過，所以國際間的權力是分散於各主權國家之間。

第二，由於國內政治有中央政府的存在，所以國內政治的組織呈現一種「階層式」（hierarchy）的型態，由最高階層的中央政府，到中層的縣市政府，再到低層的鄉鎮政府，一層層的往下組成，具有上下隸屬的關係，組織甚為嚴謹；而國際社會沒有中央政府的存在，國際社會呈現一種「平行式」（parallel）的型態，各國之間的法律地位是平等的，無上下隸屬的關係，所以相互間的關係很鬆散。雖然各國在土地、人口、資源等方面差異極大，使各國

26　張京育，1983年，《國際關係與國際政治》（台北：幼獅出版社），頁31-32。
27　張京育，《國際關係與國際政治》，頁32。

在國際政治上的地位並不相等，但是許多政府的聲明、外交文件及國際法中，都一再重申國家平等的原則。

此原則不但在國際法中被確認，例如「平等者之間不互相行使管轄權」（par in parem non habet imperium）的「國家行為原則」，並且在國際社會中被加以實踐，例如在聯合國大會中對問題進行表決時，各國享有一票且每票等值。另外，國際法院（International Court of Justice, ICJ）規約第35條第2款規定：法院受理各國訴訟案之條件為不得使當事國在法院內處於不平等的地位。

第三，國內政治所處理的對象，主要是國內的人民、社會團體以及政府這三者之間的關係。而國際政治所處理的對象主要為國家與國家之間的關係，現今由於眾多國際組織的興起，因此國際組織也成為國際社會的成員之一，但是其重要性及地位仍無法與國家相比。另外，近年來人權的議題逐漸受到關注，因此個人也可能成為國際社會中的一員，但是現在還不是國際關係中的主要角色。由於目前國家仍然是國際社會的主要行為者，因此國際關係所關注的主要對象還是以國家為主。

第四，一國政府在處理國內事務的權力依據，主要來自於其憲法及國內的相關法律，政府根據這些法律來執行強制性的社會利益分配。這些法律也規範國內行為者的相互關係，若是有人違反這些法律，破壞國內社會秩序，將受到國家的制裁，所以國內法是屬於強勢的法律。著名的政治學家伊斯頓（David Easton）也曾說「政治是社會價值的權威性分配」（Politics is the authoritative allocation of value for a society）；而在國際間雖然有國際法來規範各國的行為，但是因為國際間並沒有一個最高的政府，也沒有一個強制性的力量存在，因此國際法的遵守及國際秩序的維護，主要還是依賴各國的善意（goodwill）。

第五，由於國內政治具有最高政府機構、法律規範及執行法律的強制力量，因此其國內秩序呈現一種「有秩序的」（orderly）型態；而在國際間，因為沒有最高政府機構及強制力量，而且並非各國都願意遵守國際法的規範，因此國際秩序呈現一種「無政府的」（anarchy）狀態，這是主流國際關係學理

論最基本的假設。但是必須說明的是，無政府狀態並非是指無秩序的混亂狀態，因為各國體認到共同合作要比相互對抗所獲得的利益大，因此在各國的善意之下，國際秩序仍能維持一個相對穩定的狀態，只是不像國內政治一樣，具有一個最高的政府來管理秩序。

國內政治與國際政治的區別

	國內政治	國際政治
中央政府	有	無
權力分配	主要集中於中央政府	分散於各主權國家
組織型態	階層式 （隸屬關係）	平行式 （平等關係）
處理對象	個人或社會團體	主要：國家 次要：國際組織、跨國公司、個人
維護秩序的權力依據	憲法及法律等強制力量	國際公法及各國的善意
秩序狀態	有秩序的狀態	無政府之相對穩定狀態

資料來源：作者整理。

第五節　國際關係學的層次分析途徑

一、三個層次分析途徑的提出

不論對於國際關係持何種論點，每位學者在探討任何的國際關係議題時，必須先問：「要將研究焦點置於何處？」例如在探究戰爭的原因時，是要將焦點置於決策者個人？整個國家機構？或是整個國際體系？[28]本節主要在說明以何種方法或途徑來研究國際關係，在學習國際關係學之前，必須先瞭解國際關係的層次分析途徑（Level Analysis Approach），因為這將涉及到所採取的研究

---

[28] Paul R. Viotti & Mark V. Kauppi, *International Relations Theory: Realism, Pluralism, Globalism*, p. 13.

途徑及獨立變數的選取。而且透過層次的分析，方能有助於我們理解複雜而且多面向的國際關係議題。[29]

　　雖然有人提出四個層次的分析途徑，包括「國際體系層次」（international system level）、「國家與社會層次」（state and societal level）、「團體層次」（group level）以及「個人層次」（individual level）等；[30]但是根據大多數國際關係學的文獻，影響一個國家的對外行為或是採取某項外交政策的主要因素，大體可分為「個人決策層次」（individual decision making level）、「國內結構層次」（domestic structure level）以及「國際體系層次」（international system level）等三種因素，因此在探討國際關係時，也可以從這三個層次來加以分析。[31]

分析的層次

資料來源：Paul R. Viotti & Mark V. Kauppi, *International Relations Theory: Realism, Plural-ism, Globalism*, p. 14.

---

[29]　戴芸樺，2007年，《日本外交政策之研析》〈台灣：南華大學亞太研究所碩士論文〉，頁9。

[30]　Paul R. Viotti & Mark V. Kauppi, 1997, *International Relations and World Politics: Security, Economy, Identity* (New Jersey: Prentice-Hall, Inc.), p. 236.

[31]　耿曙，2003年，《分析層次與國際體系》（台北：揚智出版社），頁41。

分析的層次

```
┌─────────────────┐
│ 個人層次的變數 │─────┐          分析對象
├─────────────────┤     │     ┌─────────────────────────┐
│ 國家層次的變數 │─────┼───→│ 國家的對外行為及對外政策 │
├─────────────────┤     │     └─────────────────────────┘
│ 國際層次的變數 │─────┘
└─────────────────┘
```

資料來源：耿曙，2003年，《分析層次與國際體系》（台北：揚智出版社），頁41。

　　首先提出國際關係層次分析概念者為國際關係學者華爾滋（Kenneth N. Waltz），他在其1959年所著的《人、國家與戰爭》（*Man, the State, and War*）一書中，從「個人」、「國家」以及「國際體系」三個層次，來分析戰爭的根源，[32]開啟了國際關係學層次分析之門。後來辛格（David Singer）將華爾滋的分析層次概念加以發揚光大，他於1961年發表〈國際關係的層次分析問題〉（The Level-of-Analysis Problem in International Relaions）一文，進一步評估「個人」、「國家」以及「國際體系」等分析層次的優缺點。[33]

　　現在大部分國際關係學者主要採用此三個分析層次，作為研究國際關係的主要途徑。[34]所以在開始探討國際關係時，我們應該先確定要採取哪一個層次來研究。然而，不論採取哪一個分析層次，辛格認為都應該要滿足三個要求：第一，要能夠精確地描述國際關係的現象；第二，要具有解釋國際關係的能力；第三，可以可靠預測國際關係的前景。[35]這也是一個理論的最基本要求：描述、解釋、預測。

（一）個人層次

　　由於所探討的對象不同，所使用的研究方法及立論也就會不同。例如若採

---

[32]　Kenneth N. Waltz, 1961, *Man, the State and War* (New York: Columbia University Press, 1959).

[33]　David Singer, "The Level-of-Analysis Problem in International Relaions," in Klaus Knorr & Sidney Verba eds., *The International System: Theoretical Essays* (Princeton. N.J.: Princeton University Press), pp. 77-92.

[34]　Joshua S. Goldstein, 2003, *International Relation* (New York: Loogman), p. 15.

[35]　David Singer, "The Level-of-Analysis Problem in International Relaions," pp. 178-180.

取個人層次來分析國際關係時，所研究的對象主要是國家領導者的心理狀態，因此學者就會偏向使用心理學來分析他們的心理狀態、意識型態、動機、理想、價值或是個人的特殊嗜好等，對該國外交政策的影響。主張使用個人層次途徑的學者認為，國家的外交政策其實就是國家領導者以國家之名，從事目標的確定、方案的選擇以及行動的執行等活動，[36]例如外交決策理論即是以個人層次來分析國家的對外決策過程。（參見下圖）

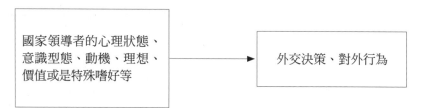

資料來源：作者整理。

　　史耐德（Richard C. Snyder）等人於1954年發表〈外交決策：國際政治的研究途徑〉（A Decision-making Approach to the Study of Political Phenomena）一文，他們將社會學、心理學與組織行為理論運用於國際政治的研究，提出國家的對外政策是決策者在一個複雜環境中的認知與行為結果。他們將國際政治的研究對象由抽象的國家，轉到具體的決策者個人，所以特別強調決策者的主觀認知因素。[37]

　　雖然有些學者認為國家領導者對於國際政治並無單獨的影響力，[38]但是「行為主義」者則認為兩者之間關係甚為密切，他們也發展出「嚇阻理論」、「決策理論」以及「危機決策理論」等學說。不可否認的，國家領導者是國家外交事務的重要決策者，某些重要人物對於許多重大歷史事件也產生重大的影

[36] K. J. Holsti著，李偉成、譚溯澄譯，1999年，《國際政治分析架構》（*International Politics: A Framework for Anslysis*）（台北：幼獅文化事業公司），頁20。

[37] 林碧炤，1999年，《國際政治與外交政策》（台北：五南出版社），頁53。

[38] Steinar Andresen & Shardul Agrawala, 2002, "Leaders, Pushers and Laggers in the Making of the Climate Regime," *Global Environmental Change*, Vol.12, p. 41.

響，甚至改變整個國際體系結構。[39]有些人認為人類天生就具有侵略性，例如德國希特勒（Adolf Hitler）與蘇聯史達林（Josef Stalin）的個人因素，是導致他們的國家走向戰爭的關鍵原因。[40]

（二）國家層次

這個層次所包含的因素最多，因為此層次包括了國家內政的各項因素，例如國家的政體（民主、威權或極權）、政府決策過程、官僚機構互動、國內政治局勢、國內利益團體的需求、政黨的互動等等。此層次的分析焦點在於國內不同立場或利益的各種政治、經濟與社會團體，如何在現有的制度及規範之下互動，並遵循既定的決策程序，來參與國家對外政策的形成。[41]（參見下圖）

資料來源：耿曙，《分析層次與國際體系》，頁42。

若研究者採取此層次來分析國際關係時，基本上就會偏向使用經濟學的原理來分析國家的行為。因為此派學者認為國家是理性的政治單元，所以國家在制訂外交政策時，主要是以國家的利益為考量，並經過成本效益的估算之後才採取決策。例如「古典現實主義」大師摩根索（Hans J. Morganthau）就認為，國家主要以「權力平衡」（balance of power）的手段，衡量國際情勢後，採取同盟或反同盟的外交政策，來達成國家的目標。另外，「新自由主義」的「民主和平論」則非常強調國家內部的政治型態會影響其對外的行為，例如國際關係學者福山（Francis Fukuyama）就認為民主國家之間較不容易相互發動戰

---

[39] 戴芸樺，《日本外交政策之研析》，頁11。
[40] Paul R. Viotti & Mark V. Kauppi, *International Relations and World Politics: Security, Economy, Identity*, p. 138.
[41] 耿曙，《分析層次與國際體系》，頁42。

爭。[42]若與非民主國家相比較，民主國家顯然較愛好和平。

（三）國際體系層次

這是範圍最大的一個分析層次，因為它是將國際關係視為一個整體的系統來研究，也就是在觀察各國間的互動行為模式，以及相互依賴的程度。此層次所關注的是在整個國際體系中，各國所擁有的權力（包括政治、軍事、經濟等）及其所處的國際地位等。所以此層次的分析焦點，主要置於「體系結構」或「國家身分地位」如何影響國家之間的關係，以及其互動所造成的國際事件。[43]（參見下圖）

國家的權力（政治、軍事、經濟等）　⟶　外交決策、對外行為

資料來源：作者整理。

研究者若採取此層次來分析國際關係時，就會偏向使用經濟學（新現實主義）或是社會學（社會建構主義）的原理來分析國家的行為。體系理論認為各個國家的內部雖然都不相同，但是他們在國際間的行為模式趨於相同，而非如「國家層次」所稱的國家內部政治不同會影響國家的對外行為。[44]例如「新現實主義」認為國家的行為主要是由國際體系來決定，而非由國家的決策者或是國家屬性來決定。此學派大師華爾滋（Kenneth N. Waltz）就認為，在什麼樣的國際體系中，國家就會採取什麼樣的行為。

---

[42] Kenneth N. Waltz, 2000, "Structural Realism after Cold War," *International Security*, Vol. 25, No.1, p. 6.

[43] 耿曙，《分析層次與國際體系》，頁43。

[44] Detlef Sprinz & Tapani Vaahtoranta, 1994, "The Interest-Based Explanation of International Environmental Policy," *International Organization*, Vol. 48, No 1, p. 78.

二、全球層次及跨層次分析途徑的發展

（一）全球層次分析途徑的發展

　　國際關係學的層次分析途徑，除了上述三個層次之外，還出現另外一個更高層級的分析途徑——全球層次，此層次試圖以超越國家互動的全球趨勢分析國際關係。[45]其實早就有學者提出此層次的分析途徑，近年來由於全球化的趨勢越來越明顯，許多問題不是屬於一國或是一個區域的問題，而是全球性的問題，例如全球暖化或是全球環境的問題，就必須以全球的角度來研究，因此，此分析層次越來越受到學者的普遍重視。

　　全球層次試圖以超越國家互動的全球趨勢分析國際關係，隨著全球化在國際關係研究中的地位日漸重要，這個分析層次理應得到較多重視。舉凡生物科技、普世價值以及人與自然生態關係的發展，都會從全球性層次對國際關係產生影響。此外，全球科技與商業社群都在朝跨國整合方向前進，這更加強國際關係學者研究全球化影響的誘因。[46]全球化（globalization）的議題已成為國際關係學中的一門顯學，現在幾乎每個領域都在談論這個議題。所以國際關係學者當然不能落於人後，也積極的在研究此議題，將研究的層級拉高到全球的層次。（有關全球化的議題將在後面的章節討論）

（二）跨層次分析途徑的發展

　　自從辛格（David Singer）提出以層次分析來研究國際關係之後，各個學派對此問題爭論不休，[47]有些學者主張應該採取「個人」層次，有些主張「國家」層次，另外有些則主張「國際體系」層次，彼此之間界線分明。然而隨著全球化趨勢的發展，不僅大幅改變國際的政治、經濟格局，也連帶影響各國對

---

[45] S. Joshua Goldstein 著，《國際關係》（International Relations），頁16。
[46] S. Joshua Goldstein 著，《國際關係》（International Relations），頁16。
[47] Iver B. Neumann & Ole Waver eds., 1997, *The Future of International Relations: Masters in the Making* (New York: Routledge), p. 106.

外政策的決策過程。由於全球化具有外溢的效果，往往當一國採取某項行為，其後果會影響其他國家。此特性使得國內政策與國際關係的區分邊界日漸模糊，在國內發生的事情往往影響到全球，反之亦然。因此決策者在制訂對外政策時，就必須考慮到國內與國際事務相互影響的問題。[48]

　　對於此現象，羅森諾（James Rosenau）早在1969年就提出「連結政治」（linkage politics）的論述，[49]也就是強調國內與國際事務之間相互連結及相互依賴的現象。他認為隨著全球化的發展，對外政策與國內事務的區別逐漸淡化，國際體系結構的因素與國內社會的因素將同時影響國家對外政策的制訂。此論述更能說明影響決策者制訂對外政策的原因，並更能體現國際關係的名言：「外交是內政的延伸」。由於羅森諾認為國內社會環境將在國家對外決策過程中扮演舉足輕重的角色，所以將出現所謂的「國內－國際事務」（inter-mestic affairs）。[50]

　　羅森諾的「連結政治」概念對於解釋國家的外交決策雖然有幫助，然而由於當時國際關係學界的主流為華爾滋（Kenneth N. Waltz）所倡導的「新現實主義」，強調以國際體系層次來分析國際關係，因此「連結政治」的概念當時並未受到重視。雖然如此，此概念的提出無疑為國際關係學界打開另一道不同於「現實主義」以國家中心論為主的研究大門，其後多元主義（Pluralism）隨之興起，例如哈斯（Ernst Hass）與陶意志（Karl W. Deutsch）發起的整合研究、奈伊（Joseph Nye）與基歐漢（Robert Keohane）對相互依賴與跨國主義的重視，均為國際關係學界在探索國內與國際事務互動關係上的努力。[51]

---

[48] Jonathan Chen & Chih-Wei Yu，2009年6月11日，〈胡、溫執政正當性與中共對台政策型塑之關連性（2002-2007）〉，《台北政治大學國際事務學院「大中華地區和平發展與深化整合」國際學術研討會》。

[49] Robert Putnam, 1988, "Diplomacy and Domestic Politics: The Logic of Two-level Games," *International Organizations*, Vol. 42, No. 3, p. 430.

[50] Jonathan Chen & Chih-Wei Yu，〈胡、溫執政正當性與中共對台政策型塑之關連性2002-2007〉，頁3。

[51] Jonathan Chen & Chih-Wei Yu，〈胡、溫執政正當性與中共對台政策型塑之關連性2002-2007〉，頁4-5。

　　後來由於「新現實主義」無法以其所倡導的國際體系結構理論，來解釋其認為最具穩定性的兩極國際體系，為何因為冷戰的結束而突然瓦解，使其多年來占據國際關係理論的主流地位，遭受各方強烈的批判。也顯示使用單一層次來分析國際關係，顯得劃地自限或與事實脫節。而使得「跨層次分析」變得越來越重要，這種趨勢是後冷戰時期國際關係理論研究者的共同感受。[52]後來有些學者認為應該採取跨層次的途徑，而不應該僅採取單一的層次來分析複雜的國際關係。

　　於是在1990年代出現了「新古典現實主義」（Neoclassic Realism）學派，此學派強調國際關係研究的對象不但要重視國際體系層次，更要重視個人與國家層次，他們的主張受到許多學者的回應與支持。因此未來國際關係學者在研究任何一個國家的對外政策時，就不能再僅採取單一的分析層次，而應該同時著重國際環境與國內環境，[53]甚至某些重要人物之間的互動關係，[54]這也就是「雙層賽局理論」（Two Level Game Theory）所要探討的主題。（有關「新古典現實主義」的議題將於後面章節討論）

第六節　國際關係學的辯論

　　國際關係學是一個充滿論戰的學門。[55]因為學者們在研究國際關係時有自己的觀點，觀察世界政治時也採取不同的角度，自然會產生不同的看法，甚至是偏見。因此也形成許多不同的學派及學說，並相互爭論，此現象在國際關係學界中是很平常的現象。[56]例如有些學者視世界如同一個爭權奪利的競技

---

52 宋學文，〈層次分析與國際關係研究的重要性及模型建構〉，頁189。
53 例如知名政治學者普特南（Robert Putnam）的「雙層賽局理論」（Two-level Game Theory），該理論指雙方的談判分別會受到各自內部力量的牽制。
54 Hendrik Spruyt, 2000, "New Institutionalism and International Relations," in Roneo Palan ed., *Global Political Economy: Contemporary Theories* (New York: Routledge), p. 141.
55 Michael Nicholson著，袁鶴齡、宋義宏譯，2001年，《淺說國際關係》（International Relations: A Concise Introduction）（台北：韋伯出版社），頁13。
56 K. J. Holsti, *International Politics: A Framework for Analysis*, p. 19.

場，有些學者則視世界有如一個相互合作的共同體，另外也有些學者視世界如同一個充滿經濟活動的廣大市場等。而且彼此之間展開多場的大辯論（great debate），所以國際關係學可說是一門百家爭鳴，百花齊放的學科。

　　到底國際關係學經過幾次的辯論？有些學者認為國際關係學發展迄今已經歷三次的大辯論；[57]有些認為有四次，例如我國學者宋學文及楊昊、[58]丹麥國際關係學者奧勒・威佛爾（Ole Waever）；[59]也有學者主張有五次之多。[60]然而無論是三次、四次或是五次，都顯示國際關係學存在著許多不同的學說。其實有幾次的辯論並不是很重要，重要的是辯論的內容。之所以分為幾次辯論，主要是方便讀者對國際關係學發展能有清楚的瞭解。本書為了比較各個不同學派，所以採取四次大辯論的分類方法，分別為：

　　第一次，「理想主義」（Idealism）與「古典現實主義」（Classic Realism）之間的爭辯；

　　第二次，「傳統主義」（Traditionalism）與「行為主義」（Behaviorism）之間的爭辯；

　　第三次，「新現實主義」（Neo-realism）與「新自由主義」（Neo-liberalism）之間的爭辯；

　　第四次，「理性主義」（Rationism）與「社會建構主義」（Social Con-

---

[57] Yosef. Lapid, 1989, "The Third Debate: On the Prospects of International Theory in a 'Post-positivist Era'," *International Studies Quarterly*, Vol. 33, No.4, pp. 235-254.

[58] 宋學文、楊昊，2006年6月，〈整合理論研究之趨勢與應用：東南亞區域安全的分析〉，《政治科學論叢》（台北），第28期，頁40-41。

[59] 莫大華，2003年12月，〈理性主義與建構主義的辯論：國際關係理論的另一次大辯論？〉，《政治科學論叢》（台北），第19期，頁114。

[60] 所謂五次大辯論包括：理想主義vs.古典現實主義；傳統主義vs.行為主義；多元主義、全球主義vs.現實主義；新現實主義vs.新自由主義；反思學派vs.理性主義。參見胡宗山，2007年，《國際關係理論方法論研究》（北京：世界出版社），頁201-214。

structivism）[61]之間的爭辯。[62]

　　其中第一次、第三次及第四次都有涉及國際關係理念及內涵的辯論，而第二次則純粹是「現實主義」學派內學者對於研究方法的辯論，而不涉及國際關係的理念及內涵，[63]因此有些學者不認為這是一次重要的辯論。奧勒‧威佛爾曾經以政治、哲學、認識論、本體論（指國際關係的本質）及方法論五個面向，分別就其主張的四次大辯論中所關注的程度進行比較：[64]

	政治	哲學	認識論	本體論	方法論
第一次	XXX	XX		X	
第二次			XX	X	XXX
第三次	XX			XXX	X
第四次		XXX	XX	X	

註釋：XXX表示辯論的主要形式；XX表示次要形式；X則更為次要。
資料來源：胡宗山，2007年，《國際關係理論方法論研究》（北京：世界出版社），頁216。

　　因為國際關係學是在學者的相互爭辯中成長，所以要瞭解此學門的發展，必須先瞭解這四次大辯論，這是學習國際關係的基本功。就如同練功夫，必須先蹲馬步一樣。因此本書一開始就討論這四次大辯論，並輔以各學派的相關學說與主張。另外，還討論其他國際關係的議題，以及近來最熱門的全球化以及國際環境政治等議題。由此可知，國際關係學的議題可說是五花八門。作者主

---

[61] 冷戰的結束不但對國際關係產生重大影響，而且對國際關係思維帶來強烈的衝擊。傳統上國際關係學的主流學派（包括「新現實主義」（Neo-Realism）、「新自由主義」（Neo-Liberalism）等）因無法解釋國際關係的新變化，因此遭到許多非主流學派（包括「規範理論（Normative Theory）、「批判理論」（Critical Theory）、「後現代主義」（Post-Modernism）、「女性主義」（Feminism）與「社會建構主義」（Social Instructivism）等）的質疑。在這些非主流學派中，以「社會建構主義」最受矚目，並與「新現實主義」、「新自由主義」並列為國際關係三大主流學說。

[62] 或稱為主流的「實證主義」（Positivism）與非主流的「後實證主義」（Post-Positivism）之間的爭辯。參見鄭端耀，2001年夏季號，〈國際關係「社會建構主義理論」評析〉，《美歐季刊》（台北），第15期第2卷，頁200。

[63] 鄭端耀，〈國際關係「社會建構主義理論」評析〉，頁200。

[64] 胡宗山，《國際關係理論方法論研究》，頁216。

要的目的是要引導讀者能夠在最短的時間內進入複雜的國際關係研究領域，以清楚瞭解國際關係學說的發展順序、內涵及趨勢，進而瞭解國際關係過去、現在及未來可能的發展方向。如此不但可以瞭解國際關係學發展的全般概況，更可以達到事半功倍的效果。此書因為內容深入淺出，因此可說是學習國際關係的一本入門參考書。

國際關係學的四次大辯論

第一次辯論		
時間	兩次大戰之間	
辯論學派	理想主義（Idealism）	古典現實主義（Classic Realism）
代表人物	威爾遜（Woodrow Wilson）	摩根索（Hans J. Morgenthau）
對維持世界秩序的主張	以集體安全（collective security）來維護世界和平	以權力平衡（balance of power）來維護國家之間的和平
辯論議題	兩派學者雖然都同意國際社會是一個「無政府的狀態」（anarchy），但是「理想主義」者對世界的和平與安全前景抱持著樂觀的態度，認為國際秩序及世界和平是可以依賴「集體安全」的合作方式來達到；而「現實主義」者則反對此看法，並認為由於人類對權力貪婪的本性，因此國際秩序及世界和平是不可能達成的，要緩和國際紛爭，只能依靠「權力平衡」的手段來達成。	
辯論結果	「權力平衡」的手段曾盛行於第一次世界大戰之前，但由於世界大戰的爆發而遭到唾棄，「理想主義」學派於此時興起，並盛行於兩次大戰之間。然而第二次世界大戰爆發，證實「理想主義」所主張之「集體安全」制度及「國際聯盟」的機制也無法維持世界和平，因而「現實主義」再度抬頭，特別是在冷戰開始後，「權力平衡」主張極為盛行。	

第二次辯論		
時間	1950年代至1960年代之間	
辯論學派	傳統主義（Traditionalism）	行為主義（Behaviorism）
代表人物	美國摩根索；英國學派學者，例如布爾（Hedley Bull）、布贊（Barry Buzan）、杜恩（Tim Dunne）等。	萊特（Quincy Wright）、辛格（David Singer）、卡普蘭（Morton Kaplan）、杜意契（Karl Deutsch）。
對研究方法的主張	採歷史學、法學及哲學的傳統方法，來研究國際關係。	採計量的科學方法研究國際關係，並本著自然科學所堅持的客觀中立態度來分析國際關係。
辯論議題	此次論戰只是「現實主義」派學者對於國際關係學研究方法的不同主張而已，並不涉及國際關係的基本內涵。「行為主義」反對傳統學派使用歷史學、法學及哲學的方法，而改為應運用經濟學、心理學與社會學等應用性科學的方法，並與電子計算機與社會統計學的運用相結合，以數據的計量方法來研究國際關係，並企圖建立國際關係的普遍性法則。	
辯論結果	「行為主義」雖然企圖建立一套國際關係的普遍性法則，但是沒有成功，他們最後承認不應該忽略傳統的研究方法，而應該同時使用兩種技術來研究國際關係。此次論戰並沒有明顯的勝利，兩者並未能互相取代對方，反而是互相補充。	

第三次辯論		
時間	1980年代初期迄1990年代末期	
辯論學派	新自由主義（Neo-liberalism）	新現實主義（Neo-realism）
代表人物	基歐漢（Robert Keohane）	華爾滋（Kenneth N. Waltz）
對國際關係的主張	「新自由主義」是對傳統「自由主義」的修正，它雖然強調國家是國際社會重要的角色，但並非主角，因為國際組織或跨國公司等的地位日益重要。另外，該主義認為和平世界可經由「經濟互賴」、「國際制度」與「民主制度」來達成。	又稱為「結構現實主義」，是對「古典現實主義」的修正。該主義認為「古典現實主義」從國家的行為來解釋整個國際關係的行為，太過於簡化；而認為國際體系結構是由各國權力分配所造成，而結構對國家行為產生約制作用。
辯論議題	在國際間無政府的狀態下，國家之間的合作是常態，衝突是偶然的。	沿襲「古典現實主義」的觀點，衝突為常態，合作為偶然，國家之間仍以「權力平衡」來維護和平。
辯論結果	雖然這兩者之間有許多相互不同之處，但是他們的理論基礎都認為國家是會思考的理性行為者，並相互吸取對方的優點，以充實自己的理論基礎，逐漸出現趨同的現象，所以基歐漢（Robert Keohane）後來將兩者統稱為「理性主義理論」（Rationalism Theory），並與後來的「社會建構主義」展開了第四次的辯論。	

第四次辯論		
時間	1990年代末期迄今	
辯論學派	理性主義（Rationalism）	社會建構主義（Social Constructivism）
代表人物	「新現實主義」的華爾滋 「新自由主義」的基歐漢	溫特（Alexander Wendt）
對國際關係的主張	1.國家為分析國際政治的主要單元，它是利己的理性行為者，國際關係中的衝突、戰爭行為，都是行為體的理性選擇，不涉及道德或其他價值的考量。 2.國際關係是有形的物質關係，觀念或理念是不重要或僅是補充性的。 3.重視「國際體系」或「國家」層次的研究，忽視個人層次的研究途徑。	1.國家為分析國際關係的主要單元（此與「理性主義」相同）； 2.國家體系的主要結構是互為主體的（intersubjective），而非物質的結構（此與「新現實主義」相反）； 3.國家認同是國際社會結構的重要構成部分，此認同並非是既有的外生因素（此與「新自由主義」的主張不同）。
辯論議題	國際關係的「本體」是客觀存在的「無政府狀態」，此狀態是「既定的」（given），不可以改變。	國際關係的「本體」雖然是「無政府狀態」，但是此狀態並非是「既定的」，而是可以改變。
辯論結果	雖然「社會建構主義」對國際關係提出新的見解，但遭到「新現實主義」及「新自由主義」兩大主流學派的批判，而且此兩個學派也不願意與其進行對話，此次辯論可說是無交集，所以尚無具體的辯論結果。	

第 ② 章 第一次辯論：理想主義vs.古典現實主義

國際關係學自從於1919年在英國正式成立以來的第一次論戰，是發生在「理想主義」（Idealism）[1]與「古典現實主義」（Classic Realism）[2]之間。「理想主義」屬於「自由主義」[3]的一個支派，是「自由主義」在國際關係學中所出現的第一個學說。而以後國際關係學的主要發展，即是圍繞在「自由主義」與「現實主義」這兩大主義之間的爭論。基本上，這兩種主義都同意國際政治不像國內政治一樣，擁有一個最高的權威來維持國內秩序。他們認為世界是由主權國家所組成的，所以沒有一個高於主權國家的組織，因此國際社會是一個「無政府的狀態」（anarchy），這是這兩大學派最重要的基本命題。他們之後的理論發展，也都是以此命題為根據。

由於國家生存在此種「無政府的狀態」的環境之下，為求生存與發展，就必須與其他國家展開競爭或進行合作。而「自由主義」與「古典現實主義」所爭論的，就是在這個「無政府狀態」的國際社會之下，國家應該與其他國家展開「競爭」或是進行「合作」？「理想主義」所關注的是世界「應該是什麼樣的型態？」（What it ought to be?）的主觀問題，而「古典現實主義」則討論

---

1 有些國際關係學者直接將「理想主義」稱為「自由主義」，但兩者仍是有區別的，因為「理想主義」是「自由主義」在國際關係學的典範之一，而不能完全代表「自由主義」。

2 之所以稱為「古典現實主義」是為了區別1979年華爾滋（Kenneth N. Waltz）所提出的「新現實主義」（Neo-Realism），又有些學者將其稱之為「傳統現實主義」（Traditional Realism）。參見Randall Schweller & David Priess, 1997, "A Tale of Two Realisms: The Institution Debate," *Merbosn International Studies Review*, Vol. 41, p. 1.

3 「自由主義」是西方所發展的一種政治與經濟思潮，強調個人自由的重要性。此主義認為人是理性的動物，個人的行為是在實現其最大的效益，並達成社會最大的公益。所以「自由主義」主張民主制度，政府對個人選擇的干預應減至最低，經由個人的競爭，市場會對有限的資源產生最有效的配置，促進集體的公益（General Welfare）。參見陳欣之，〈新自由制度主義、社會建構主義及英國學派〉，張亞中主編，《國際關係總論》，頁74。

世界「它是什麼樣的型態？」（What it is？）的客觀問題。

　　在國際關係學中，權力（power）[4]的概念非常的重要。因為權力是國家生存最重要的憑藉，因此國家為求生存與發展，就必須在國際間追求權力，權力的追逐就促成了國家之間的競爭與合作。然而，無數的歷史經驗告訴我們，無限制的追逐權力，將導致重大災難的發生。所以如何管制國家追求「權力」的行為，以創造和平世界的問題，就成為「理想主義」與「古典現實主義」爭論的焦點，他們對此問題存在著根本的分歧，並一直相互爭論到現在。他們對於管制權力的方法分別提出不同的見解，「理想主義」者提出「集體安全」（collective security）的方法，而「古典現實主義」者則提出「權力平衡」（balance of power），兩者並相互爭論何者較能為世界帶來和平，也因此拉開了第一場的大辯論。

理想主義與古典現實主義基本假設的對照		
議題項目	理想主義	現實主義
人性	利他	自私
最重要成員	國家與其他成員，包括個人在內	國家
影響國家行為的原因	決策者的動機	理性追求自身利益
國際體系本質	共同體	無政府狀態

資料來源：Goldstein, S. Joshua著，歐信宏、胡祖慶譯，2003年，《國際關係》（*International Relations*）（台北：雙葉書廊出版公司），頁52。

---

[4] 何謂「權力」？學者們的解釋眾說紛紜，「古典現實主義」學派代表學者摩根索雖然極力強調權力的重要性，但是卻沒有對權力提出具體的定義。有些學者採取狹義的定義來解釋，例如克勞德（Inis L. Claude）及米爾斯海默（John J. Mearsheimer）都將「權力」具體的定義為一國的「軍事力量」，米爾斯海默甚至強調地面軍力的重要性超越海上及空中的軍力，所以他以地面軍力為估計權力的主要標準。然而「新古典現實主義」學派學者Robert Gilpin認為權力應該包涵國家的軍力、經濟及科技能力等，其對權力的定義較為廣泛。參見Stephen G. Brooks, 1997, "Dueling Realisms," *International Organization*, Vol. 51, No. 3, p. 459.

第一節　理想主義

一、理想主義提出的背景

　　1648年「西發里亞體系」形成後的一個半世紀裡，歐洲社會進入了戰爭頻繁、競爭激烈的戰國時代。歐洲社會之所以有如此旺盛的精力進行戰爭，是由於這個社會已跳出了谷底並開始上升，當時貿易繁榮、農業發展、技術進步。但是反過來，這些戰爭又刺激了社會經濟的發展。這一名符其實的「戰國時代」經歷了法西戰爭、法荷戰爭、9年的奧格斯堡戰爭、13年的西班牙王位之戰、8年的奧地利王位之戰，以及決定英法在歐洲霸權的7年戰爭，最終在1815年拿破崙戰爭失敗後，形成了維也納體系，均勢歐洲的出現而告一段落。[5]

　　所以早期歐洲各國的外交政策，一直奉行著政治現實主義者所主張的「權力平衡」（balance of power）原則，各國也都積極的建立有利於本國利益及安全的同盟體系。例如19世紀著名的奧地利首相兼外交大臣梅特涅（Klemens Wenzel Lothar Metternich）就是善於利用「權力平衡」原則的外交家，他以圓滑高超的外交手腕周旋於大國之間，推行「均勢外交」，竟然使落後的奧地利一度崛起而稱霸歐洲大陸，首都維也納成為歐洲外交的中心與國際政治思想的中樞，梅特涅儼然以「歐洲首相」自居，這對維也納而言可說是空前絕後的例子。另外有「鐵血宰相」（Iron Chancellor）之稱的德國宰相俾斯麥（Otto von Bismarck）也精於利用「權力平衡」手段，讓分崩離析的日耳曼邦聯完成統一，並成為強大的德意志帝國。[6]

　　然而，第一次世界大戰前盛行於歐洲各國的「權力平衡」手段，及根據此手段所形成的同盟體系，並未能阻止大戰的爆發，反而讓世界各國陷入一場前所未有的大災難。例如1870年普法戰爭之後，德國與奧匈帝國及義大利建立緊密的同盟體系，以鞏固自戰敗的法國所攫取的利益，並壓制法國的復仇心理。

5　孫鐵，〈威斯特發利亞和約〉，《影響世界歷史的重大事件》，頁246-247。
6　陳潮、胡禮中主編，《玉帛干戈──世界十大外交家》，頁36。

有些歷史學家就認為，俾斯麥的同盟體系是導致第一次世界大戰的主要原因之一，因為後來世界發展成為「同盟國」與「協約國」相互對抗的兩極化形勢。因此有許多的政治人物及學者認為，「權力平衡」手段及同盟體系就是戰爭的元兇。

當時的美國總統威爾遜（Woodrow Wilson）及「自由主義」者就嚴厲批判「權力平衡」的方法，並且相信國家會基於理性的思維，可以透過合作及互賴來創造雙贏，避免戰爭並使彼此能共存共榮。[7]因此在1918年1月第一次世界大戰末期，威爾遜總統在美國國會提出被人們稱之為「人類自由宣言」的「十四點和平綱領」（Fourteen Points），[8]積極倡導具有濃厚理想色彩的「道義外交」，[9]所以後來的學者將其主張稱為「威爾遜主義」。也因為他們具有非常強烈的理想，所以被後來的國際關係學者稱為「理想主義」學派，威爾遜總統因而成為此派的奠基人。

第一次世界大戰結束後，在威爾遜總統的倡導下，國際關係學的「理想主義」思潮迅速興起，成為第一次世界大戰後的主流思想，並席捲歐美國家的學術界，作為對強權政治的反思與批判，希望阻止戰爭的再次爆發。[10]當時反戰的情緒高漲，斥責戰前秘密外交的橫行。此主義後來成為第一個在國際關係學

---

7 李英明，2002年7月31日，〈新現實主義、新自由主義與社會建構論之反思〉，《國政研究報告》（台北）。

8 威爾遜自己則稱此為「世界和平綱領」的「十四點計畫」。其中第1至5點提出了有關國際政治、經濟、軍事、外交的原則性意見，包括：公開外交，不得有任何秘密國際諒解；無論平時或戰時，公海航行絕對自由；撤除一切關稅壁壘，以保障國際貿易機會均等；以維持國內治安為度，將軍備縮減至最低額；兼顧當地居民的利益和殖民地政府的正當要求，公正地解決殖民地問題。第6至13點提出了美國關於戰後和平諸問題如撤軍、邊界劃分、領土調整、國家獨立、民族自治等問題的具體建議。第14點，也是威爾遜最注重的一點，就是組織一個普遍性的國際聯合機構，以相互保證的共同盟約，來確保世界各國的政治獨立與領土完整。他強調這是締造永久和平的外交結構的基礎。參見陳潮、胡禮中主編，《玉帛干戈——世界十大外交家》，頁170。

9 威爾遜認為，凡屬有道義的國家，在處理相互關係時都應該遵守國際法，以國際法而非同盟體系的軍事結盟來保障世界和平。參見陳潮、胡禮中主編，《玉帛干戈——世界十大外交家》，頁151。

10 〈讀書筆記：新現實主義〉，2006年9月17日，《Athos's Blog——學術劍客》，〈http://www.wretch.cc/blog/athos/9187626〉（瀏覽日期：2010年6月25日）。

領域中居於主導地位的學術理論，從1919年之後的20年，一直持續到第二次大戰爆發之前，國際關係幾乎是「理想主義」的天下。[11]

二、理想主義的主張

　　顧名思義，「理想主義」對世界的和平與安全前景抱持著樂觀的態度。他們相信，運用人類的智慧可以減少或甚至消弭戰爭，並促進國際的繁榮。所以該主義認為，國家生存在此種「無政府的狀態」之下，可互相展開合作，而非採取競爭的手段求取生存與發展。威爾遜總統之所以會有如此理想化的主張，主要是與其生長背景有很大的關係。因為他出身在一個宗教氣息十分濃厚的基督教牧師家庭，而且是美國有史以來唯一獲得博士學位並擔任過大學政治學教授與校長的總統。由於他對於國際政治過於理想化，所以其主張被稱之為「理想主義」，甚至被譏諷為「烏托邦主義」（Utopianism）。他那些充滿理想主義色彩的綱領，在戰後帝國主義相互爭霸的現實政治中碰得頭破血流，但對於後世的美國外交乃至國際政治卻產生了持續、深遠的影響。[12]

　　基本上，「理想主義」的主要論點有下列幾點：

(一) 人性本善，而且具有很高的可塑性，所以能夠利用教育、改革或偶而使用武力來糾正缺點；[13]

(二) 政治因為追求理性，所以戰爭可以消弭，永久的和平是可能達到的；

(三) 國際社會雖是無政府的狀態，但它是有秩序的，並非無秩序的狀態；

(四) 強調法律層面（國際法）、道德層面（人權）及制度層面（國際組織），是維持世界秩序的三個重要基礎。該主義尤其主張國際秩序應該制度化，也就是必須成立政治性的國際組織，以便各國可以在此制度中進行談判、

---

[11] 林碧炤，〈國際關係的典範發展〉，頁34。
[12] 陳潮、胡禮中主編，《玉帛干戈──世界十大外交家》，頁151。
[13] 李濟編著，1995年，《國際關係與國際現勢》（台北：鼎茂圖書出版有限公司），頁1。

解決爭端，此主張最後促成「國際聯盟」的成立。

　　威爾遜總統批判「權力平衡」是導致戰爭的主要禍首之一，政治家應該放棄此手段作為維持國際秩序的方法，並且提出以「集體安全」（collective security）的方法來共同管制國家的權力。「集體安全」是指「三個以上的國家共同締結多邊條約或參加一個國際機構，以一致的行動對破壞和平的國家施加制裁。」[14]並稱此為「一種嶄新而健全的外交」，所以克勞德（Inis L. Claude）將「集體安全」稱之為「威爾遜主義」。[15]「集體安全」制度強調可依賴國際集體的軍事力量來遏止他國的軍事侵略，所以帶有「我為人人，人人為我」的理想色彩。

三、實行集體安全的先決條件

　　「集體安全」可說是「理想主義」對於國際政治理念的具體實踐，而支持此主義的學者認為要成功實行集體安全制度，必須要有下列幾個先決的條件存在：

(一) **鬆散的國際體系**：國際關系體系必須是複雜而且鬆散的權力結構，例如多極的或鬆散的體系，也就是至少有三個以上的列強。而在單極、兩極的國際關係體中，「集體安全」的制度是很難被實踐的。

(二) **「和平不可分」**（indivisibility of peace）的認知：「集體安全」的參與國必須有此認知，即認為國際社會為一關係密切的社會，無論何處發生戰爭，都將視為與本國有密切相關，因而願意加入集體行動，以遏阻任何國家的侵略行為。

(三) **大國制裁的決心**：只有大國具有制裁侵略者的實力，而「集體安全」內的

---

[14] Inis L. Claude, Jr.著，張寶民譯，1990年，《權力與國際關係》（Power and International Relations）（台北：幼獅文化事業公司），頁77。

[15] Inis L. Claude, Jr.著，《權力與國際關係》，頁87-88。

大國對破壞和平者有實施制裁的決心，對於其他大國欺凌弱小國家的行為，不可袖手旁觀。

(四) **小國對大國的信心**：若大國具有制裁侵略者的決心，則參加集體安全的小國就會相信其若遭到他國侵略時，會有其他大國共同來聲援，則自然對「集體安全」的制度產生信心，他們就不會再互相締結同盟以求自保。

(五) **超國家武力的建立**：「集體安全」要能夠維持，必須要有一個超國家的武力，以制裁破壞和平者。第一次世界大戰後的「國際聯盟」之所以失敗，就是沒有一個超越國家的武力存在，讓各國認為「國際聯盟」只不過是一個無牙齒的老虎而已。

四、集體安全的實踐

威爾遜總統除了倡導「集體安全」的構想，並呼籲「建立一個和平組織，以確保自由國家的聯合力量足以防止任何的侵犯行為」。[16]在他的努力之下，成立了人類有史以來的第一個「集體安全」的組織——「國際聯盟」（League of Nations）。此嘗試最後雖然歸於失敗，但人類仍懷抱著此理想，並於第二次世界大戰後再度成立「聯合國」（United Nations），但是基本上，此兩次的嘗試都未能真正實施普遍性的「集體安全」制度。

（一）國際聯盟的成立

第一次世界大戰之後，一些有識之士開始檢討與反省，大多數人認為大戰之肇因，係戰前國際社會之「無政府狀態」之緣故。如欲防止大戰再起，必須建立一個國際組織，使其具有疏解國際紛爭的功能，並使其成為一個超越國家之上的國際政府，藉以達到消弭戰爭，及維護世界和平之目的，於是在此背景下開始推動「國際聯盟」的建立。其中以威爾遜總統最為積極，他並親自主持

---

[16] Inis L. Claude, Jr.著，《權力與國際關係》，頁77。

起草「國際聯盟」盟約，對於「國聯」的組織與運行機制、成員國的權利與義務及國際爭端的調查、仲裁與解決辦法等，都作了精心的設計。由於為實現和平與建立「國聯」所作的努力，他獲得了1919年的諾貝爾和平獎。[17]

　　「國聯」的設立目的，不但是希望提供各國一個多邊協商國際事務的場合，同時也企圖透過該機構實現「集體安全」的原則，為人類謀求世界和平，這是人類歷史上首次實行「集體安全」制度的嘗試。「國聯」的成立，是人類為謀求世界和平而努力的一大收穫；然而，「國聯」所設計的集體安全因為有其嚴重的缺陷，最終歸於失敗，此可歸咎於以下幾個原因：

1. 這是史無前例的嘗試，人們無法知道將集體安全概念變為可行的制度時，需要哪些條件；

2. 未獲大國的普遍支持，例如原創始國美國因其國會的反對而未加入。[18]因而「國聯」被英、法、日、義等少數野心國家所把持；

3. 「國聯」盟約並未以法律的承諾表達威爾遜總統所提倡以武力對抗侵略的保證，成員國可以自由決定是否提供武力以制止侵略行為，所以各國對實現「集體安全」的承諾常做保留；

4. 「國聯」盟約本身也有很多的缺陷，致使國聯無法有效的運作。例如大會的決議需要所有會員國的一致同意才能通過，此規定幾乎使得「國聯」無法通過任何政治性的議題；

5. 「國聯」因為本身沒有警察武力，等於是一隻無牙的老虎，所以對於侵略的國家，都無法採取有效的武力制裁，使得有野心的國家更加肆無忌憚。

　　由於「國聯」有上述幾項缺失，因此它無法制止日本於1931年9月18日侵略中國東北的「918事變」；而義大利在日本侵略中國東北後，於1935年出兵侵略非洲的衣索比亞，「國聯」雖然宣布義大利是侵略者，呼籲各國予以經濟

---

[17] 陳潮、胡禮中主編，《玉帛干戈──世界十大外交家》，頁173。

[18] 美國國會之所以反對加入「國聯」，一是因為孤立主義者擔心盟約將使美國捲入歐洲的紛爭，二是因為「現實主義」者不願被盟約束縛住手腳，以阻礙美國擴張的企圖心。參見陳潮、胡禮中主編，《玉帛干戈──世界十大外交家》，頁173。

制裁，但義大利竟然不理會制裁，並悍然宣布退出「國聯」；德國也在1936年進軍非武裝萊茵河地區；接著於1936年，西班牙爆發內戰，俄國協助西班牙政府軍，而德、義兩國則協助佛朗哥將軍，對於這些國家干涉西班牙內政的行為，「國聯」並未以武力制止。這些事件都顯示「國聯」的無力，並暴露出其制度的嚴重缺失。

　　當時整個國際社會並未真正建立有效的「集體安全」制度，並戳破「理想主義」深信透過國際組織可帶來和平的承諾。最後各國為了自保，只得又走回各自結盟的道路。二次大戰前夕的國際情勢，幾乎重走一次大戰前夕的覆轍，該主義維持世界和平的理想自然也就隨之幻滅。雖然如此，「國聯」在實現集體安全概念方面，仍是有其意義，威爾遜總統事後形容「國聯」是一種「極有前途的實驗」。[19]

（二）聯合國的成立

　　「國聯」成立的目的在阻止戰爭的發生，但事實證明該組織不能有效阻止法西斯主義的侵略行為，所以「國聯」的嘗試最終歸於失敗。但是此次的失敗並未擊退人類追求以國際組織，或國際制度來追求和平的理想。人類還是渴望以「集體安全」的制度來管制各國的權力，所以在第二次世界大戰後，美國率先於1945年籌組另一個世界性的國際組織——「聯合國」，以取代原先的「國際聯盟」。讓威爾遜總統的理念再度付諸實現，顯示他的主張及理想在今天仍具有影響力。

　　作為第二次世界大戰的產物，「聯合國」的誕生無疑是當代國際關係史上，最具有深遠影響的事件之一，再次體現人類建立一個更美好世界的決心與願望。[20]「聯合國」記取其前輩——「國聯」的教訓，因此在成立時做了幾項重要的修正。但是隨後的冷戰使得「聯合國」的運作遭遇無法克服的困難，

---

[19] Inis L. Claude, Jr.著，《權力與國際關係》，頁121-122、137。
[20] 孫鐵，〈聯合國誕生〉，《影響世界歷史的重大事件》，頁517。

「理想主義」被迫向「現實主義」妥協。權力政治成為主流，「集體安全」再度成為烏托邦的理想。[21]究其原因，「聯合國」面臨以下的問題：

1. 「聯合國」為了修正「國聯」無自身武力的缺點，所以在憲章第43條規定：各會員國為求對於維持國際和平及安全有所貢獻起見，應與安理會締結特別協定，供給為維持國際和平及安全所必需之軍隊、協助及便利。此規定雖然是較「國聯」進步，然而由於當時美、蘇的相互不信任，對於如何組建該部隊意見相當分歧，蘇聯雖然已經瓦解，但是迄今此武力仍未組建成功。讓憲章第43條形同具文，也讓「聯合國」與「國聯」一樣，無法擁有真正實際制裁的力量。[22]

2. 「聯合國」雖然強調「集體安全」的理念，但在憲章第51條卻承認各會員國「受到武力攻擊時有行使單獨或集體自衛之自然權利」。此規定是承認一旦世界出現大危機，「聯合國」無能為力時，仍有必要採用「權力平衡」的制度。「聯合國」創始人的心態原來是偏向於「集體安全」，結果卻間接承認在對付大國衝突時，有回到「權力平衡」的必要。[23]

3. 安理會中否決權的設計，也讓「集體安全」制度無法運作。[24]否決權制度的構思原本是要讓大國對世界的和平與安全擔負主要的責任，然而此理想卻因過去的蘇聯與美國因自己國家的利益，而使此制度失去真正的作用。因此，聯合國的「集體安全」制度因否決權的濫用而告幻滅。此「集體安全」制度顯示只能對付次要的和平破壞者，在所有大國的一致同意下，採取集體行動，所以這只能算是有限的「集體安全」，在有限的範圍內適用。[25]

4. 「聯合國」憲章以「主權平等原則」為其首要原則。也就是說，它是一個由主權國家所構成的世界性組織，儘管它具有相當大的權威性，以維持國際和

---

[21] 林碧炤，〈國際關係的典範發展〉，頁36。

[22] Inis L. Claude, Jr.著，《權力與國際關係》，頁137。

[23] Inis L. Claude, Jr.著，《權力與國際關係》，頁219。

[24] 根據「聯合國」憲章第23條規定：只有中、美、英、蘇、法五國，可永久保有安全理事會席位；第27條規定：常任理事國對於非程序事項享有否決權。

[25] Inis L. Claude, Jr.著，《權力與國際關係》，頁128。

平與安全，進行合法干預的權利，但它畢竟不是超國家的組織，無權干預其成員國主權範圍的內部事務。[26]

「聯合國」因為有上述的問題，所以半個多世紀以來，它經歷了一個艱難的發展過程，它在美、蘇激烈冷戰的對抗下幾近癱瘓，[27]因此其作用遭到世人的強烈質疑。但是不可否認的，它已成為當今世界上代表性最廣、影響最強及規模最大的國際組織，在當代國際事務中具有不可替代的作用。[28]它對當前世界最主要的貢獻之一就是防止侵略，它可以代表全球的旨意，對野心國家的侵略行為產生約束性的影響。例如1950年韓戰的爆發，為解決蘇聯濫用否決權的問題，美國發起「聯合維持和平決議案」（Uniting for Peace Resolution），[29]並獲得大會的通過，出兵對抗北韓以解救南韓。

聯合國第二任秘書長哈瑪紹（Dag Hammarskjöld's）（1953至1961年）所創的「預防外交」（Preventive Diplomacy），[30]曾在蘇伊士運河及剛果兩次危機中獲得充分發揮，[31]即時解除可能發生的危機。另外，由於集體安全體系的缺失，「聯合國」乃發展出「維持和平行動」或簡稱「維和行動」（Peace-Keeping Operation, PKO）制度與作法，希望至少能夠控制戰爭或武力衝突的影響範圍，然後以國際外交方式或由安理會進行處理協調國家間衝突的解決方案，因此「維和行動」有時被稱為「憲章第六章半」（Chapter Six and a Half）。[32]許多「聯合國」的「維和行動」在世界各地確實也發揮了消弭或降

---

[26] 孫鐵，〈聯合國誕生〉，頁521。

[27] 孫鐵，〈聯合國誕生〉，頁521。

[28] 孫鐵，〈聯合國誕生〉，頁517。

[29] 1950年11月3日「聯合國」大會通過，規定在安理會因大國意見不一而形成僵局時，大會得建議各國採取集體行動，迅速對某一危機進行處置。

[30] 指冷戰時期，由「聯合國」派遣大國以外的國家所組成的武裝部隊，進駐可能發生爭端的地區，以預防美、蘇兩大陣營爭相干預，並防止衝突的擴大。

[31] Inis L. Claude, Jr.著，《權力與國際關係》，頁221-222。

[32] 在聯合國憲章中並無「維持和平」的字彙與規定，僅在第六章規定有關國家和平解決爭端的方法與程序，以及第七章賦予聯合國安理會以集體安全體系維護國際和平與安全。楊永明，1997年11月，〈聯合國維持和平行動發展：冷戰後國際安全的轉變〉，《問題與研究》，第36卷第11期，頁23-40。

低衝突的功能，並曾在1988年獲頒諾貝爾和平獎，使其維持和平的作用自此得到世界認同。所以，以「聯合國」為基本形式的「維和行動」機制，已得到越來越多國家的認同。以南斯拉夫問題為例，以美國為首的北約最終不得不將問題提交「聯合國」安理會解決，充分表現今後「聯合國」在維護世界和平的作用具有不可替代性。[33]

而在1990年至1991年間制裁伊拉克入侵科威特的軍事行動中，「聯合國」也發揮了重要的影響力，例如安全理事會通過第678號決議案，授權會員國可使用一切必要的手段，將伊拉克驅逐出科威特。在「聯合國」的支持之下，讓美國所領導的聯軍師出有名，最終美軍與其他國家組成的盟軍進行代號「沙漠風暴軍事行動」，於1991年2月26日將伊拉克逐出科威特，使第一次波斯灣戰爭落幕。上述這些案例，都是「聯合國」維持世界秩序的成果。

「聯合國」在維護國際安全與和平、促進國際合作方面所做出的貢獻已被國際社會所公認，它在非殖民化及反對種族歧視與種族隔離制度的運動中，發揮重大的作用。幾十年來，在它主持之下，制訂了大量的國際協議，都反映大多數會員國的共同要求。在推動建立國際經濟新秩序中，它所通過的一系列宣言、綱領、憲章與決議，基本上符合全世界經濟發展的總體利益。特別從冷戰結束之後，它實際上已經成為變化無常的世界局勢中「一個不變的中心點」。因此，它在當今世界的作用是無法被取代的。[34]

「聯合國」當初在成立之初，雖然有意想成為一個「集體安全」的組織，也成立了許多附屬的獨立機構，但是由於內部存在著「政府間主義」（Inter-governmemtalism）與「跨國主義」（Transnationalism）兩個不同的主張，這兩個力量代表不同的成員與不同的利益，彼此的主張常常相互衝突。政府間機構代表著重要成員國的個別利益，例如安理會（Security Council），許多政策是由幾個主要國家的代表所制訂。而跨國機構主要代表大部分成員國的共同利

---

[33] Michael W. Doyle, Nicholas Sambanis, 2006, *Making Warand Building Peace: United Nations Peace Operations* (Princeton University Press), pp 149-151.

[34] 孫鐵，〈聯合國誕生〉，頁522。

益，例如非政府組織（NGO）以及許多「聯合國」的附屬機構。[35]

五、對理想主義的批判

第二次世界大戰的爆發，證實「集體安全」制度運作的失敗，導致「現實主義」學派對「理想主義」提出以下嚴厲的批判：

(一) 「理想主義」不切實際及太過於理想化。[36]「現實主義」者批評說，建立一個世界組織的願望是一種烏托邦的逃避主義，存心將權力因素置於腦後，而憧憬一種法律、制度及道德至上的夢幻世界。[37]因為國際關係的運作端賴權力與利益，而非規範或理念。[38]所以「理想主義」所追求的目標不合乎國際現實，其主張以高標準的道德良心來拘束或消滅權力，在現實的國際社會中是不可能實現的。

(二) 因為「集體安全」制度有效運作的先決條件，是國際關係體系必須是複雜而且鬆散的權力平衡結構。但是第二次世界大戰後，形成美、蘇對抗的兩極化國際體系，也讓「集體安全」制度無法有效運作。因為「集體安全」認為所有的侵略者都是孤立的，所以可以集結大部分國家的力量，來對抗單獨的侵略者。但事實上，侵略者可能有許多的同盟國或衛星國給予支持，所以執行「集體安全」的集團可能無法包括所有的成員國，這種情形更弱化集體優勢力量來對付大國的可能性。[39]

---

[35] Bruce Cronin, 2002, "The Two Faces of the United Nations: The Tension Between Intergovern-memtalism and Transnationalism," *Global Governance*, Vol. 8, p. 53.

[36] 英國首相勞合‧喬治（David Loyd George）挖苦威爾遜總統說：這位充滿理想主義的總統把自己看成是救世主，似乎他的使命就在於拯救歐洲苦難的異教徒。而法國總理喬治‧克里孟梭（Georges Clemenceau）則嘲諷說：全能的上帝也只提出了十誡，威爾遜先生竟然一下子就提出了十四點要求。參見陳潮、胡禮中主編，《玉帛干戈──世界十大外交家》，頁171。

[37] Inis L. Claude, Jr.著，《權力與國際關係》，頁123。

[38] Robert O. Keohane, 1986, "Laws and Theories," in Robert O. Keohane, ed., *Neorealism and Its Critics* (New York: Columbia University Press), p. 11.

[39] Inis L. Claude, Jr.著，《權力與國際關係》，頁151-152。

(三) 與軍事技術革命有關。因為1945年以來，由於核子武器的威脅，使得現代的戰爭具有高度的毀滅性，有哪一個國家還願意以自身的存亡，來協助「聯合國」對抗擁有核子武器的大國。「集體安全」的理論係根據第一次世界大戰的軍事情況而產生的，但無法適用於可能爆發核子大戰的第三次世界大戰了。[40]

(四)「集體安全」制度假定有明顯的侵略者及侵略行為。但在國際衝突中，往往很難清楚的區分「有罪」的一方與「無辜」的一方。而且在冷戰時期，侵略的行為往往利用他國打代理人的戰爭，或是使用顛覆與滲透的行為取代公然的侵略行為，所以很難判定何者為侵略者。[41]

由上述可知，「集體安全」制度尚未真正被徹底的實現。由於「集體安全」可說是根據第一次世界大戰時期的戰爭型態所設計的，在當時或許還能夠實行。但是因為現代戰爭型態、國際現況等條件均已經改變，此制度與國際社會現實不符，所以可說是已經落伍，[42]也不再有學者提出使用此制度了。但這並不意味著「集體安全」毫無意義，雖然人們已經不再迫切要求建立「集體安全」制度，但此學說仍有相當的影響。許多的基本理念，諸如國際侵略行為應受到法律及道德的制裁，國際組織應處理破壞和平的行為，以及警告潛在侵略者可能遭到集體對抗等理念，皆出自「集體安全」的理論，並已成為20世紀國際關係思想的一部分。[43]

---

[40] Inis L. Claude, Jr.著，《權力與國際關係》，頁150-151。
[41] Inis L. Claude, Jr.著，《權力與國際關係》，頁152-153。
[42] Inis L. Claude, Jr.著，《權力與國際關係》，頁150-153。
[43] Inis L. Claude, Jr.著，《權力與國際關係》，頁158。

第二節　古典現實主義

一、古典現實主義[44]的主張

　　「現實主義」是人類開始有政治思想以來，一直是最有影響力的理論，中西方都是如此。[45]有人將此主義追溯至古希臘時代修昔底德斯（Thucydides）描述雅典與波斯所領導兩大聯盟之間的「伯羅奔尼撒戰爭」（Pelopennisian War）所撰寫而成的《伯羅奔尼撒戰爭史》一書。因為他分析此戰爭的原因之後稱：「國家將以行動保衛其自身利益、權力與地位，甚至試圖將之擴展至最大化程度。」根據後代學者的解釋，這部著作透露「現實主義」最根本的假設：「世界政治中最主要的行為體就是依賴領土所組織的實體，國家的行為能以理性來解釋，國家追逐權力，並根據權力計算自身利益。」此書因此被視為此主義的啟蒙之作，從此之後，此主義一直主導著歐洲的外交學說，成為講求「強權政治」（realpolitik）與「權力平衡」（balance of power）的外交家主要思想來源。[46]

　　雖然最後「古典現實主義」所倡導的「權力平衡」手段無法阻止1914年第一次世界大戰的爆發，而遭到「理想主義」學派嚴厲的批判並短暫沒落。但是後來因為「理想主義」所倡導的「集體安全」方法與「國聯」制度都無法阻止第二次世界大戰的爆發，使「古典現實主義」在第二次世界大戰之後得以再度復興，從此以後一直占據著國際關係學研究的重要地位。「現實主義」不是最完美的政治哲學，它只不過是面對人類政治的真實本質所提出的務實方法而已。[47]

　　與「理想主義」者相比，「古典現實主義」者較為悲觀，它重視世界的客觀現存因素，否認人的善良本性，並認為人類相互殘殺的本能是與生俱來

---

[44] 之所以稱為「古典現實主義」主要是要與後來華爾滋的「新現實主義」加以區分。
[45] 林碧炤，〈國際關係的典範發展〉，頁25。
[46] 〈讀書筆記：新現實主義〉，《Athos's Blog——學術劍客》。
[47] 林碧炤，〈國際關係的典範發展〉，頁26。

的，無法加以消滅。所以「古典現實主義」者認為，權力爭奪的問題將永遠存在，它不是一種「可以消滅的問題」，而應該是一種「可以管控的問題」。此派學者雖然也認為政治是一種理性的活動，但不相信「理想主義」所稱的戰爭可以消弭、永久的和平可能達到的主張。他們認為，創造一個和平的世界是令人嚮往的，但要逃脫這充滿競爭與戰爭的世界並非容易的事。例如，英國「現實主義」學者卡爾（E. H. Carr）於1939年出版的《二十年危機》（*The Twenty Years' Crisis, 1919-1939*）中，就批評「理想主義」太過樂觀，他認為國家的動機主要是受權力的驅使，並稱「現實主義強調現存力量與趨勢的不可抗力，所以最明智的選擇就是接受，並適應這些力量與趨勢。」[48]所以基本上，「古典現實主義」的主張主要有以下五個要點：

1. 國家是國際社會最主要的行為者，所以也是最主要的分析單元，不論是分析古希臘的城邦國家或是現代的國家等。國際體系就是由國家所組成的體系，所以分析國際關係就是在分析國與國之間的關係。而非國家行為者（如國際組織）就不是很重要。[49]（此觀點與「自由主義」的主張不同）

2. 國家是一個單一的行為者（unitary actor），就如同被一個硬殼所包圍，其內部性質沒有差異，面對外在世界時是一個整體的單元。雖然有時會出現例外的例子，但是在大部分的時間與問題上，通常只有一種政策。[50]（此觀點與「自由主義」的主張不同）

3. 國際社會是一個「無政府的狀態」（anarchy），在此種國際社會之中，國家——尤其是大國——是最主要的行為者，因為他們主宰與塑造著國際政治。（此觀點與「自由主義」的主張一樣）

4. 在基本的生物心理驅使之下，人類追求權力是無可避免的行為與結果，政治

---

[48] E. H. Carr, 1962, *The Twenty Years' Crisis, 1919-1939: An Introduction to the Study of International Relations*, 2nd ed. (London: Macmillan), p. 10.

[49] Paul R. Viotti & Mark V. Kauppi, *International Relations Theory: Realism, Pluralism, Globalism*, p. 5.

[50] Paul R. Viotti & Mark V. Kauppi, *International Relations Theory: Realism, Pluralism, Globalism*, p. 6.

人物的思考與行為遂以權力為基礎，[51]因此一個國家的對外政策就是在追求權力。（此觀點與「自由主義」的主張不同）

5. 「現實主義」強調富國強兵的必要性，對於戰爭的合法性與正當性就採支持的態度，[52]例如克勞塞維茨（Carl Von Clausewitz）稱「戰爭是政治以另一種方式的延續」。雖然國家彼此偶爾也有合作，但他們基本上具有衝突的利益。[53]

「現實主義」邁向國際安全之路：假定與政策建議

「現實主義」對於國際環境的描繪	
世界的狀態	無政府
體系改變的可能性	低
主要行為者	國家，特別是幾個大國
行為者的主要目標	超越他國的權力、自保、安全
行為體之間的交往型態	競爭與衝突
普遍的關注	國家安全
國家優先考慮的事	獲取軍事能力
一般國家的作為	使用武力以執行強制性的外交
「現實主義」的政策建議	
對戰爭的準備	如果要和平，就要準備戰爭
長期的警戒	沒有一個國家值得信賴
持續的介入與干預	孤立主義不是一個選項
隨時整軍經武	隨時準備作戰，不要成為次級國家
維持權力平衡	不要讓某個國家或同盟成為主宰力量
避免軍備競賽輸敵人	與競爭者談判，以維持軍事平衡

資料來源：Charles W. Kegley, Jr. & Eugene R. Wittkopf, 1999, *World Politics*, 7th ed. (New York: St. Martin Press), p. 464.

---

[51] Hans J. Morgenthau, 1954, *Politics among Nations: The Struggle for Power and Peace* (2nd ed.) (New York: Alfred A. Kroph), p. 5.

[52] 林碧炤，〈國際關係的典範發展〉，頁17。

[53] John J. Mearsheimer著，王義桅、唐小松譯，2003年，《大國政治的悲劇》（The Tragedy of Great Power Politics）（上海：上海人民出版社），第一章，頁16-17。

二、權力平衡學說的提出

　　「權力」為「現實主義」者最為重視的概念，因為他們認為「權力」為國際關係中最主要的因素。此因素被認為是國際政治活動的一種形式，政府與其他國際關係行為體通過它可以實現其對外政策的目標。[54]但是迄今學者對於權力的定義眾說紛紜，並未有統一的說法。然而大多數學者都同意，「權力」為一種運用我方所擁有的任何資源，以強制或誘導的方式，改變他者行為的一種能力。也就是說，A可以運用其所擁有的資源，以強制或誘導的方式，改變B原來所欲從事的行為，並且依照A的意願從事某種行為。此時我們就可以說，A對B具有某種權力。而A所運用的資源可以是政治性的、經濟性的、軍事性的或科技性的等等，其運用方式可以是單獨一項資源，或是兩項，甚至是多項的，這要看事情的難易度而定。

　　「古典現實主義」者不但重視「權力」，更重視「權力平衡」的概念。此概念為國際關係學中最古老、最持久與最具有爭論的理論之一。[55]「權力平衡」的概念源於自然科學，例如能量平衡（energy balance）是物理學最根本的概念，而質量平衡（material balance）也是化學分析中最根本的概念。就是因為人類先有上述幾種科學的成就，才會引起國際政治學者將此概念引進國際政治學中。而最早將此概念引進國際政治研究中，是義大利學者古希阿地尼（Frenceses Guiciardini, 1483-1540），其涵義為「保持各國間勢力的均衡」。其目的在防止任何國家取得優越的地位，而威脅到其他國家的安全。所以均勢主義之先決條件為權力相當的幾個大國並存。因此可以推論，凡是均勢主義一定是強權政治。

　　此學說在18、19兩世紀最為得寵，尤其在當時的歐洲國際關係中，均採取此方法來相互制衡他國的權力，例如1815年的維也納會議中，「均勢原則」即

---

[54]　John M. Rothgeb, Jr., 1993, *Defeading Power: Influence and Force in the Contemporary International System* (New York: St. Martin's Press), pp. 13-29.

[55]　J. E. Dougherty & R. L. Pfaltzgraff著，《爭論中的國際關係理論》，頁32。

是當時處理戰後問題的主要原則之一，當時英國主張建立一個包含比利時在內的大荷蘭，加上西班牙與薩丁尼亞一起來圍堵法國，以防其再度成為歐陸的霸權。但在兩次的世界大戰間，「權力平衡」制度受到「理想主義」的嚴厲批判，而使「現實主義」沒落。然而第二次世界大戰的爆發，證實「理想主義」無法有效遏止戰爭，[56]所以卡爾對「理想主義」觀點發動攻擊，並認為國家間的權力競逐才是國際關係的本質，此主張促使「現實主義」重新興起。[57]

而近代倡導「權力平衡」的國際關係學者以美國「現實主義」大師摩根索（Hans J. Morgenthau）為主要的代表人物，他在1948年所出版的《國際政治學》（*Politics among Nations*）一書，被視為是近代「古典現實主義」學派的重要巨著。之前的「現實主義」者包括卡爾或肯南（George F. Kennan）[58]等人雖然批評「理想主義」，並強調國家的動機主要受到權力的驅使，但他們卻對國家為何在乎權力及國家想要多少權力都未提及。但摩根索對上述的問題提出自己的見解，因此奠定其在「古典現實主義」學派中不可動搖的地位，並在過去50年主導國際關係學說。[59]尤其是冷戰的爆發，更強化其學說的解釋力。雖然冷戰已經結束，但是其影響力迄今仍然存在。[60]

摩根索他之所以倡導「權力平衡」的概念，或許是因為受到美國政治制度的影響。因為美國的政治制度採取三權分立、相互制衡（check and balance）的原則，其基本的精神就是「權力平衡」。由於美國此種政治制度運行良好，可能影響其對國際關係的思維及期望。而他能夠在眾多的「現實主義」學者中脫穎而出，[61]並被稱為該主義的奠基者，主要是其理論不同於以往學者的論

---

[56] Inis L. Claude, Jr.著，《權力與國際關係》，頁7。

[57] 秦亞青，2001年，〈國際政治的社會建構──溫特及其建構主義國際政治理論〉，《美歐季刊》（台北），第2卷第15期，頁236。

[58] 肯南為美國歷史學家，並且是杜魯門總統政府時期的外交官，他因在冷戰時代提出對蘇聯採取「圍堵政策」（Policy of Containment）而聞名。

[59] John J. Mearsheimer著，王義桅、唐小松譯，《大國政治的悲劇》，第一章，頁18。

[60] 林碧炤，〈國際關係的典範發展〉，頁26。

[61] 根據Micheal Smith指出，「現實主義」的代表人物共計有Max Weber, Reinhold Niebuhr, E. H. Carr, George F. Kennan, Hans J. Morganthau, Henry Kissinger, George Schwarzenberger, Nicolas Spykman, Martin Wight, Arnold Wolfers, John Herz, Raymond Aron等12人。參見Micheal Smith,

述。他們視自己的主要任務為描述當時發生的事件，或者是推動他們喜好的和平萬靈丹；但是摩根索認為紛亂的國際政治可被一致歸納為權力政治模式。其主要主張為：

(一) 國際關係學必須尋求建立普遍化原則，而非專注於獨立的事件；

(二) 國與國之間的關係顯示出一種國家經常發生的行為型態；

(三) 此學門的核心目的在探求國家行為的來源（追求權力）與相互之間互動的結果（權力平衡）。

摩根索對國際關係學的見解及主張，被郝思迪（K. J. Holsti）歸類為「大理論家」（grand theorist），[62]他所提出具有系統性的六個國際關係原則如次：[63]

(一) 人性本惡論，人性並非是完全的善；

(二) 國家行為是基於自身利益的考慮，而非道德考量；

(三) 在無政府狀態的國際社會中，國家必須追求最大的權力，以保障國家的利益與安全；

(四) 任何國家的權力若不加以約束，將威脅到其他國家的安全；

(五) 為降低某些野心國家的威脅，以防止戰爭的爆發，必須仰賴「權力平衡」或「強權協調」的制衡方式，來嚇阻可能的侵略者。

(六) 「權力平衡」的目的在實現一個差強人意的世界，而不是在追求絕對完善的世界。

1987, *Realist Through from Weber to Kissinger* (Baton Rouge, LA: Louisiana State University Press), p. 2.

[62] K. J. Holsti, *International Politics: A Framework for Analysis*, p. 7.

[63] 李濟編著，《國際關係與國際現勢》，頁1。

三、權力平衡的定義

對於「權力平衡」一詞，學者紛紛提出各種不同的定義。國際關係學者克勞德（Lnis L. Klaude）曾指出，「權力平衡」至少包含四種意義：

（一）指一種客觀存在的均衡情勢（equilibrium situation）

採取這種定義的人非常多，例如英國外相卡斯里（Robert S. Castlereagh）解釋權力平衡為：「國際社會成員國之間所維持的一種均勢，沒有一個國家可能強大到足以支配其他國家的地步」。[64]在歐洲的國際關係史上，1815年維也納會議以後到第一次世界大戰間，是處於一種均衡的情勢。另外在第二次世界大戰結束後的冷戰時期，整個世界是處於美、蘇兩大集團之間相互對抗的一種均衡情勢。

（二）指一種外交政策（diplomatic policy）

指某一個國家所採取的外交政策而言，例如19世紀的歷史學家萊克（Gould Francis Leckie）就稱：「英國外交的上上之策，是建立並維持歐陸各國之間的權力平衡」。[65]摩根索也將「權力平衡」稱作為「外交政策的普遍原則」。[66]然而並非每個國家都能夠採取此種外交政策，因為能夠採取此種外交政策的國家一定是強權國家，因為只有強國才能夠在其他強國的環伺之下，以結盟方式來操縱權力，達到對其有利的均衡情勢。

（三）指一種國際關係的制度（international relation systems）

有人認為，權力平衡其實是一種國際關係的制度。例如派德福（N. J. Padelford）與林肯（G. A. Lincoln）在其合著的《國際政治》（*International*

---

[64] Inis L. Claude, Jr.著，《權力與國際關係》，頁9。
[65] 同前註，頁9。
[66] 同前註，頁23。

Politics）一書中，將權力平衡視作「限制過份權力的一種制度」。[67]但是若說「權力平衡」是一種制度，就隱含著國與國之間的交往存在著一些遊戲規則，而這種遊戲規則是由誰來制訂的呢？對於此問題，學者眾說紛紜。有些論者強調「權力平衡」制度的自我調節性；有些則認為必須有賴老謀深算的政治家們操作。[68]

　　但是，「權力平衡」要能夠被稱為是一種制度，其所包含的遊戲規則，基本上是要被所有的成員國認同並共同遵守。但是由於「權力平衡」所強調的國際關係是一個權力分散的國際體系，並沒有一個強而有力的中央權，來主導或制訂他國所必須遵循的遊戲規則，因此認為「權力平衡」是這一種國際關係制度的說法，有其嚴重的缺陷。

（四）一種主觀的政治態度（political attitude）

　　也有很多學者並不認為「權力平衡」是一個可以定義的概念，而只是將它視為是一種政治的態度或立場而已。[69]例如有人積極支持「權力平衡」這種政治現象，並強烈反對某些破壞此種平衡的企圖。基本上，支持「權力平衡」的政治學者或政治家都可被歸類為「政治現實主義者」（political realist），例如美國前國務卿季辛吉（Henry Alfred Kissinger），是最擅長利用「權力平衡」的政治人物，因此他就被認為是現代著名的「政治現實主義者」之一。

四、權力平衡的分類

　　國際關係學者依照「權力平衡」過去的發展歷史，將其分為以下幾類：

---

[67]　同前註，頁31。
[68]　同前註，頁15。
[69]　同前註，頁29。

（一）單純與複雜的權力平衡（simple & complex balance of power）[70]

1. **單純的權力平衡**：指在國際體系內，權力大部分分配在二個大國或二大同盟國之間。在此狀態下，任何第三國很難操縱此平衡，所以有學者稱此種平衡為「剛性的權力平衡」，例如第二次世界大戰後的美、蘇兩極體系（bipolar system）。我們可以把它視為蹺蹺板模式的權力平衡，也就是權力集團正好位於蹺蹺板的兩端，只要兩方的重量相等就能維持平衡。一旦某方的重量增加時（代表其取得了某種優勢地位），蹺蹺板就無法平衡，強勢國就會對弱勢國進行攻擊或威脅。[71]

2. **複雜的權力平衡**：指在國際體系內，權力分配在二個以上的大國或同盟國之間，此時可能出現操縱者，故有學者稱此種平衡為「柔性的權力平衡」，例如1815年維也納會議後，歐洲五強（英國、法國、俄國、奧地利、普魯士）所形成的歐洲多極體系（multipolar system）。

（二）主宰與從屬的權力平衡（dominate & subordinate balance of power）

1. **主宰的權力平衡**：又稱為「世界性的權力平衡」，該種平衡的國家或集團可決定世界的基本發展趨向，例如當前五極世界的權力平衡（美國、俄國、日本、中國、歐盟）。

2. **從屬的權力平衡**：此種權力平衡是附屬於另一個更大的權力結構體系之下，所以它少有力量去影響主宰性的權力平衡。例如16世紀義大利半島的米蘭和佛羅倫斯，雖然它們在半島上形成平衡，但他們常被奧地利及法國的王室干涉，所以只能算是一個從屬的權力平衡。另外，現今南、

---

[70] Michael Nicholson著，《淺說國際關係》（*International Relations: A Concise Introduction*），頁109。

[71] 同前註，頁109-110。

北韓的對峙情勢也可說是一種從屬的權力平衡。

（三）直接與間接的權力平衡（direct & indirect balance of power）

1.**直接的權力平衡**：兩國直接相互競爭的權力均勢狀態，例如以色列及阿拉伯國家在中東地區的權力平衡。

2.**間接的權力平衡**：指A、B兩國之權力經由對C國之競爭而形成的一種均勢，任何一方都無法將對方的勢力排除在外，例如19世紀日本與俄國在中國東北地區的競爭；或是中日甲午戰爭前，中國與日本在朝鮮的競爭；以及甲午戰爭後，列強競相在中國發展勢力範圍，美國為了維護其在中國之利益，於是在1899年由國務卿海約翰（John Hay）提出門戶開放政策，以打開各國在中國的勢力範圍。這些政策都是一種間接的權力平衡作為。

五、「權力平衡」的目的

　　「權力平衡」的目的雖然在防制戰爭的爆發，但是所有參與權力競爭的國家，其實並不是在追求一種均勢的局面，而是追求對本身有利的優勢力量。[72]根據摩根索的說法，一個國家之所以採取「權力平衡」的外交政策有三種目的：

(一) **保持權力**：指維持國際社會權力分配的現狀（現狀政策）。此政策的主要目的在維持國際體系內既有力量的分配或「權力平衡」，所以贊同此政策者多為屬滿足現狀的強國，過去的大英帝國以及現在的美國即是屬於此類國家。

(二) **擴充權力**：指帝國主義的對外擴張（帝國主義政策）。此政策的目的在打破現有國際體系內既有權力的分配，故持此政策者多數屬不滿現狀，或遭

---

[72]　Inis L. Claude, Jr. 著，《權力與國際關係》，頁23。

受壓迫的國家。例如德皇威廉二世好大喜功，欲推行大海軍計畫，企圖獨霸歐洲，使海上霸權的英國感到威脅。第一次世界大戰後的「凡爾賽和約」（Treaty of Versailles），所建立的秩序不利於德國，故希特勒採取帝國主義政策，希望打破權力分配現狀。另外，一個國家權力的膨脹，也會採取帝國主義政策，例如伊拉克在權力擴張後入侵科威特。

(三) **顯示權力**：指追求國家的威信與聲譽（威望政策）。此政策的目的在藉由外交影響力的運用或軍力的展示，以提高國家在國際體系中的威望及影響力。例如法國拿破崙三世的對外政策即是在顯示法國的權力，他在外交上的多項成就將他與法國的名聲推至高峰；1891年及1893年，法國及俄國艦隊互訪，目的在向德意志帝國顯示權力，警告德國不能為所欲為；另外，美國常藉由航空母艦或核子潛艇來顯示其軍力的強大，並藉由航空母艦或核子潛艇派遣至敵國附近，以進行威嚇或警告之作用。例如2010年，美國透過與韓國與日本舉行大規模的聯合軍事演習，其目的在向中共及北韓展現其權力，並警告北韓勿輕舉妄動。

六、維持權力平衡的方法

對於維持「權力平衡」的方法，有些學者認為權力可以如同自然的物理現象一樣，衝力必然會產生反衝力，權力的追求必然為另一個權力所抵消，而「自動的」趨於平衡，不需要人為的介入，例如盧梭（Jean J. Rousseau）、湯恩比（A. J. Toynbee）等學者均主張此說法。伍爾夫（Charles P. Wolfwes）曾形容說：「雖然沒有一個國家想刻意建立權力平衡，但是因為所有國家皆盡量擴張自己的勢力，結果反而可能造成均勢。」[73]但是這種看法並無科學的根據，所以不被後來的學者所接受。

後來的學者認為，權力之所以會保持平衡，必須要有人為的介入。例如

---

[73]　Inis L. Claude, Jr.著，《權力與國際關係》，頁37。

歷史上英國在歐洲大陸，即是一直扮演「權力平衡」操縱者的角色。英國首相邱吉爾（Winston Churchil）認為400年來，英國的外交政策一直是加入弱小國家的陣營，對抗歐陸最強大、最有野心的大國，以便恢復均勢，並認為這是英國外交政策最偉大的傳統。[74]例如英國為維持大英帝國，近百年來外交戰略是「不許歐洲出現一最強國」，若有一較強國家出現，即聯合較弱之國家，以催抑當時最強的國家，英國此外交戰略百餘年來迄未變更。

　　例如英國在18世紀從法國路易十四起至拿破崙止，均與法國為敵，因為當時法國最強，英國不惜聯合各國以對抗法國；自打敗法國後，英國不再懼怕法國，而俄國逐漸發展，勢將吞併土耳其，此將危及英國在埃及與波斯的利益。於是在19世紀中期，英國遂轉變外交政策，親法國而對抗俄國，扶助土耳其以抵抗俄國；1853年克里米亞戰爭，即是英國聯合法國以對抗俄國。英國在歐洲聯合法國、德國以對抗俄國，在亞洲連結日本以壓制俄國。日俄戰爭後，俄國挫敗，而德國勢力日盛，於是英國又不以俄國為敵，轉而結合各國以對抗德國。

　　歷史事件也證明，要形成國際間的「權力平衡」狀態，確實是需要有某個或幾個國家的介入才能達成。因此，國家為了要達到維持「權力平衡」目的，通常可採取下列幾種方法：

(一) **緩衝區（buffer zone）的建立**：此方法的基本假設為，在敵意很高的地區，使雙方接觸機會越少，則衝突會越少。例如烏拉圭作為巴西與阿根廷之間的緩衝區，或是南北韓在38度線所劃分的非軍事區。其實現今聯合國的維和部隊的任務，也是在兩個敵對勢力之間建立緩衝區，以防止雙方再度發生衝突。

(二) **補償原則（principle of compensation）**：此方法的基本假設為，某一列強的領土或人口的增加，會導致權力的失衡，此時另一列強也必須尋求領土或人口的增加，以達到新的平衡。此種方法常是犧牲弱小的國家為代

---

[74] Inis L. Claude, Jr.著，《權力與國際關係》，頁38。

價。1815年的維也納會議即是根據此原則來解決歐洲的權力分配問題，例如俄國在拿破崙戰役中功勞甚大，所以兼併原屬瑞典的芬蘭作為補償，但是瑞典在戰爭中也有出兵，所以兼併原屬丹麥的挪威（因丹麥在拿破崙戰爭中偏向法國）。1898年當中國與俄國簽訂旅順、大連租借條約後，英國立即要求租借威海衛；另外，英國以法國租借廣州灣會危害其殖民地香港為由，而租借九龍半島，這些都是補償原則的運用。

(三) **分而治之（divide & rule）**：此方法的目的在使敵國的內部產生分裂，以削弱其力量。英國是最會利用此政策的國家，例如印度在脫離英國而獨立後，英國就利用此方法製造巴基斯坦的獨立，以削弱印度的力量。

(四) **勢力範圍（sphere of influence）的劃分**：即相互競爭的國家，對他們已占有的區域，默認並尊重彼此的權益，其目的在減低國際糾紛，以降低產生衝突的危險性。例如，19世紀列強在中國劃分勢力範圍。

(五) **干涉與不干涉（intervention & non-intervention）**：干涉是指一個國家或集團使用威脅恫嚇或武力手段，去干預他國的事務，以達到權力平衡的一種手段。另外亦有所謂的不干涉手段，這是出自美國1923年的「門羅主義」（Monronism），表面上這是要求歐洲國家不要干涉美洲各國的事務；事實上，這種要求本身就是一種干涉主義。因為等到美國強大後，對美洲國家所施行的許多干涉政策，都是由「門羅主義」的不干涉政策而來。

(六) **同盟與反同盟（alliance & counter-alliance）**：這是最常見的權力平衡手段，指兩個以上的國家為了共同的目的而結成同盟，它可以是政治、軍事或經濟的性質；反同盟則是基於對抗另一同盟的威脅而締結，例如第一次世界大戰的「協約國」對抗「同盟國」，及第二次世界大戰的「同盟國」對抗「軸心國」。沃特（Stephen Walt）在其著作《聯盟的起源》（*The Origin of Alliances*）一書中，以「威脅的平衡」來說明國家在遇見安全的

威脅時，一定會走向權力平衡，組成不同的聯盟體系。[75]

(七) **軍備競賽與裁軍**（armament & disarmament）：許多學者或決策者認為，武裝部隊是衡量各國權力是否均等的最好方法。然而各國為了自身的安全而發展軍備，此必然引起敵對國家的擴充軍備，而形成軍備競賽，以求相互平衡。但是因為沒有一個國家知道自己在估計上可能出現錯誤的程度，因此所有國家必須在可能範圍內，儘量擴張自己的勢力。[76]一些有識之士瞭解如此競爭下去，最後可能會導致戰爭的爆發，故發起裁軍運動，以降低此種恐怖平衡的不穩定情勢。例如第一次世界大戰後，美國於1921年所發起的「華盛頓裁軍會議」，裁減美、英、法、義、日等五國的海軍力量，以緩和世界的緊張情勢。

七、維持權力平衡的要件

大部分學者認為，要達成權力平衡的目的，必須要有以下幾個先決要件：[77]

(一) 國家必須擁有他國能力與意圖的精確資訊，並且採取理性的反應作為。

(二) 國際間必須有足夠的獨立國家來形成同盟，穩定的權力平衡通常至少需要5個大國。

(三) 必須在限制的地區實施。

(四) 國家領導者必須有執行行動的自由。

(五) 國家之間的能力必須相當。

(六) 國家必須要有共同的政治文化，在此文化中，安全機制才會被認同與尊重。

---

[75] 林碧炤，〈國際關係的典範發展〉，頁26。
[76] Inis L. Claude, Jr.著，《權力與國際關係》，頁23。
[77] Charles W. Kegley, Jr. & Eugene R. Wittkopf, 1999, *World Politics*, 7th ed. (New York: St. Martin's Press), p. 468.

(七) 體系中的國家必須擁有相同類型的政府與意識型態。

(八) 國家必須擁有先發制人的武器科技、快速動員戰爭的能力，在敵人採取報
　　 復行動之前，就予以消滅。

八、對權力平衡的批判

　　對於「權力平衡」的批判，主要來自於「理想主義」學派，他們認為「權
力平衡」理論有以下的缺點：

(一) 過份強調利益，否認國際間道德因素的存在，因此常涉及不道德的政治行
　　 為。美國總統威爾遜批評此制度是「一小撮專制獨裁君主無須徵詢其子民
　　 意願，便可以決定他們的命運，將他們作為傀儡，在歐洲舞台上玩耍野心
　　 家的遊戲」，他指責此制度有「犧牲弱者、滿足強者」之罪。對威爾遜總
　　 統而言，「權力平衡」違反了民主政治、善良人性、民族自決及政治道
　　 德。[78]

(二) 「權力平衡」論者雖然強調該手段可以維持均勢，但是卻對「權力」的內
　　 容無法給予合理及準確的定義，對於如何取得「權力」，以及「權力」究
　　 竟是目標或工具等問題，也沒有仔細的說明，這也是「權力平衡」一直無
　　 法被認為是一種科學理論的主要原因。

(三) 因為無法對「權力」的內容做出正確的定義，所以也無法對本國與其他國
　　 家之間的「權力」做準確的評估。雖然政治科學一直想要客觀的衡量「權
　　 力」，但卻都難以達成。[79]在此情形之下，各國為了擁有絕對的安全感，
　　 因此必須加強軍備，所以「權力平衡」之主張將國際間的武器競賽合理
　　 化。即國家為了保障安全，可以不斷發展武器，以追求「權力」，整個國

---

[78]　Inis L. Claude, Jr.著，《權力與國際關係》，頁68。

[79]　Barry R. Posen, November 1, 2009, "Emerging Multipolarity: Why Should We Care?," *Current History*, Vol. 108, No. 721, p. 348.

際社會因此呈現競爭的狀態。

(四) 「權力平衡」並不能制止戰爭的發生，例如第一次世界大戰期間擔任法國總理的克里蒙梭就將第一次世界大戰歸咎於「權力平衡」之崩潰。[80]對於「權力平衡」為何不能制止戰爭的爆發，可用奧干斯基（A. F. K. Organskj）的「背後碰撞」（Rear-end Collision）[81]理論加以解釋。他認為優劣分明的時代，反而是承平的時代，因為力量分明，弱小國家才不敢挑戰大國，只有在某一國的力量足以可與大國匹敵時，就有超越強國的野心。所以根據「背後碰撞」理論，當權力接近均勢時，反而是戰爭可能即將爆發的警訊。[82]Charles Cochman在研究1816至1980年的歷史之後也發現，戰爭在兩個權力（人口、工業、軍事）相當的國家之間較容易爆發戰爭。特別是當大國總體力量急速上升時，較可能發動戰爭，此主張與奧干斯基的主張相符。[83]

雖然「權力平衡」遭到很多的批判，但是此觀念在「古典現實主義」中占著極為重要的地位，例如摩根索曾說：「一個政治家若不相信權力平衡，就好比一個科學家不相信萬有引力一樣。」而且他更進一步將權力平衡稱為是「一條沒有人可以否認的政治鐵律」。[84]所以有人就笑稱「權力平衡」彷彿無所不在，好像國際關係中的神。但是很多國際政治學者認為，它是一個不可能的政策，因為要達到「權力平衡」，必須對其他強權的國力做準確的評估，這是不可能達到的任務，因為各列強都在追求最大的權力，以避免被其他列強所超越，故形成軍備競賽，最後均勢被破壞，戰爭因而爆發。例如第一次世界大戰的爆發，驗證了學者對「權力平衡」的批判。

---

[80] Inis L. Claude, Jr.著，《權力與國際關係》，頁42。

[81] 指後車加速以企圖超越前車，而發生碰撞現象。

[82] Inis L. Claude, Jr.著，《權力與國際關係》，頁45-46。

[83] Greg Cashman, 1999, *What Causes War？ － An Introduction to Theories of International Conflict* (New York: Lexington Books), p. 251.

[84] Inis L. Claude, Jr.著，《權力與國際關係》，頁20。

　　由於「權力平衡」理論過於主觀及武斷，並缺乏科學的根據，因此在新的國際關係學著作中，已經很少再使用此名詞。由兩本著作可說明此轉變，一為1940年代末，由摩根索所著的《國際政治學》（*Politics among Nations*）中，完全用「權力平衡」來分析國際政治。[85]而後來的豪斯迪（K. J. Hosti）所著的《國際政治分析架構》（*International Politics: A Framework for Analysis*）中，就幾乎看不到此名詞了，因為並非古今中外所有的國際關係都是依賴「權力平衡」的手段來運作。

第三節　權力平衡與集體安全之異同

一、兩者相異之處

　　「集體安全」的支持者認為此制度與「權力平衡」是兩種截然不同的東西，兩者有下列幾點相異之處：

(一) 在「權力平衡」體系中，國家常以結盟方式分成「敵」、「我」兩邊，同盟國相互承諾防禦外來的侵略，其本質是「對外的」，如冷戰時期的「北大西洋公約組織」（North Atlantic Treaty Organization, NATO）與「華沙公約組織」（Warsaw Treaty Organization, WTO）的相互對抗；而「集體安全」則不分「敵」、「我」，可說是一種普遍性的同盟，其本質是「對內的」。體系內的參與國彼此約束、團結，以聯合方式制裁內部成員的侵略行為，並維護全體的安全秩序。此不但對可能發動侵略的大國是一種警告，對小國也是一種保障，因為小國不需要再做大國棋盤中的棋子。[86]（如下圖所示）

---

[85] 雖然「權力平衡」的概念很早就被用於解釋國際關係，但摩根索（Hans J. Morgenthau）所著的《國際政治學》（*Politics among Nations*）一書，不但倡議權力平衡的概念，更對此概念加以具體及有系統的解釋，因此成為當代支持「權力平衡理論」最重要的國際關係學者。

[86] Inis L. Claude, Jr.著，《權力與國際關係》，頁91。

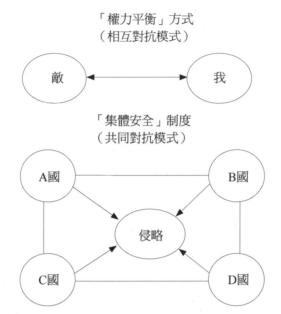

「權力平衡」方式
（相互對抗模式）

敵 ←→ 我

「集體安全」制度
（共同對抗模式）

A國　　　　　B國

侵略

C國　　　　　D國

註：箭頭表示「敵對」或「對抗」，直線表示「結盟」
資料來源：作者整理。

(二)「權力平衡」無法解決優勢力量所造成的矛盾。因為要防止侵略，顯然最好有一支優勢的力量，但是此力量本身卻難保不被作為侵略的用途。因為沒有人會信任擁有絕對優勢的國家不會轉變成侵略者，因此必須防止絕對優勢力量的出現，並維護彼此間的權力均衡。在均勢情況下，雖然沒有人會十分的安全，但也沒有人特別的危險。

而「集體安全」則可以解決此一矛盾，因為它所提供的共同優勢力量，每個國家都可用此力量作為防禦用途，而沒有國家可以用來作為侵略的工具。整個團體擁有絕對的優勢力量，足以嚇阻任何對共同秩序的破壞者。因為沒有一個國家的力量，可以強大到足以對抗所有成員所組成的集體力量。[87]

(三)「權力平衡」制度是由各國相互締結條約而形成的一種互助的機制，它是

---

[87] Inis L. Claude, Jr.著，《權力與國際關係》，頁89。

以個別的方式來解決安全問題，所以權力非常的分散，嚴格的說不能算是一種具體的制度。而「集體安全」是一種有組織的制度，並且帶有強制的性質，它強調整個團體必須建立一套能夠監督並協調的制度，例如設立國際組織來維護整體秩序，它推翻和平可由各國自由交往及競爭而自然產生的假設。[88]

(四) 對於衝突的觀點，「權力平衡」認為國與國間的衝突為常態，合作為偶然；「集體安全」則相反，它視衝突為偶然，合作為常態。「權力平衡」將和平與秩序視作是可以分割的事物，所以各國可自由決定採取何種行動，對於與自己利益無關的衝突可以袖手旁觀，甚至將侵略他國視作保障自己安全的一種合法手段。而「集體安全」則不容忍任何的侵略行為，對於任何遭侵略者，都會採取支援的政策。[89]

二、兩者相同之處

「權力平衡」與「集體安全」都是在討論如何對國家權力進行管制的問題，雖然這兩種方法有很大的不同，但有學者認為兩者也存在一些相同之處：

(一) 有些學者認為「集體安全」是由「權力平衡」進化而來的，前者不過是使「權力平衡」制度完美化、組織化或合理化而已，它只是改進「權力平衡」，而未取而代之。例如萊特（Quincy Wright）稱，兩者「不是相互衝突，而是相互為輔」，並稱「促進集體安全的國際組織，只不過是將權力平衡加以有計畫的發揚而已。」[90]同盟原是「權力平衡」的一種手段，結果卻由於採納國際組織的形式與技巧，而變成現代化的國際組織，例如「北大西洋公約組織」（NATO）就是「20世紀環境迫使一個同盟變成國

---

[88] Inis L. Claude, Jr.著，《權力與國際關係》，頁90。
[89] 同前註，頁115-116。
[90] 同前註，頁105。

際組織的最佳例子」。[91]由於以「集體安全」所成立的組織，大於以「權力平衡」所成立的聯盟，例如「聯合國」大於「北大西洋公約組織」，所以也有人說「集體安全」是「權力平衡」的擴大型態。

(二) 兩種制度都是以嚇阻的概念為基礎，而遏阻侵略的先決條件是必須要擁有優勢的力量。「權力平衡」利用結盟而獲取有利的優勢，例如「北大西洋公約組織」；而「集體安全」則集結全體參與國的力量取得優勢，例如「聯合國」。雖然兩者取得優勢的方法不同，但都讓可能的侵略者因為顧慮可能被擊敗的危險，而不敢輕舉妄動。[92]

(三) 兩者都有「以戰爭換取和平」的矛盾。雖然兩者都認為需集結優勢的力量以防止侵略，但他們都不敢保證嚇阻絕對有效。所以為了達成平和的目標，不僅必須擁有從事戰爭的優勢能力，而且要有投入戰爭的決心。因此即使未受到攻擊的國家，也應參加集體的對抗行動。在「權力平衡」的制度下，同盟國往往預先承諾共同對抗敵國；而在「集體安全」的制度下，由於範圍較大，此種承諾表現於普遍性國際組織的憲章，規定各國有採取共同行動之義務。[93]

(四) 這兩種制度要能夠存在的先決條件，都必須是鬆散的或有彈性的國際體系。因為在兩極權力體系的國際環境中，權力的結構缺乏彈性，故使各國無法自由的選擇加入哪一個陣營。所以不論是「權力平衡」或「集體安全」的方法，都無法存在於兩極化的國際體系中。

(五) 不論是「權力平衡」或是「集體安全」，這兩種方法都是要維持現狀（status quo），而非破壞現狀，而且都主張需要大國的協助來維持現狀，所以都是屬於權力政治。

---

[91]　Inis L. Claude, Jr.著，《權力與國際關係》，頁220。

[92]　同前註，頁99-100。

[93]　同前註，頁100-101。

第四節　第一次論戰的結果

國際關係理論發展過程中的第一階段論戰，發生在第一次世界大戰之後（1918年）至第二次世界大戰（1939年）爆發之前。由於第一次世界大戰的爆發，證明歐洲國家慣用的「權力平衡」無法有效的維持國際秩序，所以在大戰後「理想主義」獲勝，「國際聯盟」的成立、「集體安全」制度的建立、國際秩序的制度化等，使「理想主義」的觀點獲得實現，兩次世界大戰間的幾十年裡，該主義主導著國際關係理論的發展。[94]

可是後來因為「國際聯盟」的「集體安全」制度無法解決會員國間的衝突，所以無法有效的維持世界和平，甚至最後爆發第二次世界大戰。「理想主義」的主張雖然令人動容，但該主義的失敗實驗仍令人難以忘懷，第二次世界大戰結束了該主義在國際關係學的主導地位，並難以再重登國際關係理論的主流地位。[95]因而「現實主義」再度抬頭，尤其在第二次世界大戰結束，冷戰開始後，該主義的觀點又開始逐漸盛行。

「現實主義」批評「理想主義」追求虛幻的目標，而不是進行科學的分析。[96]迄今「現實主義」仍是西方工業國家在制訂外交政策時，非常重要及基本的原則，也是作為觀察國際關係重要的依據。因為不論「權力平衡」制度是好是壞，它仍是目前國際政治中的主要活動方式。[97]在20世紀中各種企圖取代該制度的嘗試，最多只是對其提出修正而已。[98]例如「聯合國」在我們這個時代最大的貢獻，不是實現「集體安全」或世界政府，而是協助改進「權力平衡」制度的作用。迄今人類尚未發展出一套有效管理權力的制度，以取代此制度。因此，「權力平衡」仍是現今世界各國維護其安全的思維與方法。[99]

西方的「現實主義」學者從古代的馬基維里（Nicolo Machiavelli），加

---

[94] Dougherty & Pfaltzgraff著，《爭論中的國際關係理論》，頁71。
[95] 陳欣之，〈新自由制度主義、社會建構主義及英國學派〉，頁79。
[96] Dougherty & Pfaltzgraff著，《爭論中的國際關係理論》，頁72。
[97] Inis L. Claude, Jr.著，《權力與國際關係》，頁222。
[98] Inis L. Claude, Jr.著，《權力與國際關係》，頁74。
[99] Dougherty & Pfaltzgraff著，《爭論中的國際關係理論》，頁78。

上後繼者霍布斯（Thomas Hobbes）、史賓諾沙（Baruch Spinoza），近代的懷特（Martin Wight）與卡爾（E. H. Carr），以及總其大成的摩根索（Hans Morgenthau）等學者的努力之下，使此主義的內涵相當豐富。[100]另外它對於國際事務實踐的影響，確保此主義在國際關係學門擁有絕對的優勢地位。對於研究國際關係的理論而言，目前尚無其他學派能夠提出如此完整的論述與研究架構。[101]

　　「現實主義」是相當具有影響力的世界觀，它提供一個合理且簡單的學派，來解釋世界政治的大部分現象。[102]例如此主義最受人激賞之處，在於它掌握到人類政治的根本核心，也就是「權力」。沒有「權力」的政治，不管是國內或國際，都是空虛的。國家之所以成為強國，領導人之所以成為領導，就是他們擁有「權力」，而且知道如何善用「權力」。國際社會是不斷在演進，但是不變的是，科技再進步、武器再精準、國家再富有，「權力」永遠是政治的最原始動力。在這個基礎上，「現實主義」的地位不會動搖，不管它有多少的分支學派。[103]所以在可預見的未來，雖然「現實主義」仍然會遭到其他後起學說的批判，但該主義仍將在未來的國際關係學術界中盛行，並繼續占據著主流的地位。

---

[100] 林碧炤，〈國際關係的典範發展〉，頁26。

[101] 廖舜右、曹雄源，〈現實主義〉，張亞中主編，《國際關係總論》，頁41。

[102] Barry B. Hughes著，歐信宏、陳尚懋譯，2002年，《最新國際政治新論》（*Continuity and Change in World Politics*）（台北：韋伯出版社），頁64。

[103] 林碧炤，〈國際關係的典範發展〉，頁34。

第一節　第二次論戰的緣起

在1950年代，由於電子計算機科技的突飛猛進，美國學者將此科技運用到社會科學界，引起研究方法上的革命，並開始興起一股「行為主義」（Behaviorism）的革命風潮。此主義主張以科學的觀察方法，以計量的統計工具來探討「獨立變數」（independent variable）與「依賴變數」（dependent variable）之間的因果關係，以確立變數之間行為的法則。[1]此研究風潮於1960年代風行美國，影響了美國政治學界，同時也對國際關係學界位居主流的傳統「現實主義」構成挑戰。因為傳統「現實主義」強調從歷史經驗中汲取國際關係的本質，相當依賴個人的經驗與洞察能力，使此主義之論述缺乏實證，並流於主觀與雄辯。[2]

因此當時有部分的國際關係學者為順應潮流，開始採用行為科學的經驗與方法來研究國與國之間的關係，並發展出「計量國際政治學」（Quantitative International Political Analysis），不但開創研究國際關係學另外一個新的途徑，增加國際關係理論研究的多元性，例如杜意奇（Karl Deutsch）引進「博奕理論」（Game Theory）中的「囚徒困境」（prisoner's dilemma）與「零和博奕」（zero-sum game）模式進行分析；辛格（David Singer）利用層次分析（level of analysis）將國際關係互動分為個人、國家和體系三個層次，討論不同層次的行為者與因素對國際關係互動的影響；卡普蘭（Morton Kaplan）

---

[1]　陳欣之，〈國際關係學的發展〉，頁15。
[2]　明居正主編，2010年，《國際關係綜論》（台北：晶典出版社），頁48。

則提出六種國際體系模型來說明不同模型中的國際互動特徵。[3]這些學者的努力，讓國際關係學逐漸朝向成為一門真正科學的方向發展，所以有人將國際關係學稱為美國的科學。[4]

　　由於「行為主義」的研究方法與過去所採用的歷史、法律、制度等研究方法相當的不同，因此有學者將過去的國際關係學說歸類為「傳統主義」（Traditionalism），並引發美國國際關係學術界中「行為主義」與「傳統主義」之間的爭辯。基本上，這場論戰與第一次的「理想主義」與「現實主義」論戰，在內容上有很大的區別。因為此次論戰只是「現實主義」學者之間，對於國際關係學研究方法的不同主張而已，並沒有涉及到國際關係的基本內涵，所以有些學者不認為此論戰是國際關係學說的重要論戰之一。但是大部分的學者認為，雖然「行為主義」並不涉及國際關係的內涵，但其所提出的研究方法，卻對國際關係學的研究產生深遠的影響，所以此論戰還是應該被列入國際關係學的論戰之中。

第二節　行為主義的特色

　　自從國際關係學於1919年正式誕生以來，許多學者們一直在朝向科學化而努力，希望能夠像自然科學一樣，建立一般性的實證理論，來解釋複雜的國際現象。但是由於國際關係學的發展時間短暫，早期所提出的一些理論，以現在的科學眼光來看並不是很嚴謹，因為大都屬意識型態的學說。例如過去國際關係學主要由「古典現實主義」與「理想主義」所主導，此兩種學派的研究方法都是使用傳統的歷史研究途徑、法制研究途徑、個人經驗及直覺、外交官回憶錄等，來建構國際政治的通論。有些傳統學派的國際關係著作，常僅是根據一

---

[3]　明居正主編，《國際關係綜論》，頁49。
[4]　另外，在第二次世界大戰結束後，前蘇聯對外擴張、共產主義的世界革命幾乎無法避免，美國擔任起世界警察的角色，也讓國際關係成為顯學。林碧炤，〈國際關係的典範發展〉，頁13。

種無法測量的單一變項作為其研究的出發點，例如「古典現實主義」大師摩根索就以「追求權力」為出發點，而完成其巨著《國際政治學》（*Politics among Nations*）。

在第二次世界大戰後，國際關係學也受到當時社會科學提倡的「行為主義革命」（Behavioralism Revolution）所影響，而使國際關係學的典範發生結構性的變化。萊特（Quincy Wright）首先於1942年出版《戰爭研究》（*A Study of War*）一書即是使用行為研究法，不過其研究並未蔚為風潮，因為當時傳統的研究仍居主流。1954年，史耐德（Richard C. Snyder）、布魯克（Burton H. W. Bruck）及沙賓（Burton Sapin）三人合著之《外交決策：研究國際政治的一項途徑》批評傳統研究的缺失，包括研究目的混淆不清、概念缺乏運作性的定義、過份重視描述以及事實與價值混為一談等。他們認為決策是一種行為的類型，也是一種過程，經由觀察決策的過程，可以瞭解國家如何在國際環境中互動。但是他們的研究沒有徹底改變傳統國際政治的思考方式，當時的意見認為他們提出的研究模式頗有創意，但似乎不是通則。[5]

在史耐德等人出版其著作的同時，伊斯頓（David Easton）的《政治體系》（*The Political System*）也問世，此書對於政治學與國際政治的影響超過史耐德等人的著作，伊斯頓雖然是針對政治學進行批評，對於研究國際政治的學者來說，他所帶來的衝擊同樣巨大。他建議採取嚴密的科學方法進行研究，在技術上盡量參考其他學科，例如數學、統計與物理學，在解釋上盡量求其完整。而最終目的在尋求類型、建立共同性，然後提出通則，以便累積過去零散的研究，形成新的典範，提升國際政治的科學層次。[6]

後來國際關係學者萊特於1955年出版的《國際關係的研究》（*The Study of International Relations*），以及凱布蘭（Morton A. Kaplan）於1957年出版的《國際政治的體系與過程》（*System and Process in International Politics*）都是

---

[5]　林碧炤，2006年8月，《國際政治與外交政策》（台北：五南出版社），第二版第六刷，頁52-53。
[6]　林碧炤，《國際政治與外交政策》，頁54-55。

國際關係學中傑出的行為研究著作。這兩本著作的共同特性是：一、為國際政治建立解釋架構，以便研究者能有系統地觀察與說明國際體系內的各種變化；二、為國際政治提出相關的變數，然後利用不同的模式加以整合，作為分析國際政治的理論基礎；三、澄清國際政治常用的概念，同時提出假設，以便於瞭解國家之間的互動，或者個別國家的決策過程。[7]

他們的著作在概念、架構與內容等各方面，均與當時流行的國際政治概念不同，頗有鶴立雞群的氣勢，此代表傳統與行為學派在研究方法上的差異。當然，單憑他們兩人還是無法讓行為研究成為一門學派。雖然他們使用的一些概念、架構與內容過於空泛與抽象，也頗具爭議。但是持平而論，他們的著作對於後來的「行為學派」學者，發生了鼓勵與催化的作用，因為後來許多學者相繼提出不同的工具與方法，來分析國際政治事件或總體發展。[8]例如自從1960年代開始，辛格（David Singer）與其他學者就以華爾滋（Kenneth N. Waltz）的「層次分析法」途徑，大量的利用統計方法來分析戰爭的現象。[9]

另外，「行為主義」者除了主張採取計量的科學方法來研究國際關係外，並主張應本著自然科學所堅持的「價值中立」的態度來分析國際關係。也就是在研究的過程中，應排除「傳統主義」所犯的主觀價值判斷的錯誤。另外，他們認為科學研究不能集中於獨特的事件（independent event），而應注意重複的現象（recuring phenomena）。也就是一切科學的假定，皆應建立在普遍的因果規律上（law of universal causation），行為科學研究者深信人類能基於理性的分析來發現定律。最後，「行為主義」與「傳統主義」的差別，除了所用的研究方法不同外，另外他們的研究對象也不相同。「傳統主義」以國家為主要的研究對象，而「行為主義」則以個人，特別是針對決策者作為研究的對象。

7　林碧炤，《國際政治與外交政策》，頁55。
8　同前註。
9　Paul R. Viotti & Mark V. Kauppi, *International Relations Theory: Realism, Pluralism, Globalism*, p. 3.

綜合以上所述可知，「行為主義」有以下五項特色：

一、採取科學計量的研究法，故非常注重可靠資料的蒐集與解釋，反對根據直覺及經驗所做的判斷；

二、堅持「價值中立」的研究態度，反對加入個人的價值判斷及道德立場；

三、注重事務的重複現象及因果關係，故非常重視模式（model）的建立與檢驗；

四、針對個人，特別是決策者為研究的對象，故深入探討人類的認識過程及心理學；

五、最後企圖建立普遍性及放諸四海皆準的國際關係通則。

第三節　第二次論戰的結果

「行為主義」對國際政治理論最大的貢獻，是致力以科學研究的方法來分析國際關係。然而此學派有許多的限制及缺陷，因此引起不少的爭議及批評。綜合許多學者的批評，此主義出現了下列的幾項缺失：

一、許多非常重要的國際政治現象，是無法以計量或數學的方法來研究。例如卡爾（E. H. Carr）在其所著之《二十年危機》（*The Twenty Years' Crisis*）中就率先指出，國際關係學不能以自然科學的方式研究；[10]

二、迷信「價值中立」的目標，並忽視道德的重要性，例如卡爾就指出，國際關係學不能忽略道德的立場。[11]而且要完全排除某些價值是非常的困難，誠如葛里格（A. James Gregor）所說，價值至少為政治研究提供三大功能：（一）說明研究的動機與目的；（二）界定研究的範圍與項目；

---

[10] 楊立彥，2004年9月，〈Inventing International Society: A History of English School之書評〉，《政治科學季刊》（台北），第3期，頁14。

[11] 楊立彥，〈Inventing International Society: A History of English School之書評〉，頁14。

（三）決定引用什麼證據；[12]

三、將國際關係理論研究簡化為數理模型，但是其分析途徑最終仍未能形成嚴格的理論，而且規避了許多國際關係的實質問題，只處理可以量化的特定問題，[13]不能量化的問題則遭捨棄；

四、由於過於強調量化的結果，而忽略了國際關係不同現象的本質差異，更未能掌握國際關係的本質；

五、忽視了傳統的研究方法，特別是歷史與政治哲學的價值。國際政治與歷史、哲學有密切的傳承關係，忽視此等研究方法，將缺乏歷史的洞察力與哲學的批判力。[14]

「行為科學派」與「傳統學派」的爭辯一直持續到1960年代末期，最後此學派學者承認縱然行為科學有很大的貢獻，但其企圖運用經濟學、心理學、社會學及統計學等的方法，建立一套國際關係的普遍性法則並沒有成功，其成果並不比「傳統學派」更好。所以他們認為不應該忽略歷史與經驗的產物，而應該同時使用兩種途徑來研究國際政治，相輔相成。例如，「傳統學派」與政治思想及歷史的淵源較深，在規範性的理論方面，有其特殊的貢獻；「行為科學派」在研究設計與研究方法等方面有創新之處，亦值得重視。[15]

此次的論戰並沒有持續很久，也沒有明顯的勝負之分。這兩種主義並未能相互取代對方，反而是互相補充，將國際關係研究帶入另一個境界，不但廣化了國際關係的研究範圍，更深化了國際關係的研究水準。嚴格說來，所謂「行為主義」與「傳統主義」學者的分歧，只不過是「現實主義」學者內部分別主張從「質化」（qualitative）及「量化」（quantitative）的不同途徑，來分析國際關係的權力及利益等核心概念，所發生的研究方法之爭辯而已。[16]

---

[12] 林碧炤，《國際政治與外交政策》，頁79。
[13] 陳欣之，〈國際關係學的發展〉，頁17。
[14] 林碧炤，《國際政治與外交政策》，頁100。
[15] 林碧炤，《國際政治與外交政策》，頁107。
[16] 陳欣之，〈國際關係學的發展〉，頁17。

第四節　行為主義的相關理論

　　「行為主義」的發跡正逢美、蘇冷戰的開啟，在冷戰的狀態之下，美國決策者亟需制訂有效的政策，以對抗蘇聯勢力的威脅及共產主義的擴張。在此種兩大強權都擁有強大核子武力的對抗情勢之下，以美國為首的國際關係學界，為保障國家的生存與安全，而激發出與以往國際關係學界不同的學說，例如「嚇阻理論」、「外交決策理論」以及「危機決策理論」等，以下就針對這三個重要的「行為主義」理論加以闡述。

一、嚇阻理論

（一）核子嚇阻理論的產生

　　19世紀時，由於傳統武器（conventional weapons）的殺傷力有限，戰爭被視為是一種合理的政治手段，所以各國之間容易爆發戰爭，而國際社會呈現一種不穩定性的狀態。但是在20世紀以後，人類對於戰爭的概念有了劃時代的改變，主要原因是核子武器的發明，因為它能夠在短期之內造成巨大的傷亡。[17]由於現代戰爭的代價極大，大規模的戰爭已經不易發生，因此國際社會呈現穩定的狀態。但此種穩定狀態是建立在互相恐懼的心理，一旦權力分配不均衡時，便很難加以調整，故形成一個不穩定的潛在威脅，即所謂的「恐怖平衡」（balance of terror）。

　　由於核子武器驚人的毀滅能力，使它的使用成本大增，除非受到極嚴重的威脅，否則是不會輕易使用的。有些人認為，核武有效地減少大國之間的安全競爭，任何有理智的領導人都不會使用它，因為他們擔心彼此相互毀滅。因

---

[17]　William Daugherty, Barbara Levi & Frank von Hippel, 1986, "The Consequences of Limited Nuclear Attacks on the United States," *International Security*, Vol. 10, No. 4, pp. 3-45.

此毫無疑問，核武的問世使得國家在使用軍事力量攻擊對手時，都更為小心謹慎。[18]因為就在這種「相互確保毀滅」（mutual assured destruction, MAD）的可信性度之下，每個國家都相信，無論哪一方挑起核武戰爭，雙方都很有可能被消滅，所以核武戰爭在可以預見的未來是不會爆發。[19]

　　因此一個「相互確保毀滅」的世界反而是比較穩定，[20]例如冷戰時期美、蘇兩大陣營對立的兩極體系，雖然世界是處於緊張的狀態，卻是一個相對穩定的國際社會。因為無論哪一方挑起核子戰爭都會被摧毀。於是核子武器的主要功能已經不再是真正的攻擊對手，而是以威脅的姿態嚇阻潛在的敵人。例如已過世的美國前國防部長麥克納馬拉（Robert S. McNamara）就認為「無論在什麼條件之下，核子武器都達不到任何軍事目的，唯一的用途是恫嚇敵國放棄使用核武」。[21]

　　另外，在南亞地區的宿敵印度與巴基斯坦兩國都擁有核子武器。兩國長期因喀什米爾主權紛爭僵持不下，不但曾經爆發過三次邊境戰爭，更因多起暴力衝突而常常使情勢急遽升高。所以人們非常擔心印巴衝突可能引爆世界首次核子戰爭，各國也曾積極介入協調。但是巴基斯坦前總統穆沙拉夫駁斥印巴即將爆發核子戰爭的說法，並說印度與巴基斯坦任何一方按下核彈的按鈕都是「不負責任」。而印度前國防部長費南德斯也表示，印度不會主動求戰，其核武只是作為嚇阻力量。[22]巴基斯坦於2012年持續威脅使用核子武器對付印度軍隊，但是印度陸軍參謀長辛格（V. K. Singh）反駁稱，沒有人會愚蠢到想用核子武器作為戰爭的武器，它們不是用來作戰，而是僅具有戰略的意義。[23]

---

[18] John J. Mearsheimer著，《大國政治的悲劇》，第四章，頁163。

[19] Solin S. Gray, 1979, "Nuclear Strategy: A Case for a Theory of Victory," *International Security*, pp. 54-87.

[20] John J. Mearsheimer著，《大國政治的悲劇》，第四章，頁165。

[21] Robert S. McNamara, 1983, "The Military Role of Nuclear Weapon: Perceptions and Misperceptions," *Foreign Affairs*, Vol. 62, No. 1, p. 79.

[22] 〈印巴核戰危機稍緩解和解曙光微露〉，《大紀元》，2002年6月3日，〈http://www.epoch-times.com/b5/2/6/3/n194147.htm〉（瀏覽日期：2012年1月19日）。

[23] Rajet Pandit, "Nuclear Weapons Only for Strategic Deterrence: Army Chief," *The Times of India*, 〈http://timesofindia.indiatimes.com/india/Nuclear-weapons-only-for-strategic-deterrence-Army-

（二）核子嚇阻理論的內涵

「嚇阻」的概念已經存在已久，並非新的事物。所謂的「嚇阻」（deterrence）是指：「一個國家的決策者利用將軍事報復施於潛在敵人的威脅方法，以謀求阻止該潛在敵人的軍事行動，被視為是國家試圖影響他國行為或不行為的一種手段。」「嚇阻」並非冷戰時期的專有名詞，它也包括防止傳統武力的攻擊，但其現代意義則專指如何對抗核子武器的攻擊而言。[24]基本上，戰略性嚇阻必須包括以下幾個前提：

1.敵對雙方的決策者將基於理性原則，來衡量其外交決策的成本與效益。

2.核子武器之目的在阻止侵略行為，而非在激怒而誘發侵略行為。

3.敵對雙方均有意避免發生大規模的暴力行為。

4.雙方對戰略武器使用的決策，維持嚴格的中央集權控制。

由此可知，一個有效的「嚇阻策略」，需要比僅擁有強大的軍事力量還多的東西，特別是心理的層面。在1945年以前，武器的效用主要是由它們實際攻擊敵人的效果來衡量，武器的嚇阻效能是次要的；相反的，核子武器對國家安全的貢獻，不是由它們對敵人施加損害的能力來評估，而是依據它們能影響潛在性敵人的能力來評估。若戰爭已爆發，就表示「嚇阻策略」已經失敗。基本上，此策略要能夠成功，必須同時具有兩個必要的條件：

1. **可信性**：被攻擊者能夠承受第一波的核武攻擊，而且具有足夠的能力施行相同的報復反擊，也就是攻擊者相信其遭到核武報復的可能性是很高的。力量與政策合而為一，是有效嚇阻的先決條件。因為產生嚇阻作用的不是力量，而是使用該力量的意願，這也是嚇阻作用不致潰散的基本保障。[25]所以必須清楚的讓攻擊者相信，若發動核戰，他也很可能遭到相同的核武報復攻擊。

---

chief/articleshow/11502906.cms〉(latest visited 2012, 1, 19).

[24] 蔡東杰，〈軍備競賽嚇阻與武器管制〉，張亞中主編，《國際關係總論》，頁228。

[25] Inis L. Claude, Jr.著，《權力與國際關係》，頁100。

在古巴飛彈危機中，甘迺迪政府就利用威脅的「棍棒」政策，以迫使蘇聯政府妥協。[26]

2. **穩定性**：有效的嚇阻政策除了必須具有可信性之外，還必須具有穩定性。就是防衛者不僅要將實踐報復的決心傳達給挑戰者，讓對方相信遭到報復是可能之外，並且要讓挑戰者不要因為可能會遭到報復而產生恐懼，進而激起預防性或先發性的攻擊，而造成無法挽回的後果。也就是雙方都相信對方有展開核武報復的能力，因此都不願意首先發動攻擊。在古巴飛彈危機中，甘迺迪政府不但採取威脅的「棍棒」政策，同時也採取「胡蘿蔔」的政策，讓蘇聯政府不但感受到美國可能的核子報復，更感覺到美國有妥協的善意。[27]另外，穩定的核子平衡也有助於減少遭到核子攻擊的可能性。[28]

　　所以，「嚇阻政策」必須要具備上述的「可信性」及「穩定性」兩個基本條件後，該政策才有意義，也才會成功。讓此種安全的機制足以使敵對國家的決策者，能夠理性的體認到以和平談判代替對抗，來解決爭端是比較務實的方法。[29]如何來衡量「嚇阻政策」的效果，通常可用「博奕理論」（game theory）中的「小雞遊戲」來分析，此為美國青少年考驗膽識的一種遊戲，在遊戲中兩位參賽者各自駕車高速對衝，哪一方先轉彎，就算失敗，會被譏為「小雞」；如果雙方都不轉彎，就有可能互撞而死亡。在遊戲中，如果理性分析，最好的選擇就是「轉彎」，最差的情況就是對方「未轉彎」，那會被譏為小雞，但至少不會喪命，況且有機會對方也轉彎而平手。從現實的案例中發現，如果有一方表現高度必死決心，那麼通常對方都會選擇轉彎，而不會尋求同歸於盡。古巴危機中美國甘迺迪總統以不惜一戰的決心，終於迫使蘇聯退

---

[26] Paul R. Viotti & Mark V. Kauppi, *International Relations and World Politics: Security, Economy, Identity*, p. 128-129.

[27] Paul R. Viotti & Mark V. Kauppi, *International Relations and World Politics: Security, Economy, Identity*, p. 128-129.

[28] Graham T. Allison, Sep, 1969, "Conceptual Model and the Cuban Missile Crisis," *The American Political Science Review*, Vol LXⅢ,No.3, p. 695.

[29] K. J. Holsti, *International Politics: A Framework for Analysis*.

讓，將飛彈撤出古巴，就是一個最好的例子。通常「小雞遊戲」被稱為「非零和遊戲」（no-zero-sum game），也就是一方所得，未必是一方所失。[30]

（三）核子戰略

雖然一般認為爆發全面的核子戰爭是不可能的，但是隨著冷戰時期美、蘇兩大核武國家核子武力的消長，美國一些決策者及學者仍然針對未來可能發生的核戰，及如何有效的使用核武提出不同的嚇阻戰略。此乃屬於戰略學（strategy）或戰略研究（strategic study）的範疇，[31]所以郝斯迪（K. J. Holsti）將他們歸納為國際關係學中的「戰略家」（strategist）。[32]美國的「嚇阻戰略」可約略區分為初期的「大規模報復」（massive retaliation）及後期的「彈性反應」（flexible response）兩個階段，之所以有此轉變，並不是美國出自善意的調整，而是蘇聯於1957年成功發射人造衛星「史波尼克一號」（Sputnik I），開始具有將核武投射到美國本土的反擊能力了。

在1950年代，因為只有美國擁有原子彈，所以在核子武器上擁有絕對的優勢，而且美、蘇之間的對峙局面並無減弱的跡象，艾森豪（Dwight D. Eisenhower）政府時期的國務卿杜勒斯（John F. Dulles）於是提出所謂的「大規模報復」政策，強調「第一擊能力」（first-strike attack），也就是美國將透過大規模報復手段來嚇阻共產黨的侵略，所以此政策也被稱為「杜勒斯主義」（Dulles Doctrine）。[33]

然而，美國的核子優勢並未持續太久，因為蘇聯不久就成功進行核子試爆，甚至於1957年成功的發射人造衛星，反而領先美國。古巴危機發生後，美國體認到「大規模報復」已是不切實際的觀念，任何誤判都可能造成擦槍走火

[30] 羅慶生，2000年，《國防政策與國防報告書》（台北：揚智出版社），頁32。

[31] Michael Nicholson著，袁鶴齡、宋義宏譯，2006年，《國際關係的基礎》（*International Relations: A Concise Introduction*）（台北：韋伯出版社），頁166。

[32] K. J. Holsti, *International Politics: A Framework for Analysis*, p. 6.

[33] 蔡東杰，〈軍備競賽嚇阻與武器管制〉，張亞中主編，《國際關係總論》，頁 29。

的後果，並造成人類的浩劫。[34]因此，甘迺迪政府於1967年正式放棄此策略，而改採取其國防部長麥克納馬拉（Robert McNamara）所提的「彈性反應」戰略。

此戰略的主要特色是將蘇聯可能採取的各種侵略或顛覆行為，從最低強度到全面核戰，劃分成10個不同的危險等級，每一個等級均設計一個反制的行為，隨機應變，頗有中國人所說「兵來將擋，水來土掩」的道理。此戰略的優點是以蘇聯的行為來決定美國的回擊強度，所以較不容易造成失控的後果。[35]此戰略結束了美國以前所採取「大規模報復」的「單方嚇阻」的優勢局面，並成為美國過去50年來的核武基本政策，並持續到現在。[36]美國國防部從1993年起，每年都會撰寫一份「美國核態勢評估報告」（US Nuclear Posture Review, NPR）提交給國會，全面評估美國所面對安全威脅，以制訂相關的核武政策。[37]

（四）核武攻擊的目標

另外，為求核武的有效性，學者對於核武所攻擊的目標，產生不同的主張。有一些專家主張應採取攻擊敵人軍事目標的「反武力戰略」（counterforce strategy）。該戰略主張，在戰爭中敵人的戰略核武將被美國所摧毀，但非戰鬥人員的犧牲將減至最小，也就是所謂「有限的核武戰爭」。持此主張者認為，一個威權主義的政權對於其軍事設施要比其人民的生命看得更有價值。於是威脅毀滅其戰爭的能力，將比威脅摧毀其城市更有效果。而且此政策與「義戰」（justice war）學說相結合，因為「義戰」學說主張戰爭中的非戰鬥人員不能被當作人質。這樣的政策也給予敵人一個避免攻擊城市的心理激勵，因而

---

[34] 〈嚇阻理論2〉，2003年6月23日，《Moonlight Frontier》，〈http://www.wretch.cc/blog/JAILCAT/4905604〉（瀏覽日期：2010年6月29日）。

[35] 〈嚇阻理論2〉，《Moonlight Frontier》。

[36] 楊念祖，2002年3月18日，〈美核武新策左右全球安危〉，《國政評論》（台北）。

[37] 〈NUCLEAR POSTURE REVIEW〉, February 28, 2011, US Department of Defense,〈http://www.dod.mil/execsec/adr95/npr_.html〉(accessed March 4, 2011).

可減低雙方的人員傷亡。所以根據此戰略，超級大國從事一場有限的核戰是有可能的。

　　然而，有人反對「反武力戰略」，因為他們認為該戰略容易導致武器競賽。因為一個國家若採取此種戰略，就會有充足的理由，增加核武器的儲備量以獲取核武優勢；相對的，對手國也會基於同樣想法，增加武器的質和量與之對抗，最後形成一場武器競賽。而且一旦真正的爆發核子戰爭，由於核武的強大毀滅性，雙方都為求生存，必須徹底的打垮敵國，因此戰爭是不可能保持有限的。[38]所以有些學者認為，在一個「相互保證摧毀」的世界裡，擁有核武的國家追求核優勢是毫無意義的。[39]因而有另一派學者提出所謂的「反城市戰略」（countervalue strategy），也就是必須先攻擊敵方的大城市與平民，以便將對方人口作為嚇阻戰略的人質。[40]

（五）對嚇阻理論的批判

　　根據「嚇阻理論」的假設，核子武器與戰爭之間具有負向的因果關係，也就是擁有核子武器就可減少戰爭的發生。但是歷史上有許多證據可反駁此假設，例如1950年儘管中國尚無核武器，而美國已擁有核武，但中國與美國還是在韓國戰場上交戰。1969年中國與蘇聯都已經擁有核子武器，但兩國卻在沿著烏蘇里江開戰，並且幾乎爆發成全面戰爭。埃及與敘利亞都知道以色列在1973年就已經擁有核武器，然而它們依然向以色列發起大規模的攻擊。印度與巴基斯坦在20世紀80年代各自擁有核武，但是他們之間迄今已經打過四次戰爭。[41]

　　另外在冷戰時期，美、蘇之間雖未發生直接的衝突，也未爆發核武戰爭，但這並不代表著兩國減少其安全競爭。事實上，從第二次世界大戰後至冷戰結

[38] Robert Jervis, 1980, "Why Nuclear Superiority Doesn't Matter," *Political Science Quarterly,* Vol. 94, No. 4, pp. 617-633.

[39] Charles L. Glaser, 1990, *Analyzing Strategic Nuclear Policy* (Princeton, N. J.: Princeton University Press).

[40] 蔡東杰，〈軍備競賽嚇阻與武器管制〉，頁230。

[41] John J. Mearsheimer著，《大國政治的悲劇》，第四章，頁167。

束前，兩國一直透過各自的代理國家在全球各地爭奪盟國與戰略要地，進行所謂的「代理戰爭」（proxy war）。由上述的歷史可知，核子武器的發明雖然可避免大國爆發全面性及毀滅性的核戰，但是卻無法真正遏止敵對的國家進行傳統的戰爭，各國依然積極的從事安全的競爭。所以穩定的核子平衡，反而可能增加國家間從事有限戰爭的可能性。[42]

由此可知，「嚇阻理論」只適用於毀滅性的核子武器，但卻不適用於殺傷力有限的傳統武器，此為該理論的侷限性，所以此理論是否成功，則是見仁見智的問題。若從避免核戰的發生角度來看，此理論是成功的。雖然有些國家，例如北韓曾多次威脅使用核武，但卻從未敢真正使用，而擁有核武的大國也不敢輕易的將核武作為懲罰的工具，所以世界迄今從未爆發核戰；但是從嚇阻一般戰爭的角度來看，此理論則是失敗的，因為戰爭仍然在世界各地零星的爆發。

（六）信心建立措施

冷戰時期，世界處於核子武器威脅的「恐怖平衡」之下，雖然是一種兩極的平衡狀態，但是卻隨時有爆發核戰的可能性。為了避免人類遭受核戰的威脅，因此在1975年赫爾辛基召開的「歐洲安全暨合作會議」（Conference on Security and Cooperation in Europe, CSCE）中所達成的「赫爾辛基最終議定書」（Helsinki Final Act）中，提出了「信心建立措施」（Confidence Building Measures, CBMs）的概念。但是當時並沒有明確的定義，直到1983年，挪威國防部長霍斯特（John Jorgen Holst）才對此概念加以定義：「加強雙方在心理上與信念上更加瞭解的各種措施，其主要目的在增進軍事活動的可預測性，使軍事活動有正常規範，並藉此確定雙方的意圖。」[43]

其後在1986年的「斯德哥爾摩信心與安全建立措施文件」（Stockholm

---

[42] Graham T. Allison, "Conceptual Model and the Cuban Missile Crisis," p. 695.
[43] John Jorgen Holst, 1983, "Confidence-Building Measures: A Conceptual Framework," *Survival*, Vol. 25, No. l, p. 2.

Document of Confidence and Security Building Measures）中提出具體的CBMs內容，主要措施包括：[44]

1.**溝通性措施（communication measures）**：包括國家領導人之間與軍事領導人之間熱線的設置、首長的定期溝通與對話建立、軍事人員及機構的交流、定期區域安全對話中心或會議的設置、危險軍事意外通報制度的建立、衝突防制中心與諮商性機制的設立等。此措施可作為平時雙方表達不滿及預防危機發生的協商機制。

2.**透明化措施（transparency measures）**：包括公布國防白皮書、實施國防資訊交流、預先通知對方軍事演習、開放軍事基地參觀、公布軍事戰略意圖、公布軍事部署等。此措施在促進軍事能力及軍事活動公開化。

3.**限制措施（constraint measures）**：包括限制大規模軍事演習、限制演習人員與武器、限制武器部署類別與數量、劃定軍事中立區與非軍事區等。此措施限制彼此使用特定類型武器，並使雙方部隊保持距離。

4.**驗證措施（verification measures）**：包括演習時邀請對方觀察員現場觀察、允許對方針對相關資訊提出現場查證要求、開放空中查證所提相關訊息是否正確等。此措施以確認或查證各國對特定條約或協定的遵守情形。

　　由上述觀之，「信心建立措施」的概念顯然與傳統的戰爭思維非常不同，因為過去兵學家所強調的是要「出奇制勝」，例如我國孫子兵法中的第五篇「兵勢篇」就稱「凡戰者，以正合，以奇勝」。為了要出奇兵以求勝利，所以要欺敵，要「兵不厭詐」，戰爭時只能夠「知彼」，而不能夠讓敵人「知己」，一切都要求保密。由此可見，孫子的「出奇制勝」說法顯然與「信心建立措施」有所矛盾。

　　在過去冷戰時期的美國與蘇聯、東西德之間，與現在的南北韓、印度與巴基斯坦等國之間都設有「信心建立措施」。而近年來，美國與中共的軍事高層

---

[44] 羅慶生，《國防政策與國防報告書》，頁269。

互動、海軍艦隊的敦睦交流，及軍事基地相互參訪，都是屬「信心建立措施」的活動。然而由過去的經驗顯示，該措施固然是解決爭議，化解敵意的有效途徑；但是該措施要能成功建立並有效運作，各方在基本的核心問題上必須先有解決的共識。目前雖然台海兩岸緊張關係趨緩，有人主張在台海兩岸建立此措施，但是如果兩岸不能夠先在核心問題上取得共識，大家以互信為基礎，則此措施的效果仍將是非常的有限。[45]

對於未來兩岸設立「信心建立措施」的可能性，我國前國防部長陳肇敏於2008年6月3日在立法院答詢時表示，國防部已訂出政策草案，來建立兩岸軍事互信機制。但這只是我國單方面的想法，兩岸要能夠成功建立互信機制，還有賴中國大陸方面的善意。因為畢竟兩岸軍力懸殊，中共解放軍是否願意主動公布其軍事相關的訊息，或是限制其軍事行動，都是值得懷疑的。況且，解放軍真正的假想敵應該是美國，而非我國軍隊。所以，兩岸要建立「信心建立措施」仍是一項艱難的任務。

二、外交決策理論

（一）決策理論的發展

國際關係學是一項跨學門的學科，它引用很多其他社會科學的理論，剛開始是引用傳統的歷史學、政治學、法學、哲學等學科為主，在行為科學發達之後，它又引進了經濟學、心理學、統計學等學科加以補充。「外交決策理論」就是一個明顯的例子，外交決策一直是國際關係很重要的一部分。而「現實主義」一直是外交決策最主要的依據，他們認為國家在制訂重大外交政策時，所依據的都是英國首相邱吉爾所說的國家利益。各國領袖在與他國打交道時，都

---

[45] 廖舜右、曹雄源，〈現實主義〉，張亞中主編，《國際關係總論》，頁63-64。

希望能運用種種手段，盡力爭取本國的利益。[46]

　　「外交決策理論」是運用政治學的「決策理論」來探討國家決定對外政策的過程，所以要瞭解「外交決策理論」，就必須先瞭解決策理論的發展及內涵，因為外交決策是政府所有決策中的一環。「決策」（decision making）一直以來都是政治學者研究的一個重點，然而何謂決策？根據著名的政治學者伊斯頓（David Easton）所提出的「政治系統分析架構」（a framework for political analysis）顯示，決策是政治系統的輸出之一（如下圖）[47]，他並解釋：「決策是在社會中實現價值的權威性分配（authoritative allocation of values）」。簡單的說：「決策」就是決策者在許多的備案中，做出選擇的一種行為。

　　有關「決策理論」運用於國際關係的研究，可說是一個大變革。因為在傳統的國際關係研究中，研究者習慣將國家擬人化，將國家作為國際體系的基本行為體，並以其為主要的研究對象。相對於這種傳統的研究方法，「外交決策理論」並不關注於抽象的國家概念，而是集中於制訂政府政策的關鍵人物或政府內官僚組織的決策行為。這些決策者的權威性活動，都代表著國家的行為，也就是國家的行為實際上是那些以國家名義行事的個人行為。研究者將國際關係的研究對象，從模糊的國家縮小到具體的個人或是官僚組織的決策行為，希望在分析國際關係時能夠更具體與精確。[48]

---

[46] Federic S. Pearson & J. Martin Rochester 著，胡祖慶譯，2000年，《國際關係》（*International Relations*）（台北：五南出版社），頁122。

[47] David Easton, 1953, *The Political System* (New York: Knopf), pp. 112, 129.

[48] Dougherty & Pfaltzgraff著，《爭論中的國際關係理論》，頁595。

　　郝斯迪（K. J. Holsti）將學者所提出的「外交決策理論」相關學說，歸納為國際關係學中的「中等理論」（middle-range theory），這些理論多屬於問題取向（problem-oriented），它們對於特別的現象與問題尋求精確的描述與解釋，例如外交決策如何被制訂？影響決策者制訂外交政策的因素為何？決策者如何在危機的情況之下制訂出外交決策？等等的問題，所以其研究主題顯然不同於專注國際法、國際組織之類的傳統國際關係學者，[49]也不同於研究範圍及於整個國際體系的「大理論家」。

（二）外交政策的取向

　　大體而言，一個國家政府的政策包括「對內的政策」及「對外的政策」兩種。在「對內的政策」方面，國家因為主權的原因，對其國內的事務及人民可行使獨立的管轄權，不容許他國干涉其國內事務，所以其對內的決策過程較不受他國的干擾。而且在國內，政府享有最高的行政權，因此在進行國內決策時也較能夠掌握有關的變數；然而在「對外的政策」方面，國家所處的國際社會是一個無政府狀態（anarchy）的社會，不但每一個國家的主權都是獨立，而且沒有一個超越國家的世界政府來規範各國的行為，因此國家在作「對外政策」時，決策者所要面臨的不確定因素，要比在作對內決策時較多，也較不容易掌握。

　　「外交決策」就是要制訂國家的「外交政策」（foreign policy）。一個國家的外交政策也就是決策者在面對外在環境時，所採取的一套普遍原則。[50]各國由於地理位置、面積大小、資源、文化與意識型態等因素，而產生不同的外交政策。例如，有些國家實行侵略與擴張的對外政策，所以發展了大規模的軍事力量；有些國家則是關心安全與貿易的「心滿意足」的國家；有些小國家因為容易受到別國的滲透與侵略，為求自保，所以必須依賴其他大國，或謀求與

---

[49] K. J. Holsti, *International Politics: A Framework for Analysis*, pp. 7-9.
[50] Nicholson, Michael著，《淺說國際關係》（*International Relations: A Concise Introduction*），頁23。

其他國家建立保護性的聯盟。[51]

　　基本上，一國的外交決策可分為四個大的取向：「結盟」（alliance）、「不結盟」（non-alliance）、「孤立」（isolation）[52]與「中立」（neutrality）。「結盟」是大家耳熟能詳的一種外交政策，自人類有政治性的團體開始，就不斷的在進行結盟自保的活動，以對抗強大的敵對勢力。結盟起初是以政治性及軍事性的方式為主，但冷戰結束後，經濟議題躍升為國際性的重要議題，各國之間正積極的締結經濟聯盟，例如世界貿易組織（WTO）可說是國際性的國際經濟聯盟，其他國家也基於地緣關係紛紛結成地區性的經濟同盟，最普遍的經濟同盟為簽訂雙邊或多邊的「自由貿易協定」（FTA），例如歐盟（EU）、北美自由貿易區（NAFTA）等，即是現今世界上很重要的多邊自由貿易區。中國近年來也積極與東南亞國家建立經濟同盟，例如於2010年1月實施的「東協加一」（東協加中國大陸）即是，我國也積極的與他國協商簽訂自由貿易協定。

　　而所謂的「不結盟」則是冷戰時期的產物，不結盟運動是在1954年，由印度的首任總理尼赫魯（Jawaharlal Nehru）、南斯拉夫的獨裁者狄托（Marshal Tito）及埃及總統納瑟（Gamal Abdel Nasser）倡議的運動，並於1961年在南斯拉夫舉行首屆不結盟國家高峰會議，當時共有25個國家出席。該組織的主要目的是試圖在美、蘇兩大超級強權影響的國際政治中，為第三世界國家提供交流的場所，解決有關成員國切身利益的國際政治與經濟問題。目前成員已有83個國家，多半是屬於第三世界國家。但此組織的成員大多還是與美、中、俄、歐等強權保有一定的關係，所以有時很難完全稱之為不結盟國家。[53]

　　另外，在這四大外交取向中，較容易被混淆的是「孤立」與「中立」兩個取向。「孤立」是指一種鎖國的政策，是一種主觀的政治態度及主張，自我孤立於國際社會之外，不願意涉入國際事務，在經濟上試圖自給自足，例如現在

---

[51] 田弘茂主編，1991年，《比較政治學》（台北：五南圖書出版公司），頁411。
[52] K. J. Holsti, *International Politics: A Framework for Analysis*, pp. 92-110.
[53] 黃奎博，〈外交與決策分析〉，張亞中主編，《國際關係總論》，頁175。

的北韓、尼泊爾及不丹等國家。採取此種外交取向的原因,有因為懼怕外來的勢力,對其政權造成威脅,例如北韓;也有因為高山峻嶺的地理環境,讓其與世界形成隔離的世界,例如不丹。

而「中立」的外交取向除了是一國主觀的政治立場之外,還包括客觀國際法律的規定。也就是說,中立的地位除了國家主張不願意涉入他國的事務及衝突外,還必須獲得國際社會的認同及國際條約的簽訂,才可真正保有中立的地位。例如最有名的中立國——瑞士,其永久中立的地位是由1815年「維也納會議」(Congress of Vienna)的「最後議定書」所確立的,並且一直維持到現在。[54]具有「中立」地位的國家雖然不願涉入國際的政治及軍事紛爭,但是對於其他的領域,包括經濟、環保、衛生等議題則較為積極,而採取「孤立」外交政策的國家則都不願涉入這些國際事務。

(三)外交決策的模式

基本上,國際關係學者在探討外交政策時,除了研究外交政策的取向之外,更重要的是要研究外交政策是如何被制訂出來的,所以史耐德(Richard C. Snyder)曾表示:「研究政策的制訂過程與研究政策的結果是一樣重要的」。[55]對於「外交政策」是如何被制訂出來的問題,一般都以著名的外交政策學者艾里森(Graham T. Allison)以1962年的古巴飛彈危機為例,提出三種不同的決策模式來解釋外交政策制訂的過程,這三種決策模式分別為「理性政策模式」(Rational Policy Model)、「組織程序模式」(Organizational Process Model)與「官僚政治模式」(Bureaucratic Politics Model)。[56]

---

[54] 蔡明螢,2004年7月1日,〈瑞士中立政策轉變之研究——以瑞士加入聯合國為例〉,《國際論壇》,第3卷第1期,頁108。

[55] Richard Snyder, H.W. Bruck & Burton Sapin, 1954, *Decision Making as an Approach to Study of International Politics* (Princeton, J.: Princeton University Press), p 12.

[56] Graham T. Allison, "Conceptual Model and the Cuban Missile Crisis," pp. 690.

1.理性政策模式

(1) 理性政策模式的意涵

此種理性的決策模式主要是來自於經濟學的觀點，數百年來，經濟學的基本假設就是人是理性的動物。因此人類為完全理性的決策者，每個人都在追求個人最大的利益。所以「理性模式」認為，決策者會考慮所有可能的備選方案，權衡這些方案的價值與優劣，並評估各種可能性之後，就能夠做出最佳的選擇。[57]艾里森也強調，理性決策就是在特定條件限制下，從事價值極大化（value-maximizing）的選擇，也就是選擇最佳的方案。由此可知，理性的決策模式顯然是將決策者視為專家，而人們就必須信賴專家的抉擇。

而「理性模式」用於「外交政策」方面，是指國家或政府的外交決策由理性的領導者，或是一群理性的決策者，依據國家的利益而制訂（如圖3-1所示），[58]這就是國際政治學大師摩根索所稱的「理性的政治家」（rational state-man）。[59]決策者首先根據所獲得的情報或資訊，來評估外在的情勢；然後依照利益或價值最大化的原則來選擇最佳的目標（goals and objectives）；目標確定之後，再尋找所有可能的執行方案（alternatives）；在審慎評估與計算每一個方案的優劣得失後，從中選擇最佳的執行方案。因此根據此「理性模式」，決策過程可分為四個階段：界定外在的情勢、選定目標、尋找所有可能的執行方案、決定並執行必要的行動方案（如圖3-2所示）。[60]

---

[57] Marshell Dimock, 1958, *A Philosophy of Administration* (New York: Harper & Row), p. 140.

[58] 林碧炤，〈外交政策理論與制訂過程之分析〉，包宗和主編，2011年，《國際關係理論》（台北：五南出版社），頁428。

[59] Graham T. Allison, "Conceptual Model and the Cuban Missile Crisis," p. 693.

[60] Graham T. Allison, 1971, *Essence of Decision: Explaining the Cuban Missile Crisis* (Boston: Little, Brown).

圖3-1   理性模式的概念圖

圖3-2   艾里森的「理性模式」決策過程

資料來源：作者整理。

學者依據此模式，再配合數學與邏輯的推理，創造出國際關係上的「博奕理論模式」（Game Theoretical Model）。[61]此模式的基本假設就是人的行為是理性的，在博奕的過程中，每一個行為體都有自己的策略及目標。「博奕理論」適用的範圍相當廣泛，例如政治、軍事及經濟等問題。有學者認為，此模式有助於對重大的安全問題（例如危機管理及軍備控制）進行縝密的分析。理性的假設越有效，「博奕理論」就越能適用於國際關係理論。[62]

「博奕理論模式」中最常見的兩種基本分析模型為「零和遊戲」（zero sum game）及「非零和遊戲」（non-zero sum game），前者指「一方所得，為另一方所失」。在此模型中，參與者常採取「最小化－最大化」（mini-max）的策略，也就是將自己的損失降到最小，並將自己的利益擴大到最大。在此種模式中，只有衝突沒有合作，並且只有一個參賽者獲勝，例如大多數的軍事對抗及國際危機都是屬於此類。這個策略只有在對手的行為合乎理性的時候才有效，如果對手是非理性的或經常受情緒影響，該策略就不一定是最佳的選

---

[61] 黃奎博，〈外交與決策分析〉，頁177。
[62] Dougherty & Pfaltzgraff著，《爭論中的國際關係理論》，頁604-605。

擇。[63]

　　而「非零和遊戲」則與「零和遊戲」相反，它不是排他性的競爭，而是「一方所得，非另一方所失」，得失之總和不等於零。在此種模式中，衝突與合作都可能存在，每個參與者也都可能獲勝。「非零和遊戲」中最著名的例子就是「囚徒困境」（prisoner's dilemma），該例子反映出個人的最佳選擇（相互背叛），並非團體的最佳選擇（相互合作）。「囚徒困境」的例子證明，合作要比背叛的收益更大。在國際關係的領域中，此例子可用於研究軍備競賽、危機處理等問題，並發展出合作的模式，可作為外交決策者的參考。

(2) 理性政策模式的優缺點

　　「理性政策模式」最大的優點為，它是理解政府制訂外交政策行為的一種相當簡便方法。在國家層次及政府內部觀點一致的基礎上，來觀察政府或領導人制訂外交政策的過程。主張決策者是唯一的外交決策者，其外交決策是以國家安全及國家利益為總目標來制訂的方案，決策者必須具有估算每一選項後果的能力，在仔細評估得失後做出功效最大，及付出代價最小的選擇。因此，當一個外交政策的選項所需付出的代價越小，而獲得的利益越大時，其被選上的可能性也就越高。

　　但是此模式似乎過於簡化與理想化，因為它將決策者視為是英明的、理性的，所以其決策都是正確的；而且它似乎認為決策者是處於一種不被外界所干擾的真空世界，只要依據相關的數據就可以制訂決策，不必去考慮人民的意見與偏好。此假設顯然與事實有很大的出入，因此其立論的有效性遭受到質疑。從過去的歷史顯示，在上述艾里森所提出的「理性模式」決策過程中，都有可能出現不理性的因素。例如辛格（David J. Singer）就指出，在緊張及焦慮的情況下，決策者可能不會依據理性的標準行事。[64]而且在決定選擇某方案時，常會受到許多因素所限制，例如個人的能力、所得到的訊息、有限的時間及

---

[63] Dougherty & Pfaltzgraff著，《爭論中的國際關係理論》，頁605-606。
[64] J. D. Singer, June 1963, "Internation Influence: A Formal Model," *American Political Science Review*, Vol. LXII, p. 428.

資源等，而且決策者也並非完全都是理性的。所以基本上，此模式有以下的缺點：

　　A. 難以掌握決策者的人格特質或其所處團體之特性；

　　B. 不易分析決策者的動機、偏好、認知與價值；

　　C. 無法排除決策者發生錯覺（illusion）與誤判（miscalculation）的可能性。

(3) 有限理性政策模式的提出

　　「理性政策模式」雖然對於瞭解政府的政策制訂有所幫助，但因該模式有很大的缺失，並且與現實不符，因此其正確性遭到質疑。然而該模式並非一無是處，它仍有其理論的價值，因為後來的學者根據此模式加以修正，讓其發揮更大的解釋力。對於「理性政策模式」做出決定性修正者為美國著名的管理學家和社會科學家赫伯特‧西蒙（Herbert A. Simon），他於1957年提出所謂的「有限理性模式」（Bounded Rationality Decision Model），用「滿意利潤」（satisfied profits）而不是「最大利潤」的獲得，來取代「理性模式」中的利益「最佳化」（optimizing）的概念。[65]

　　西蒙認為「理性政策模式」太過理想化，因為個人的能力是有限的，決策者不可能擁有所有的資訊，而且在面對許多選擇時，不僅受限於人類本身所擁有的能力，個人過去的經驗也會影響當時思考的邏輯，因此要做出最佳的判斷是不可能的，最後的選擇結果並不是最佳的方案，而是最能令人「滿意的決策」（satisficing decision）而已。[66]也就是決策並非是一種完全理性的心智活動，而可能包括個人的價值判斷，所以並沒有存在唯一正確選擇的情形。

　　由上述可知，決策者事先並無法考慮到所有的預備方案，以及在最後做出最好的選擇。而是決策者會依次分析各種可能的方案，直到找出一個能滿足最低要求的方案為止，這個方案可能不是最好的，但卻是最符合實際需求，以及

---

[65] 這個理論讓西蒙獲得1978年的諾貝爾經濟學獎。

[66] Herbert A. Simon, 1976, *Administrative Behavior* (New York: The Free Press).

最能付諸實行的方案。因為我們所處的國際社會是複雜多變的，在無法全面瞭解或蒐集完整的資訊情況之下，決策者是無法去追求國家最大的利益，而是尋求一個「雖不滿意，但可接受」的決策。

2.組織程序模式

組織理論的發展提供了外交決策理論中，有關組織程序模式理論的發展基礎。[67]為了解決龐雜的國家問題，政府設立不同的組織來處理不同的問題，各有所司。例如外交部處理外交問題、財政部處理財政問題、經濟部處理經濟問題等。顧名思義，「組織程序模式」是指國家的政策是由政府內的各個組織所制訂出來。在此模式中的行為者不是類似「理性政策模式」一樣，由單一或是少數的決策者來做決策，而是由一群鬆散的組織來做決策。他們負有不同的責任，執行相當廣泛的任務，在國家大政方針與一定規範的限制下，各有一定的自主權（如圖3-3所示），也就是以職能作為類別的決策者。[68]領導者雖然位居這些組織之上，但是他們的決策空間受到這些組織所提供選項的限制，決策者只能在這些組織所提供的選項中加以抉擇。[69]例如Theodore Sorensen就曾說過：「總統很少作決策，特別是外交事務，基本的決定通常事前都已經制訂好了。」[70]有關此模式的特點如下：

(1) 政府是由一些不同的組織所構成的鬆散聯合體，政府領導者則是位於這個鬆散集合體的最高處。J. G. March 及Johan P. Olsen就指出，政府是由具有不同的結構、目標、偏好、作用的組織所構成的。[71]

(2) 這些組織都有自己的利益，所以對政策的選擇就會產生不同觀點，例如James G.認為不同的組織對於政策的選擇就會產生不同的觀點。因此它們相

---

[67] Graham T. Allison, "Conceptual Model and the Cuban Missile Crisis," p. 690.
[68] 林碧炤，〈外交政策理論與制訂過程之分析〉，包宗和主編，《國際關係理論》，頁429。
[69] 陳一新，2000年，〈柯林頓政府台海危機決策制訂過程──個案研究〉，《遠景季刊》（台北），第1卷第1期，頁90-91。
[70] Graham T. Allison, "Conceptual Model and the Cuban Missile Crisis," p. 699.
[71] J. G. March & Olsen J. P., 1989, *Rediscovering Institutions: The Organizational Basis of Politics* (New York: The Free Press), p. 50.

互競爭以獲得對政策的影響力，政策就是在此種相互競爭的過程中產生出來的結果。

(3) 為規範這些不同組織的決策行為，以免發生混亂，通常會制訂一套「標準作業程序」（standard operating procedures, SOPs），讓各組織在制訂其決策過程時，有一定的規則可以遵循。

(4) 政府的決策是依賴這些組織的能力、文化，並根據標準作業程序所產生出來的，所以政府的行為就是這些組織的行為，因此「組織程序模式」又稱為「組織行為模式」。

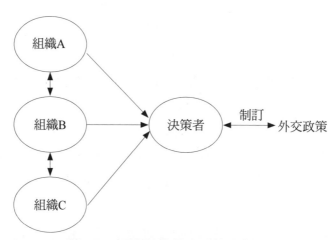

圖3-3　組織程序模式的概念圖

資料來源：作者整理。

「組織程序模式」似乎比個人導向的「理性模式」較為合乎現實，但該模式仍有以下的缺點：

(1) 政府為了處理繁雜的例行公事，各組織都有主要的職掌，例如外交部負責外交事務、國防部負責軍事事務、財政部負責財政事務等，每個組織所面臨的都是部分的問題，而無法清楚國家整個的目標，在搜尋資訊時也可能

較為狹隘而產生偏差，影響最終的決策；[72]

(2) 各個組織所提出的建議可能是為了強化其單位的自身利益，所以很難避免偏狹與本位主義（parochialism），所以容易與其他組織產生衝突；

(3) 每個組織都有自己一套標準作業程序，但此作業程序常會使組織行為過於形式化。因為組織內的成員害怕犯錯遭到懲罰或受到團體的壓力，而遵循組織內既有的程序。就算發生錯誤，也是組織的錯，而不是自己的錯。所以此種決策模式容易因為缺乏彈性，而出現僵化的情形；

(4) 由於各部門擔負不同的責任，並擁有獨立的自主權。所以容易發生決策者趨利避害、固守己見、反應不足、各自為政以及相互不協調，與資訊不能共享等現象；

(5) 缺乏成本效益的觀念，一旦政策推動開始，即使成本大於利益，由於組織的慣性使然，政府還是會繼續推動，倘若外界情勢變遷迅速，恐有應變不及之虞；[73]

(6) 政府領導人的決策空間，會受到組織所提供政策選項所限制。如果某個組織的權力越大，其所能影響政府領導人或政府決策的能力也就越大。

3.官僚政治模式[74]

所謂「官僚」是指所有的政府官員而言，若以白話的稱呼，就是指公務人員，而由官僚們所組成的政府體制就稱「官僚體制」或「階層體制」，因為在「官僚體制」內有嚴明的階層之分。另外在此體制中，職務與責任也很分明，因為他們所占據的職位決定及限定他們能夠做什麼與必須做什麼。[75]官僚體系乃現代國家之產物，韋伯（Max Weber）指出該體系的特性為：職位階層化、人事專業化、工作程序化、依法行政。[76]他認為官僚體系是一個為達效

---

[72] 楊永明，2010年，《國際關係》（台北：前程文化出版社），頁445。

[73] 黃奎博，〈外交與決策分析〉，張亞中主編，《國際關係總論》，頁181。

[74] 或稱為「政府政治模式」。

[75] Graham T. Allison, "Conceptual Model and the Cuban Missile Crisis," p. 709.

[76] Max Weber, 1978, *Economy and Society* (Berkeley: University of California Press).

率,所形成的具有穩定性、可信賴性及可預測性的運作機制;然而也由於官僚制度的穩定特性,在現今強調組織變革、企業精神、政府再造的情形下,「官僚」一詞已被視為等同於笨拙、保守迂腐、無效率,並有人提出必須「去官僚化」。[77]

而官僚政治決策模式是指,政府的決策由政府機構內的不同官僚們,透過協商所制訂出來。在此模式中,領導者並非是一個一致的群體,而是各自擁有權力,處於競爭遊戲中的競爭者,此遊戲就稱之為「官僚政治」(Bureaucratic Politics),政府的政策就是透過這些協商遊戲而制訂出來,而非如「組織程序模式」所稱,政策是不同組織的產物。[78]由於官僚都是具有相當的專業知識,所以對與其業務有關的事務能提出專業的建議,再與其他單位之間進行協商與妥協之後,形成最終的政策。

此模式認為政府內的官僚都是獨立的,政府的權力被這些官僚所分享,主要決策者(一般指總統或總理)被許多具有強大權力的行政官僚所包圍(如圖3-4所示)。此模式與「理性政策模式」不同,「理性政策模式」視決策者為單獨行為者,或是少數理念一致的行為者,他們的決策具有一致性;但是「官僚政治模式」則認為在遊戲中有許多的決策者,由於他們沒有一致的戰略目標,所以不會關注某單一項戰略議題;他們依據國家、組織與個人的目標,關注許多不同的問題,允許不同的意見存在,所以他們的決策不具有一致性。在制訂政府決策時不是依據理性的選擇,而是透過拔河式的政治協商來解決問題。每一個政府單位都是政治競技場上的競爭者,由於他們都各自擁有決策權,所以在此決策模式中,權力是很分散的。[79]

---

[77] 胡龍騰,2007年12月,〈政黨輪替前後高階行政主管流動之比較〉,《國家菁英季刊》(台北),第4卷第3期,頁35。

[78] Graham T. Allison, "Conceptual Model and the Cuban Missile Crisis," p. 707.

[79] 同前註。

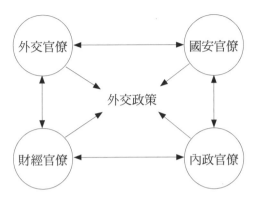

圖3-4　官僚政治模式的概念圖

資料來源：作者整理。

　　雖然「官僚政治模式」是透過不同官僚間的政治協商來制訂政策，權力較為分散，但是在官僚制度健全的國家，此決策模式往往會產生正面的效果。特別是在先進的國家中，官僚的組織較為健全，官僚們在政府各項決策過程中均扮演著重要的角色。許多重大決策都是由這些專業的官僚經過相互協商之後所制訂出來，然後再上呈給決策者來做裁奪，一般決策者也都會尊重他們的意見，最後的決策不會與官僚的意見差太多，所以他們的意見會對決策產生重大的影響。例如日本政府就是由官僚主導政策的制訂。[80]日本早在「西南戰爭」[81]之後，一批主張向中國、朝鮮擴張的官僚進入其外務省，[82]促成日本政府日後以韓國為跳板，向中國侵略的外交政策。

　　歐盟政治運作基本上也是依靠專業的技術官僚，尤其是作為歐洲整合引

[80]　劉蕭翔，2007年，〈國際政治與國內政治互動的評析〉，《歐洲國際評論》（台北），第3期，頁130。

[81]　日本於1868年展開明治維新之後，產生很多的社會矛盾，尤其是保守派反對政府的改革措施，最後終於在1877年2月，以西鄉隆盛為首的薩摩官兵對明治政府宣戰，此為日本社會對改革不滿的總爆發，史稱「西南戰爭」或「西南事變」，為日本近代史上最後一次內戰，最後以西鄉隆盛兵敗自殺作為結束，此事件象徵著日本舊封建勢力的正式結束，從此以後，日本政府的軍隊實際掌握於政府手上。明治政府無須再顧慮反對派的勢力，積極推動新政，明治維新因而成功。陳潮、胡禮中主編，《玉帛干戈──世界十大外交家》，頁109-110。

[82]　陳潮、胡禮中主編，《玉帛干戈──世界十大外交家》，頁110。

擎的「歐盟委員會」更是如此。委員會的各單位成員基本上是由相關領域的專業技術專家所組成。[83]另外一個官僚體系運作甚為成功的國家就是新加坡，由於該國相當重視文官的培養，並吸收優秀的人才進入其官僚體系，使該國政府展現超高效能的執行力，在瑞士「國際洛桑管理與發展學院」（International Institute for Management Development, IMD）的世界競爭力報告中，新加坡的政府效能已多次蟬聯世界第一。

然而，官僚體系的實際運作並非在所有國家都非常成功，在某些國家中，「官僚」一詞反而是負面的意涵，而非韋伯所稱的是一個為達效率，所形成的具有穩定性、可信賴性及可預測性的運作機制。這是因為官僚體系有其先天的缺點。例如專業技術官僚常從其專業的技術角度來思考政策的選擇，而容易忽略政治或社會因素。[84]他們由於專業各不相同，因此彼此的價值觀、立場、利益及目標都不相同，往往最先考慮到的是自己的利益，所以「坐什麼位置說什麼話」（Where you stand depends on where you sit.）的情況非常明顯。[85]這就是官僚制度最為人所詬病的「本位主義」，完全以自己單位的立場來思考問題。

例如，在台海兩岸飛機直航的問題上，財經及交通部門官僚就非常樂見兩岸直航的實現，因為他們認為直航可為台灣的經濟注入活水，帶動台灣的經濟繁榮；而國安官僚卻對此持相反的意見，他們認為直航將會使國家安全的門戶洞開，不利於台灣的國防安全。由此可見，政府的對外政策就是這些主要官僚之間討價還價的結果，[86]所以「官僚政治模式」又稱為「官僚議價模式」（Bureaucratic Bargaining Model）。

此模式顯示，政府的決策既不是由一個單獨的團體所決定，也不是領導人偏好的實踐，而是由一群分享權力，但各自考慮本身利益的官僚，決策過程往

---

[83] 林民旺，2007年，〈論歐洲聯盟的「民主赤字」問題〉，《國際問題研究》（台北），第5期，頁46。

[84] 同前註。

[85] 黃奎博，〈外交與決策分析〉，頁182。

[86] Graham T. Allison & Philip Zelikow, *Essence of Decision: Explaining the Cuban Missile Crisis*, p 102.

往充滿著政治角力與妥協，所以其所制訂出來的決策不一定是理性的。另外，此模式比較有利於解釋特定的事件，而無法對未來事件進行精確的預測。官僚體系以外的變數完全被忽略，例如來自國際結構的影響便被忽略，所以此模式有見樹不見林之缺點。[87]

基本上，此決策模式與「組織程序模式」有許多相類似之處，因此「組織程序模式」可能會遭遇的問題，例如組織僵化、決策程序缺乏彈性、缺乏效率、本位主義等，也會在此模式發生。而且由於官僚擁有獨立的權力，容易造成官僚濫權，這就是官僚體系最為人所詬病的「官僚作風」（red tape）。但是此模式似乎比「組織程序模式」更為具體及接近事實，因為「組織程序模式」強調組織之間的競爭性，而「官僚政治模式」不但強調單位之間的角力競爭，也強調它們之間對於不同目標討價還價的特性。[88]

無論對官僚制度持正面或負面的意見，此制度可說是現代政府的主要組織型態，因此官僚們在政府的決策過程中也扮演著非常重要的角色。從「理性政策模式」及「組織行為決策模式」可知，前者雖然可明確知道何者在決定政策，但是卻太過簡單與理想化；而後者雖然是對前者的修正，但是卻沒有明確的指出決策是由何人所制訂，及這些組織的特性為何以及之間的關係，所以顯得過於含糊籠統，並且忽略每個人的不同價值觀。而「官僚模式」可說是介於強調個人決策的「理性政策模式」，與強調團體決策的「組織程序模式」之間，因為「官僚決策模式」不但強調「專家」在決策過程中所扮演的角色，同時也強調他們所代表單位的利益，以及這些單位之間討價還價協商過程，所以可說是前兩者的折衷模式。

根據上述討論，將「理性模式」、「組織程序模式」及「官僚政治模式」之特點綜整如次：

---

[87] 黃奎博，〈外交與決策分析〉，頁183。
[88] 楊永明，《國際關係》，頁445。

	理性模式	組織程序模式	官僚政治模式
決策單位	國家	組織	官僚
決策方式	由單一或少數決策者決定	由不同組織間透過競爭決定	由不同官僚間透過協商決定
決策哲學	理性	有限理性	有限理性
關注重點[89]	國際戰略環境的壓力與刺激	政府內部的決策機制	政府內部的決策機制
成本效益[90]	考量成本效益	較不考量成本效益	較不考量成本效益
決策目標	獲取價值最大化	制訂有利於組織本身的政策	獲取大家都能接受的折衷政策
優點	效率高	穩定性高	較具有彈性
缺點	決策較為武斷	缺乏彈性、效率，及容易產生本位主義等	坐什麼位置說什麼話

資料來源：作者整理。

三、危機決策理論

　　任何人、組織或國家都有可能在任何時間遭遇到不同形式的危機，就如同中國俗語所說的「天有不測風雲，人有旦夕禍福」，最能描繪危機隨時都可能發生的情況。有些危機可能是人為的，例如1997年下半年亞洲爆發有史以來規模空前的金融危機、2001年美國的911恐怖攻擊事件、2008年的全球金融危機；或是兩國之間的武裝衝突等，例如印度與巴基斯坦為爭奪喀什米爾主權的衝突。危機也可能是自然所造成的，例如2004年的南亞大海嘯、2005年的美國卡翠娜颶風、台灣2009年的88風災、2010年5月底中美洲地區的「艾沙加」颱風，以及2011年1月澳洲的大洪水，都造成嚴重的人員傷亡及財務的損失。

　　大多數的天然災害雖是無法避免的，但是災情若處理不妥善，就有可能爆發社會、經濟、甚至是政治危機。例如卡翠娜颶風發生後，由於美國政府應變

---

[89]　Graham T. Allison, "Conceptual Model and the Cuban Missile Crisis," pp. 716-717.

[90]　同前註，pp. 716-718。

不及，竟然造成暴民趁亂搶劫商店、開槍殺人，社會秩序一團混亂，致使布希政府聲望下挫。而台灣的88風災，也造成行政院長劉兆玄下台。在國際間也時常發生重大的危機，有些危機可能經當事國的相互妥協與退讓而被化解，並消弭於無形。例如，英國與法國於1898年發生於蘇丹Fashoda的衝突，雖然剛開始兩國也都劍拔弩張，但是最後兩國決策者都能夠相互退讓而化解此危機，甚至兩國在往後的殖民地問題上，也都能以協商方式解決其他問題。[91]

然而，有些衝突可能因當事國的不肯退讓，而讓衝突逐漸升高，最後甚至爆發戰爭。最有名的例子莫過第一次世界大戰的爆發，當時就是因為各國未能即時化解巴爾幹危機而導致的嚴重後果。[92]由此可見，有效的處理國際危機是很重要的。而危機決策（crisis decision making），顧名思義就是決策者在各種特殊的危機發生時所做的決策。而決策者必須要瞭解相關的危機決策理論，才能夠在危機發生時，有效的加以對應，以及化解危機。

近代最著名的國際危機事件，當屬1962年發生於美國與蘇聯之間的古巴飛彈危機（Cuban Missile Crisis），如果當時美國甘迺迪政府若反應不當，而採取較為激烈的手段來回應蘇聯，核子戰爭可能就會爆發。[93]此事件也激發了國際關係學者開始研究決策者如何在緊迫的狀態下制訂對外政策，以化解戰爭爆發的危機。2001年美國所發生的911恐怖攻擊事件以後，危機決策理論更顯重要。要在危機中有效的制訂決策，必須先對危機的本質有所瞭解。基本上，某

---

91 當時英國在非洲拓展殖民地的目標，是希望從北部的開羅到南部的好望角，而法國則是希望從西部的大西洋到東部的印度洋。所以兩國在非洲殖民地的發展自然會有一個交集，此交集就發生在蘇丹的Fashoda。法國於1896年派探險隊前往蘇丹，英國警覺到法國的勢力進入非洲，所以亦派探險隊進入蘇丹。後來雙方在蘇丹的Fashoda相遇，並發生衝突，最後雙方將問題交由兩國政府談判解決。法國政府此時的外交政策以對德國復仇為主，所以對Fashoda問題主張與英國妥協。最後在1899年達成協議，雙方以尼羅河與剛果河為分水嶺，法國同意不向尼羅河發展，而英國同意法國在剛果河上游發展。

92 當時的奧匈帝國的皇太子支持建立一個日耳曼人、匈牙利人、斯拉夫人三個民族共同組成的大帝國，他於1914年前往奧匈帝國殖民地波斯尼亞訪問時遭到塞爾維亞激進分子刺殺身亡。於是奧國向塞國宣戰，德國因與奧匈帝國有同盟關係，所以也向塞國宣戰。而俄國因與塞國同為斯拉夫人，所以出兵相助。英、法則因與俄國有協商關係，所以也加入俄國這一方。如此牽連，後來引發第一次世界大戰。

93 Paul R. Viotti & Mark V. Kauppi, *International Relations and World Politics: Security, Economy, Identity*, p. 128-129.

一事件被稱為「危機」，必須要符合以下幾個特點：

(一) **危機出其不意的發生**：該緊急事件的發生是出其不意的，所以能夠容許決策者反應的時間相當緊迫。

(二) **危機具有高度的威脅性**：該緊急事件具有危險性及威脅性，若不及時解決，可能導致嚴重的後果，或甚至爆發戰爭。

(三) **可獲得的資訊相當有限**：由於事出突然，所以無法即時獲得充分的情報及訊息，充滿許多不確定的因素，決策環境複雜。

(四) **來自外界的壓力巨大**：由於危機對國家社會及民眾造成威脅感，因此來自外界的壓力甚大，尤其是反對黨與媒體的壓力。

　　「危機決策」雖然也是「決策理論」的一種，正常來說，外交政策乃至於特殊的決定都必須在多方的分析與辯論下，歷經一段相當長的時間後才制訂。然而危機總是發生在某些必須立刻定奪的重大議題上，在這些情況下，決策過程便出現重大的改變。[94]所以顯然的，危機發生時的決策方式不同於前述的「理性政策模式」、「組織程序模式」或是「官僚政治模式」，因為在如此危急及緊迫的情況之下，無法像平常時期的決策模式，而必須採取非常之手段及作為，以快速解決非常的危機，所以遇到危機發生時，通常是由「危機決策小組」來負責決策的制訂（如圖3-5所示）。

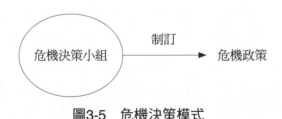

圖3-5　危機決策模式

資料來源：作者整理。

---

[94] Michael Nicholson著，《淺說國際關係》（*International Relations: A Concise Introduction*），頁28。

　　基本上，「危機決策模式」有以下幾個特色：

(一) **參與決策者的人數較少**：通常是由幾位決策者的核心幕僚所組成的決策群來做成決策，例如，美國與我國的國家安全會議即是處理國家重大事件的主要決策單位。根據我國國安會組織法規定，出席會議的人員包括正副總統、總統府秘書長、行政院正副院長、內政、外交、國防、財政、經濟與大陸事務等閣員，以及參謀總長、國安會秘書長、國安局長等幾個重要人員。

(二) **決策步驟非程式化**：由於危機常是出其不意的發生，所以對於危機的處理自然不能夠依賴一般日常的決策模式，例如「組織程序模式」或是「官僚政治模式」有一套的「標準作業程序」（SOP），因為這些決策模式緩不濟急，而必須依照當時的情況採取權宜及斷然的措施，以期能夠獲得快速的解決危機。例如在古巴飛彈危機中，甘迺迪政府採取的一些特殊的作為，並運用「蘿蔔與棍棒」（carrots and sticks）政策，才平息此一重大的核子危機。[95]

---

[95] Paul R. Viotti & Mark V. Kauppi, *International Relations and World Politics: Security, Economy, Identity*, p. 128-129.

　　國際關係學者在經歷上述的「傳統主義」與「行為主義」之間，關於技術性的方法論爭辯後，又回到了對於國際關係本質的爭辯。但是第三次爭論的參與者有別於前兩次的爭論，因為前兩次的爭論都有歐洲的學者參與，而此次的參與者主要為北美地區的國際關係學者。因為此時美國已經是世界的超級強權，對於國際關係的研究也已經居於領導者的地位了，再次加強國際關係為美國的科學之說法。

　　從第二次世界大戰結束至20世紀80年代初，「古典現實主義」雖然在國際關係研究領域一直占據主宰的地位，但由於此主義存在許多的缺陷，因此有學者提出「新現實主義」（Neo-Realism）來進一步完善「現實主義」學派。而過去的「理想主義」在退出國際關係學的領域之後，「自由主義」派學者堅持其理想並繼續研究，最後提出新的學說──「新自由主義」（Neo-Liberalism）。之後，「新現實主義」與「新自由主義」這兩大學派相互進行另一次的爭辯，這場辯論又被稱為「新—新之爭」（Neo-Neo Debate）成為20世紀80年代中期至90年代後期國際關係理論發展的核心，當時主流國際關係理論期刊的大多數文章，都是關於這兩個主義的爭論。[1]

第一節　新現實主義學派

　　摩根索（Hans J. Morganthau）的「古典現實主義」即使有其代表性，但是今天已經有不少人將其捨棄，而使用更新的主義。而要瞭解21世紀的國際關係

---

[1]　秦亞青，〈國際政治的社會建構──溫特及其建構主義國際政治理論〉，頁238。

就必須鑽研「新現實主義」（Neo-Realism）。當然，新舊現實主義有太多的持續性與連貫性，要完全切割是很困難。[2]「新現實主義」主要是對「古典的現實主義」加以修正，讓「現實主義」學派更為周延及科學。以往「新現實主義」主要是以華爾滋（Kenneth N. Waltz）所提出的「結構現實主義」（Structural Realism）為主，但是美國芝加哥大學[3]國際關係學者米爾斯海默（John J. Mearsheimer）於其2002年出版的《大國政治的悲劇》（*The Tragedy of Great Power Politics*）一書中提出「攻勢現實主義」（Offensive Realism），該主義後來也被列為「新現實主義」的一個支派。由於華爾滋主張國家應該追求「安全」，而與米爾斯海默主張追求「權力」有所不同，所以後來又被稱為「守勢現實主義」（Defensive Realism）。

一、結構現實主義

（一）結構現實主義的內涵

華爾滋（Kenneth N. Waltz）在1979年出版的《國際政治理論》（*The Theory of International Politics*）被認為是「新現實主義」的先導，[4]並奠定他在學術上的領導地位，最主要的原因是他把國際關係從傳統的窠臼中跳脫出來，走向科學化的方向。[5]他批評「古典現實主義」太注重個人與國家的分析層次，他認為人性是無法檢驗的，而國家相同的行為可能產生不同的結果。所以僅從個人或是國家的層次來解釋整個國際關係，不符合科學的要求，所以「古典現實主義」不能算是真正的理論，因此他運用「結構論」來解釋國家的對外行為。他的著作與摩根索（Hans J. Morganthau）完全不同，幾乎沒有引用歷史事件，

2　林碧炤，〈國際關係的典範發展〉，頁28。
3　「現實主義」大師摩根索（Hans J. Morganthau）也是美國芝加哥大學的學者。
4　林碧炤，〈國際關係的典範發展〉，頁28。
5　同前註，頁30。

也沒有參考西方國家的外交經驗，它就像是一本國際關係的經濟學原理或物理學入門讀本，[6]讓國際關係學更具有科學性。

　　華爾滋雖然繼承摩根索的無政府國際社會的大架構，但其著作展現以下特點：

1. 他擺脫摩根索的歷史研究途徑，很少使用歷史事實，對歐洲外交的戰爭或重大外交爭論很少提及，即使影響國際關係深遠的二次世界大戰與冷戰的起因、結果與影響也沒有討論，完全使用演繹法推論國際政治的基本理論；

2. 引用社會科學的實證主義，參考自然科學的途徑，為國際政治建立通則。所以他的書很簡要，就像是物理學、經濟學一樣，充滿許多簡化的通則，可以說是一本革命性的專書，使其學術地位屹立不搖；

3. 使用結構與單元來分析國家在無政府的社會中，如何保護自己，為自己爭取到最大的利益；

4. 推崇兩極國際體系，強調這是國際政治最佳的體系，不但容易操作、維持，而且不會引發戰爭。即使有衝突或小型戰爭，也很容易可以掌控或處理。[7]

　　華爾滋認為，影響各國對外政策的因素，並非存在於個人與國家內部，反對從人性或國家特性來研究國際關係。他認為國家在國際結構中所處的位置，各國在國際體系中的相對權力分配情形，才是造成各國對外政策不同的主要原因。所以體系對於單元具有強制的作用，體系的結構會決定單元的對外決策，單元必須適應體系。基本上，「結構論」主要有三個假設：

1. 國際是一個無政府的狀態；

2. 國家是國際社會最主要的行為者；

3. 每個國家的功能差異性不大，所以國家不是一個研究國際關係的適合獨立變數；[8]

6　林碧炤，〈國際關係的典範發展〉，頁18。
7　同前註，頁29。
8　明居正主編，《國際關係綜論》，頁70。

4. 國際體系的結構是由各國的權力相對分配所造成，一旦結構形成後，就會對國家的對外行為產生影響，所以「權力的相對分配」才是一個研究國際關係有用的獨立變數。[9]

　　由此可見，「結構現實主義」是從國際體系層次來探討國際政治的本質，它豐富「現實主義」的內涵，後來並成為國際關係研究的主導理論。[10]（參見下圖）

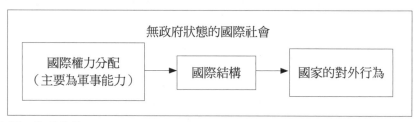

資料來源：作者整理。

　　華爾滋提出「結構理論」之後，雖然受到很多的批評，但是也受到很多學者的喜愛，現在研究國際關係的學者可以說言必稱體系。[11]華爾滋的「國際體系結構理論」之所以受到學者廣泛的重視，是因為他將「古典現實主義」加以理論化，讓「現實主義」更具科學性，而非僅是一種空泛的學說。「古典現實主義」僅注重個別國家追求權力的行為，而「結構現實主義」則關注整個國際體系的結構，認為體系的結構決定國際體系成員之間的政治關係，一旦結構發生變化，行為體的互動模式也跟著發生變化。例如國際體系若是趨向層級化，行為體的功能差異就越大；反之，國際體系若是趨向分散，則行為體的功能差異就越小。

[9]　明居正主編，《國際關係綜論》，頁70。
[10]　Dougherty & Pfaltzgraff著，閻學通、陳寒溪等譯，《爭論中的國際關係理論》，頁68-69。
[11]　蔡翠紅、倪世雄，2006年7月，〈國際體系解構分析〉，《教學與研究》，頁46。

（二）國際體系結構的分類

　　20世紀中期以來，國際體系一直是國際關係學者研究的重點。此派學者認為當個體的行動結合在一起時，就會形成一種行為模式，而且群體的行為模式不同於個體的行為模式。「結構主義」就是試圖解釋由行為體組成的結構，如何影響行為體之間的互動。有些學者主張結構塑造了互動模式，隨著結構的變化，單元間的互動模式自然也跟著改變。所以「結構主義」的分析方法被歸類為「整體的」（holistic）或「系統的」（systemic）方法，因為它不是以國家為分析單位，而是以宏觀的國際體系來分析國際關係，[12]「結構主義」其實是一種「系統理論」（system theory）。

　　「系統論」最早是由生物學家巴特蘭菲（Ludwig Von Bertalanffy）所提出，只要是由相互關聯，但可以區分的單元所組成的一個整體，就構成系統。這是構成系統的兩個要件。如果不可區分單元就不成系統；如果可區分的單元間沒有關聯，也不構成系統。系統間的每個單元都有功能，但其功能受到結構的限制。因此只要理解系統的結構，也就是每個單元彼此的關係，就可以推斷其功能。例如一般企業系統的結構，有管理者、生產者、行銷者。決策功能在其執行長（CEO），生產功能在工廠，行銷功能在業務部。我們只要知道某人在企業扮演的角色，即可推斷其功能。此理論已經被廣泛運用在不同的學科中，例如生物學、社會學、經濟學、政治學等領域。[13]

　　對於國際體系的形成要素，赫德利・布爾（Hedley Bull）認為：「如果兩個或兩個以上國家之間有足夠的交往，而且一個國家對其他國家的決策可產生足夠的影響，並促成某種行為，那麼國際體系就出現了。」此定義包含兩個要點：第一、國際體系是國家互動的產物；第二、這種互動達到了影響彼此政策的程度。[14]由此可知，國家之間因為不同的互動方式，而形成不同的國際體

---

[12] Dougherty & Pfaltzgraff著，《爭論中的國際關係理論》，頁113。
[13] 羅慶生，《國防政策與國防報告書》，頁60。
[14] 蔡翠紅、倪世雄，《國際體系解構分析》，頁47。

係。

「極」（polarity）的概念為「結構現實主義」非常重要的獨立變數，不同數量的「極」將產生不同的世界體系結構，不同的世界體系結構將影響國家的行為模式。[15]許多學者也根據國家之間不同的互動方式，而提出不同國際體系的分類方式。例如美國國際政治學家莫頓・卡普蘭（Morton A. Kaplan）於1957年在《國際政治的系統與過程》（*System and Process in International Politics*）一書中，提出六種國際體系，包括權力平衡體系、鬆散兩極體系、緊密兩極體系、全球體系、階級體系、單位否決體系（如下表所示）。[16]

國際體系結構	特徵	時代
權力平衡體系 （Balance of Power）	多極體系的一種	指18世紀至20世紀初期的均勢格局
鬆散兩極體系 （Loose Bipolar）	主要集團：美、蘇 不屬於集團的國家：不結盟國家	指第二次世界大戰後初期的兩極格局
緊密兩極體系 （Tight Bipolar）	美、蘇兩大集團	指20世紀50年代與60年代的冷戰對峙
全球體系 （Univeral-international System）	全球性的多極體系	指20世紀60年代末至今的世界多極趨勢
階級體系 （Hirarchical International System）	大國稱霸下所形成的國際體系，此體系具有權威性	指中國古代的周朝時代
單位否決體系 （Unit Veto System）	指任何一國的力量足以阻止別國的行為，此體系因為沒有世界性的角色，每個國家都具有獨立性，誰也不服誰，所以容易發生戰爭	指西元前五世紀前的希臘城邦時代

資料來源：作者整理。

---

[15] Barry Posen, "Emerging Multipolarity: Why Should We Care?," p. 347.

[16] Morton A. Kaplan, 1957, *System and Process in International Politics* (New York: John Wiley, Sons, Inc.).

　　雖然卡普蘭早在1957年就提出六種國際體系模式，但是研究國際體系者首推美國學者豪斯迪（K. J. Holsti）教授，[17]他於1967年在其所著的《國際政治分析架構》（*International Politics: A Framework for Analysis*）一書中，從歷史的資料中，建立一套國際體系的分類架構。此架構包括體系範圍、單位特性、互動模式、明示或暗示的規範等因素，將過去到現在古今中外的國際關係，分成五種不同的國際體系，目前大多數國際關係學者都採取此種分類方式（如下表所示）。[18]

國際體系結構	時代背景	體系範圍（Boundary）	單位特性（Characteristics）	互動模式（Forms of Interaction）	明示或暗示的規範（Explicit or Implicit Rules of Customs）
階級式	中國西周（西元前1122-771年）	中國	權力集中於一個主要的政治單元，而且具有無上的權威。	除諸侯與朝廷往來外，各諸侯之間互動不多。	各諸侯的行為受王室嚴格約束，無選擇餘地。
分散式	西元前五世紀前的希臘城邦	歐洲	城邦乃是整個希臘世界中重要的政治單元，如雅典城及斯巴達。每個政治單位都是獨立，無主從關係，誰也不服誰。類似卡普蘭的「單位否決體系」。	城邦間的商業活動頻繁，但同時也導致對抗，戰爭乃是這個體系常見的現象。	因戰爭代價高，所以發展出以非暴力手段來解決衝突的規則，這是希臘人對日後外交的重要貢獻。
兩極式	冷戰時代	全球	權力分散於美、蘇兩個敵對政治集團內。	單位在各自的集團內互動頻繁，但在集團之間少有互動。	集團內成員的行為受到所屬集團的嚴格限制。

---

[17] 劉富本，《國際關係》，頁41。
[18] K. J. Holsti著，《國際政治分析架構》，頁35-129。

國際體系結構	時代背景	體系範圍（Boundary）	單位特性（Characteristics）	互動模式（Forms of Interaction）	明示或暗示的規範（Explicit or Implicit Rules of Customs）
分散集團式	1955年的萬隆會議之後	全球	除美、蘇兩個集團外，出現第三世界集團。	第三世界集團常與美、蘇兩個集團在政策上相互對抗。	集團內成員行為雖受所屬集團的限制，但不若兩極化嚴格。
多極式	介於兩極與分散集團間，為當前國際社會趨勢。	全球	權力分散於幾個政治集團內（美國、歐盟、俄國、日本、中國等五極）。[19]	大國享有相當的行動自由，而弱小國家則附庸於某大國或同盟以尋求保護。	小國的外交政策以大國之政策馬首是瞻。

（三）結構的穩定性

　　「結構現實主義」除了將國際體系分為不同的「極」之外，另外探討最為熱烈的問題之一，就是哪一種國際體系結構最具穩定性？有學者認為「多極」（multipolarity）最為穩定，有學者認為「兩極」（bipolarity），也有許多學者則支持「單極」（unipolarity），以下針對這些不同的意見加以探討。

1.多極穩定論

　　基本上，「古典現實主義」主張多極的國際社會比較穩定，例如該學派的大師摩根索（Hans J. Morganthau）就主張應該維持多極的國際社會，因為多極的國際體系最有可能降低衝突。[20]歷史上也有例子證實多極的國際社會呈

---

[19] 美國前總統尼克森於1971年7月6日於堪薩斯城發表著名的五極世界論，他稱在往後的世界局勢將出現美國、西歐、蘇聯、中國與日本這5個強大的超級經濟力量，這5大力量將決定世界在20世紀最後1/3時間的經濟前途。而且由於經濟力量成為其他力量的關鍵因素，這5大力量將決定世界在20世紀最後1/3時間其他方面的前途。參見唐正端，2000年，《中美棋局中的「台灣問題」》（上海：上海人民出版社），頁88。

[20] Hans J. Morgenthau, 1973, *Politics among Nations: The Struggle for Power and Peace*, 5th ed (New

現穩定的狀態，例如1814年「維也納會議」（Congress of Vienna）[21]召開後，到1914年第一次世界大戰前的一百年之間，這時期的國際秩序是由英國、法國、俄羅斯、奧匈帝國及普魯士（1870年後統一成為德意志帝國）五個強權所主導。這五個強權根據「權力平衡」的原則，以「歐洲協商」（Concert of Europe）的方式維持戰後世界的新秩序。雖然「維也納會議」後仍有許多的動亂發生，但都屬於區域性，例如1831年希臘從土耳其獨立出來、比利時從荷蘭獨立出來、波蘭亦發生革命反抗俄國統治，但未造成國際性的戰爭。所以美國的政治學者季辛吉（Henry A. Kissinger）就稱讚，在當時的環境下，那些國家還能達成協議，並締造了近百年的和平，實是不簡單之舉。

但是「結構現實主義」大師華爾滋（Kenneth N. Waltz）就認為多極體系是一個處於不穩定狀態的體系。因為在這樣的體系當中，一小群大國會相互爭奪霸權地位。例如拿破崙就是為了爭奪霸權，首次對1648年所建立以主權國家為主體的「西發里亞體系」進行破壞，造成歐洲世界的動盪。另外，雖然「維也納會議」之後的協商制度維持歐洲一段和平時間，但是最後歐洲還是爆發人類史上第一次世界大戰，所以很多學者——尤其是「新現實主義」者——認為多極體系是不穩定的體系。Thomas Christensen就警告稱，在多極的體系裡，大國可能彼此結成緊密的同盟體系，因此小的衝突可能很快的就變成世界大戰。[22]米爾斯海默（John Mearshimer）也相信在現今的時代，一個新的多極世界可能導致另一個世界大戰。[23]

但是陶意志（Karl Deutsch）與辛格（David J. Singer）兩位學者就為多極體系加以辯護，他們相信該體系是對世界無政府秩序的最佳安排。在他們的

York: Knopf).

[21] 該會議於1814年9月召開，其目地在重整拿破崙戰敗後的歐洲新秩序。當時幾乎歐洲所有的國家都參加，可說是歐洲有史以來第一次空前盛會，但由於規模太大，以致沒有開過正式的全體大會，而是由5國委員會（英、法、俄、奧、普）決定主要事項。

[22] Thomas J. Christensen, 1997, "Perceptions and Alliances in Europe 1865-1940," *International Organization*, Vol. 51, p. 67.

[23] John J. Mearshimer, August 1990, "Why We Will Soon Miss the Cold War," *The Atlantic Monthly*, p. 35.

研究中也發現很多歷史學家都認為，多極體系可以有效消除體系中的不穩定狀態。他們的理論也清楚說明，同盟與外交將促進國家之間正面的交往與降低衝突。[24]另外美國「國家情報委員會」（National Intelligence Council）於2008年發表一份篇名為〈Global Trends 2025: A Transformed World〉的報告也指出，多極的體系較單極及兩極體系穩定，未來的世界也將朝向多極體系發展。[25]

2.兩極穩定論

華爾茲則認為兩極比多極更容易維持和平，[26]他之所以認為兩極的國際政治結構最為穩定，是因為在兩極體系中大國數目少，兩個集團之間的政治及軍事敵我區分明確，誤解與衝突的機會減少。他們認為國際體系若越複雜，則穩定性就會越差。因為在多極的國際體系中，由於國家太多，不確定因素會增多，國家之間的競爭會比兩極體系複雜，而且很難估算彼此間的實力差距，所以較容易造成誤判。[27]

支持兩極穩定論最佳的例子，就是冷戰時期美、蘇兩大強權所形成穩定的兩極體系結構，所以有許多學者認為，兩極的世界比多極的世界穩定。例如從二次世界大戰後到20世紀90年代巴爾幹發生戰爭前，歐洲之所以一直沒有發生戰爭，是兩極結構下權力分配的結果。[28]雖然有人批評冷戰時期的穩定狀態是一種「恐怖的平衡」，而且戰爭並沒有完全消失；但是不可否認的，冷戰時期大國之間並未再發生重大戰爭。而蘇聯解體後，[29]兩極體系隨之崩潰，權力

[24] Karl W. Deutsch & David J. Singer, 1964, "Multipolar Power and International Stability," *World Politics*, Vol. 16, pp. 390-400.

[25] Barry Posen, "Emerging Multipolarity: Why Should We Care?" p. 352.

[26] Kenneth N. Waltz, 1964, "The Stability of a Bipolar World," *Daedalus*, Vol. 93, No. 3, pp. 881-909.

[27] Kenneth N. Waltz, "Structural Realism after The Cold War," p. 1.

[28] Dougherty & Pfaltzgraff著，《爭論中的國際關係理論》，頁135。

[29] 蘇聯全名為「蘇維埃社會主義共和國聯盟」，於1922年開始形成，由俄羅斯為主體的15個加盟共和國組成的一個政治實體，擁有2億9千萬人口，是兩極世界中的重要一級。蘇聯於1991年12月26日徹底的瓦解，壽命69年。孫鐵，〈蘇聯解體〉，《影響世界歷史的重大事件》，頁550。

失衡導致國際衝突不斷增加。例如自1990年以來，從非洲的索馬利亞、東歐的科索沃、中亞的車臣及喬治亞、到西亞的阿富汗及伊拉克等均不斷爆發武裝衝突，嚴重威脅世界和平與秩序穩定，[30]這些發展驗證了兩極穩定論的價值。

　　另外一位「新現實主義」學者米爾斯海默也同意華爾茲所提的「兩極」穩定論，並認為「多極」體系容易導致衝突，[31]其原因有三：[32]

(1) 大國數目較多，所以存在更多衝突的機會；

(2) 權力不平衡的現象更普遍，這樣大國更可能擁有贏得戰爭的能力，這就使威懾更困難，而戰爭更有可能爆發；

(3) 在「多極」體系中，大國誤算的可能性較大。

而米爾斯海默之所以認為「兩極」較為穩定乃基於三個原因：[33]

(1) 因為只有兩個大國，誤算的可能性不大，所以衝突的機會相對減少；

(2) 權力更可能在大國間公平分配，而且沒有太多的機會讓大國聯合起來反對其他國家或利用小國；

(3) 兩極體系不會誇大國家之間的顧慮。

3.單極穩定論

(1) 單極穩定論產生的背景

　　在1815年「維也納會議」之後至1848年時期（該年歐洲各地發生了革命），以及1871年普法戰爭（普魯士與法國）至1914年的第一次世界大戰期間，歐洲維持著一個和平的狀態，有人稱是因為有英國、法國、俄國、普魯士與奧國等幾個大國，利用權力平衡來維持和平；但是有人認為這期間的和平是依靠當時歐洲的霸權大英帝國來維持，並有所謂的「霸權穩定論」（Hege-

---

[30]　王慶榮，2007年，〈「六方會談」對朝鮮半島區域安全之影響：從權力平衡觀點〉《桃園：國防大學戰略與國際事務研究所83週年校慶基礎學術研討會論文》，頁147。

[31]　John J. Mearsheimer著，《大國政治的悲劇》，第九章，頁478。

[32]　John J. Mearsheimer著，《大國政治的悲劇》，第九章，頁481。

[33]　John J. Mearsheimer著，《大國政治的悲劇》，第九章，頁488。

monic Stability Theory）。[34]但是英國當時雖然號稱日不落國，在世界各地有許多的殖民地，但是她仍只能稱作是歐洲地區的霸權，而仍非是世界性的霸權。

所以在冷戰結束以前，世界從未出現過世界性的單一霸權，學者也不認為世界會出現單一霸權所構成的「單極」國際體系。例如米爾斯海默將國際體系的權力區分為「兩極」（bipolarity）、「平衡多極」（balanced multipolarity）與「不平衡多極」（unbalanced multipolarity）三種不同方式的分布，而未提及「單極」，因為他認為成為全球霸權是不可能存在。另外，豪斯迪所提出的五種國際體系中，階級式國際體系雖然有一個主要強權，但此強權只是區域性，而不是世界性。

冷戰結束後政治天秤傾向有利於美國，因為其宿敵蘇聯與中國均經濟疲弱，[35]毫無疑問，美國已經成為世界唯一的超級強權。由於美國自認為能為國際社會維持公共秩序，不會像歷史上一些邪惡霸權一樣濫用權力。而且由於美國對其他國家並無領土的野心，只希望依照美國的想法來維持世界和平與美國的安全，所以美國是「良性霸權」（benign hegemony）[36]，是世界上不可缺少的國家。而「良性霸權」的意義為：第一、世界的事就是美國的事；第二、美國的利益和其他國家的利益是結合在一起；第三、一個正義的美國讓其他國家既不恐懼也無須猜忌。[37]

但是並非每個國家都視美國為一個「良性霸權」，例如中國、俄國、伊朗、北韓、利比亞、委內瑞拉、古巴等等國家，都嚴厲譴責美國的外交政策，以及其在世界各地的所作所為。事實上，由於美國獨特的「軍產複合體」的體

---

[34] Charles W. Kegley, Jr. & Eugene R. Wittkopf, *World Politics*, p. 470.
[35] Robyn Meredich著，藍美貞、高仁君譯，2007年，《龍與象：中國／印度崛起的全球衝擊》（The Elephant and the Dragon: The Rise of India and China and What it Means for All of Us）（台北：遠流出版社），頁223。
[36] 或是稱為「好帝國」，以有別於「惡帝國」。南方朔，〈「好帝國」取代「惡帝國」〉；Fareed Zakaria著，杜默譯，2008年，《後美國時代》（The Post-American World）（台北：麥田出版社），頁8。
[37] 關中，2001年9月29日，〈後冷戰時代美國外交政策的批判（下）〉，《國政研究報告》（台北）。

制，她不能沒有敵人，於是美國內部「孤獨的超強論」遂告興起，而新的軍事擴張也告出現。最後由「孤獨的超強論」衍生出小布希政府時代所推行的「單邊主義」外交政策，並且在世界各地進行軍事擴張，使得全球反美情緒日益升高，加上美國本身經濟失修，人民生活日益艱困，讓世人對美國是否是真的「良性霸權」產生懷疑。[38]

美國在成為世界上的超級強權之後，世界並未出現如「古典現實主義」所預測，發生權力平衡的情形，也就是其他國家聯合起來對抗美國的霸權地位，反而是其他國家積極想參與以美國為首的「北約組織」（NATO）。而大部分的美國國際關係學者與決策者也都認為，美國的超級強權是世界穩定的主要貢獻。[39]也有學者將後冷戰的國際局勢稱之為「一超多強」（one super power many strong powers）的格局，例如杭廷頓（Samuel P. Huntington）就認為國際體系已朝向「單極為主的多極體系」（uni-multipolar system）發展。[40]

因此有些學者開始認真的探討單極國際結構的穩地性，鼓吹單極國際體系最為有力的為國際關係學者沃爾福斯（William C. Wohlforth），他並提出「單極穩定論」（The Theory of Unipolar Stability）。[41]他認為，因為單極的強國力量極為強大，以致於其他國家的聯合都無法與之抗衡，抗衡不僅得不償失也是徒勞無功。而且單極體系的不確定性最小，它消除了霸權競爭與均勢政治，不僅穩定而且和平。[42]而冷戰之後，美國憑藉其綜合國力以及得天獨厚的地緣優勢，使美國擁有空前的權力。他斷定在未來的一段時間裡，國際體系將維持單極格局。[43]

38　南方朔，〈「好帝國」取代「惡帝國」〉，頁9。
39　Dennis Florig, "A Theory of Hegemonic Overreach," *Korea: Hankuk University of Foreign Studies*, 〈http://www.dflorig.com/hegemony〉(accessed March 1, 2011).
40　Samuel P. Huntington, 1996, "America's Changing Strategic Interest," *Surival*, Vol. XXXIII, No. 1, p. 6.
41　Charles Krauthammer, 1990/1991, "The Unipolar Moment," *Foreign Affairs*, Vol. 70, No. 1, pp. 23-33.
42　William C. Wohlforth, Summer 1999, "The Stability of a Unipolar World," *International Security*, Vol. 24, No. 1, pp. 5-41.
43　Dougherty & Pfaltzgraff著，《爭論中的國際關係理論》，頁141-142。

另外，國際關係學者吉爾平（Robert Gilpin）與密西根大學教授奧根斯基（A. F. Kenneth Organskj）也認為單極的國際體系會帶來國際的穩定。[44]尤其是奧根斯基提出的「權力移轉論」（Power Transition Theory）特別強調國際關係的特質是權力的不均衡分配，因此可以將各國依其權力大小，放置到一個金字塔的全球層級結構中，形成「支配性強權」（dominant power）、「一般強國」（great powers）、「中等國家」（middle powers）、「小國」（small powers）等四個等級。其中「支配性強權」只有一個，「一般強國」有數個，「中等國家」較多，而金字塔底端的「小國」則數目繁多。此金字塔式的權力結構是穩定的，因為國際秩序被「支配性強權」所護衛，其他國家沒有能力，也沒有意願來衝擊現狀。[45]而當權力分配接近時，反而增大戰爭的可能性，尤其當挑戰者不滿現狀，再加上因權力增長所賦予的自信心，就可能挑戰體系。[46]

(2) 有關單極穩定論的爭論

然而對於衡量單極體系中霸主力量的標準為何？一直是國際關係學者所爭論的焦點。此衡量標準至為重要，因為此標準不但可以確定哪一個國家可以成為霸主，更可以判斷霸主是否已經衰落了。摩德爾斯基（George Modeski）在研究霸權的興衰時，就以一國海軍的軍力來測量該霸權是處於興起或衰落的依據。他從歷史上分析各國的海軍軍力後認為，在現代的歷史上有3個以海軍稱霸的霸權，分別是17世紀的荷蘭、18至19世紀的英國、20世紀的美國。[47]但是有些學者不認為霸權是建立在海軍軍力之上，例如義大利空軍杜黑（Giulio Douhet）將軍於1921年所提出的「空權論」，則強調空軍對於國家權力的重要

---

[44] Robert Gilpin, 1981, *War and Change in War Politics* (Cambridge: Cambridge University Press); A. F. K. Organski, 1968, *World Politics*, 2nd ed. (New York: Knopf), chap. 14.

[45] 吳玉山，〈權力移轉理論〉，包宗和主編，《國際關係理論》，頁390。

[46] 楊永明，《國際關係》，頁109。

[47] Charles P. Kindleberger, 1996, *World Economic Primacy: 1500 to 1990* (New York: Oxford University Press), pp. 49-50.後來Paul Kennedy加入西班牙（1580至1630），參見Samir Rihani, 〈America's Turbulent Decline〉,*USA in Decline*, 〈http://www.globalcomplexity.org/USindecline.htm〉 (accessed March 1, 2011).

性。米爾斯海默則以一個國家所擁有的地面武裝力量及核武，為衡量霸權的標準。[48]雖然學者對於軍力的衡量標準有不同的意見，但不論是以海軍、陸軍或空軍為衡量標準，都顯示軍力是維持霸權的重要依據。

另外，學者認為「單極穩定論」有其嚴重的缺點，因為該論點僅說明單極的強權具有穩定世界秩序的功用，但卻沒有說出一個殘酷的事實，那就是世界任何強權最終都會走向衰亡之路。例如西方古代的羅馬帝國、東方古代的元朝帝國，以及近代的大英帝國，都告訴我們世界上沒有永不衰落的帝國，也沒有永遠的日不落國。摩德爾斯基所提出的「長週期循環論」（Long Cycle Theory）與華勒斯坦（Immanuel Wallerstein）的「霸權循環論」（Hegemonic Cycle Theory）都認為，霸權國家最後會隨著時間推移而興衰更替，例如荷蘭取代葡萄牙的霸權，英國取代荷蘭的霸權，以及後來美國取代英國的霸主地位等。冷戰思維的創始人肯楠（George Kennan）也在1999年指出：「在這個世界上，將永遠不會由一個政治中心來管理，無論它軍力有多大」。[49]

有關霸權的另外一個問題是，霸權如何衰落？大部分的學者，例如吉爾平、摩德爾斯基等人認為是因為挑戰者發起爭霸戰而讓原來的霸權讓出霸主的地位，也就是霸權面臨來自外界的挑戰而衰落；但是美國學者保羅・甘迺迪（Paul Kennedy）於1987年出版的《大國的興亡》（*The Rise and Fall of Great Powers*）一書中提出「霸權過度擴張論」（Hegemonic Overreach Theory），對「霸權循環論」加以修正。他加入了「全球化」的觀點，認為霸權是因為過度的擴張，毫無節制的吸納太多不同的民族及文化，最後卻因為無法加以消化而崩潰。[50]例如古羅馬帝國與近代的鄂圖曼土耳其帝國、奧匈帝國，以及現代的蘇聯，他們都是因為來自內部的民族分化而崩潰。

另外，「新現實主義」學者也認為單極體系因為違反「權力平衡」原則，所以是最危險及不穩定的結構，因為單極國家會對其他國家造成威脅，其他

---

[48] John J. Mearsheimer著，《大國政治的悲劇》，第三章，頁79。
[49] 關中，〈後冷戰時代美國外交政策的批判（下）〉。
[50] Dennis Florig, "A Theory of Hegemonic Overreach."

國家會聯合起來共同對抗此一強權，以重新建立均勢。而且有很多的學者認為單極僅是一種幻想（illusion）而已，此結構僅是短暫的現象，所以不會維持太久，最終還是會崩潰，而走回兩極或多極的結構。[51]

對於「新現實主義」的批判，沃爾福斯反駁稱，單極體系因為以下的因素，所以是一個穩定的結構：[52]

第一，此體系是清楚且明顯的單極結構，因為美國的力量超越第二大國的國力甚多，甚至超過現今所有大國國力的總和。而且美國霸主的地位已經持續兩個世紀之久，所以說單極結構僅是短暫的現象，是一種錯誤的說法；

第二，現今的單極結構是趨向和平的道路，因為美國是一個愛好和平的強權，其力量足以維持世界的和平。而且現今國際社會也沒有一個國家，有挑戰美國霸主地位的企圖；

第三，現今的單極結構不但是和平的，而且已經維持一個世紀之久。美國只要政策正確，這種單極結構是可以持久。而且美國的優越地理位置，兩大海洋隔離其他敵國，使美國能夠保有其優勢，其他強權候選國，例如日本、中國、德國與蘇俄，並沒有像美國如此的幸運。

(3) 有關美國是否衰落的爭論

美國是否已經走向衰落，是現今國際政治學者最喜歡討論的議題之一。沃爾福斯就認為美國未來仍是世界唯一的超級強權，美國仍然可以維持其霸權的地位；但是也有學者基於過去歷史的經驗認為，美國是避免不了霸權最終將走向衰落的宿命，例如支持「霸權循環論」及「霸權過度擴張論」的學者認為美國已經逐漸走向衰落的道路。在2008年美國爆發金融危機之前，美國以其強盛的軍力及其繁榮的經濟，大部分的美國學者及決策者都相信美國是不會走向衰退；但是金融危機爆發之後，美國經濟迄今仍無起色，再加上中國新興強權的

---

[51] Kenneth N. Waltz, 1997, "Evaluating Theories," *American Political Science Review*, Vol. 91, No. 4, pp. 915-916; Michael Mastanduno, 1997, "Preserving the Unipolar Moment: Realist Theories and U.S. Grand Strategy after the Cold War," *International Security*, Vol. 21, No. 4, pp. 44-98.

[52] William C. Wohlforth, "The Stability of a Unipolar World," p. 7.

興起，美國的霸權地位顯然正面臨嚴酷的挑戰。例如，美國外交學會會長李察哈斯也認為：「美國統治世界的時代正走向終結」。[53]

美國對於許多的世界事務也都顯得力不從心，已經無法像過去一樣為所欲為的從事單邊主義，華勒斯坦（Immanuel Wallerstein）形容美國現今的情況非常的貼切，他說「美國是一個缺乏真正實力的超級強權，一個沒人跟從及獲得少數尊敬的領袖，而且她在無法掌控的全球混亂環境中危險的飄盪。」[54]「現在真正的問題不是美國霸權是否衰弱，而是她是否能夠為自己設計一個對世界及自己損害最少的漂亮下台階。」[55]

但是新加坡國際關係學者Kisbore Mabbubani則認為，雖然世界的權力正由西方轉向東方，但是西方的勢力——尤其是美國——若突然從世界舞台撤離，對於世界政治是非常危險的，因為現在尚未有一個足以取代美國勢力的國家出現。沒有人會歡迎因美國勢力突然從中東或太平洋突然撤離，而可能引發的巨大變化。而且根據任何一個歷史的標準來看，近代西方統治的時代——尤其是在美國的領導之下——是有利的。因為我們很難想像，當初在第二次世界大戰時，若由希特勒的納粹德國或史達林的蘇聯獲勝，現在的世界將會是什麼樣子。[56]

雖然沃爾福斯認為美國仍然可以維持其霸權的地位，但是美國國家情報委員會（National Intelligence Council）於2008年發表一份篇名為〈Global Trends 2025: A Transformed World〉的報告明確指出：單極體系正在衰退，並將逐漸為多極世界所取代。此報告認為此趨勢歸因於：其他強權的出現、經濟全球化、財富與經濟力量逐漸由西方轉移到東方、非國家行為者影響力的上升等。在國際關係學界中也普遍認為，中國的崛起將使兩極體系重新出現，但是在兩

---

[53] 陳毓鈞，2008年1月1日，〈美國衰落與臺美關係〉，《中國時報》（台北），版A23。

[54] Immanuel Wallerstein, Jul./Aug. 2002, "The Eagle Has Crash Landed," *Foreign Policy*, No. 131, p. 63.

[55] Immanuel Wallerstein, Jul./Aug. 2002, "The Eagle Has Crash Landed," p. 67.

[56] Kisbore Mabbubani, September/October 1993, "The Danger of Decadence—What the Rest Can Teach the West," *Foreign Affairs*, Vol. 72, No. 4, p. 10.

極體系出現之前,可能會先出現一段長時期的多極體系。[57]甚至有人認為,在未來幾十年之內,可能會出現由美國、印度與中國三足鼎立的世界。[58]由此可知,大部分的學者並不認為單極的國際體系能夠維持很久。

(四)對「結構現實主義」的批判

華爾滋的「結構現實主義」引發了一場爭論,這場爭論從20世紀80年代初期以來,一直主導著國際關係理論研究。以下為對「結構現實主義」的批判:

第一,最大的爭議在於他廣泛使用實證主義的社會科學研究法,是否能夠真正瞭解國際關係的本質,他把國際關係與歷史、政治切割。在建立通則上,毫無疑問是成功的,可是排除歷史與政治,特別是「現實主義」長達千年的權力分析,這種研究方法已經偏離國際關係的核心。另外,他在使用國際經濟學或社會學上採用比擬法,這在社會科學的研究上一向受到質疑。比擬並不是科學化的研究,它可以幫助瞭解,可是作為嚴謹的科學研究,它的證明與解釋仍有待加強。[59]

第二,由於華爾滋的理論主要是研究國際體系層次,較少關注國家的層次。他將國家與國際結構相分離,只著重國際結構對國家對外行為所造成的影響,忽略國家之間的互動關係,認為此屬於國家層次的問題,而非國際體系必須關切的重點。然而,國際體系是由國家所相互構成,只談結構而不論及國家間的互動,則無法理解國際體系的運作。[60]因此,華爾滋所稱的體系對行為體的單向影響模式,似乎過於簡化複雜的國際關係,因為今天的國際關係已經不再是完全由國家所主導。[61]

第三,華爾滋認為國家之間並無功能上的分別,影響各國對外政策並非國家內部的因素,而是國家在國際結構中所處的位置不同,才是造成各國外交政

---

[57] Barry Posen, "Emerging Multipolarity: Why Should We Care?," pp. 347-348.

[58] Robyn Meredich著,《龍與象:中國/印度崛起的全球衝擊》,頁223。

[59] 林碧炤,〈國際關係的典範發展〉,頁29。

[60] 鄭端耀,〈國際關係「社會建構主義理論」評析〉,頁221。

[61] 林碧炤,〈國際關係的典範發展〉,頁29。

策的不同。此論點忽略了不同國家的政治體制對其外交政策的影響，因為在對外政策方面，民主國家與集權國家是有很大的差別。所以，「結構現實主義」的主張似乎與現實的國際政治情況不符合。

第四，由於「結構現實主義」只重視國際體系的層次，因此也忽略了個人對國際社會的影響力。而「古典現實主義」認為個人絕不是受到體系束縛的客體，而是具有主宰體系結構的潛能。[62]也就是某些重要人物的作為可對歷史產生重要的影響，許多歷史事件也證明領導者對國際體系影響的重要性。例如有些學者認為，蘇聯因為戈巴契夫及雷根的原因而崩潰，進而導致兩極體系的瓦解。

第五，有些學者質疑「新現實主義」以「極」的概念作為國際體系穩定性的預測器。例如霍普夫（Ted Hopf）就認為，國際社會的穩定不在於「極」，而在於軍事的平衡狀態。冷戰時期美、蘇之所以沒有發生戰爭，主要的原因並非兩極結構，而是雙方都擁有足以摧毀對方的核武，所造成的一種恐怖的軍事平衡。[63]

第六，華爾滋雖然強調結構式的國際體系學說，然而國際關係是會變化的，從而會影響到體系的變化，究竟是什麼原因引起體系從某個結構轉變到另一種結構呢？對於這個問題，他並沒有提出合理的解釋。例如他沒有預期到在其於1979年提出「結構主義」之後的十年，冷戰竟然就結束了，而他所推崇的兩極體系也一樣宣告結束。[64]也就是此主義顯然無法解釋國際關係的變化，[65]這也是其學說最大的缺點之一。所以他最後也不得不承認，「結構現實主義」並沒有提供一個全面性的國際關係理論。[66]

---

[62] Dougherty & Pfaltzgraff著，《爭論中的國際關係理論》，頁103。
[63] Dougherty & Pfaltzgraff著，《爭論中的國際關係理論》，頁138-139。
[64] 林碧炤，〈國際關係的典範發展〉，頁30。
[65] John G. Ruggie, 1983, "Continuity and Transformation in the World Polity: Toward A Neorealist Synthesis," *World Politics*, Vol. 35, No. 2, pp. 261-285.
[66] Dougherty & Pfaltzgraff著，《爭論中的國際關係理論》，頁89。

二、攻勢現實主義

（一）冷戰後國際關係學說的轉變

在冷戰結束後，代表極權政權的蘇聯瓦解，促使西方許多國際關係學者產生一片樂觀的景象，他們認為國際政治發生了一場根本性的轉變，國際關係將從競爭或衝突的關係，轉變為合作的關係。大國間和平就要降臨，因為大國為安全而競爭的可能性越來越小，戰爭更是千載難逢的稀有物。[67]例如國際關係學者福山（Francis Fukuyama）就提出所謂的《歷史終結論》（*The End of History*）的論說，[68]他認為歷史已走到盡頭，沒有比自由民主的政治體制與資本主義經濟模式更為優越的制度，各國將會朝這個方向發展，當大家均採取相同的體系時，將有助各國間的理性溝通，並達到世界和平。[69]於是，歐洲與東北亞這些大國成群的地區，成了陶意志（Karl W. Deutsch）所稱的「多元安全共同體」（pluralistic security communities）。[70]

因為國際關係學界有此樂觀的趨勢，所以一些樂觀的國際關係學者聲稱，「現實主義」對冷戰後的國際關係不再有很強的解釋力，並認為該主義是一種老舊的思維，與世界政治的現實不相符。因此「現實主義」將走上滅絕的道路，該主義僅有助於理解1990年以前大國的互動關係，但對於當前與可預見的未來用處不大，所以需要用新的理論來理解身邊的世界。[71]

---

[67]　John J. Mearsheimer著，《大國政治的悲劇》，第一章，頁1。

[68]　Francis Fukuyama, 1989, "The End of History?," *The National Interest*, Vol. 16, pp. 3-18.

[69]　〈Globalization，引言〉，《e-lecture》，〈http://www.cuhk.edu.hk/soc/courses/ih/globalization/lect05/e_lecture-chi-01.htm?page=1〉（瀏覽日期：2010年5月16日）。

[70]　Karl W. Deutsch et al., 1957, *Political Community and the North Atlantic Area: International Organization in the Light of Historical Experience* (Princeton, NJ: Princeton University Press), pp. 5-9.

[71]　John J. Mearsheimer著，《大國政治的悲劇》，第十章，頁506。

（二）米爾斯海默的主張

　　冷戰結束對於「新現實主義」造成排山倒海的衝擊，一直到2000年之後才逐漸平息下來，此主義逐漸站穩了腳步。「新現實主義」再度恢復它往日的光彩有以下的原因：一是早期對於後冷戰時期的和平期待確實過高，世界許多地區仍然充斥著武裝衝突，例如南亞的印度與巴基斯坦為爭奪喀什米爾的衝突；中東地區的以色列與巴勒斯坦的衝突；朝鮮半島的南北韓核武危機等，可見世界並未走出戰爭的陰影。[72]國際政治的現實證明和平要比戰爭更為困難，於是「現實主義」又回到原來的主流地位。[73]

　　二是國際關係學界對於「新現實主義」的研究並沒有停止，許多的著作相繼問世，其中又以美國芝加哥大學國際關係學者米爾斯海默（John Measrsheimer）的《大國政治的悲劇》（*The Tragedy of Great Power Politics*）一書最具代表性，他認為國際中的大國安全競爭與戰爭已經消滅的觀點是荒謬的，許多證據也證明大國之間對永久和平的承諾如同胎死腹中的嬰兒，[74]「現實主義」仍將為21世紀的國際政治提供最有力的解釋。[75]這本書奠定他作為新一代「現實主義」大師的地位，幾乎與華爾滋並駕齊驅。[76]中國大陸學者王義桅及唐小松認為：[77]

　　國際關係理論的發展具有某種「鐘擺效應」，經常在「現實主義」與「自由主義」兩大學派之間謀取中庸之道。在冷戰時期，國際關係學界以「現實主義」為主。但冷戰結束之後，國際關係學界對世界格局的看法，一度為樂觀的「自由主義」所支配，世人也翹首以盼多極化局面的出現。但近年來，「現實主義」卻有捲土重來之勢。尤其是美國學者米爾斯海默所著的《大國政治的悲劇》一書提出「攻

---

[72] John J. Mearsheimer著，《大國政治的悲劇》，第十章，頁517。
[73] 林碧炤，〈國際關係的典範發展〉，頁30。
[74] John J. Mearsheimer著，《大國政治的悲劇》，第一章，頁1。
[75] John J. Mearsheimer著，《大國政治的悲劇》，第十章，頁507。
[76] 林碧炤，〈國際關係的典範發展〉，頁30。
[77] John J. Mearsheimer著，《大國政治的悲劇》，序，頁1。

勢現實主義」，被認為是自1979年華爾滋所著的《國際政治理論》之後，「現實主義」又一里程碑的著作。

　　米爾斯海默之所以提出其「攻擊性現實主義」的主張，與他對國際關係發展持悲觀的觀點有很大關係。他認為大國戰爭的威脅並未消滅，國際政治從來就是一項殘酷而危險的交易。雖然大國競爭的強度有時消有時長，但他們總是提防對方，彼此爭奪權力。大國很少對現有的權力分配感到滿足，他們以自己的利益為中心，時時刻刻懷著改變現狀的企圖。若能以合理的代價達到目的，他們會抓住機會以武力改變均勢，也就是大國存有進犯他國的預謀。大國的慾望從未消失，直到其取得最高的「霸權」（hegemony）[78]為止，如此才能保障其安全無虞，因此國際社會中沒有維持現狀的大國。

　　另外，成為「霸主」（hegemon）的國家必須不惜代價來阻止有意挑戰其地位的對手獲得權力，所以整個世界永遠充斥著大國的競爭。[79]例如美國在第一次世界大戰時期遏制威廉德國的興起，在第二次世界大戰時期阻止日本帝國、納粹德國的興起，以及冷戰時期對抗蘇聯等國家的興起，現在則在提防中國的崛起。有人認為，在這個世紀，我們會看到一場美國與中國的圍堵與反圍堵的複雜雙人舞。美國與中國不是敵人，但是當兩國的戰略相衝突時，實在很難想像他們會變成盟友。[80]其實，米爾斯海默的立論基礎以中國俗話來說就是：「一山不容二虎」或是「天無二日」的主張，也就是在國際競技場上，不可能有兩個霸權同時存在。

---

[78] 米爾斯海默所稱的霸權並非是指「全球霸權」，除非一國獲得明顯的核優勢，因此任何國家都不可能成為全球霸權。過去從未出現過全球霸權，最近的將來也不會出現。他並認為統治世界的主要障礙在於國家要跨越世界海洋，到其他大國的領土謀取權力，是非常的困難。所以大國能得到最好的結果是成為區域霸權，世界上許多國家為了成為區域霸權，但都未成功，例如日本帝國、拿破崙的法國、威廉德國、納粹德國與蘇聯，只有美國是現代歷史上唯一成功成為支配西半球的區域霸權。參見John J. Mearsheimer著，《大國政治的悲劇》，第二章，頁53-54。

[79] John J. Mearsheimer著，《大國政治的悲劇》，第一章，頁3。

[80] Robyn Meredich著，《龍與象：中國／印度崛起的全球衝擊》（*The Elephant and the Dragon: The Rise of India and China and What it Means for All of Us*）（台北：遠流出版社），頁208。

（三）米爾斯海默對國家行為的觀點

「攻勢現實主義」認為大國天生就具有攻擊性，對此米爾斯海默提出下列五個造成國家如此行為的基本前提：[81]

1. 國際體系由獨立的國家所組成，國家之上無任何中央權威，因此該體系處於無政府的狀態，此為導致國家間戰爭的關鍵結構因素。[82]此狀態在21世紀初並沒有變化，無論是「聯合國」還是其他國際組織，都不具有針對大國處罰的強制手段；[83]

2. 大國具有攻擊性的軍事力量，為摧毀他國提供必要的資本；

3. 國家無法瞭解他國的意圖，所以無法肯定他國不會攻擊他；

4. 生存是大國的首要目標，國家力圖維護其領土完整與主權獨立；

5. 大國是理性的行為體，他們清楚自己的外部環境，並思考如何求取生存與發展。

當這五個前提同時具備時，大國可能出現「畏懼」（fear）、「自助」（self-help）與「權力最大化」（power of maximization）等三種行為模式，為大國提供攻擊行為的強大動力。因為大國都具有攻擊他國的軍事力量，而且無法瞭解對方之企圖，所以容易相互猜忌，畏懼遭到攻擊。再加上他們處在一個無政府的國際環境下，沒有更高的權威機構來救援，所以不能夠依靠他國提供保護，除了必須自助外，不排除與他國結成同盟。[84]

由於國家意識到其他國家的終極意圖，並清楚自己生活在一個自助的體系後，很快的就瞭解到確保生存的最佳手段就是成為最強大的國家，因此國家必須盡力占有世界的權力，直到取得霸權地位為止。這也就是中國俗話所說的：

---

[81]　John J. Mearsheimer著，《大國政治的悲劇》，第二章，頁43-44。

[82]　同前註，第九章，頁477。

[83]　同前註，第十章，頁508。

[84]　Frederick Schuman, 1933, *International Politics: An Introduction to the Western State* (New York: McCraw-Hill), pp. 199-202.

「攻擊就是最佳的防禦」，在此情況下，國際政治是一個零和的賽局。在未完全控制世界體系之前，國家是不會成為維持現狀的國家。

然而，大國並非是無頭腦的追求「得不償失的勝利」（Pyrrhic Victory）[85]，相反的，他們在採取行動前會仔細思考其他國家的反應，若認為利益不足以抵償其損失時，便會按兵不動，等待有利的時機。[86]所以米爾斯海默認為華爾滋主張大國只需擁有「適量」的權力，而無須支配體系就可高枕無憂的觀點是難以令人信服的。[87]他認為只有在一國獲得霸權地位之後，才會成為維持現狀的國家，以維護其所獲得的利益，不容他國來挑戰。

（四）米爾斯海默對現實主義的修正

米爾斯海默對於國際關係發展的觀點，不但延續原有「現實主義」的主張，並提出其獨創的觀點。他將該主義分成三個學派：「人性現實主義」、「防禦現實主義」（Defensive Realism）、「攻勢現實主義」。「人性現實主義」就是指「古典現實主義」，因為該主義將國家比喻為人類，強調人性本惡，因此強調國家的「權力慾望」，認為國際政治的驅動力為追求權力的慾望。

另外，「防禦現實主義」就是指「結構現實主義」，該主義認為國家的侵略性並不是因為其權力慾望，而是為了追求「生存」。其著名的論點為「安全競爭驅動大國相互模仿對手的成功實踐」，[88]並認為國家社會化地「遵循共同的國際慣例」，這一趨同的結果就是維持現狀。[89]在無政府狀態下，國家最

---

[85] 指必須以重大犧牲換取的勝利。西元前3世紀時，羅馬軍隊進逼塔林敦城，該城向希臘北部伊庇魯斯（Epirus）國王Pyrrhic求援，分別在西元前280年與279年，Pyrrhic國王兩次打敗來犯的羅馬軍隊，但雙方都損失慘重，因此Pyrrhic戰後曾說：「如果再一次戰勝羅馬軍隊，我們也就完了。」（Another such victory over the Romans and we are undone），因此後人就將「得不償失的勝利」稱為Pyrrhic Victory。

[86] John J. Mearsheimer著，《大國政治的悲劇》，第二章，頁50。

[87] 同前註，第二章，頁47-48。

[88] Kenneth N. Waltz, 1983, *Theory of International Politics* (New York: McGraw-Hill Humanities), pp. 127-128.

[89] John J. Mearsheimer著，《大國政治的悲劇》，第五章，頁228。

好採取防禦措施，也就是維持均勢，而非打破均勢，「過多的權力」容易引起其他國家的聯合抗衡，也就是會產生中國俗語所說：「樹大招風」的後果。因此，維持權力而不是增加權力，才是國家的主要目標。[90]

「防禦現實主義」認為國家應該明白這一點，因為歷史清楚地說明追求霸權的國家總是失敗。該主義常提出三個過份擴張而失敗的案例：1890-1914年間的威廉德國、1933-1941年間的納粹德國、1937-1941年間的日本帝國主義。對於「防禦現實主義」者來說，俾斯麥是聰明的侵略者，因為他雖然贏得一系列的戰爭，但卻沒有追求其他侵略者容易犯的致命錯誤——成為歐洲的霸主。[91]

而「攻勢現實主義」主要是批判「結構現實主義」而發展出來的理論，根據後者的假設，國家若過度追求權力，會引起其他國家群起聯合對抗，因此必須要維持均勢，而非打破均勢。但是「攻勢現實主義」強調國家應積極的增強實力，直到成為區域霸權，以確保自身的安全，並認為追求霸權的國家不需要擔心其他國家會組成聯盟來反對，因為受威脅的國家常會「推卸責任」（buck passing），而不是採取均勢戰略來阻止侵略的國家。因為在戰爭爆發時，推卸責任者可避免與侵略者作戰的代價。[92]

例如第二次世界大戰前，英、法兩國為了將「禍水東引」，不惜姑息德國，[93]而對於納粹德國的侵略行為都採取「綏靖政策」（Appeasement Policy），[94]推卸阻擋德國侵略的責任，以避免希特勒對其發動攻擊；蘇聯也

---

[90] John J. Mearsheimer著，《大國政治的悲劇》，大國政治的悲劇與國際關係理論的悲劇，頁15-16。

[91] John J. Mearsheimer著，《大國政治的悲劇》，第六章，頁285。

[92] Karl W. Deutsch et al., *Political Community and the North Atlantic Area: International Organization in the Light of Historical Experience*, pp. 5-9.

[93] 孫鐵，〈希特勒在德國上臺〉，《影響世界歷史的重大事件》，頁495。

[94] 「綏靖政策」是指英、法兩國對納粹德國的侵略所採取的一種姑息主義。德國首先藉口與奧地利同文、同種，而兼併奧國；它又藉口捷克虐待蘇台德區的日耳曼人，而出兵捷克。1938年的「慕尼黑會議」，由於希特勒威脅要發動戰爭，而迫使英國與法國允許德國吞併屬於捷克斯洛伐克的蘇台德地區，此為「綏靖政策」的最高峰。希特勒食髓知味，更於1939年9月1日對波蘭不宣而戰。英、法兩國忍無可忍，於是對德國宣戰，第二次世界大戰乃正式爆發。

為了避免德國的侵略，於1939年8月23日與德國締結「德蘇互不侵犯條約」（Germen-Soviet Nonaggression Pact），企圖引導德國轉向攻擊英、法等國；而美國初期也採取「孤立主義」，在大西洋彼岸置身事外。[95]這些歷史事實都符合「攻勢現實主義」所主張，受威脅國家常會推卸責任的假設。

很明顯的，「人性現實主義」與「攻勢現實主義」都將大國刻畫成無情的權力追逐者。然而，二者的區別在於後者反對前者關於國家天生具有某種屬性的觀點，而認為是因為國際體系迫使大國擴充它們的權力，因為這是獲得最大安全的最佳途徑。也就是大國具侵略行為並不是因為他們本身具有支配的慾望，而是他們在無政府的國際體系結構之下，要想獲得最大的生存機會，不得不尋求更多的權力。下表為米爾斯海默所綜整的三個主要現實主義對權力的觀點：[96]

	人性現實主義	防禦現實主義	攻勢現實主義
國家爭奪權力的原因	國家內在的權力慾望	體系結構	體系結構
國家想要多少權力	最大的權力	適度的權力	最大的權力
終極目標	霸權地位	維持均勢	霸權地位

（五）攻勢現實主義的內涵

「攻勢現實主義」是屬於「現實主義」的一個支派，所以其基本假設仍是延續該主義的思維，其主要的內涵如下：

1. 國際政治仍然是大國政治，因為大國對國際政治的影響最大。而一國要具備大國資格，必須擁有充足的軍事資源，具備與世界上最強大的國家打一場全面正規戰的能力；[97]

2. 大國政治的歷史是「修正主義國家」（revisionist states）間衝突的過程，每

---

[95] 孫鐵，〈偷襲珍珠港〉，《影響世界歷史的重大事件》，頁497-245。

[96] John J. Mearsheimer著，《大國政治的悲劇》，第一章，頁20-21。

[97] John J. Mearsheimer著，《大國政治的悲劇》，大國政治的悲劇與國際政治的悲劇，頁10。

一個國家的目標都極力爭奪世界權力，戰爭是國家獲取權力所採取的主要戰略；[98]

3. 由於水域的遏阻力量（the stopping power of water）使全球霸權不可能實現，只能成為地區霸權。儘管全球霸權無法實現，但大國從未停止此企圖，因此大國間處於無休止的零和競爭狀態，所以稱大國的政治為一場悲劇；

4. 歷史上法國的拿破崙、德國的希特勒、蘇聯與日本都曾先後試圖在歐亞大陸建立地區霸權，但是都失敗了，現在美國是世界上唯一成功實現地區霸權的國家（美洲地區的霸權）；

5. 地區霸權扮演著「隔岸平衡者」（offshore balancer）的角色，以防止其他地區出現霸權。因此隨著中國的崛起，美國與中國之間的安全競爭將不可避免，所以必須及早遏制中國的強大。

（六）國家的目標、戰略以及反制侵略者的戰略

以下將就米爾斯海默認為國家所追求的目標、戰略及反制侵略者的戰略等，加以敘述：

1.國家會追求以下的四個基本目標：

(1) 地區霸權：成為全球霸權是不可能的，除非一國取得「超過其他對手的核武優勢。任何大國都不可能征服與占領被海洋隔離的地區，因為巨大的海洋限制了武力的投送，所以對另一大國實施進攻是一種自殺性的冒險。就連美國這個現代史上唯一的地區霸權也從未考慮過征服歐洲或東北亞。[99]

(2) 財富最大化：因為經濟實力是軍事實力的基礎，而且是一個獲得超過對手軍事優勢的可靠途徑。所以大國將富裕的國家與經濟快速發展的國家看成嚴重的威脅，因為財富很容易轉化為軍事能力。例如

---

[98] John J. Mearsheimer著，《大國政治的悲劇》，第五章，頁202。
[99] John J. Mearsheimer著，《大國政治的悲劇》，第五章，頁204。

19世紀末、20世紀初的威廉德國，其蓬勃的經濟讓歐洲各國都感到威脅。[100]因此，美國現在對於經濟崛起的中國也感到威脅。

(3) 卓越的地面武力：在軍事力量方面，雖然米爾斯海默也強調海軍及空軍的重要性，但他特別強調地面武力的重要性，因為他認為地面武力最能代表全部的軍事力量。此與海權論強調海軍、空權論強調空軍的論點有異。

(4) 核武優勢：雖然要擁有絕對優勢的核武是不可能，但是大國不可能滿足於生活在一個相互保證摧毀的世界裡，他們會想方設法獲得多於其對手的核子優勢，[101]如此才能確保其絕對的安全。

2. 國家為了達到上述的四個基本目標，應該採取以下的戰略：

(1) 戰爭：雖然在現今時代，大多數人認為戰爭是最富爭議性的戰略，他們提出戰爭的缺點：

A. 歷史證明侵略者最後總是失敗；

B. 若戰爭勝利，但戰勝國最後總是得不償失；

C. 核武使大國之間不可能彼此攻擊。

米爾斯海默反駁這些觀點，他認為征服還是能增加國家的權力及地位，他提出以下幾個論點：[102]

A. 依歷史經驗，約有六成的侵略者贏得勝利；

B. 國家透過武力擴張而沒有損害自己的事例很多，19世紀上半葉的美國與1862-1870年間的普魯士就是明證；

C. 核武雖然使大國戰爭可能性減小，但並沒有使戰爭消失。

(2) 勒索（blackmail）：歷史上透過勒索而達成國家目標最有名的例子之一為1938年9月的「慕尼黑協定」（Munich Agreement），[103]因為

---

[100] John J. Mearsheimer著，《大國政治的悲劇》，第五章，頁207。
[101] John J. Mearsheimer著，《大國政治的悲劇》，第五章，頁209。
[102] John J. Mearsheimer著，《大國政治的悲劇》，第五章，頁210-212。
[103] 1938年3月，當時納粹德國入侵奧地利後，威脅要再發動戰爭入侵捷克，戰爭有一觸即發之勢，史稱「慕尼黑危機」。英國與法國屈服於德國的脅迫而採取「綏靖政策」（Appease-

該協定對國際均勢有較明顯的影響，它改變了歐洲的戰略形勢，大大助長了法西斯的侵略氣焰，並加速了戰爭發動的步伐。[104]然而這僅是少數的例子，雖然有許多國家運用勒索手段成功的獲取權力，但是不太可能導致重大均勢的改變，因為單獨的威脅常不足以迫使一個大國向另一大國對手做出重大讓步。

(3) 誘捕：此策略目的在故意製造某一事件，使兩個對手相互敵對，雙方並投入曠日持久的戰爭，彼此耗盡能量，而設誘餌者則在一旁靜觀，完好無缺地保持軍事力量，[105]以靜待時機的到來。這是一種政治的謀略作為，在國際關係史上有許多成功誘捕的案例。

(4) 坐山觀虎鬥：該策略是讓對手與他國進行一場長期且代價高昂的衝突，使其陷入無法脫身的泥沼之中，其目的是使對手盡量耗盡其力量，最後坐收漁翁之利。這種「旁觀者」（bloodletter）的戰略與誘捕策略最大的不同是不施放誘餌，但關心敵對雙方力量的消長，自己則置身於事外。[106]例如20世紀80年代，美國在阿富汗就是採取此種戰略來對付蘇聯，[107]讓蘇聯陷入阿富汗戰爭的泥沼之中。

3. 反制侵略者的戰略：大國在尋求獲取更多的權力時，同時也要反制潛在的侵略國，以防止他們對其生存與霸權造成威脅。受威脅的國家可採取「建立均勢」或「推卸責任」這兩種策略。

---

ment Policy），與德國、義大利於當年9月簽訂「慕尼黑協議」，允許德國吞併屬於捷克斯洛伐克的蘇台德區（Sudetenland），換取希特勒不再侵犯其他國家的保證；但是，希特勒後來卻沒有遵守該項承諾，而於1939年3月突然占領捷克斯洛伐克。參見陳潮、胡禮中主編，《玉帛干戈──世界十大外交家》，頁208-209。「慕尼黑協定」以及捷克的瓜分，不但使得東歐國家對民主強權的調停失去信心，更助長了希特勒的侵略氣焰，接著於1939年9月1日德軍入侵波蘭，導致第二次世界大戰的爆發，也因此「慕尼黑協定」被認為是英、法強權對希特勒姑息主義的代名詞。參見〈姑息主義的代名詞──慕尼黑協定〉，《歷史文化學習網》，〈http://culture.edu.tw/pioneer/subject_list.php?subjectid=61〉（瀏覽日期：2010年7月30日）。

[104] 陳潮、胡禮中主編，《玉帛干戈──世界十大外交家》，頁197。
[105] John J. Mearsheimer著，《大國政治的悲劇》，第五章，頁216。
[106] John J. Mearsheimer著，《大國政治的悲劇》，第五章，頁217。
[107] Robert P. Hager, Jr. & Dvaid A. Lake, 2000, "Balancing Empires: Competitive Decolonization in International Politic," *Security Study*, Vol. 59, No. 3, pp. 108-148.

(1) 建立均勢：屬於積極的反制侵略者的戰略，受威脅的國家可採取三個措施來構築均勢工程：

　　A. 他們可通過外交管道向侵略者發出清晰的信號，表明他們堅定地履行均勢原則，即使採取戰爭手段也在所不惜，此目的在向侵略者發出不得超越其紅線的警告；

　　B. 受威脅的國家可以尋求相互建立防禦同盟，彼此幫助遏止潛在的對手，此外交應變被稱為「外部均衡」（external balancing）；

　　C. 受威脅的國家動員自己額外的資源以對抗侵略者，例如增加國防開支與徵召戰鬥人員，此作為成為「內部均衡」（internal balancing），它是屬於自助性質。

(2) 推卸責任（buck-passing）：「古典現實主義」大師摩根索認為，當國家在面臨安全威脅時，必然走向「權力平衡」，尋找結盟的對象。但是米爾斯海默就提出「推卸責任」的策略，來描述國家不一定只有走向「權力平衡」一途。[108]「推卸責任」是一種消極反制侵略者的戰略，基本上推卸責任者會採取以下四個策略：[109]

　　A. 以鄰為壑：就是與侵略者達成某種妥協，以避免刺激他，並希望他將注意力集中在預先設計好的「責任承擔者」（buck-catcher）身上。例如，1939年德國人在東歐的戰場上頻頻得逞，占領不少東歐國家的領土，而英、法兩國卻步步退卻，並採取「綏靖政策」，企圖放縱德國狼去咬蘇聯；然而蘇聯也採取相同的策略，與納粹德國締結「德蘇互不侵犯條約」，以解除德國對蘇聯的威脅，讓德國於簽約後的一個星期，毫無顧忌的向波蘭進攻，最後挑起了第二次世界大戰。[110]

　　B. 與「責任承擔者」保持疏遠關係：其目的在與侵略者發展良好的

---

[108] 林碧炤，〈國際關係的典範發展〉，頁32。
[109] John J. Mearsheimer著，《大國政治的悲劇》，第五章，頁220-221。
[110] 陳潮、胡禮中主編，《玉帛干戈──世界十大外交家》，頁228-229。

關係，並避免被捲入對抗侵略者的戰爭。無怪乎第二次世界大戰前，英、法兩國與蘇聯相互保持低調的關係，並試圖與德國保持良好的關係；另外在中國對日抗戰期間，英國與法國就與中國保持冷淡的關係，這兩國更在日本的壓力下關閉滇越及滇緬公路，使中國外援幾乎斷絕，處境相當危險。

C. 加強自身防禦：此方法是使侵略者將注意力轉移至「責任承擔者」的身上。因為一個國家越強大，侵略者就越不可能攻擊他。另外，加強防禦是要事先預防「責任承擔者」失敗後，受威脅的國家可立即面對侵略者的威脅，也就是要防範未燃。例如法國1929年在其東北部所建造的「馬奇諾防線」（Maginot Line），主要目的就是在防範德國的侵略。

D. 強化「責任承擔者」的力量：主要是採取援助「責任承擔者」的策略，以強化其對抗侵略者的能力。例如，1864至1870年之間，英國採取袖手旁觀的態度，讓普魯士完成統一並占領歐洲心臟地帶，創建一個強大的德意志帝國。因為英國認為，統一的德國可遏止西邊的法國，與東邊的俄國在歐洲擴張。另外在1941年美國國會通過「租借法案」，對中國與蘇聯進行大量的援助，以對抗日本與德國的侵略。

　　至於受威脅的國家何時傾向於追求均勢，何時傾向於推卸責任的問題，取決於國際體系的結構。例如在兩極體系中，受威脅的大國必須採取均勢手段去抗衡其對手，因為沒有其他大國來「承擔責任」（catch the buck），冷戰的美、蘇對抗可支持此觀點。[111]而在多極的體系中，因為有其他大國的存在，所以國家容易將抵禦的責任推卸給其他大國。米爾斯海默認為當國家在面對侵略者時，會先選擇「推卸責任」的策略，將對抗侵略者的重任由另一國家來承

---

[111] John J. Mearsheimer著，《大國政治的悲劇》，第八章，頁447。

擔，自己則置身於事外。[112]例如19世紀時，普魯士威脅到奧、法兩國，他們本來可以聯手制衡普魯士。但是他們卻相互推卸責任，於是俾斯麥軍隊在1866年攻擊奧地利時，法國觀望之；而1870年普魯士軍隊攻擊法國時，奧地利又觀望之。[113]以致於讓普魯士能夠個個擊破，最後完成德國的統一大業。

（七）對攻勢現實主義的批判

雖然米爾斯海默的「攻勢現實主義」對國際關係提出獨到的見解，但其觀點遭受其他學者的批評，尤其是受到中國大陸學者的嚴厲批判，因為他倡導「中國威脅論」。他於2000年在一次戰略研討會上說，在中國、日本與俄羅斯三個強國中，日本人口數量僅是中國的1/10，其離岸島國的地理位置使得日本難以在亞洲大陸立足；而俄羅斯由於人口、經濟問題和需要關注於歐洲，也不可能主宰東亞。因此有潛力成為東亞地區霸主的就只剩下中國。中國的崛起對美國帶來的威脅將是前所未有的，它將超過第一次世界大戰前的德國與第二次世界大戰時的日本帝國、納粹德國甚至前蘇聯。[114]

基本上對「攻勢現實主義」的批評，可歸納為下列幾點：

1. 該主義忽略國家的內部政治活動或政治型態，這也是「新現實主義」一貫的態度。米爾斯海默認為「結構因素——也就是無政府狀態與權力分配——是國際政治最重要的關鍵要素」，所以他幾乎不關注個人或意識型態等一些國內政治因素對國際關係的影響。[115]但是「新自由主義」學派中倡導「民主和平論」的學者對「新現實主義」提出嚴厲的挑戰，他們認為民主國家要比專制獨裁國家愛好和平，民主國家能相互瞭解彼此的友好意圖，因此它們之間不會發動戰爭。[116]

---

[112] John J. Mearsheimer著，《大國政治的悲劇》，第八章，頁387。

[113] 同前註，第八章，頁447。

[114] 徐慧君，2004年9月6日，〈後冷戰時代美國的對華戰略〉，《華夏經緯網》，〈http://big5.huaxia.com/zk/zkwz/00209993.html〉（瀏覽日期：2010年6月2日）。

[115] John J. Mearsheimer著，《大國政治的悲劇》，大國政治的悲劇與國際政治的悲劇，頁26。

[116] Michael Doyle, 1986, "Liberalism and World Politics," *American Political Science Review*, Vol. 80, No. 4, pp. 1151-1169.

2.該主義忽略國際機制及國際組織的作用。此無疑是對國際組織的忽視與不信任，是「國家中心型」（state-centric）的「現實主義」又一根本缺陷；[117]事實上，由於全球化的趨勢，國際組織在現今的國際關係中，扮演著越來越重要的地位。尤其是國際組織能抑制安全競爭、促進世界和平，因為它們能使國家放棄追求權力最大化的行為。國際組織對國家有影響，甚至最終可結束無政府狀態[118]；[119]

3.該主義忽略全球化趨勢，強調國際政治的霍布斯主義性質，國與國間相互爭奪權力。米爾斯海默認為聯盟只是一時的權宜手段，今天的聯盟夥伴可能是明天的敵人，而今天的敵人也可能是明天的聯盟夥伴。[120]此情況正如前英國前首相帕默斯頓（Henry John Temple Palmerston）所說的：「我們沒有永久的盟友，也沒有永遠的敵人。永恆不變的只有我們的利益，追求利益則是我們的職責」。[121]

但事實顯示世界正朝向區域合作的方向發展，走向富裕是後工業國家的目標，一些國家正享受彼此合作的果實，例如歐盟會員國之間的合作關係。而大國協調合作正取代傳統的均勢、聯盟體系；再以傳統的威懾、遏制思想來描寫現今大國的關係，顯然不合時宜。[122]因為在今天這種世界經濟相互依賴的情況下，衝突將給每個國家帶來不利的結果[123]。[124]

---

[117] John J. Mearsheimer著，《大國政治的悲劇》，大國政治的悲劇與國際政治的悲劇，頁27。

[118] John J. Mearsheimer著，《大國政治的悲劇》，第十章，頁509。

[119] 米爾斯海默認為，儘管有學者認為國際組織力量不斷增長，但很少有證據證明它們能使大國行為與「現實主義」相違背。他並認為「聯合國」是唯一可能有此權力的世界性組織，但它甚至不能制止1992至1995年的玻黑戰爭。而且聯合國對國家所具有的影響力在新世紀將變得更小，因為其主要決策機構安理會將擴大。尤其是一個擁有否決權的常任理事國成員若增加，「聯合國」將更不可能形成對大國制裁的政策。參見John J. Mearsheimer著，《大國政治的悲劇》，第十章，頁511。

[120] John J. Mearsheimer著，《大國政治的悲劇》，大國政治的悲劇與國際政治的悲劇，頁27。

[121] 陳潮、胡禮中主編，《玉帛干戈──世界十大外交家》，頁60。

[122] John J. Mearsheimer著，《大國政治的悲劇》，序，頁5。

[123] 同前註，第十章，頁515。

[124] 米爾斯海默以歷史事實反駁全球化主義者的觀點，例如1900至1914年間歐洲的經濟相互依賴程度與今天不相上下，也是歐洲經濟的繁榮時期。但是第一次世界大戰還是在1914年爆發。因此，高度相互依賴的世界經濟並不能減少大國戰爭爆發的可能性。大國永遠是懷著

4.該主義過份強調「權力」的重性。對於「現實主義」而言，「權力是
大國的政治貨幣，因此國家為此展開鬥爭。」[125]也就是「現實主義」者
認為，權力是國際關係中的核心概念，而國際關係理論即是「權力政
治學」。[126]而且該主義所強調的「權力」一般都是指「硬權力」（hard
power）而言，也就是指一國的軍事力量；但是在現今世界，一國的
「軟權力」（soft power）[127]也開始受到關注，美國哈佛大學甘迺迪政府
學院院長奈伊（Joseph S. Nye）主張在國際政治上，「軟權力」是可與
「軍事力」、「經濟力」並列的重要力量。[128]

5.該主義過分強調「安全最大化原則」。其實並非所有國家都想要取得全
球霸權，若一個國家想要最大化的占有世界權力，反而更容易遭到更多
的報復，使「高處不勝寒」的大國處於更不安全的處境，更容易陷入
「安全困境」（security dilemma）[129]。例如，911事件所展示的不對稱性
武力對國家安全所造成的威脅，及國際關係中的非理性因素，都對米爾
斯海默的理論形成巨大的挑戰。[130]

6.該主義低估其他國家的反制作為。米爾斯海默認為國家在面對侵略者
時，會先選擇「推卸責任」的策略，將自己置身事外。但是並非所有國

戒心，並且從不會犧牲生存目標來換取其他任何目標，包括繁榮在內。John J. Mearsheimer
著，《大國政治的悲劇》，第十章，頁516。

[125] John J. Mearsheimer著，《大國政治的悲劇》，頁361。

[126] John J. Mearsheimer著，《大國政治的悲劇》，大國政治的悲劇與國際政治的悲劇，頁15。

[127] 在國際關係研究中，「新現實主義」者與「新自由制度主義」者對權力的解釋有所區別，
前者重視物質的優勢，後者則認為物質只是權力的一個面向，不能成為霸權國家的充分條
件，國家利益的取得也和「軟權力」的強化密不可分。「軟權力」一詞是由美國哈佛大學
甘迺迪政府學院院長奈伊（Joseph S. Nye）所創，他認為政府力量的來源有三種：即「軍
事力」（military power）、「經濟力」（economic power）及「軟權力」。「軟權力」包
括魅力（attractive）與議題設定（agenda setting），國家通過各種的外交手段，滲透他國的
價值、文化、政策及制度，使他國朝向其期盼的方向作為。參見楊名豪，2004年，〈軟權
力：世界政治的成功之道〉，《中華歐亞基金會研究通訊》（台北），第7卷第9期。

[128] Joseph S. Nye, Jr., 2004, "Soft Power: The Means to Success in World Politics," *Public Affairs*.

[129] 「安全困境」是「現實主義」的最大缺陷，因為當一個國家增加自身的安全時，就會威脅
到他國的安全。

[130] 同註126，頁27。

家都會如此，國際關係史也顯示，遭受威脅的國家常會積極的組織聯盟以對抗侵略國家，而侵略的國家也常遭到災難性的失敗。

7.該主義忽略大國戰爭的代價，尤其是核武的毀滅性代價，使大國間幾乎不可能再相互攻擊。例如，穆勒（John Mueller）認為，現代的戰爭對於理性的領導人來說已經是太昂貴了[131]。[132]

（八）攻勢現實主義的貢獻

基本上，米爾斯海默的「攻勢現實主義」不只是延續「現實主義」的觀點，並且加以擴張。他繼承霍布斯的政治思想，將霍布斯對於國家內部的權力鬥爭關係，引申到國與國之間。他的觀點之所以得到重視，不但是他討論「中國威脅」這個在美國外交上最關鍵的問題，而且是他幾乎繼承從卡爾、摩根索、布爾及季辛吉以來「現實主義」大師的主張，從最傳統的權力政治角度去重新分析國際關係最根本的問題，也就是大國如何相處、世界秩序如何維持。[133]他也深受華爾滋的政治經濟學方法論的影響，認為國家為了生存與安全，必須追求最大的利潤——也就是「安全最大化」原則。而保障安全的最佳武器就是「權力」，華爾滋認為「權力」等同於國際政治市場的貨幣一樣，而「權力」的大小則以軍事力量來衡量。米爾斯海默的「攻勢現實主義」將追逐此種權力看成是國際政治的最後手段及目的。[134]

而且米爾斯海默又結合華爾滋的結構性思維，他認為不是國家的屬性促使他們去追求霸權，而是國際結構的關係促使國家追求霸權。所以他不主張以國家的經濟與政治為依據，將國家劃分為侵略性強或弱的國家。他不同意摩根索

---

[131] John Mueller, 1989, *Retreat from Doomsday: The Obsolescence of Major War* (New York: Basic Books).

[132] 米爾斯海默認為，雖然核武器極大地降低大國戰爭的可能性，但是擁有核武器的大國間仍然很有可能發生戰爭。因為兩個超級大國都擁有巨大的核武，這一事實沒有使任何一方確信另一方沒有進攻性軍事能力。John J. Mearsheimer著，《大國政治的悲劇》，第十章，頁512。

[133] 林碧炤，〈國際關係的典範發展〉，頁31。

[134] John J. Mearsheimer著，《大國政治的悲劇》，大國政治的悲劇與國際政治的悲劇，頁14。

所主張的，因為國家具有內在的權力意志，所以不可避免的表現出侵略行為。他認為大國行為背後的首要動機是生存，然而在無政府狀態下，對生存的渴望促使國家從事侵略行為。[135]也就是國際體系的結構是大國安全競爭的無意識結果，而不是國家採取集體行動構建和平的結局，例如歐洲冷戰秩序的建立，並非是美國或蘇聯有意去共同創造出來的。[136]

雖然「攻擊性現實主義」遭受許多的批評與質疑，但是林恩‧瓊斯（Sean M. Lynn-Jones）認為米爾斯海默對現實主義具有以下的貢獻：

首先，米爾斯海默清楚並仔細的定義「權力」，並試圖設立衡量的標準。他從軍事角度來定義「權力」，認為「權力」是以國家擁有的某些物質能力為基礎，特別是國家所擁有的地面武裝力量及核武，因此「權力均勢」幾乎等於「軍力均勢」；[137]其實米爾斯海默的「攻勢現實主義」並非主張窮兵黷武，相反的，他認為國家應該仔細盤算，為戰爭作最妥善的準備。所以他對美國出兵伊拉克持強烈反對意見。[138]

其次，他認為大國並不經常在「均勢」（balancing）與「扈從」（bandwagoning）兩種行為間選擇，而是在「均勢」與「推卸責任」之間徘徊；

第三，他將地緣因素重新帶入「現實主義」理論，並認為一國是否鄰近海洋、緩衝國或威脅性大國，將會影響到其對聯盟對象的選擇，或是採取擴張的傾向。[139]

---

[135] John J. Mearsheimer著，《大國政治的悲劇》，第二章，頁66。
[136] 同前註，第二章，頁61。
[137] 同前註，第三章，頁79。
[138] 林碧炤，〈國際關係的典範發展〉，頁33。
[139] John J. Mearsheimer著，《大國政治的悲劇》，大國政治的悲劇與國際政治的悲劇，頁19-20。

第二節　新古典現實主義

一、新古典現實主義的興起

　　過去大部分的國際關係學者經常探討「現實主義」與其他主義之間的辯論，例如與「理想主義」或是與「新自由主義」之間的辯論。因為過去「現實主義」能夠有效的解釋冷戰時期的國際體系結構，所以很少有學者將焦點聚焦於該主義內部的差異及不同的聲音。但是由於占據國際關係理論主流地位多年的「新現實主義」，無法以其所倡導的國際體系結構理論，來解釋其認為最具穩定性的兩極國際體系，為何因冷戰的結束而突然瓦解，顯示其理論有嚴重的缺陷，而遭受各方強烈的批判，故面臨到不得不修正的壓力。

　　因此近年來，「現實主義」學派內部有部分的學者開始對「新現實主義」的一些假設提出質疑與挑戰，並主張應該將他們的意見從「新現實主義」中分離出來，成為「現實主義」的另一個分支。[140]但是這些對「新現實主義」的質疑並沒有匯集成統一的主張或提出新穎的理論，也沒有一位特別顯著的代表性人物，而且當時「新現實主義」內部的爭論主要集中於「守勢現實主義」與「攻勢現實主義」之間。[141]所以剛開始他們的觀點並未受到注意，直到1998年，Gideon Rose綜整這些不同意見之後，將他們統稱為「新古典現實主義」（Neoclassic Realism）[142]或是「後古典現實主義」（Postclassic Realism）。此主義從1990年代出現，直到2000年開始獲得重視。它是所有「現實主義」學派中最晚形成的一支，但卻是該學派中針對國際環境變化，所做調整幅度最大的學說。[143]由於它提出一些相當新穎的觀點，對於「現實主義」的未來發展，以及與其他主義的融合有很大的助益，因此值得我們加以瞭解。

---

[140] Stephen G. Brooks, "Dueling Realisms," p. 445.

[141] Sean M. Lynn-Jones, 1995, "Offense-Defense Theory and Its Critics," *Security Study*, Vol. 4, No. 1, pp. 660-691.

[142] Gideon Rose, 1998, "Neoclassic Realism and Theories of Foreign Policy," *World Politics*, Vol. 51, pp. 144-172.

[143] 鄭端耀，2005年，〈國際關係新現實主義理論〉，《問題與研究》，第1卷第44期，頁117。

二、新古典現實主義與新現實主義的比較

（一）差異的比較

　　由於「新現實主義」與「新古典現實主義」兩者都是屬於「現實主義」的分支，所以彼此間有許多相似之處，例如兩者都具有系統的觀點、都是國家中心論、都認為國際政治的本質是競爭的、都強調物質因素的重要性、都假設國家是追求自助的利己行為者；但是兩者對於國家在國際競技場上表現出來的行為模式的觀點，卻有很大的差異。對此，國際關係學者Stephen G. Brooks以「衝突的可能性（possibility）與或然性（probability）」、「追求短期（short term）與長期（long term）目標」、「軍事安全（military security）與經濟能力（economic capacity）」，這三個假設來加以說明兩者之間的差異。（參看下表）[144]

	新現實主義	新古典現實主義
衝突的可能性與或然性	國際系統是殘酷的競技場，每個國家都在尋求機會以超越他國，所以具有高度的安全壓力。而且因為缺乏最高的權威，因此以武力解決衝突的可能性經常存在。	戰爭的代價太高，只有可能成為未來霸權的國家才需要發動先制戰爭的可能。因此，戰爭只是偶然性的問題，而非隨時都有可能發生的問題。
追求短期或長期目標	因為國際社會的無政府狀態無法提供安全的保障，國家為求生存，因此將追求短期目標，例如生存問題，而非長期的發展目標。	因為戰爭是偶然的問題，因此國家追求長遠發展的目標，例如經濟發展的問題，並不需要屈居於短期的安全問題之下。
軍事安全或經濟能力	國家因為生存，所以需要有強大的軍事力量，故主張軍事安全重於經濟力量的發展。	吉爾平（Robert Gilpin）認為權力主要包含軍事與經濟力量，因為軍事力量來自於經濟力量，因此要增加權力，就必須先加強經濟力量。

---

[144] Stephen G. Brooks, "Dueling Realisms," pp. 447-463.

由上述的比較可知，「新古典現實主義」對於國家是否採取武力的行為，較「新現實主義」更具有彈性。此種彈性的觀點更加強「新古典現實主義」的價值，因為它不同意「新現實主義」所提出的假設：國家永遠採取「最壞打算」（worst-case），以及總是對潛在侵略者採取制衡的手段。因為若採取此假設，國家之間的衝突是難以避免的。「新古典現實主義」認為，衝突的發生與否必須視情況而定，所以衝突不是必然會發生的結果。

（二）假設的檢驗

「新現實主義」為了支持其觀點，提出以下三個國家行為的假設，來證明其立論的正確性：[145]

第一，權力平衡的行為經常發生：[146]該主義認為，因為國際無政府狀態的刺激，將驅使德國與日本再度興起成為大國，並與美國的軍事優勢進行抗衡。該主義主張，有機會成為霸主的國家，將會因為其本身擁有的軍事實力，不論其是否具有抗衡的意圖，將不可避免的與現有的霸主進行抗衡。Christopher Layne更誇張的表示，有資格的國家若不爭取成為霸主將受到懲罰。[147]

第二，國家會複製主要國家——尤其是對手國——的成功經驗：此又稱為「趨同效應」（sameness effect），因為理性的國家會複製與學習成功國家的所有經驗，例如科技、組織及其他先進的技術等。該主義認為冷戰後最重大的「趨同效應」為核子擴散，例如米爾斯海默於1993年所稱的，烏克蘭將繼承蘇聯解體後所遺留下來的核子武器，並成為核子大國。

第三，國家之間將被限制進行合作：國家因為害怕其所獲得的利益被瓜分，所以不願意與其他國家進行合作。例如華爾滋就說，國家不願意讓自己處於依賴他國的處境。尤其是開發中國家不可能追求合作，特別是具有安全爭議

---

[145] Stephen G. Brooks, "Dueling Realisms," pp. 463-469.

[146] Kenneth N. Waltz, 1979, *Theory of International Politics* (Reading, Mass.: Addison-Wesley Publishing Company), pp. 118-121.

[147] Christopher Layne, 1994, "Kant or Cant: The Myth of the Democratic Peace," *International Security*, Vol. 19, No. 2, p. 5.

的地區，例如東協（ASEAN）成員國對於蘊藏豐富石油的南沙群島（Spratly Islands）主權之爭議。

　　對於「新現實主義」所提的假設，「新古典現實主義」提出其相反的論點加以反駁：[148]

　　第一，德國與日本雖然已經是大國，但是他們不會犧牲其經濟利益而與美國相抗衡，並追求霸主的地位，因為這樣的代價太大，不符合成本效益。而且事實也證明，德國從1990年開始削減其國防預算，[149]日本內閣也於1995年大砍其軍事支出。[150]

　　第二，有關烏克蘭將繼承蘇聯解體後所遺留下來的核子武器，並成為核子大國的假設更是無稽之談。因為要維護核子武器設施所需的經費極為龐大，不是烏克蘭的經濟所能承擔，而且若烏克蘭堅持要保有這些核子武器設施，將失去來自歐美國家以及蘇俄所提供的鉅額經濟援助。因此在這些經濟利益的考量下，縱然烏克蘭仍然害怕俄國的勢力，但是不得不放棄這些核子武器設施，以換取大量的經濟援助，這是一種較為理性的抉擇。

　　第三，雖然重大的安全爭端會阻礙國家之間的合作關係，但是若經濟利益大於軍事衝突時，則國家之間的合作仍是可能。例如東協成員國之間雖有南沙群島主權的爭議，但是彼此之間的各項合作，尤其是經濟關係卻越來越緊密。另外，「中美洲共同市場」（Central American Common Market, CACM）內的薩爾瓦多與宏都拉斯之間有嚴重的領土爭議，「南錐共同體」（Mercosur）內的巴西與阿根廷也有軍事對立，但是他們也都能因為經濟利益，而暫時拋開歧見進行合作。

　　由此可知，「新現實主義」的假設與事實的發展不符，因此有其嚴重的錯誤。很顯然的，「新古典現實主義」對於現況的解釋力要高於前者，其最主要

---

[148] Stephen G. Brooks, "Dueling Realisms," pp. 463-469.
[149] Stockholm International Peace Research Instilule (SIPRI), 1995, *Stockholm Inlernational Peace Research Instilule Yearbook 1995: Armants, Disarmament, and Internative Security* (Oxford: Oxford University Press).
[150] *New York Times*, 29 Novement 1995, A 9.

的原因是該主義採取多層次的分析方法（包括國際體系、國內政治與個人等層次）[151]，較具有彈性，不像「新現實主義」缺乏彈性，只限定在國際體系層次的分析。此主義可說是對於「新現實主義」的批判與反思，不但指出其錯誤並加以修正，也使「現實主義」更貼近於國際現況。

三、新古典現實主義與古典現實主義的比較

之所以稱為「新古典現實主義」，表示其與「古典現實主義」有相同之處。基本上兩者最主要的相同之處有兩點：首先，兩者所關注及研究的對象主要為國家的層次，甚至決策者個人，而非如「新現實主義」者忽略國家及個人的層次，僅關注國際體系的層次；第二，兩者都強調國家是在追求「權力」（power），而非「新現實主義」所主張的國家在追求「安全」（security）。

但是，兩者對於「為何」及「如何」追求「權力」，卻有截然不同的見解。「古典現實主義」認為國家的決策者經常處心積慮的想要宰制他國，也就是說他們是一群被權力慾望所引導的人，因此權力是他們的最終目標，例如「古典現實主義」大師摩根索（Hans J. Morganthau）就認為人性是貪婪的，追求權力是天性使然。他甚至說：「只有在最後一個人臣服於他的權力之後，一個人對於權力的慾望才會被滿足」。[152]所以，由人所組成的國家也會時時尋求增加自我的權力，只要抓住機會，國家就會以軍事手段來擴大權力，以宰制其他弱小的國家。依照此觀點，因此「古典現實主義」會認為各國之間的關係是一種衝突的關係。

而「新古典現實主義」不認為國家決策者會追求權力的極大化，因為追求權力的慾望是永遠無法被滿足，摩根索所描述的人性對於權力的慾望顯然過

---

[151] 鄭端耀，〈國際關係新現實主義理論〉，頁124。
[152] Hans J. Morganthau, 1946, *Scientific Man vs. Power Politics* (Chiago: University of Chiago Press), p. 193.

於誇大。此派學者認為，決策者之所以會追求權力，是因為權力是追求更重要目標的一種工具而已，而非如「古典現實主義」所稱的是最終的目標。對「新古典現實主義」而言，擁有經濟資源才是國家最重要的目標，因為經濟資源不但是軍事力量的基礎，也是影響他國的重要影響力。因此國家在追求經濟利益時，必須仔細計算所使用手段的成本效益問題。若使用武力的代價太高時，此手段就會被拋棄，所以武力不是追求經濟利益的唯一方法。

　　因此，對於「新古典現實主義」而言，各國之間的關係不一定是一種衝突的關係。因為國家也可以透過非軍事手段來增加其經濟資源，並增加其國家的權力。例如Stephen G. Brooks研究發現，國家可透過以下幾個方法來增強其經濟能力：第一，積極尋求改變國際貿易的模式；第二，加強組織的效率，以降低交易成本與確保財產權；第三，利用經濟手段從其他弱國獲取便宜的資源；第四，降低非生產性方面的開支，例如軍事裝備，而將此資源用於經濟發展。[153]

　　「新古典現實主義」認為，當武力占領是增加權力最有效的方法時，國家將傾向採取軍事行動；但是，若軍事力量不能夠提供最有效的方法來增加權力時，國家就不會傾向使用武力的手段。這就是現今主要工業化國家之間的關係，他們是藉由非軍事手段來加強其權力。由此可知，此主義認為國家最終的目標在增加其經濟資源，如此就能加強其權力。[154]

---

[153] Stephen G. Brooks, "Dueling Realisms," p. 462.
[154] Stephen G. Brooks, "Dueling Realisms," p. 463.

「現實主義」不同學說對國家行為的比較

理論論別	對體系的重視程度	對單元的重視程度	對國家行為的因果邏輯
古典現實主義	不重視	重視	單元的內部因素──▶ 外交政策
結構現實主義	重視	不重視	體系的因素　　　──▶ 外交政策
新古典現實主義	重視；但並非唯一的解釋來源	重視；但不忘考量體系層次的影響力	單元的內部因素與體系本身因素──▶ 外交政策

資料來源：譚偉恩，〈國際關係學之現實主義理論〉，明居正主編，2010年，《國際關係綜論》（台北：晶典出版社），頁78。

四、新古典現實主義與非現實主義的交流

在瞭解「現實主義」的內部差異及辯論之後，現在要進一步討論「現實主義」與非現實主義──特別是「新自由主義」（Neo-liberalism）與「後實證主義」中最重要的一派──「社會建構主義」（Social Constructivism）之間的交流情形。另外其他的「後實證主義」包括「批判主義」、「女性主義」等，因該等理論尚無法挑戰「現實主義」的地位，所以本書將不予以討論。

「新現實主義」與這兩個非現實主義之間的交流情形並不是很好，其原因在於他不能認同後兩者所提出其他影響衝突的因素。因為「新現實主義」若承認軍事力量以外的因素對於衝突也有影響力，無異是推翻他所提出「最壞的情況」的假設，所以此主義與非現實主義之間，基本上是無法交流。相對的，因為「新古典現實主義」的觀點與非現實主義並非是對立的，反而能夠對於某些問題提供答案，相互彌補之間的不足，並促進雙方的交流。

「新現實主義」由於主張「最壞的情況」的觀點，導致國家的政策選擇受到很大的限制，因為軍事安全高於其他的目標，國家總是在尋求制衡潛在侵略者軍事能力的方法，因此國家內部的層次（domestic-level）分析是不重要，也

就是可以忽略一切的國內因素，只分析國際體系的層次即可。而「新古典現實主義」則認為國家有廣泛的政策選擇，而且時常在不同的選項之間——特別是軍事安全與經濟力量——進行交換與取捨，所以國內層次的分析在某些情境之下是很重要。由於「新古典現實主義」重視國內層次，因此其分析國際關係的方法就包括了「單元層次」（unit-level）與「體系層次」（system-level）這兩個途徑。[155]

　　「新現實主義」除了主張「最壞的情況」假設之外，它還堅持應該排除物質以外的因素來分析國際關係，所以使得他不但缺乏彈性，也無法與其他非現實主義學派進行交流，而讓國際關係的研究難以獲得進步；相對而言，「新古典現實主義」認為國家的能力除了包括有形的物質因素之外，還包括無形的精神與理念因素。由於其「本體論」採取此種「雙元論」（dualism）的觀點，所以較「新現實主義」的內涵廣泛且具有彈性，也因此使「現實主義」與強調非物質因素的非現實主義之間的交流得以實現。在國際關係學發展的過程中，過去學者所提出的理論大多數都居於相互對立的立場，而且不能互補，但在「新古典現實主義」出現之後，「現實主義」有趨向妥協與朝向多元化方向發展的趨勢。[156]

五、新古典現實主義的優缺點

　　「新古典現實主義」雖然有許多精闢的觀點，然而它未來是否能取代「新現實主義」而成為「現實主義」的主流學派，仍然受到很大的懷疑，因為它也存在一些缺點。此主義自從1998年Gideon Rose予以正名之後，迄今也只不過短短的十餘年時間，[157]所以現在就要評斷它能否取代已經居於國際關係學主流

---

[155] Stephen G. Brooks, "Dueling Realisms," p. 472.

[156] Robert Jervis, 1999, "Realism, Neoliberalism, and Cooperation," *International Security*, Vol. 24, No. 1, pp. 42-63.

[157] Gideon Rose, "Neoclassic Realism and Theories of Foreign Policy".

地位多年的「新現實主義」，似乎不客觀，而必須再觀察一段時日，視此理論的日後發展情形，才能夠下定論。以下針對此主義的優缺點加以討論：

（一）新古典現實主義的優點

根據國內國際關係學者鄭端耀的觀點認為，就目前「新古典現實主義」的發展來看，它並沒有要取代「新現實主義」的意圖，它只有補充「新現實主義」的不足，與維護「現實主義」屹立不搖的主流地位。因為「新古典現實主義」並無意從事如「新現實主義」的國際體系理論建構，而且它從未質疑國際體系權力結構理論，它主要是將焦點集中於結構理論不足之處——外交政策（foreign policy）的決策過程。因為外交政策分析是以國家為單位，並且涉及到決策者及國內政治結構等的因素，此為「新現實主義」強調的國際體系權力結構理論所忽略之處。

此種以外交政策為主要的研究途徑，是「新古典現實主義」的主要特點之一，它不但彌補「新現實主義」結構途徑的不足之外，並且將國際關係研究的重點重新拉回到「人」的身上，畢竟國家的對外行為最終還是由人來決定，而非抽象的國際體系權力結構。[158]此分析層面也是後冷戰時期，國際關係的重點所在。由此觀之，此主義的理論建構主要是以國家層次的外交政策分析為主，以建立特定條件下的「中等理論」（middle range theory）為目標，期望能為「現實主義」的外交政策分析提供有力的論述。[159]它並不像「新現實主義」學者一樣，企圖建立解釋整個國際關係的「大理論」（grand theory）。所以「新古典現實主義」者自稱，他們最大的貢獻之一，就是將國內政治重新納入國際關係研究的範圍之內。[160]

許多學者形容「新古典現實主義」的提出，主要在連結「古典現實主

---

[158] 鄭端耀，〈國際關係新現實主義理論〉，頁128。
[159] 鄭端耀，〈國際關係新現實主義理論〉，頁125。
[160] Schweller, 2004, "Unanswered Threats: A Neoclassic Realism Theory of Underbalancing," *International Security*, Vol. 29, p. 347.

義」、「新現實主義」、「自由主義」、「建構主義」與「外交政策」之間的鴻溝，[161]因為此理論包含了國際關係學的三個主要分析途徑：個人、國家與國際體系。Gideon Rose對「新古典現實主義」的定位描述如下：[162]它包含了內在與外在的變數，國家外交政策的範圍與企圖，最重要的是受到其在國際體系中所處的地位，特別是其所具有的相對物質力量所影響，這就是為什麼它被視為「現實主義」的原因。但是此物質力量對於外交政策的影響是間接的、複雜的，因為體系的壓力必須透過「單元層次」（unit level）中的許多中介變數，這就是為什麼它被視為「新古典現實主義」的原因。

由此可知，「新古典現實主義」可說是「新現實主義」的延伸，因為後者並不重視外交政策的制訂過程或特殊的歷史事件。由於「新古典現實主義」重視其他的變數，包括「領導者」（leader）與「國內力量」（domestic state power）兩大因素，[163]來解釋國家的外交政策，使它與其他的「現實主義」學派有明顯的區別，並創造出瞭解國際關係的獨特模型。[164]由於「新古典現實主義」嘗試接合「新現實主義」之結構體系觀點以及「古典現實主義」宗師摩根索（Hans J. Morganthau）注重之領導人認知與國內政治觀點，所以可說是一種「二元認識論」（dualism）的「現實主義」。有論者認為此分析框架較能夠觀察後冷戰國家作為複雜化與多元化之特性，同時亦可能在外交理論的建設上做出貢獻。[165]歷史也顯示，許多外交決策或國際事件，不只是受國際體系的因

---

[161] "Power, Politics, and Perception: Neoclassic Realism and Middle East Wars," 2009, 2, 10, *Scribd*, p. 2, 〈http://www.scribd.com/doc/12086868/Neoclassical-Realism-and-Middle-East-Wars〉.

[162] Gideon Rose, "Neoclassic Realism and Theories of Foreign Policy," p. 146.

[163] 「領導者」的因素主要是指「領導者的認知、慾望與意識型態」（leader's perceptions, desires, and ideology），而「國內力量」的因素主要是指「國家制度化程度」（domestic politics）、「合乎體制的意識型態與民族主義的運用」（use of regime-legitimizing ideology or nationalism）、「菁英的共識與和諧程度」（level of elite consensus and cohesion）、「社會團結程度」（level of social unity）。參見Schweller, "The Progressiveness of Neoclassic Realism," p. 169.

[164] Schweller, "The Progressiveness of Neoclassic Realism," pp. 317-320.

[165] 〈國際關係現實主義〉，2008年2月25日，《維基百科》，〈http://zh.wikipedia.org/wiki/%E5%9C%8B%E9%9A%9B%E9%97%9C%E4%BF%82%E7%8F%BE%E5%AF%A6%E4%B8%BB%E7%BE%A9〉（瀏覽日期：2011年3月11日）。

素所影響，而必須有「領導者」與「國內力量」這兩個因素的相互配合。（下圖可協助讀者更清楚解釋「新古典現實主義」與「新現實主義」間的差異）

「新現實主義」的模型
（體系決定國家的對外行為）

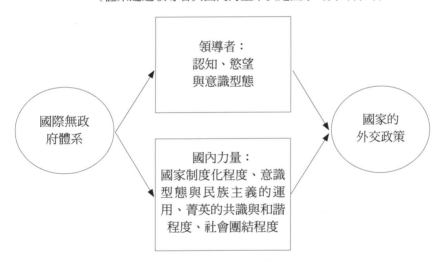

「新古典現實主義」的模型
（體系透過領導者與國內力量來決定國家的對外行為）

資料來源：作者根據「Power, Politics, and Perception: Neoclassic Realism and Middle East Wars」所提出的模型加以修改。

（二）新古典現實主義的缺點

雖然有學者認為「新古典現實主義」比較能夠解釋，後冷戰國家行為複雜化與多元化的特性，未來也可能在外交理論的建立上有所貢獻。但是它仍然遭到許多「現實主義」學者的批評，他們認為「新古典現實主義」最大的缺點就是缺乏理論架構，而且並沒有跳脫出「現實主義」的框架，只是從事例外性的個案分析。雖然「新古典現實主義」者提出一些案例來質疑國際權力結構的論述，但並不影響「新現實主義」的合理性與邏輯。所以此主義並非是一個理論，至今也沒有提出自己的理論，它最多只是理論性的分析架構而已。[166]此批評等於貶低「新古典現實主義」的學術地位。

另外，「新古典現實主義」嘗試連接「新現實主義」的結構體系觀點，以及「古典現實主義」的領導者認知與國內政治的觀點，形成一種具有「二元認識論」特性的「現實主義」。[167]但是批評者卻認為，「新古典現實主義」企圖採取走中間道路的「混合式」理論，例如包含「自由主義」與「社會建構主義」的論述，反而容易失去「現實主義」的一致性與特殊性。不但會落入其他主義的脈絡中，更可能與「現實主義」的核心主張相互矛盾。[168]

而且它只有提出影響外交政策制訂的變數（國際體系、國家與領導者），但是並沒有說明這些變數之間的關係為何。另外此主義大多採取個案性研究，非採取通案性的研究，尚未建立國內政治變數與國家對外行為之間強有力的邏輯關係，所以其研究成果尚缺乏通則性的運用。從純粹理論的標準來看，此主義仍有許多不周全之處。因此未來此主義不但是在解釋力方面，甚至在預測力方面都仍須加強。[169]

---

[166] 鄭端耀，〈國際關係新現實主義理論〉，頁131-132。

[167] 〈國際關係現實主義〉，《維基百科》。

[168] 「現實主義」的核心主張包括：1.國際體系的本質為無政府狀態；2.國際唯一的成員為國家；3.國家的行為是理性的；4.國家基於生存的理由，所以都採取相同的對外政策，而其目標都是相互衝突的。參見Jeffery W. Legro & Andrew Moravcsil, 1999, "Is Anybody Still A Realist," *Intrenational Security*, Vol. 24, No. 2, pp. 12-18.

[169] 鄭端耀，〈國際關係新現實主義理論〉，頁133。

第三節　新自由主義

一、新自由主義興起的背景

從「現實主義」進到「自由主義」彷彿走入另外一個知識的世界，看法與主張完全不同，頓時之間從悲觀改成樂觀、爭奪變成合作、猜疑變成信任、戰爭的準備變成和平的期待，連最基本人性的看法也由本惡變成本善。雖然這兩個主義間的爭辯互有勝負，但是相形比較之下，「理想主義」或「自由主義」的氣勢較弱，這是歷史所造成，因為外交史本來就充滿各種政治角力，與「自由主義」所描述的世界相差甚遠。[170]

「自由主義」第一次在國際關係理論中是以「理想主義」的形式出現，並且在第一次大辯論中打敗「現實主義」（或稱為「古典現實主義」），並盛行於兩次世界大戰之間。然而好景不常，第二次世界大戰爆發之後，證明「理想主義」的失敗及「現實主義」的勝利，整個國際關係學界幾乎成為「現實主義」的天下，[171]「理想主義」因此黯然退出辯論，並消失在國際關係的學術舞台。

在冷戰時期，「自由主義」確實失去了學術的主導和政策的訴求。國家安全成為強國最重視的議題，學術研究和政策制定就以此為核心。在美國倡導圍堵政策之餘，前蘇聯追求共產主義的世界革命，要防止這種逆流就要依靠強大的軍事力量，「現實主義」受到重視是在預期之中。「理想主義」雖然消失了，但是「自由主義」並未跟著銷聲匿跡，此派學者以哈佛為基地，以西歐為研究對象，讓他們所重視的合作型國際關係，在西歐找到了落實的園地。[172]「自由主義」從1980年代開始主義逐漸成型，到了冷戰結束之後，就成為風行的主義。[173]

---

[170] 林碧炤，〈國際關係的典範發展〉，頁34。
[171] 同前註，頁34。
[172] 同前註，頁36。
[173] 同前註，頁37。

　　每個新主義或修正主義的提出，都有其時代的背景與需要。1970年代美國遭遇一連串的國際及國內事件的挫折，例如布列敦森林體系（Bretton Woods System）的崩潰、越戰的失敗以及石油危機等的打擊，美國國力出現衰退的現象，使當時最受歡迎的「現實主義」受到質疑，讓「自由主義」思潮有再度興起的機會。1977年基歐漢（Robert Keohane）與奈伊（Joseph Nye）的《權力與相互依存》（*Power and Interdependence: World Politics in Transition*）一書反駁「現實主義」國家中心說、軍事權力說等基本假說，對該主義形成嚴峻的挑戰，[174]並逐漸形成了「新自由主義」學派。如此一來，原本主宰國際關係的「現實主義」的解釋力，便被興起的「新自由主義」所稀釋，同時亦為其後的「全球化」（globalization）現象鋪路。[175]

　　「新自由主義」的復興主要是對1930年代盛行的主流經濟學派——凱恩斯主義[176]提出批判，它稟持「自由主義」的理念，要求政府應該減少對經濟的干預。所以當時的「新自由主義」主要是一種純粹的經濟思潮，並沒有得到人們的共鳴與重視。後來由於經濟與政治的關係越來越緊密，因此該主義逐漸向政治領域滲透，而成為具有特色的一種國際關係學說。[177]「新自由主義」是第三次大辯論中，「新現實主義」的最主要對手。該主義主要是在傳統「自由主義」的基礎之上發展出來，並對後者的思想加以修正。

　　根據中國大陸學者郭楓的研究，「新自由主義」在國際關係研究領域的興起，主要有以下三個背景：[178]

---

[174] Mark W. Zacher & Richard A. Matthew, 1995, "Liberal International Theory: Common Threads, Divergent Strands," in Charles W. Kegley, ed., *Controversies in International Relations Theory: Realism and the Neoliberal Challenge* (New York: St. Martins' Press), pp. 107-150.

[175] 楊永明，《國際關係》，頁120。

[176]「凱恩斯主義」強調透過政府的力量來主導經濟，此主張與「自由主義」的觀點相反。

[177] 郭楓，2002年，〈在與新現實主義的比較中認識新自由主義〉，《中國人民大學國際關係學院學報》（北京），第5期，頁8。

[178] 同前註，頁8。

（一）世界政治及經濟趨向全球化

第二次世界大戰後，世界分裂為以美、蘇為首的資本主義與社會主義兩大陣營。但是此時，歐洲卻正展開整合的建設工程，其目的是要在成員國之間建立一種彼此依賴、相互開放、互利互惠的經濟貿易關係。此意味著世界正以某種意識型態或利益關係為紐帶，而緊密結合成某些集團。隨著世界政治、經濟一體化的趨勢，國際關係也發生變化，因為原有的理論無法對此現象做出全面解釋，因此提供新理論發展的歷史條件。「新自由主義」幾乎完全主宰了全球化國際關係的理論。[179]

（二）凱恩斯主義與「新現實主義」的困境

1960年代後期，西方國家的經濟出現低成長、高失業的「停滯性通膨」（stagflation）現象，使凱恩斯主義陷入理論困境。1970年代中期，美國、英國於是啟用「新自由主義理論」，減少國家對經濟的干預，以強化市場的作用，各國的經濟也隨之出現轉機。面對日益複雜的國際情勢，國際關係的主導理論——「新現實主義」對很多問題都難以有令人滿意的解釋。於是在經濟領域上頗有建樹的「自由主義理論」也被運用到研究國際關係問題上，批判「新現實主義」的缺陷，並在國際關係領域占據重要的地位。

（三）非國家組織地位日益重要

傳統上，國家是國際社會唯一的主體。但是在1980年代以後，除了由國家所組成的國際組織之外，各式各樣的非政府組織如雨後春筍的出現，其重要性及影響力也逐漸增加。他們對於維護世界和平，促進政治、經濟發展，加強交流與合作都產生不可忽視的作用。聯合國憲章就強調社會、經濟、文化、人權，不但要靠政府，還要靠非政府的國際組織來參與，所以憲章第71條提到非政府組織在聯合國內可具備諮詢地位，這些組織在各種領域都有相當傑出

---

[179] 林碧炤，〈國際關係的典範發展〉，頁20-21。

的表現，例如「國際反地雷組織」（International Campaign to Ban Landmines, ICBL）促成國際反地雷公約的簽訂。在此種新的國際發展情勢之下，國際關係研究領域需要一個新的理論，才能夠更有效地解決國際關係領域的新問題，而「新自由主義」就是在這樣的背景下異軍突起。

二、新自由主義與新現實主義的異同

基本上，「新自由主義」與「新現實主義」兩者有其相同之處。首先，他們都主張國際社會是一個無政府狀態的社會，也就是在國際社會裡，沒有一個高於國家的組織存在；其次，國家是一個理性的行為者，也就是國家會基於理性的思考來決定其行為的取向。也因為國家理性的假設，所以後來有學者將這兩個大主義總稱為「理性主義」。雖然這兩個主義有以上的相同之處，但是仍有以下不同的觀點：

（一）基本假設不同

雖然兩大主義都主張國際社會是一個無政府的狀態，國家是理性的行為者。但是兩者對於國家在無政府狀態的行為模式，卻存在著基本的分歧。「新現實主義」認為國家在無政府的狀態之下，基於理性的思考，必須獲取最大的利益及權力，以獲得最大的安全保障。在此種思維之下，國家之間的利益是相互衝突的，國際關係是呈現相互競爭的零和（zero-sum）的關係。

然而，「新自由主義」則相反，它認為因為國家是理性的行為者，所以當國家認為以衝突的方式牟取利益及權力的代價，要比以合作的方式來得高時，國家之間就會選擇相互合作而非衝突，來解決利益分配的問題。所以合作而非衝突才是國際關係本質，也因此使得國家之間的合作變為可能。所以它沒有富國強兵的主張，更沒有建立帝國的想法。[180]

---

[180] 林碧炤，〈國際關係的典範發展〉，頁41。

（二）研究的主體不同

　　「新現實主義」雖然承認非國家組織的存在及其影響力，但它還是認為國家是最主要的行為者，非國家組織的重要性仍無法與其他比，所以其研究的主體仍以國家為主，這就是所謂的「國家中心主義」（state-centric）。而「新自由主義」雖然承認國家的重要性及影響力，但是認為一些非國家組織或跨國公司等的影響力逐漸升高，這些非國家組織的影響力甚至超越某些國家，其影響力不容被忽視。由於「新自由主義」的研究主體較多，又被稱為「多元主義」（Pluralism）。[181]

　　而且「新自由主義」並不認為所有國家都是一個單一性質的單元，每個國家的特性並非都是相同。所以所包含的議題也就為多元，它對於經濟整合、人類發展與民主人權自然就持支持的態度，而對戰爭、武器競賽、聯盟，甚至於富國強兵的主張就採取比較冷淡的看法。簡言之，「自由主義」比「現實主義」站在更高的角度，認為各國應該更重視全體人類的福祉、利益及安全。也只有全世界或全人類得到進步與發展，個別的國家才有遠景可言。[182]

三、新自由主義的相關學說

　　「新自由主義」相信可以透過「國際制度」（international institution）、「經濟互賴」（economic interdependence）與「民主化」（democratization）三個方法，來安撫國家追求權力的慾望，甚至實現和平的願望。因此提出「國際制度和平論」、「經濟互賴和平論」與「民主和平論」三個理論，並成為此主義的三大支柱。[183]

---

[181] Charles W., Jr. Kegley & Eugene R. Wittkopf, *World Politics*, p. 7.
[182] 林碧炤，〈國際關係的典範發展〉，頁20。
[183] Aaron L. Friedberg, Autumn, 2005, "The Future of U.S.-China Relations: Is Conflict Inevitable?," *International Security*, Vol. 30, No. 2, p. 12.

（一）國際制度和平論

「新自由主義」首先強調國際合作的大趨勢，和平是可以被塑造出來，規則與法律尤其重要，所以國際體制（international regimes）格外受到重視。[184]而「新現實主義」則僅重視國際體系的結構，太重視衝突與軍事安全，並不重視國際制度對國家行為所扮演的重要性。「新自由主義」是以合作來取代長達數千年的國際鐵則——以對抗和戰爭來改變秩序或維持秩序，由此而生的是多邊主義、多邊外交，加上國際體制的倡導，「制度主義」於是成為大家共同追求的目標。[185]

此學派以基歐漢（Robert Keohane）為主要代表，其代表著作是1984年出版的《霸權之後：世界政治經濟中的合作與爭端》（*After Hegemony: Cooperation and Discord in the World Political Economy*）。[186]他反駁「新現實主義」的觀點稱，國際體系中的權力分配無法對國家全部行為提出合理的解釋，而國際制度能夠對國家行為產生重要的影響，這些制度包括國際組織、國際規則及國際慣例等。所以此論述又被稱為「新自由制度主義」（Neoliberal Institutuionalism）或「自由制度主義」（Liberal Institutuionalism）[187]，並成為「新自由主義」學派中最主要的理論。

此學說強調制度的重要性，並認為：「一個兼具持續性、互惠性、流動性與操作性四個特點的制度體系，可以降低主權國家之間交易的成本與風險，促進並保障國際合作在平等的基礎上順利進行。其意義在於提出一個可以有效替代霸權或者不平等國際關係的方案，也充分揭示了現今國際關係發展的趨勢——平等互利」。[188]也就是國際制度提升了國家之間合作的前景，並能有效

---

[184] 林碧炤，〈國際關係的典範發展〉，頁39。
[185] 同前註，頁21。
[186] Robert Keohane, 1984, *After Hegemony: Cooperation and Discord in the World Political Economy* (Princeton: Princeton University Press).
[187] 同註184，頁40。
[188] 郭楓，〈在與新現實主義的比較中認識新自由主義〉，頁11。

地減少戰爭爆發的可能性。[189]而且由於各國正日益擴大國際制度的參與，使得國際制度對國家的作用成為重要的研究議題。隨著國際─國內政治聯繫在國際關係研究中全面的興起，探討國際制度對國內的作用（intra-state effect）也開始成為學界研究的主要議題之一。[190]關於國際制度如何對國內制度產生影響，丹尼爾‧德茲納（Daniel W. Drezner）認為，國際制度主要透過合約、強制及說服等三種機制，對國內制度產生影響。[191]

　　必須注意的是，制度並不是凌駕於國家之上的獨立政治實體，也不能迫使國家依照某方式行事。相反的，制度是一套讓國家彼此合作與競爭的法則，這些法則不是由某個強權所制訂，而是由參與制度的國家共同協議必須遵循。所以「新自由制度主義」認為，制度或法規能夠改變國家的行為，打消國家對私利的計較並唾棄戰爭。依據此主義的理論，國際制度的合法性源自於其有效性，亦即國際制度對於解決公共問題的能力。[192]例如第二次世界大戰後，在美國的資助下，國際間創立國際貨幣基金會（IMF）、世界銀行（WB）及貿易暨關稅總協定（GATT）等，以確保金融秩序的穩定，確定國際匯率的標準，並降低國際貿易的關稅，而且這些國際機構確實也發揮其功效。在往後的幾十年間，出現了各式各樣的國際機制，以處理許許多多的國際議題，包括核武擴散、捕魚權問題、環境惡化問題等。[193]

　　「新自由制度主義」承認，要將國際法推行到全世界每個國家的內部是不可能的，可是共同的體制、典範與價值是可行的。此主義就是在合作的最根本基礎上，發展出來國際關係的理論，而歐盟的成功及不斷的擴大證明新制度主

[189] Lisa L. Martin & Beth A. Simrnons, 1998, "Theories and Empirical Studies of International Institution," *International Organization,* Vol. 52, Vol. 4, pp. 729-757.

[190] 王瑋，2010年，〈國際制度與新進入國家的相互合法化〉，《國際政治》（北京：中國人民大學學報），頁44。

[191] Daniel W. Drezner, 2003, "Introduction: The Interaction of International and Domestic Institutions," *Locating the Proper Authorities: The Interaction of Domestic and International Institutions* (Ann Arbor: The University of Michigan Press), pp. 3-15.

[192] 王瑋，〈國際制度與新進入國家的相互合法化〉，頁45。

[193] Robert O. Keohane & Joseph S. Nye, 1977, *Power and Interdependence:* World Politics in Transition (Boston: Little, Brown).

義是可行的，更肯定了國際和平與繁榮的樂觀一面。[194]而制度要能夠有效的實踐，則有賴於國際成員的執行與遵守。對於「現實主義」而言，國際成員以國家為主，其他成員包括國際組織在內都是次要的，不是那麼的重要，甚至可以被完全的忽視。因為「現實主義」者認為，國際組織僅是國家手上有用的工具而已。[195]但是對於「新自由制度主義」而言，國際組織對於實踐國際制度與促進和平是非常的重要。近年來，越來越多的學者開始對國際組織進行研究，以瞭解此等組織的出現、成長與行為等。[196]

（二）經濟互賴和平論

此為「新自由主義」學派的第二個主要的論述。在冷戰以前，有關安全的研究主要圍繞在國際間和平的維持，以及衝突的預防等核心議題上，論述的主題離不開「現實主義」者所關注的權力、競爭、利益等議題。但是冷戰結束之後，國際環境較以往有十分明顯的轉變，軍事的重要性被經濟問題所取代，各國將經濟發展問題當作最重要的國家發展戰略。由於各國日漸頻繁的經濟合作及貿易往來，促使國際安全的研究方向有所調整與改變，[197]以經濟互賴來維護國際和平的倡議因此產生。

而「經濟互賴和平論」的主張就認為，隨著冷戰的結束及全球時代的來臨，國家的發展不再依靠自給自足，而是透過世界的合作來實現國家的利益。「新自由主義」提倡自由貿易，主張「取消國家間商品、資本、服務及人員的一切交流障礙，進一步取消偏見與猜疑，並增強信任。」[198]國家間經濟若高度相互依存，他們之間就不可能相互發動戰爭。[199]因此，世界和平穩定的根基在

---

[194] 林碧炤，〈國際關係的典範發展〉，頁42。

[195] Kenneth N. Waltz, *Theory of International Politics* .

[196] Michael N. Barnett & Martha Finnemore, 2004, *Rules for the World: International Organizations in Global Politics* (NY: Cornell University Press), p. 16.

[197] 譚偉恩，2007年1月，〈女性主義視野下的國際安全〉，《國際關係學報》（台北：政治大學學報），第23期，頁124。

[198] 郭楓，〈在與新現實主義的比較中認識新自由主義〉，頁10。

[199] Susan M. McMillan, 1997, "Interdependence and Conflict, Mershon International," *Studies Re-*

於維持一個自由的經濟秩序。此秩序使國家走向繁榮，他們在經濟上獲得滿足，而滿足的國家更愛和平。許多國家投入戰爭是為了獲得財富，而國家一旦富足，就很少產生戰爭的動機。簡言之，如果國家之間建立廣泛的經濟聯繫，他們就會避免戰爭，而專注於財富的累積。

　　另外，根據諾貝爾經濟學獎得主密爾頓・佛里曼（Milton Friedman）的想法，自由市場的力量足以促成世界和平。[200]而《地球是平的》（*The World is Flat*）的作者紐約時報專欄作家及普立茲新聞獎得主湯瑪士・佛里曼（Thomas Friedman）也大力推銷「黃金拱門理論」（McDonald Theory），也就是說當一國的經濟發展到中產階級的規模足以撐得起麥當勞連鎖店時，它就變成麥當勞國家（表示已經融入全球市場），麥當勞國家的人民是不喜歡打仗，因為他們寧可去排隊買漢堡。[201]更有人稱，這種日漸增長的國際經濟相互依賴有點像核子威脅：貿易與金融關係非常深遠的國家基於利益，會維持穩定的經濟關係。[202]

（三）民主和平論

　　此為「新自由主義」學派的第三個重要論述，此論述認為冷戰結束以後，民主陣營獲得勝利，民主也就成了當前國際關係的主要潮流。根據國際關係學者Michael Doyle所提出有關「民主和平論」（Democratic Peace Theory）的主要觀點為：1.國際關係的經驗法則為，民主國家間很少發生衝突；2.即使民主國家間發生衝突，因為民主的制度與理性的思維，所以彼此之間不輕易使用武

---

view, Vol. 41, pp. 33-58.

200 佛里曼有個著名的「鉛筆」故事（I, Pencil），已成為經典教材。他說，縱然是簡單的商品如一支鉛筆，也不可能以一人一國之力完成。光是筆身的木材，從伐木場開始，連鋸樹的電鋸都要溯及不鏽鋼與某處的鐵礦原料；而筆心的鉛，可能來自南美某石墨礦場；筆頭橡皮可能來自馬來西亞樹膠等。這整個過程，牽涉全球成千上萬的人力投入，透過「看不見的手」（invisible hand）組合而成。此乃佛里曼所稱自由市場之美。參見〈「愛台灣」是否非要MIT不可？〉，2009年4月14日，《聯合報》（台北），版A2。

201 〈「愛台灣」是否非要MIT不可？〉，《聯合報》。

202 Robyn Meredich著，《龍與象：中國／印度崛起的全球衝擊》，頁243。

力解決問題；3.而專制國家之間或者是民主國家與專制國家間更容易發生武力的衝突。[203]

　　「新自由主義」注重國家內部的政治體制，它認為國家的政治制度會影響國家的外交政策走向。依據此派學者認為，民主的國家因為能夠相互瞭解彼此的友好意圖，所以彼此間不會發動戰爭。[204]如果世界上大國都是民主國家，將會是一個沒有戰爭的世界。而且民主制度開始在全球傳播，有理由相信這個世界最終會變成一片和平的樂土。[205]例如，國際關係學者福山（Francis Fuku-yama）就提出「歷史終結論」（The End of History），他認為自由民主的政治模式與資本主義經濟模式是最為優越的體系。「民主」與「資本」兩個要素是分不開的。[206]冷戰結束之後，各國將會朝此方向發展，當各國都成為民主國家時，會採取理性的溝通，最後達到世界和平。為了推廣民主制度，美國國會甚至還通過一項「促進民主法案」（Advance Democracy Act）。「民主和平論」對於其他民主國家，例如西歐、日本、澳洲及加拿大的外交政策一樣具有導引的作用。[207]

「自由主義」邁向國際安全之路：假定與政策建議

假定	政策建議
可藉由創造和平互動的規範以鼓勵國家間的合作。	以國際法來規範國家之間的競爭關係。
如果你要和平，就以全球制度來維持。	參與國際組織的創造。
互賴造成國家合併，而非分化。	加強國家間的合作，成為整合的安全社區。
國家保護自己人民的權利，就不會對同樣保護人權的國家發動戰爭。	提高民主治理的速度。

---

[203] Michael Doyle, "Liberalism and World Politics," pp. 1151-1169.
[204] 同前註，pp. 1151-1169。
[205] John J. Mearsheimer著，《大國政治的悲劇》，第十章，頁513。
[206] Robyn Meredich著，《龍與象：中國／印度崛起的全球衝擊》，頁186。
[207] Francis Fukuyama, "The End of History?" pp. 3-18.

假定	政策建議
經濟保護主義對於繁榮與和平會造成反效果。	制訂規則以加速自由貿易。
國家為了其需求會「化劍為犂」。	達成裁軍協議，以降低戰爭的可能性。
富國幫助窮國時，也會幫助自己。	提供人道協助給窮國。
遵守平等互惠原則。	原則比權力更為重要。

資料來源：Charles W. Kegley, Jr. & Eugene R. Wittkopf, *World Politics*, p. 504.

四、對新自由主義的批判

　　「新自由主義」提出以「國際制度」、「經濟互賴」與「民主化」三個方法來促進和平，確實為解釋與探索國際關係的現狀與未來發展產生重要的貢獻。然而它們也與其他學說一樣，存在著某些侷限，[208]並受到批判。而對「新自由主義」的批判主要來自於「新現實主義」，分述如下：

（一）對國際制度和平論的批判

　　現今世界上有許多的國際組織、規範與制度，來約束各國的對外行為。雖然有些國際組織、規範與制度對某些小國能夠發揮制約的作用，但是對於大國或強國違反國際規範的行為，卻常常無能為力，例如第一次世界大戰後所成立的「國際聯盟」就是一個失敗的案例，當時的「國聯」就無法制止日本於1931年侵略中國，也無法制止義大利於1936年侵略衣索比亞。

　　「國聯」失敗的最主要原因是大部分的制度與規範都是大國之間相互協商與妥協而制訂出來，他們當然不會制訂不利於自己利益的制度與規範。而且在國際間也沒有一個超越國家的世界政府，來執行這些制度與規範，所以大部分國家無法信賴這些制度與規範，各國往往依靠自己的力量或盟國的支持來保衛

---

[208] 郭楓，〈在與新現實主義的比較中認識新自由主義〉，頁11。

自己利益與領土完整。[209]由於國際制度常常成為少數大國牟利的工具，因此不能真正保證國際正義，[210]其制度的設計必然無法對所有國家都公平。而且該主義主張對國家進行干預，但是太多的干預反而會引起民族主義的反抗，加深民族、宗教與文化的矛盾與衝突。[211]

另外，「新自由制度主義」所強調的成功案例──歐洲整合有其限制，因為歐洲整合有很長的歷史背景，第一次世界大戰之前的歐洲早已經是互賴的國際社會，而外交使節制度很早就在歐洲建立，同樣國際法及國際組織在歐洲也有很長的歷史。以這樣的背景發展出今天的歐洲整合是很自然的結果，可是要以此來預測其他地區會有相同的結果恐怕過於樂觀。除了北美地區之外，要找到和歐洲一樣的整合成果並不可能。[212]

（二）對經濟互賴和平論的批判

1.緊密的互賴有時會造成摩擦增加

由於此論者主張世界各國採取自由貿易政策，各國必須減少貿易障礙並開放市場，讓各國的商品、資金、勞動在國際上自由的流通。如此將使各國經濟更為緊密，和平將會來臨。然而事實顯示，隨著貿易與互動的增加，彼此產生摩擦或意見不合的機會也會隨之增加，甚至會升高變成衝突，所以貿易並非必然帶來和平。[213]例如中國的滿清末年，就是因為貿易的問題而受到列強的侵略。

貿易摩擦問題不僅存在於已開發國家與發展中國家之間，同樣也存在於已開發國家之間，以及發展中國家之間。貿易摩擦的增加已經成為當今世界經濟發展過程中的特徵，所以經濟互賴的深化並不一定意味著和平的到來。例如歐

---

[209] 田弘茂主編，《比較政治學》，頁411。

[210] 劉勝湘，2005年，〈西方自由主義國際安全理論及其批評〉，《太平洋學報》（台北），第9期，頁28。

[211] 夏立平，2006年4月，〈和平與發展為主題的時代與建立和諧世界〉，《同濟大學學報》，第17卷第2期，頁89-90。

[212] 林碧炤，〈國際關係的典範發展〉，頁42。

[213] 明居正主編，《國際關係綜論》，頁96。

洲國家在第一次世界大戰前夕相互的經濟交流，比今日更為密切，但是最後決定開戰的不是經濟學家，而是政治人物。[214]

2.不對稱互賴反而會造成衝突

　　一般而言，自由貿易較有利於先進國家，由於這些國家的經濟實力相當，所以可產生互賴的現象；然而在先進國家與落後國家之間若進行自由貿易，因為前者具有貿易的絕對優勢，將使雙方的經濟出現單向的現象，並嚴重危害落後國家的經濟，因為非對稱的互賴使強國容易利用落後國家牟利。落後國家會因此產生被剝削感，進而與先進國家發生衝突。所以批評者認為，經濟依賴所產生的後果並非和平，而是衝突。A. Hirschman就曾表示：「不對稱依賴下所產生的脆弱性，可能提高雙方衝突的機會。」[215]

　　國際政治經濟學中的「依賴理論」（Dependency Theory）就對「經濟互賴和平論」的主張加以反駁稱：「一個國家之所以落後，是因為發達的經濟體系對它進行剝削（exploitation）所造成的」。因此支持「依賴理論」的學者認為不對稱的依賴反而造成落後國家經濟無法獨立自主，例如拉丁美洲國家的經濟由於過度依賴美國，因而一直處於經濟落後的情況，就是明顯的例子，所以該學派學者建議落後國家應與工業國家切斷自由貿易的關係。因此經濟互賴是否能夠真正的促進和平，仍有待商榷。

（三）對民主和平論的批判

1.民主國家的定義不明確

　　何種國家才可以被視為是一個「民主國家」？以何種標準來衡量一個國家已經成為「民主國家」？由哪一個國家或組織來確認一個國家是否已經成為一

---

[214] 賴怡忠，2004年6月，〈中國大陸和平崛起：是問題還是事實〉，《兩岸共同市場基金會通訊》，第10期，頁19。

[215] 洪財隆，2005年3月7日，〈貿易、和平與區域整合〉，《台灣經濟研究院中華台北APEC經濟研究中心》，〈http://www.ctasc.org.tw/05subject/s_02_27.asp〉（瀏覽日期：2010年5月16日）。

個「民主國家」？目前有關於民主的範圍、形式與標準等問題，不僅東西方國家不同，南北方國家之間也存在著理解上的差異，即使是在西方國家內部的看法也不一致。[216]現今政治學中有關「民主」的定義也是很多，而且仍未有一個被共同接受的定義。所以「民主國家」的定義問題，是「民主和平論」首先必須面對及解決的問題。

2.民主國家一定是好國家的迷思

基本上，「民主和平論」的假設是「民主國家」一定是「好國家」。但是此種假設顯然太過武斷，也沒有科學的根據。世界上除美、日、德、加、英、法等少數幾個先進的國家，由於實行民主有一段時間，政治制度較上軌道以外，其他大多數的民主國家的制度都尚未臻成熟，導致內政混亂、貪污嚴重等現象。例如菲律賓、印度、海地、印尼以及大多數的中南美洲等國家。而且歷史證明民主國家並非放棄戰爭，事實上英、美等國還一度是帝國主義或對外擴張的倡導者。[217]所以由這些實證顯示，「民主和平論」認為民主國家一定是「好國家」的思維，顯然是一個迷思。

3.民主國家之間不會發生戰爭的錯誤

「民主和平論」樂觀的認為，如果世界上大國都是民主國家，將會是一個沒有戰爭的世界。然而現實的國際社會並非如此，因為許多例子顯示，民主國家之間仍然會相互的發動戰爭，反而是有些極權專制的國家之間相安無事。例如素有「火藥庫之稱」的巴爾幹半島，在第二次世界大戰之後實行社會主義，在強人狄托的鐵腕統治之下，各國還相安無事。當1980年狄托去世，以及在1990年蘇聯解體之後，各國紛紛獨立並追求民主制度，然而各國之間卻爆發慘烈的戰爭。

另外，民主並非和平的絕對條件，在國際關係史中，導致戰爭的原因很

---

[216] 譚吉華，1997年，〈「民主和評論」評析〉，《武陵學刊》，第4期，頁12。
[217] 林碧炤，〈國際關係的典範發展〉，頁41。

多，包括領土、主權、財富、榮譽或意識型態等。所以真正決定國家間是否能夠和平相處，乃是取決於國家的利益。國際政治就如同19世紀的英國前首相帕默斯頓（Henry John Temple Palmerston）所說的：「我們沒有永久的盟友，也沒有永遠的敵人。永恆不變的只有我們的利益，追求利益則是我們的職責」。[218]例如1982年，阿根廷與英國兩個民主國家為了爭奪福克蘭群島而爆發福克蘭戰爭（Falklands War）。另外，俄羅斯與喬治亞現在都已經是民主國家了，但是卻為了南奧塞提亞的主權問題，於2008年8月9日爆發激烈的衝突，並造成上千人死亡。

　　而且民主國家常常是戰爭的發動者，例如以色列是中東最民主的國家，但是他卻為了自身的安全，常常對周遭的阿拉伯國家發動先發制人的攻擊，顯然這些現象與「民主和平論」的論述有所衝突。可見尚未有充分的證據來證明「民主國家間一定不會發生戰爭」的命題，所謂有民主體制就能維持和平之論調，難以讓人信服。「新現實主義」學者Christopher Layne更將「民主和平論」稱作是一種「神話」（myth）。[219]

五、對新自由主義的修正

　　由上述對「新自由主義」所提出的批判可知，不論是「國際制度和平論」、「經濟互賴和平論」或是「民主和平論」，都有明顯的缺陷，此顯示並沒有一個學說可以單獨的達到促進世界和平的目的。而德國哲學家康德（Immanuel Kant）曾在1795年出版《永久和平論》（*Zum ewigen Frieden*，英文譯為*On Perpetual Peace*）一書中揭示：代議（民主）政治、國際組織與經濟互賴，為促進人類和平的三大支柱。[220]康德的和平思想不但對後世影響深遠，而且更為「新自由主義」提供一條解決困境的道路。尤其自1990年以來，「歐洲

---

[218] 陳潮、胡禮中主編，《玉帛干戈——世界十大外交家》，頁60。

[219] Christopher Layne, "Kant or Cant: The Myth of the Democratic Peace," P. 5.

[220] 洪財隆，〈貿易、和平與區域整合〉。

共同體」逐漸轉型為「歐洲聯盟」，使康德「永久和平」的理念似乎顯示出某種程度的現實性，而不再是哲學家的夢想。[221]

　　所以，Bruce Russett與John Oneal於2001年將這三個學說加以整合，並提出「三角和平論」（Triangulating Peace），作為探討追求和平的一般性理論。也就是世界各國必須同時透過這三項和平條件，相互之間形成一個不間斷的「善性循環圈」（virtuous circles）（參見下圖），以達到和平的目的。其中以民主為主要關鍵，民主國之間可能發展更多的貿易，貿易國家可能參加更多的國

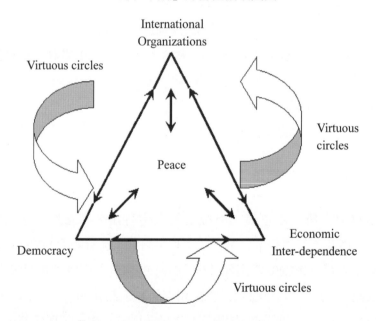

「三角和平論」的善性循環圈圖

資料來源：邱垂正，2007年，〈「兩岸三角和平理論模式」的適用〉，《台北：財團法人台灣促進和平文教基金會》，〈http://www.peace.org.tw/crossstrait/note/20070627_06.htm〉。

---

[221] Immanuel Kant著，李明輝譯，2002年，《論永久和平》（*Zum ewigen Frieded*）（台北：聯經）。

際組織。[222]例如歐洲的整合成功，就是透過民主的提升（promotion of democracy）、強化國際經濟（bolstering of international economy）、組建綿密的國際組織網絡（construction of a thick web of international institution），使歐洲消弭戰禍，創造和平與繁榮的新歐洲。[223]

第四節　新自由主義的實踐——區域整合

一、區域整合的內涵

「如何追求國家安全？」的議題，是國際關係學者最為熱衷的主題，國際關係學者中的「現實主義」者主張以「競爭」的方式來追求國家安全；但是，「新自由主義」則主張應該以「合作」的方式來追求，在無最高政府的國際世界中，國家間不但透過競爭的手段，也可以透過合作方式來實現國家安全的目標。[224]而國家間之所以會進行合作的動機，主要是國家的領導者認知到，合作的收益超過單獨行動或發動戰爭的收益，因此才可能相互信任，並採取合作互惠的政策。

合作的形式可以是單純的雙邊合作，也可以是複雜的多邊合作方式，而且多邊合作已成為現代學術界研究的重點。國家之間要能夠順利進行合作的條件，除了領導者的主觀意願之外，還必須有賴客觀的國際環境。也就是只有在分散的國際體系當中，國家才能夠比較具有彈性的交往空間，以決定是否與他國進行合作或結盟。因為在階級的或兩極的國際體系當中，國家之間很難自由的相互交往。另外，許多國際性的問題已經不是單獨國家能夠解決，而必須透過國家之間的合作來共同解決，例如貿易、投資、環保、衛生、傳染病、國際

---

[222] 鄺艷湘，2008年，〈商業自由主義〉，秦亞青主編，《理性與國際合作：自由主義國際關係論》（北京：世界知識出版社），頁100。

[223] 邱垂正，2007年，〈「兩岸三角和平理論模式」的適用〉，《台北：財團法人台灣促進和平文教基金會》，〈http://www.peace.org.tw/crossstrait/note/20070627_06.htm〉。

[224] Dougherty & Pfaltzgraff著，《爭論中的國際關係理論》，頁543。

組織犯罪及國際恐怖主義等。而且國家之間在這些問題上，比政治、軍事層面較無衝突，因此也比較容易進行合作。

在有關「新自由主義」的學說當中，以主張區域整合[225]的「整合理論」（Integration Theory）最受歡迎。對於整合方法的研究，則以「功能主義」（Functionalism）與「新功能主義」（Neo-functionalism）為主要途徑；而對於整合的程度，則可分為「政府間主義」（Intergovenmentalism）與「超國家主義」（Supranationalism）。「整合理論」最喜歡引用的例子，就是目前整合最為成功的歐洲聯盟（European Union）。

二、整合的學說

（一）功能主義

羅馬尼亞學者梅傳尼（David Mitrany, 1888-1975）於1943年在英國出版《有效的和平體制》（*A Working Peace System*）一書，[226]他提出的「功能主義」成為解釋歐洲共同市場成立的最主要理論依據，也是第二次世界大戰結束之後，「新自由主義」的代表，[227]這是他在區域整合領域中，最重要的理論貢獻。他認為20世紀以來，許多技術問題日益增加，而這些問題有賴跨國合作才能解決，而且最好是依靠受過高等教育的專家，而非政治人物來解決。因為專家會尋求較為單純的方法，而避免以複雜的政治手段來解決問題。由於這些方法不涉及意識型態的問題，所以也比較容易為各國所接受。這種合作網路的出現，將使國際制度得以形成，並逐步獲得加強。[228]

---

[225] 中國大陸學者閻學通、陳寒溪等稱「整合」為「一體化」，參見Dougherty & Pfaltzgraff著，《爭論中的國際關係理論》，頁548；另外，也有學者稱為「統合」。

[226] David Mitrany, 1966, *A Working Peace System: An Argument for the Functional Development of International Organization* (Chicago: Quadrangle Books).

[227] 林碧炤，〈國際關係的典範發展〉，頁36。

[228] Dougherty & Pfaltzgraff著，《爭論中的國際關係理論》，頁550。

　　此主義認為可經由三個步驟完成區域整合：首先，先由技術領域方面進行合作，在一個領域成功之後，將產生「外溢」（spill-over）的效果，並逐步「擴展」（ramification）到其他領域，逐漸由小範圍擴至大範圍的合作領域；其次，人民對國家的忠誠度會改變。因為整合通常是由經濟事務領域合作開始，最終進入政治事務領域。國家雖然重要，但隨著國際社會中各種合作事務的啟動，及功能性組織的產生，人民會發現國家不再能滿足其需求，而開始對國家的忠誠轉至超國界的功能性組織。[229]功能性合作將以國際組織或多邊主義等機制來實行，它們將削弱國家的重要性。[230]

　　最後，建立一個全球性的世界體系。當國家透過多管道的交流後，不合時宜的政治結構為因應全球趨勢而進行調整，衝突也在溝通與整合過程中逐步解決。而且這些功能性的合作將會逐漸滲透到政治部門，使得國家的獨立行動能力降低，進而增加世界合作，使各方最終可共同生活於穩定的國際體制之下。[231]如此和平規範才得以創立，從而減少並最終消除戰爭。

（二）新功能主義

　　「功能主義」對整合的論述雖然精湛，但仍有其缺失，並與現實不相符合。而「新功能主義」的提出，就是對「功能主義」的修正，該學派的主要學者以哈斯（Ernst B. Haas）為代表，其觀點如下：首先，「新功能主義」將國際問題區分為政治與經濟兩大問題。前者稱為「高級政治」（politics of high-level），後者稱為「福利政治」（politics of welfare）。在高級政治領域中，權力鬥爭為國際關係的焦點，而在福利政治領域中，各國人民有較多的共同利益，較容易達成整合，[232]此觀點與「功能主義」相符。

　　其次，「新功能主義」主張強調在整合的過程中，須有政治及社會菁英扮

---

[229] Robert L. Pfalezgraff Jr. & James E. Dougherty, 1981, *Contending Theories of International Relations* (NY: Harper & Row Publishers), pp. 410-421.
[230] Dougherty & Pfaltzgraff著，《爭論中的國際關係理論》，頁551。
[231] 趙建民主編，2005年，《大陸研究與兩岸關係》（台北：晶典出版社），頁368。
[232] 同前註，頁368-369。

演積極的角色，才能使整合順利進行，這是該主義與「功能主義」最大不同之處。哈斯認為「功能主義」主張「僅依賴技術而忽略政治因素」及「整合源於大眾的支持」的見解有誤，且與現實不符，因為對歐洲整合的支持度，大眾與菁英之間存在著明顯的差異。[233]「外溢」的現象並非自動發生，而是透過菁英份子的居間協調才成功的，所以菁英乃是整合成功與否的重要因素。[234]這正符合前歐盟主席雅客‧德洛爾所說的：「歐洲整合的啟動，只能是一項菁英的事業」。[235]

另外，國際關係學者奈伊（Joseph Nye）對於「功能主義」所提出的「外溢」效果則持保留的態度，他認為「外溢」並不一定會朝有利整合的方向發展，而有可能朝不利的方向發展，產生「溢回」（spill-back）的整合倒退現象，例如歐洲整合的過程就充滿著「溢回」的困境。他認為若沒有以下這四種條件，則雖然各國之間的經濟交流活動增加，不必然會促成政治的整合：1.各國的國力與領土相當；2.各國經貿與人員往來數量相當；3.各國均為多元化的社會；4.各國政治菁英的價值觀相似。[236]這四個條件對於整合成功與否，是缺一不可的。若由台海兩岸的現況來看，目前尚無法完全符合這四個條件，所以兩岸的整合是一條遙遠的道路。

三、整合的程度

（一）政府間主義

「政府間主義」的論點主要有三個假設：第一，政治行為者是理性的，他

---

[233] 林民旺，〈論歐洲聯盟的「民主赤字」問題〉，頁43。
[234] 趙建民主編，《大陸研究與兩岸關係》，頁368-369。
[235] 同註233。
[236] Ernst B. Haas & Philippe C. Schmitter, 1966, *Economics and Differential Pattern of Political Intergration: Projections about Unity in Latin America, An Anthology* (New York: Anchor Books), pp. 268-288.

們基於自利及避險的原則來做決策；第二，政府是國內社會的傳聲筒，其目的在追求其國家利益；第三，國家之間的合作與衝突關係，乃基於國家各自利益的考量。此主義主張國家為國際社會中的重要行為個體，在整合的過程中，國家仍會謹慎地維護其主權。因整合而產生的國際制度與組織，乃是各成員國藉以解決問題的工具而已，當因整合而可能使國家利益受損時，國家的主權與自主性是不容許侵犯與過度讓步。[237]也就是，「政府間主義」強調國家主權的獨立性不容受侵犯，此主義的存在也是造成歐盟在整合過程中，不斷遭遇挫折的主要原因。

（二）超國家主義

「超國家主義」雖然與「政府間主義」一樣都認同在國家之上，必須有一個組織來解決各國所面臨的共同問題，但是前者認為國際機制不僅可以解決國家之間的衝突，更可以為本國帶來更多的福利。因此贊成會員國必須逐步讓渡國家的權力，以形成超國家機制與共同政策，此主張與「政府間主義」所堅持的主權不可讓渡有所不同。[238]也就是說，「超國家主義」者懷抱著建立一個世界政府的理想。

克勞德（Inis L. Claude）認為「權力平衡」是第一次世界大戰前的概念，「集體安全」是第一次世界大戰後的概念，而「世界政府」理念則是在第二次世界大戰中開始被認真的討論。世界政府論者認為不論是「權力平衡」或「集體安全」，均無法有效的解決國際間權力的問題。他們主張只有建立一個具有權威的中央機構，才能有效管制國與國之間的關係，尤其是在防止國際性戰爭的發生。[239]愛因斯坦也曾說：「世界政府是唯一真正走向天下大治的途徑」。[240]

---

[237] 趙建民主編，《大陸研究與兩岸關係》，頁369-370。
[238] 同前註，頁370。
[239] Inis L. Claude, Jr.著，《權力與國際關係》，頁159-160。
[240] 同前註，頁164。

　　但是歷史上從未有真正出現過世界政府，所以學界在討論世界政府的概念時，並無前例可參考，世界政府的概念只能算是一種學者的主張及理想，而不是一種真正被實踐過的制度。然而現在學者在探討世界政府的架構時，常將注意力置於美國的聯邦制度上，認為未來在國際上可成立一個類似聯邦制度的世界政府。而世界上具體的實踐，歐盟提供了一個實例，歐盟的整合與發展或許存在某種程度世界政府的影子，未來是否能夠走向世界政府的道路，還要經過一段很長時間的觀察才可以確定。

第五節　區域整合的案例——歐洲聯盟

　　要瞭解「新自由主義」，有必要對歐洲整合的過程進行探討。[241]在歷史上，歐洲國家一直依賴傳統的「權力平衡」手段來確保歐洲地區的安全，[242]但是在第二次世界大戰之後情況已經改變了，因為歐洲人努力透過合作的和平手段進行整合，歐盟的整合可說是人類歷史上最巨大的政治和平工程。而且在冷戰結束之後，過去的20年中，歐盟更朝向東、南歐國家擴張，並成功融入許多前蘇聯國家。[243]歐盟可說是世界上第一個藉由整合，而達到敵對國家之間和解的成功案例。[244]迄今該聯盟會員國已達27個國家之多，[245]成為世界上最重要及最具影響力的區域組織之一，並且是國際關係學者最常引用來解釋「整合理

---

[241] Barry B. Hughes, "Evolving Patterns of European Interation and Governance: Implications for Theories of World Politics," in Charles W. Kegley, Jr. ed., 1995, *Controversies in International Relations Theory: Realism and the Neoliberal Challenge*, p. 223.

[242] Barry B. Hughes, "Evolving Patterns of European Interation and Governance: Implications for Theories of World Politics," p. 225.

[243] 江麗鈴，2009年3月3日，〈西歐拒金援東歐，新鐵幕成形？〉，《中國時報》（台北），版A2。

[244] R. H. Ginsberg, 2007, *Demystifying the European Union: the Enduring Logic of Regional Integration* (New York: Rowman & Littlefield), p. 1.

[245] 歐盟會員國包括德國、法國、荷蘭、比利時、盧森堡公國、義大利等6個創始會員國，及後來加入的保加利亞、賽普勒斯、捷克共和國、丹麥、希臘、西班牙、愛沙尼亞、匈牙利、愛爾蘭、拉脫維亞、立陶宛、馬爾他、奧地利、波蘭、葡萄牙、羅馬尼亞、斯洛伐克、斯洛維尼亞、芬蘭、瑞典及英國。

論」成功的案例。如果冷戰時期的美蘇對抗是「現實主義」最風光的時期，「歐洲整合」所塑造的新政治經濟以及冷戰結束之後的10年，毫無疑問是自由主義的鼎盛時期。歐洲整合證明戰場可以變成市場，而合作及互利的共同市場或關稅同盟，遠比傳統的軍事聯盟帶來更大的利益。[246]

一、歐盟整合的過程

歐洲聯盟在整合的過程中，主要是以經濟整合與政治整合兩方面來進行，而以經濟整合先於政治整合，並且前者的過程也較後者順利，歐盟整合的過程也符合「功能主義」及「新功能主義」的主張。以下就這兩個整合的過程，作簡單的敘述。

（一）經濟的整合過程

歐盟的整合可說是西歐國家對於戰爭行為的一種反省行為，因為在第二次世界大戰之後，歐洲各國損失慘重，為了使歐洲國家能夠脫離戰爭的磨難，前「國際聯盟」副秘書長莫內（Jean Monnet）提出歐洲煤鋼組織計畫，由法國外交部長舒曼（Robert Schuman）於1950年5月9日發表「舒曼宣言」（The Schuman Declaration），主張透過超國家共同體的組織，來共同管轄煤、鋼兩種戰略物資，使戰爭不再發生，以確保歐洲的和平，[247]並於1951年簽署「歐洲煤鋼共同體條約」[248]，創設「歐洲煤鋼共同體」（European Coal and Steel Community, ECSC）組織，由各國共同管理容易引起戰爭的煤炭與鋼鐵資源。

「歐洲煤鋼共同體」的焦點主要是在經濟領域，希望經由國家之間的貿易帶來繁榮。最初的創始國僅有西德、法國、荷蘭、比利時、盧森堡、義大利等

---

[246] 林碧炤，〈國際關係的典範發展〉，頁20。
[247] 所以有人將每年的5月9日稱為「世界歐洲日」（Europe Day）。
[248] 「歐洲煤鋼共同體條約」又稱為「巴黎條約」（Treaty of Paris）。

6個國家,由於初期整合成效良好,所以在1957年3月25日該6國又簽署「羅馬條約」(Treaty of Rome),於1958年1月1日成立「歐洲經濟共同體」(European Economic Community, EEC)與「歐洲原子能共同體」(European Atomic Energy Community, EURATOM),將經濟合作領域擴大至科技的領域;接著於1967年的「合併條約」(The Merger Treaty)將上述三個組織合併為「歐洲共同體」(European Community, EC);1993年的「馬斯垂克條約」將「歐洲共同體」進一步整合為「歐洲聯盟」(European Unity, EU);「歐盟」於1999年更進一步成立「歐洲貨幣聯盟」,開始採用統一貨幣「歐元」,並於2002年正式實施,「歐元」的使用顯示歐洲整合在經濟層面上漸趨成熟。[249]

由歐盟的發展觀之,其整合是採取「先經貿,後政治」的途徑,也就是整合最初是從爭議性較低的經濟事務著手,例如先對導致戰爭的煤鋼進行共管,然後逐漸「外溢」到農業、漁業、商業,甚至共同貨幣與經濟政策等,此相當符合「功能主義」的論述。但是在歐盟的整合過程中,國家領導人與社會菁英扮演著重要的角色,例如法國外長舒曼所提出的「舒曼宣言」促成「歐洲煤鋼共同體」的快速出現,以及各國領導人的支持,其中最重要的為西德前總理艾德諾(Konrad Adenauer)[250]的全力支持與積極的參與,此發展符合「新功能主義」有關整合需由政治菁英來推動的論述。

另外有關經濟整合的程度,Bela Balassa提出五個類別,從最低層次的「自由貿易區」到最高層次的「全部經濟整合」(參見下圖)。歐盟由最初的「歐洲煤鋼共同體」,到現在的「歐盟」,已經達到第四層次,但是距離最高的「全部經濟整合」層度,尚還有一大段的距離。

---

[249] 目前加入歐元區的國家共有16個。

[250] 艾德諾因反對德國納粹而遭迫害,並於57歲時入獄,德國戰敗之後被釋放出獄已經72歲,後擔任西德第一任總理,當時已經73歲高齡,直到87歲才辭職,時間長達14年之久(1949-1963年),被譽為西德最偉大的政治家。

Bela Balassa的經濟整合類別

	無關稅 或配額	共同對 外課稅	生產要素 自由流通	共同經 濟政策	共同的政策與 政治機構
自由貿易區	●				
關稅同盟	●	●			
共同市場	●	●	●		
經濟聯盟	●	●	●	●	
全部經濟整合	●	●	●	●	●

資料來源：Bela Balassa, 1961, *The Theory of Economics Integration* (London: Allen & Unwin).

（二）政治的整合過程

　　歐盟在經濟整合方面有相當的成就，也正朝向「超國家主義」的方向發展。但是在政治整合方面，因為涉及到敏感的主權問題，使得大部分國家都不願意讓渡其主權予歐盟，深怕其國家主權遭受侵害，而傷害到其國家利益，因而拒絕整合。使得歐盟在政治的整合過程中步履蹣跚，無法像經濟整合一樣的順利。有關歐洲政治整合構想，最早是法國政府為因應韓戰的爆發，由總理布立溫（Rene Pleven）提出「布立溫計畫」（The Pleven Plan），希望建立西歐的防禦體制，以對抗共產黨陣營的威脅。

　　於是「煤鋼共同體」6個成員國於1952年5月17日簽署「歐洲防禦共同體條約」（European Defence Community Treaty），並成立「歐洲防禦共同體」（European Defence Community, EDC）。[251]同時6國的外長也簽訂「盧森堡決議

---

[251] 1951年比利時、法國、義大利、西德、盧森堡簽訂「巴黎條約」，建立歐洲煤鋼組織。隔年，法國提出歐洲防衛共同體計畫，授予組織統一控制各國軍力之權力，讓西德不能單獨擁有軍事能力。1952年5月17日，法、比、義、西德、盧森堡、荷蘭簽訂「巴黎條約」，成立「歐洲防衛共同體」。若歐洲的軍隊可以被統一整合控制，就不用擔心德國重新武裝有可能帶來威脅。但隨後韓戰結束，蘇聯有可能在歐洲發動韓戰的恐懼化解，且史達林去世，再加上戴高樂的反對，1954年法國國會自己否決掉此計劃。參看〈歐洲整合研究〉，〈http://www.bikhim.com/2005/chinese/internet/contact/date〉（瀏覽日期：2010年5月16日），頁2。

案」（The Luxembourg Resolution）[252]，為「歐洲政治共同體」（The European Political Community, EPC）[253]的建構奠定基礎。

「歐洲共同體」曾針對政治、外交的整合做出一系列的努力，但是此理想與目標長期受制於反聯邦主義者的阻礙，每次涉及到主權移轉與國家利益的敏感問題時，其整合進程即遭到擱延或停滯，尤其是當時的法國總統戴高樂（Charles de Gaulle）最為反對歐洲的政治整合。他在1965年因為反對「歐洲經濟共同體」擁有自主財源與強化歐洲議會審議預算的權力，從1965年7月到1966年1月拒絕出席歐體會議長達6個月之久，史稱「空椅危機」（"Empty Chair" Crisis）[254]，而嚴重阻礙歐洲的政治整合。

另外一個強力反對歐洲政治整合的國家為英國，根據學者劉坤億稱：「英國人從不認為自己是歐洲人，甚至輕視英倫海峽彼岸的歐洲人，但隨著戰後歐陸國家的積極整合與經濟力量的日趨強大，迫使英國必須重新思考並調整與歐陸國家的關係。」當「歐洲共同體」成立時，英國拒絕加入，並於1959年與挪威、丹麥、瑞典、瑞士、奧地利與葡萄牙等國組成「歐洲自由貿易協會」（European Free Trade Association, EFTA）；然而到1960年代初期，英國眼見「歐體」的經濟大幅成長，遂於1963年申請加入，不過都被法國總統戴高樂否決，一直到1969年戴高樂下台後，英國才能於1973年成為「歐體」的會員國。[255]

英國對於加入「歐體」的心情是相當複雜而矛盾的，因為加入後享受經濟整合所帶來的利益，但是對於保守黨右翼人士而言，加入歐洲共同體意味著英國將不再是一個主權完整的國家，所以英國對於「歐體」的政治整合抱持

---

[252] Denise Folliot ed., 1955, *Documents on International Affairs* 1952 (London: Oxford University Press), pp. 214-216.

[253] Howard Bliss ed., 1970, *The Political Development of the European Community. A Documentary Collection* (Waltham: Blaisdell), pp. 195-203.

[254] 陳俊涵，2007年12月，〈歐洲聯盟預算的法律規範〉，《淡江人文社會學刊》（台北），第32期，頁108。

[255] 劉坤億，〈英國柴契爾政府改革背景與理念的探索〉，〈http://www.ntpu.edu.tw/pa/Paper/3603.pdf〉（瀏覽日期：2010年5月16日），頁9。

著反對的態度。英國在1979年至1984年由素有「英國鐵娘子」（Britain's Iron Lady）稱號的保守黨黨魁柴契爾夫人（Margaret Thatcher）擔任首相，由於她是一位民族主義者與「歐洲懷疑論者」，認為歐洲共同市場雖然很好，但是不能轉變為干涉英國主權的「超國家實體」，[256]於是拒絕政治上的整合，再度使歐體無法順利朝著超國家主義方向前進。一直到她下台後，政治整合才開始有明顯的進展。

接著，關係到歐洲政治整合的重要條約「馬斯垂克條約」（Treaty of Maastricht），也同樣曾遭到挫折。該條約目的在成立「歐洲聯盟」（European Union），所以又稱為「歐洲聯盟條約」。[257]該條約雖然於1991年12月獲歐盟各國領導人簽署通過，但在送交各國批准時，卻在1992年6月遭丹麥公投拒絕。經過協議後，丹麥於1993年5月再度舉行公投才通過，使得該約遲至該年11月才生效，歐洲聯盟才得以正式成立。

2004年6月18日歐盟會員國領袖在布魯塞爾召開會議，並歷史性地通過「歐盟憲法條約」（Treaty Establishing a Constitution for Europe），其目的在使歐盟全體成員國採用統一的「歐盟憲法」[258]，為歐盟的政治整合更向前邁進一大步。然而該條約在2005年卻連續遭到法國與荷蘭人民的公投扼殺，導致歐

---

[256] 劉坤億，〈英國柴契爾政府改革背景與理念的探索〉，頁9。

[257] 此條約為未來歐洲統一建立三個基礎點：首先，為1991年「歐洲共同體」已經達到的階段；另外，是擴充部長理事會的職權，決定歐洲共同外交以及安全政策的發展；最後，加強在司法和內政事務上的合作，由部長理事會整合難民庇護、移民、跨邊界犯罪、出入境管制、毒品走私和國際恐怖份子等政策。參看〈歐洲整合研究〉，頁2。

[258] 所謂「歐盟憲法」其實並不同於傳統政治學觀念的「憲法」，它只是把過去歐洲各國所簽過的一系列條約綜整起來，與其說它是一部憲法，還不如說是一項如何讓跨會員國法案能順利適用的推動準則。其內容多數都在規範歐盟決策機構首長，例如歐盟將設立一名任期2年半的主席（President），取代由各國輪流擔任半年的制度。另外還將設立一名歐盟外長的外交政策最高代表，以提升歐盟在國際的影響力。有人擔心此憲法一旦通過，會創造出一個龐大的政治怪獸，讓各成員國喪失自主權；但事實上，「歐盟」如果要通過任何關乎所有成員國權益的政策，需要由成員國代表所組成的「歐盟理事會」與「歐洲議會」來共同決定；此外，依此憲法的規定，除重大跨國性政策外，各成員國的內政、國防、財政、教育與醫療衛生等事務，仍由各成員國掌管。參看〈法國為何否決歐盟憲法？〉，《奇摩知識網》，〈http://tw.knowledge.yahoo.com/question/question?qid=1105060101300〉（瀏覽日期：2010年5月16日）。

盟陷入前所未有的危機。後來各方亟思補救之道,由德國主導提出新方案,不再以「制定歐洲憲法」為訴求,轉而修改現有條約。[259]「歐盟」成員國領導人於2007年10月19日在葡萄牙首都里斯本舉行會議通過修正案,並在12月13日完成簽署後送交27個成員國批准。這部以原來「歐盟憲法條約」為基礎修改而成的條約,其正式名稱為「里斯本條約」(Treaty of Lisbon),也有人將其稱為「簡化版歐盟憲法條約」或「改革條約」,其目的在改革歐盟機構與決策機制。

這部攸關歐盟整合的重要法案原本預計在2009年1月1日正式生效施行,成為歐盟的根本大法。然而「里斯本條約」卻遭遇了與「歐盟憲法條約」同樣的命運,因為愛爾蘭鑑於該約修改現在一票否決的決策方式,擔憂其國防及外交政策將受到限制,所以在2008年6月12日公投時否決該條約,使「歐盟」的整合進程再度遭到重挫。所幸經過各國協商之後再度舉行第二次投票才通過,最後「里斯本條約」終於在2009年12月1日起正式運作。

二、對歐盟整合的評論

由上述觀之,歐洲整合的過程不是呈現平穩、順利的直線發展模式,而是經歷許多規模與程度不等的進步與挫敗。[260]儘管避免未來戰爭的發生,以及迅速復甦戰後歐洲的經濟,是創始國發動歐洲整合的共同目標,但是因為每個創始會員國的動機與期望不盡相同,[261]致使歐盟的整合過程不斷在「超國家主義」與「政府間主義」之間擺盪。[262]目前歐洲各國在經濟的整合方面雖偏向

---

[259] 閻紀宇,2007年10月20日,〈歐盟憲法翻版 里斯本條約草案通過〉,《中國時報》(台北)。

[260] 羅至美,2010年9月,〈歐盟統合的多樣性路徑與對兩岸關係的政策意涵〉,《問題與研究》,第49卷第3期,頁3。

[261] 同前註,頁4。

[262] 張亞中,1998年,《歐洲整合:政府間主義與超國家主義的互動》(台北:揚智文化出版社),頁39。

「超國家主義」，但是在政治的整合方面則偏向「政府間主義」。[263]

例如，「歐盟部長理事會」[264]及「歐洲理事會」主要是「政府間主義」的精神，在歐盟整合中採取政府對政府的對等協商，協商基礎是把國家利益放在第一位。而代表「超國家主義」的「歐洲議會」只在有限的領域，才具有與「部長理事會」共同決策的權力，其權力停留在監督與諮詢的作用而已。[265]總而言之，「歐盟」會員國只是把「主權匯聚」（Pooling of Sovereignty）在一起而已，並沒有將「主權轉移」（Transfer of Sovereignty）到歐盟手中。[266]

歐盟為了解決各國主權問題，並加深整合程度，制訂了「歐盟憲法條約」，但是卻遭到失敗。為了要挽救此局勢，提出修訂版的「里斯本條約」，期望能夠獲得成員國的通過，但是卻又遭到愛爾蘭的公投否決，整合進程再度遭到挫敗，使這個集團的整合陷入成立50多年來的最大困境。這些事件都符合奈伊所稱的在整合過程中，可能發生「溢回」的負面現象。各國對歐洲整合的參與，顯示出整合運動的發展應該以各自的利益來設定。一旦歐盟的發展不符合各國利益時，他們即收回其對此運動的支持。

「里斯本條約」中最重要的發展為增設常設性的「歐盟理事會主席」與「歐盟外長」兩個新的職位，擴大「歐盟執行委員會」、「歐洲議會」與「歐洲法院」的權限，並增列許多共同政策目標，這些修正案似乎讓「歐盟」越來越朝向「超級國家」的趨勢發展。但是也有人認為，「里斯本條約」順利通過，未來歐盟仍然比較接近「國際組織」，各成員國仍然是以主權國家存在。「歐盟理事會主席」僅是一個虛位元首，而「歐盟外長」也只能執行得到成員國一致同意的政策。[267]所以未來歐盟的政治整合，是否也能像經濟整合一樣朝

---

[263] 趙建民主編，《大陸研究與兩岸關係》，頁373-374。

[264] 「歐盟部長理事會」是由歐盟會員國部長所組成的，是「歐盟」的最高決策機構，討論並決定與所有相關的重要議題，具有最大的立法權。參見林民旺，〈論歐洲聯盟的「民主赤字」問題〉，頁43。

[265] 林民旺，〈論歐洲聯盟的「民主赤字」問題〉，頁43。

[266] 邱淑美，2000年12月30日，〈兩岸關係與歐盟經驗（上）〉，《新世紀智庫論壇》，第12期。

[267] 閻紀宇，2007年10月20日，〈大國小國各為己利　協商分外艱辛〉，《中國時報》（台

向「超國家主義」方向發展，成為一個「超級國家」，或者還仍然只是一個「國際組織」而已，仍有待觀察。

　　另外，歐盟整合中最令成員國自豪的經濟整合，卻因為某些成員國，包括被稱為「歐豬五國」（PIIGS）的葡萄牙（Portugal）、義大利（Italy）、愛爾蘭（Ireland）、希臘（Greece）、西班牙（Spain）等國家爆發主權債務問題，禍延整個歐元區。內部對於如何解救這些國家的債務出現不同的聲音，不但讓歐盟整合的隱憂浮現，也讓歐盟陷入分裂之危機。東吳大學政治系教授吳志中表示，歐債危機不斷蔓延，問題癥結在於歐盟是由經濟強勢與弱勢的國家組合而成，當發展不均的地區共同使用相同貨幣，勢必會出現問題。[268]

北）。

[268] 徐千雅，〈歐債危機哪來？吳志中：各國發展不均〉，2011年9月22日，《蕃薯藤新聞》，〈http://n.yam.com/newtalk/fn/201109/20110922021860.html〉（瀏覽日期：2011年9月26日）。

第一節　理性主義的內涵

在國際關係理論第三次辯論當中，主要是以「新現實主義」與「新自由主義」兩者之間的「新－新之爭」（neo-neo debate）為主。雖然他們對於國家互動、利益的本質與維持國際秩序的方法上有明顯的差別；但是他們的見解有很多重疊之處，例如接受國際社會無政府、國家為國際關係基本成員、國家依照利益制定外交政策等基本要素。[1]也就是強調國家是理性的行為者，所以後來基歐漢（Robert Keohane）將他們統稱為「理性主義理論」（Rationalistic Theories），並列為國際關係學說的主流學派，以有別於冷戰之後，一些被歸類為非主流的新興學派──「反思學派」。[2]在探討非主流學派之前，必須先對主流學派的立論加以回顧，以利於與非主流學派進行比較。

在國際關係理論的發展過程中，「現實主義」與「自由主義」之間一直爭論不斷，從一開始的「古典現實主義」與「理想主義」之間的爭論，發展到20世紀70年代至90年代「新現實主義」與「新自由主義」之間的第三次國際關係學理辯論。第三次論戰之初，兩者之差異性非常的明顯。例如「新自由主義」者基歐漢與奈伊於1977年出版的《權力與相互依賴》（*Power and Interdependence*）一書中，就反駁「新現實主義」的核心概念。他們就認為國家不是唯一的國際行為體，軍事手段作為對外政策工具的效用越來越低。[3]所以有學

---

[1]　林碧炤，〈國際關係的典範發展〉，頁37。

[2]　Robert Keohane, 1989, "International Institutions: Two Approaches," *International Institutions and State Power: Essays in International Relations Theory* (Boulder: Westview Press), pp. 158-179.

[3]　Robert Keohane & Joseph S. Nye, *Power and Interdependnece: World Politics in Transition*.

者將「新現實主義」稱之為「國家中心」（state-centric）理論，而「新自由主義」則為「多元中心」（multi-centric）理論。[4]

　　另外，「新現實主義」與「新自由主義」對於權力管制的方法也有不同的看法。「現實主義」認為國際社會是由主權獨立的國家所組成，這些主權國家之間是一種競爭的關係，所以必須以「權力平衡」的相互制衡方法來維持和平；而「新自由主義」則認為國家可透過彼此的合作與互賴實現雙贏，讓各造都能共存共榮。該主義進一步將制度主義引進來，強調國家讓渡主權以形成合作機制，通過建立制度或國際組織來體現合作與互賴，而這些制度與組織會對國家產生約制的作用。隨著跨國企業、非政府組織（NGO）的發展，以國家為中心的「現實主義」開始遭到挑戰，多元行動主體的治理論述也逐漸受到重視。這些跨國組織對國際政治的影響愈來愈不可輕忽，他們可解決許多國家無法獨力完成的問題，此顯示全球事務已不再可能完全由國家單獨來決定[5]。[6]

　　「新自由主義」與「新現實主義」的重疊是不可避免，在實際的外交政策上，我們可以看到許多政策融合了兩種主義。[7]而且兩者的論點有以下許多相同之處：[8]

　　首先，兩者都是屬於「客觀主義」（objectivism）。也就是都認為國際關係的本體論（ontology）是客觀存在的「無政府狀態」，此狀態是「既定的」（given）現象，所以國際關係理論就必須以無政府狀態為研究起點，此論點是這兩大學派最基本及最重要的假設，一切後續的相關學說發展都以此為出發點；

　　其次，兩者都是屬於「理性主義」（rationalism）。也就是他們的理論基

---

[4] 秦亞青，〈國際政治的社會建構——溫特及其建構主義國際政治理論〉，頁240。

[5] 李英明，2002年7月31日，〈新現實主義、新自由主義與社會建構論之反思〉，《台北：財團法人國家政策研究基金會國政研究報告》，〈http://old.npf.org.tw/PUBLICATION/IA/091/IA-R-091-074.htm〉（瀏覽日期：2010年5月16日）。

[6] 但是「現實主義」認為國際組織的力量還不足以與國家分庭抗禮，國際社會仍是以國家為主要行為體，國際組織充其量只能算為次行為體，並且是國家的輔助工具而已。

[7] 林碧炤，〈國際關係的典範發展〉，頁21。

[8] 李英明，〈新現實主義、新自由主義與社會建構論之反思〉。

礎都是屬於實證主義，堅持採取科學的研究方法來探索國際關係，研究態度必須是客觀及理性的，反對任何主觀的解釋性理論，例如「新現實主義」就反對「古典現實主義」所採取的解釋性研究方法來分析國際關係。不論是「新現實主義」或「新自由主義」，都是從經濟學的角度將國家視為利己的理性行為者。國際體系中的衝突、戰爭行為，都是行為體的理性選擇，不涉及道德或其他價值的考量，也沒有是非對錯的問題，只存在有利與不利的問題；

第三，兩者都是屬於「物質主義」（materialism）。國際關係是有形的物質關係，觀念或理念是不重要的或僅是補充性的。[9]例如「新現實主義」的最基本概念：國際體系結構是國家物質力量在國際體系中的分配狀態，而且主要以軍事力量來定義國家權力；而「新自由主義」所強調的制度雖然是非物質性的，但其作用取決於制度是否能夠對物質因素提供輔助，物質性權力仍然是國家行為的主要動因。因此對於「新現實主義」來說，觀念是無足輕重；而對於「新自由主義」來說，觀念的作用也只是彌補物質權力解釋能力的不足。所以在物質主義世界觀方面，「新現實主義」與「新自由主義」也達到相當程度的趨同。[10]

第四，兩者都屬於「國際體系」層次的研究途徑。「新現實主義」者華爾茲認為國際政治理論必須是體系理論。「新自由制度主義」者基歐漢在其1989的論文集中也指出：「新自由制度主義」與「新現實主義」一樣，都力圖透過探討國際體系權力分布的情形，來解釋國家有規律的行為。[11]這兩個學派都堅持體系理論的研究途徑，來解釋個別國家的行為，並認為個人與國家層次的研

9　雖然，觀念或理念在「新自由主義」中扮演著重要的角色，但該主義重視觀念或理念能否展現具體的作用。也就是觀念或理念只是被用來彌補物質權力與利益解釋的不足。不過，觀念或理念的作用之所以會出現在「新自由主義」的論述中，代表著客觀主義本體論的演變：國際關係雖然是客觀存在的，但是不能完全以有形的物質方式呈現，因為有形的物質可能會以觀念或理念的提出作為中介而呈現出來。參見李英明，〈新現實主義、新自由主義與社會建構論之反思〉。

10　秦亞青，〈國際政治的社會建構──溫特及其建構主義國際政治理論〉，頁242-243。

11　Robert Keohane, *International Institutions and State Power, op. cit.*, p. 7.

究無法構成國際政治理論。[12]

由於「新現實主義」與「新自由主義」在許多根本的問題上趨於相同，隨著第三次辯論的進行，雙方都在相互吸取對方的觀點及優點，以充實自己的理論基礎，使兩者之間的差異性逐漸趨於淡化。「新現實主義」與「新自由主義」已經不像「古典現實主義」與「理想主義」那樣具有不可相通性，並由原來的「新一新之爭」，轉為「新一新整合」（neo-neo synthesis）。[13]因此「新自由主義」已經從「新現實主義」的批評者，轉變成為合作者。[14]而且我們觀察主要強國的外交政策可以發現，此兩主義往往是並存，而且是交換運用。即使「自由主義」與「現實主義」有新舊之分，也是學術的意義重於政策的意義。外交決策者並不區別新舊，對他們來說，如何維護國家利益與解決政策難題，遠比學術的辯論更重要。[15]

第二節　社會建構主義的興起

我國國際關係學者鄭端耀教授認為，冷戰的結束讓40餘年幾乎持續不變的國際架構，瞬息間發生轉變，而且是在戈巴契夫新思維的動力下，以和平的方式結束冷戰，並根本的改變了國際體系的結構。此轉變不但對國際關係產生重大影響，且對過去的國際關係思維帶來強烈的衝擊。傳統的主流學派「理性主義」（包括「新現實主義」與「新自由主義」）因為都無法解釋國際關係的新變化，而遭到各方的質疑。而以往被視為國際關係學中非主流學派的「反思主義理論」（Reflexive Theories）[16]，包括「社會建構主義」（Social Con-

---

[12] 秦亞青，〈國際政治的社會建構——溫特及其建構主義國際政治理論〉，頁244。

[13] Ole Waever, 1996, "The Rise and Fall of the Inter-paradigm Debate," in Steve Smith, Ken Booth & Maryasia Zalewski, eds., *International Relations Theory: Positivism and Beyond* (Cambridge: Cambridge University Press), pp. 149-185.

[14] 同註12。

[15] 林碧炤，〈國際關係的典範發展〉，頁22。

[16] 有學者稱之為「解放的」國際關係理論。參見李英明，〈新現實主義、新自由主義與社會建構論之反思〉。

structivism）、「規範理論」（Normative Theory）、「批判理論」（Critical Theory）、「後現代主義」（Post-Modernism）、「女性主義」（Feminism）[17] 等則逐漸抬頭。[18]顧名思義，「反思主義」是對過去傳統的主流學派「理性主義」的一種反省與批判。

　　長期以來，在國際關係理論當中，主流學派中的「新現實主義」與「新自由主義」這兩大學派，一直占據著主要的地位，其他的學派幾乎都處於邊緣的地位，所以這兩大學派對其他學派的批判與挑戰，也都不願意去回應。由於大多數的「反思主義理論」都存在批判力強而解釋力薄弱的問題，也就是「只破而不立」，因此無法搖撼主流學派的地位。然而在非主流學派中的「社會建構主義」因為能夠對國際關係提出一套合理的解釋，它不但「破」舊有的學說，而且「立」其新論，因此與「新現實主義」、「新自由主義」並列為當今國際關係學中的三大主要學派之一。

　　「社會建構主義」於1980年代末期才有學者提出相關的主張，並於1990年代末期逐漸受到國際關係學者的重視。[19]此主義是否足以成為國際關係的三大學派之一，在學界一直有爭議，甚至有人不認為它是一種理論，可是今天的情形已經有很大的改變。要作為一項典範，它必須要有一套知識社群共同接受的基本命題、解釋範例、科學研究法，進而能夠解決人類所面臨的問題。在理論、解釋、預測與政策四大方面，此主義在初期確實有不足，但是在經過20年的發展，其成長已經不同凡響，並成為當代研究國際關係的顯學。一般認為，「新自由主義」與「新現實主義」都沒有預測到冷戰結束，於是學界反省

---

[17] 有關「女性主義」之論述，可參考譚偉恩於2007年1月所撰之〈女性主義視野下的國際安全〉乙文（政大國際關係學報第23期）。

[18] 主流學派的研究方法一般被歸類為「實證主義」（Positivism）或「理性主義」（Rationalism），而非流學派因為強調理念、規範、價值、知識、性別與社會力量等因素，他們認為事實並非中立的、獨立的，所以不能完全用經驗方法來應證，一般將他們的主張與研究方法歸類為「後實證主義」（Post-Positivism）。鄭端耀，〈國際關係「社會建構主義理論」評析〉，頁200。

[19] 薛力，2004年8月31日，〈台灣問題一種建構主義的分析〉，《台北：二十一世紀》，第29期。

之後，才提出「社會建構論」，[20]以企圖突破既有理論的困境。[21]

　　「社會建構主義」與「現實主義」、「自由主義」一樣，也有許多不同的流派，而以美國國際關係學者溫特（Alexander Wendt）最具影響力，[22]他於1999年提出《國際政治的社會理論》（*Social Theory of International Politics*）一書，全面提出「社會建構主義」國際關係的理論體系，以挑戰「新現實主義」大師華爾滋的「結構主義」。[23]由於該主義的概念主要來自社會學與哲學，所以使用許多該等學說來解釋國際關係的現象。這是過去國際關係所缺乏的，所以與「現實主義」及「自由主義」相比較，較為難懂。過去國際關係要處理急迫的國家安全與外交問題，而且長期以來受歷史學、政治學影響，以後又加上經濟學，當然無暇去思考這些最根本的治學之道，也就是社會科學最根本的本體論、認識論與方法論是被忽略的。[24]

　　可是國家存在於國際社會就像是人存在於社會，它為什麼守法？社會秩序為什麼能夠維持下去？社會為什麼會有變化？這些都是社會學長期研究的問題，社會學一直就想找出人與社會互動的類型、過程及結果。如果國際關係要走向科學化，社會學或許可以提供更好的協助。於是社會學為基礎的「社會建構主義」打開了這個知識的大門。[25]因此國際關係理論研究者現在還必須瞭解社會學及哲學的相關理論，這對傳統的國際關係學說而言是一大革新。

　　國際關係學界普遍認為「社會建構主義」有極大的理論內涵與發展潛力，它與「新現實主義」與「新自由主義」之間的辯論成為另一次國際關係學理

[20] 林碧炤，〈國際關係的典範發展〉，頁44。

[21] 莫大華，2003年12月，〈理性主義與建構主義的辯論：國際關係理論的另一次大辯論？〉，《政治科學論叢》，第19期，頁113-114。

[22] 事實上，歐乃夫（Nicholas Onuf）要比溫特更早加入社會建構論的世界，不過他早期是鑽研國際法及國際組織，知名度就遠不如溫特，其著作主要為《我們製造的世界》（World of our Making）。林碧炤，〈國際關係的典範發展〉，頁48。

[23] 溫特在1987年所發表的「國際關係理論的能動者與結構的問題」（The Agent-Structure Problem in International Relations Theory）專文被認為社會建構論的引言。林碧炤，〈國際關係的典範發展〉，頁46。

[24] 林碧炤，〈國際關係的典範發展〉，頁45。

[25] 同前註。

大論戰。[26]有學者就預言，未來國際關係理論辯論的主軸將會是「理性主義」
與「社會建構主義」的辯論，[27]這就是眾所矚目的第四次國際關係學說大辯
論。[28]由於該主義的出現，國際關係的理論發展才又產生動力。此學派的出現
可說是國際關係理論的重要進展，一般認為其重要性可與「新現實主義」大師
華爾滋（Kenneth N. Waltz）於1979年提出的國際體系結構理論相比擬，[29]並且
對「新現實主義」造成極大的挑戰。

第三節　社會建構主義的定位

　　溫特將國際關係學說中各主要學派，依據「方法論」（methodology）與
「本體論」（ontology）[30]兩個標準分成四個大類（參見下圖）。[31]「方法論」
是以國際社會結構化的程度來區分為「整體主義」（holism）與「個體主義」
（individualism），前者以「整體」為分析單位，強調國際體系結構對個體的

---

[26] Ted Hopf, 1998, "The Promise of Constructivism in International Relations Theory," *International Security*, Vol. 23, No. 1.

[27] P. J. Katzenstein, Robert O. Keohane & Stephen D. Krasner, 1999, "International Organization and the Study of World Politics," in Peter J. Katzenstein, Robert O. Keohane & Stephen D. Krasner, eds., *Exploration and Contestation in the Study of World Politics* (Cambridge: The MIT Press), pp. 5-45.

[28] 莫大華認為此為第四次大辯論，「社會建構主義」與「理性主義」（Rationalism）為此次辯論的主角，其中「理性主義」包括「新現實主義」與「新自由主義」，參見莫大華，〈理性主義與建構主義的辯論：國際關係理論的另一次大辯論？〉，頁113-115；但是，鄭端耀則稱此第三次國際關係大辯論存在於主流的「實證主義」（Positivism）與「後實證主義」（Post-Positivism）之間，參見鄭端耀，〈國際關係「社會建構主義理論」評析〉，頁200。

[29] 鄭端耀，〈國際關係「社會建構主義理論」評析〉，頁201。

[30] 「本體論」是指「事實的本質」，而「方法論」是指「如何探討事實的方法」。

[31] 參見Alexander Wendt & Daniel Friedheim, 1995, "Hierarchy under Anarchy: Informal Empire and the East German State," *International Organization*, Vol. 49, No. 4, p. 693. 此處較有爭議者為「新現實主義」的研究方法究竟是屬於整體的或個體的？溫特認為該主義介於兩者之間。但是秦亞青則認為，雖然華爾滋強調體系結構對行為體的影響，但這種影響僅限於結構對行為體行為的因果作用，而不考慮結構對行為體認同與利益的建構作用，所以是不徹底的結構主義理論，而仍屬於個體的研究方法。秦亞青，〈國際政治的社會建構——溫特及其建構主義國際政治理論〉，頁252。所以目前學者對於「新現實主義」應該列入「個體主義／物質主義」或是「整體主義／物質主義」的分類中，尚未有定論。

作用，是社會學常用的方法；而後者以「個體」作為分析單位，強調個體對整體的作用，是經濟學偏愛的方法。而「本體論」主要是「物質主義」（materialism）與「理念主義」（idealism）的區別，前者重視物質性因素對行為體的作用；後者則重視理念的作用及影響，強調物質因素是通過理念因素而產生意義。[32]

方法論	整體主義	世界體系理論 新馬克斯主義	社會建構主義 英國學派 世界社會 後現代國際關係主義 女性國際關係主義
	個體主義	新現實主義 ──── 古典現實主義	自由主義 新自由主義[33]
		物質主義 ──────▶ 理念主義 本　　　　　　體　　　　　　論	

　　溫特所提出的「社會建構主義」學說當中，某些主張與主流學說相同，因為此主義的最初構想就是企圖擔任「新現實主義」與「新自由主義」[34]之間的橋樑。有關其重要的主張如次：[35]

1.國家為分析國際關係的主要單元（此主張與「新現實主義」與「新自由主義」相同）；

2.國際關係是社會性的結構，此結構並非僅是國家之間的客觀（objective）、物質（material）因素所構成，例如貿易平衡、軍事力量的平衡或是國內制度的結構等。而國際關係主要是由主觀（subjective）的因素所構成，包括「認

---

[32] 秦亞青，〈國際政治的社會建構──溫特及其建構主義國際政治理論〉，頁249。
[33] 在「新自由主義」的各學派中，「新自由制度主義」的物質主義色彩較濃。參見亞歷山大‧溫特著，《國際政治的社會理論》，第一章。
[34] Iver Neumann & Ole Waever, 1997, *The Future of International Relations* (London: Routledge), p.p, 269-289.
[35] Alexander Wendt, 1994, "Collective Identity Formation and the International State," *American Political Science Review*, Vol. 88, No. 2, p. 385.

知」（identity）、「文化」（culture）與「規範」（norm）（此主張與主流的「現實主義」相異）；

3.這些主觀的因素並非人類天生固有的，或是國內政治系統的既有外生因素，而是國際社會透過歷史長期的經驗所形成的，並透過教育及同化的過程，一代一代的傳承下去，並抗拒改變。而要讓這些已經形成的「認知」、「文化」與「規範」產生改變的主要方法，乃是透過與其他國家相互交往，因為此種交往才會帶來新的訊息與觀念，以取代固有的觀念（此主張與主流的「新自由主義」所主張固有的及外生的既有因素不同）。

　　「社會建構主義」的理論基礎不論是在「本體論」與「方法論」，都與傳統的國際關係理論有相當的差異，溫特把此主義定位在「整體主義／理念主義」類別。他表示此主義是屬於國際體系的結構理論（Structural Theory of the International System），[36]所以在方法論上強調整體對個體的作用，也就是國際體系結構對國家的作用，他特別強調「國際體系文化」（包括共有的知識、期望、理念等）對國家所產生的影響；在世界觀方面，他雖然承認物質性因素的存在，但強調只有通過行為體的共有理念才能產生作用。所以整體主義的方法論與理念主義的世界觀，構成溫特「社會建構主義」理論的基礎。[37]

第四節　社會建構主義的內涵

一、強調國際關係的社會性

　　主流的國際關係理論以經濟學的觀點將國家視為「經濟人」，也就是將國家非人化。經濟學主張「理性選擇」（rational choice）的思維方式，強調「效用的最大化」。所以「新現實主義」與「新自由主義」並不考慮作為社會基本

---

[36] Alexander Wendt, "Collective Identity Formation and the International State," p. 385.

[37] 秦亞青，〈國際政治的社會建構——溫特及其建構主義國際政治理論〉，頁250。

單位——人的本性問題，他們只考慮國家在利益驅動下的行為，[38]也就是行為者的主要行為動機是基於物質的而非理念的考量。國家是以有形的利益為基礎，進行理性的思考與選擇，來決定其對外的行為。

而「社會建構主義」則強調「能動者」（agent，主要是指國家）之間的互動關係，因為他們進行互動就會逐漸構成關係網絡（networks），並成為一種社會結構（social tructure）。「社會建構主義」將國家擬人化，並從社會的角度來探討國際關係，此方法開拓研究國際關係的新天地。該主義認為人是社會的動物，具有情慾、企圖、理念與思維等主觀的因素。而國家是由人群所組成的，所以國際關係的活動同樣地也不脫離以人為主體的社會本質，因而發展出規則、慣例與各種往來關係，如親疏、利害與敵友等。此主張與「現實主義」與「自由主義」強調「理性」是有很大的區別。[39]（有關「古典現實主義」、「新現實主義」、「新自由主義」與「社會建構主義」之間的差異參見下表）。

	古典現實主義	新現實主義	新自由主義	社會建構主義
影響來源	政治學	經濟學	經濟學	社會學
強調	權力	理性	理性	社會性
國際關係的本質（本體論）	客觀的物質（軍力）	客觀的物質（軍力）	客觀的物質（軍力、經濟）為主，主觀的理念為輔。	主觀的理念社會的互動

雖然溫特不完全否認國際關係中物質因素的重要性——例如人口多寡、國土大小、武力強弱、資源多少，[40]但他認為物質因素（軍事與經濟力量）本身的意義十分有限，此種因素只有通過「理念」（idea，或稱觀念）才能對行

38　秦亞青，〈國際政治的社會建構——溫特及其建構主義國際政治理論〉，頁258。
39　鄭端耀，〈國際關係「社會建構主義理論」評析〉，頁208-209。
40　溫特在「社會建構主義」中被視為是溫和派，因為他雖支持國際關係屬於社會與理念的本質，但反對完全排除物質的因素。

為體的行為產生影響，藉由「理念」來確定雙方的「身分」是敵或是友。例如英國擁有核子武器，北韓同樣也擁有該武器，但由於美國與北韓的政治理念不同，因此認知北韓的核武對其具有威脅，而英國的核武對其不具有威脅，就會對英國與北韓採取不同的外交政策。[41]由此可知，物質因素若要產生作用，主要是受到國家共同的理念及國家間相互主觀的認知所影響。所以與「權力」及「理念」一樣，都是解釋國家對外行為的重要變數。[42]

　　因此，「社會建構主義」者特別強調「理念」[43]因素，因為它會影響行為體之間的互動，經由雙方的互動來創造相互的「認同」（identification），[44]經由「認同」來定義自我角色及與其他國家之間的關係，並在「認同」基礎上定義國家利益（interests）與行動目標（其過程參見下圖）。「認同」是一種從負面到正面的連續性行為，行為者因為自我本位與集體忠誠的關係，而使「認同」處於兩端光譜的兩端。也就是我們可將他者視為敵人，也可將其視為自己人，而且認同也會因議題而改變。[45]例如加拿大雖與美國接壤，卻不認為美國會對其構成威脅；但是伊朗或伊拉克海珊政府與美國相隔遙遠，卻認為美國對他們構成威脅，這些都決定在相互的認同之上。[46]由此可知，國際關係最重要的因素是建立在國家本身的「理念」，此觀點糾正「現實主義」及「自由主義」過於重視外在物質權力的觀點。

---

[41] 秦亞青，〈國際政治的社會建構──溫特及其建構主義國際政治理論〉，頁252-253。

[42] 周方銀，2006年，〈清朝外交變化動因：理念還是物質〉，《國際政治科學》，第2期。

[43] 理念包括相互理解（mutual understandings）、共同知識（shared knowledge）、價值（value）與規範（norm）等。

[44] 莫大華，〈理性主義與建構主義的辯論：國際關係理論的另一次大辯論？〉，頁116。「社會建構主義」認為互動先於認同，因為兩個國家在從未互動的情況下是無法相互的認同。秦亞青，〈國際政治的社會建構──溫特及其建構主義國際政治理論〉，頁253。雖然「認同」的概念在國際關係學界很少被討論，但是在社會科學、社會心理學及哲學等都廣泛的被討論。Alexander Wendt, "Collective Identity Formation and the International State," p. 386.

[45] Alexander Wendt, "Collective Identity Formation and the International State," p. 386.

[46] 鄭端耀，〈國際關係「社會建構主義理論」評析〉，頁228。

二、強調國際體系的動態性

　　「現實主義」強調國際關係的穩定性，例如「古典現實主義」的「權力平衡」理論，以及「新現實主義」所提倡的「結構現實主義」，他們所主張的國際體系是一種靜態的結構，此結構是依據主要國家的權力分配所構成的，雖然「結構主義」認為國際結構可從單極變化到兩極或多極，但卻沒有清楚的解釋結構是如何的變化，而「社會建構主義」正好可以彌補此缺點。

　　另外，「理性主義」者假定「行為體」具有既有的認同與利益，而且他的行為方式主要是由體系來決定的，而不是行為體的主觀意願所造成的結果。也就是行為體必須被動的、順從的接受外在環境的變化而改變其行為。例如華爾滋認為結構充當「選擇器」的作用，因為結構可通過獎賞與懲罰的手段來選擇行為體的行為。所以不管是否知道行為者的意圖，從結構就可以預測到結果。因此在此種理論之下，行為體的理念是不重要的，[47]因為其理念會適應外在環境的變化。

　　但是「社會建構主義」不但主張國際結構具有「發展性」或「變化性」，[48]也主張行為體（能動者）是可以主動的回應外在環境的刺激。[49]它強調能動者與社會結構是相互建構（co-constitute）與相互影響（co-deter-

---

[47] Kenneth N. Waltz, 1983, *Theory of International Politics* (Reading, Mass: Addison-Wesley Publishing Company), pp. 73-77.

[48] 鄭端耀，〈國際關係「社會建構主義理論」評析〉，頁209。

[49] 「新現實主義」將結構定義為超越行為體的因素，如經濟學中的市場，一旦形成，便超然獨立於國家之上，像一隻無形之手，左右行為體的行為。「新自由主義」也持同樣的觀點，它認為國際制度是國家造就的，但是一旦國際制度形成，就成為制約國家的獨立因素。秦亞青，〈國際政治的社會建構——溫特及其建構主義國際政治理論〉，頁255。

mine），也就是行為體的互動構成了結構，結構又反過來建構行為體的認同和利益[50]（參見下圖），溫特認為這是其「社會建構主義」最大的貢獻。[51]國家就像是社會中的個人，社會以文化及規則來約束或導引個人的行為，當然個人也會改變社會，他們兩者之間是一種互動的關係。國家是國際社會的成員，必然就受到國際社會的約束。以往的國際關係是要觀察與分析國家如何去控制並打敗對手，沒有改變既存國際無政府社會的打算，這是政治學或歷史學的思考方式。社會學則認為國際社會不是國家誕生出現就有的，無政府社會是國家開始互動之後才出現的，它當然可以重新塑造，讓秩序變得更好。[52]

國家之間要相處，所以態度、認同和文化就格外重要。[53]該主義進一步指出，社會結構其實就是個體對社會環境的共同理解（shared understandings）、知識（knowledge）與期望（expectations）。[54]由此可知，對於「社會建構主義」而言，國際社會的結構是由理念因素所造成的，非由物質因素所造成的，此說法使「社會建構主義」帶有形上學的涵意。

---

[50] 溫特指出，體系結構有兩種作用，一是因果作用，二是建構作用，即體系結構不僅對行為體行為產生影響，也塑造了行為體的認同。如果體系結構對行為體只有因果作用，就必須認定體系結構和行為體之間是相互獨立的兩個實體。採取個體主義／理性主義研究方法的學派多是從這個假定出發的。參見秦亞青，〈國際政治的社會建構──溫特及其建構主義國際政治理論〉，頁255。

[51] 秦亞青，〈國際政治的社會建構──溫特及其建構主義國際政治理論〉，頁255。

[52] 林碧炤，〈國際關係的典範發展〉，頁49。

[53] 同前註。

[54] 鄭端耀，〈國際關係「社會建構主義理論」評析〉，頁215。「社會建構主義」者並未將物質因素完全排除在社會結構之外，例如溫特提出社會結構包含共同知識、物質資源與實踐三個因素。參見Alexander Wendt, 1995, "Constructing International Politics," *International Security*, Vol. 20, No. 1, pp. 73-74.

　　溫特認為行為體本身不但是實踐者，同時也是開創者，因此具有創造環境的能力。也就是透過行為體的實踐，而創造與發展出新的環境與新的社會關係。[55]但必須注意的是，國際社會結構的改變並非一件容易的事。因為「社會建構主義」主張結構是理念的分配，某種理念一旦形成之後，它就會不斷的通過行為體之間的實踐來加強，也就是進行「社會化」的過程，而構成客觀的「社會事實」，而難以輕易的改變。[56]

　　例如中國原來一向自視為世界上的中心之國，並將其他國家都視為蠻夷或藩屬，因此造成後來清朝在對外工作上的阻礙，[57]最後讓中國在與他國接觸時吃盡苦頭，也讓中華民族於近代受盡外國百餘年的欺壓。但「社會建構主義」者認為只要行為體主動尋求理念的改變，並打破現有的認同，再重新檢視本身與其他個體與社會環境的關係，最後在新的認同與利益下採取新的行動。戈巴契夫的新思維正是反映上述轉變的成功個案，也是「社會建構主義」者最喜歡引用的範例。[58]

三、強調國際關係的多樣性

　　此涉及到國際關係理論的「本體論」問題，也就是國際關係是否為一個客觀的「無政府狀態」。基本上，不論是「新現實主義」或是「新自由主義」的國際關係理論，他們在「本體論」上都是持客觀主義，認為國際關係乃是一個客觀的「無政府狀態」，即對於能動者（主要為國家）具有其客觀獨立性，是獨立於能動者之外既存的事實。也就是無政府狀態是「既存的」事實，而國際關係理論就必須以無政府狀態為研究起點。[59]

---

[55] 鄭端耀，〈國際關係「社會建構主義理論」評析〉，頁209-210。
[56] 同前註，頁216。
[57] 周方銀，〈清朝外交變化動因：理念還是物質〉。
[58] 鄭端耀，〈國際關係「社會建構主義理論」評析〉，頁216。
[59] 李英明，〈新現實主義、新自由主義與社會建構論之反思〉。

但是溫特對此主張提出質疑，另一位「社會建構主義」的重要學者Nicholas Greenwood Onuf[60]也質疑國際社會只存在單一的無政府狀態，而應該是多元的型態。[61]溫特認為無政府狀態（anarchy）不會強迫國家相互衝突，它其實是一個「中空的容器」（empty vessel），不存在既定的東西，也就是國際社會結構不是固定的，可以有不同的型態存在。[62]溫特認為國際社會不僅可以是敵對式的「霍布斯的結構或文化」（Hobbesian Structures or Cultures）[63]，而且還可以是合作與競爭並存的「洛克的結構或文化」（Lockean Structures or Cultures）[64]或是友好合作式的「康德的結構或文化」（Kantian Structures or Cultures）[65]。因此無政府狀態的國際社會其實可以是多樣性，而「現實主義」的權力政治只是其中的一種而已。[66]至於何種文化占據主導地位，則要看國家之間如何進行文化的建構，這就是溫特著名的主張：「無政府狀態是國家造就的」（Anarchy is what states make of it.）。[67]溫特的最大貢獻就是把社會學的理論運用到國際關係，解釋可能產生的變化，就像社會學解釋各種社會變遷是一樣的。[68]

總而言之，「霍布斯文化」就是國家之間互存敵意、互為敵人，並以摧毀

---

[60] 美國學者Nicholas Greenwood Onuf是第一位正式使用「建構主義」（Constructivism）一詞的國際關係學者。

[61] 鄭端耀，〈國際關係「社會建構主義理論」評析〉，頁207。

[62] Alexander Wendt, 1999, *Social Theory of International Politics* (Cambridge: Cambridge University Press), 249.

[63] 為「現實主義」所主張的無政府狀態，即國家相互敵視、相互殘殺為特徵的無政府狀態。

[64] 在此種文化中，國家間的主要關係是競爭者的關係，雖然利益衝突會使國家使用武力，但國家不再相互敵對，也不以消滅敵人為目的，它們相互承認其生存權與財產權，征服他國已不是主要目的，國家間關係的特徵是維持現狀。該文化從1648年的「西發里亞條約」簽訂後，確認國家主權的地位。至今，弱小國家的低死亡率說明洛克文化是當今國際體系的主導文化。秦亞青，〈國際政治的社會建構——溫特及其建構主義國際政治理論〉，頁254。

[65] 該文化是以國家互為朋友的體系文化，在此種文化體系中，國家不會使用暴力解決利益衝突，例如「安全共同體」的文化，其特徵是非暴力與互助。秦亞青，〈國際政治的社會建構——溫特及其建構主義國際政治理論〉，頁254。

[66] 鄭端耀，〈國際關係「社會建構主義理論」評析〉，頁216。

[67] Alexander Wendt, 1992, "Anarchy is What States Make of It: The Social Construction of Power Politics," *International Organization*, Vol. 46, p. 391.

[68] 林碧炤，〈國際關係的典範發展〉，頁50。

與吞併對方為目的；「洛克文化」就是國家之間的關係主要是競爭者的關係；而「康德文化」則是國家之間互為朋友的文化。[69]在現實國際社會中，如果兩國之間理念不同，則會相互認知對方是具有敵意的敵人，那麼彼此之間總是將對方的動機做出最壞的估計，結果產生安全的困境，冷戰時期的美、蘇關係就可稱為「霍布斯文化」；美國與歐盟國家之間的關係存在著合作與競爭，所以可以稱為「洛克文化」；而美國與加拿大之間的關係存在著共同的理念，雖然彼此間有時會存在著利益衝突，但都相信可通過和平途徑解決，形成一種安全的共同體，[70]所以可以被視為是「康德文化」的表現。溫特並斷言，「霍布斯文化」時期已經過去，「洛克文化」是現在進行式，而「康德文化」則會是將來國際社會的主導特徵。[71]

第五節　社會建構主義的優缺點

　　任何的學派都有其優缺點，「社會建構主義」也不例外，根據我國學者林碧炤教授的分析，綜整出此主義的優缺點如下：

一、社會建構主義的優點[72]

(一) 它不是單一的理論，而是科際整合的良好範例，「現實主義」或「自由主義」也有類似的整合，尤其是「自由主義」，但是不如「社會建構主義」的成功。因為它融合了社會學、政治思想、科學、哲學、媒體研究與傳統的國際關係，而成為一種新的學派。當然此學派內學者的見解也有不同，

---

[69] 嚴家祺，〈國際體系的簡化模式〉，《百家爭鳴》，〈http: boxun.com/hero/200808/yanjiaqigg/10-1.shtml〉（瀏覽日期：2010年5月16日）。

[70] 秦亞青，〈國際政治的社會建構——溫特及其建構主義國際政治理論〉，頁252-253。

[71] 同前註，頁256。

[72] 林碧炤，〈國際關係的典範發展〉，頁50-51。

而以溫特的主張比較溫和，合乎主流社會學理論，所以受到比較多的支持。

(二) 它要改變長達數世紀「現實主義」的領先地位是不可能，富國強兵已經成為一種傳統，幾乎是一種意識型態；可是在資訊與全球化的時代，它強調認同、文化及理念，讓大家體認到文化的重要性，在此方面，此主義的貢獻不小。

(三) 它幫助我們瞭解國家的差異性，而這個差異性不是從物質的力量或軍事對比去衡量，這種研究態度具有更高的人文關懷，也是一種文明社會的展現。這裡也可以看出政治、經濟、歷史與社會學的不同，這樣的說法並非表示社會學有更高的價值或道德標準，而是它的基本出發點在於建立與維持秩序，要求社會內所有成員遵守共同法則，瞭解社會變遷的道理與預測未來發展的方向。

(四) 傳統的國際關係非常重視民族主義、主權及民族國家，這三項幾乎就是國際關係的最根本動力。「社會建構主義」從身分及認同切入，建立了認同政治觀，行為如何去影響國內及國際政治。經由這個瞭解，大家明白認同是可以改變，所以衝突可以預防與解決，和平是可以被塑造。仇恨與衝突自然有解決的方法，只是時間長短而已，這對於全世界許多爭端地區來說，是一個很正面的理論架構。這也就是為什麼那麼多歐洲安全合作個案、信心建立措施、東南亞或整個亞太的安全建構（security architecture）會被提出來討論並加以肯定的原因。以後兩岸關係如果朝更和平的方向發展，必然也是此主義樂於研究的個案。

二、社會建構主義的缺點[73]

(一) 國際關係學與社會學的相融性及連接性一直是問題所在，要克服它並不容

---

[73] 林碧炤，〈國際關係的典範發展〉，頁51-52。

易。傳統國際關係從外交史或歐洲政治史開始，進到國際政治與國際經濟的領域，再加上國際公法與私法，這是長達數世紀的學術發展歷程。社會學與國際關係學的關聯性幾乎是不存在，所以大部分的國際關係學者對於社會學的理論比較陌生。這種相融性與連接性的不定，說明了「社會建構主義」在短期內要超越「現實主義」或「自由主義」是有其困難度。

(二)「社會建構主義」的內涵較為難懂，讓國際關係的決策者與知識社群難以理解其主張。大多數的國家領導人不清楚此主義的意涵，但是對於「現實主義」或「自由主義」則容易理解。這就說明為什麼大多數先進國家的外交政策，是使用這兩種基本的典範來分析或溝通。

(三)「社會建構主義」的主要目的在於補充華爾滋的主張，提出一套解釋後冷戰時期國際關係變化的理論。我們經由此主義確實更明白後冷戰時期的衝突，尤其是宗教、種族與價值所引發的各種緊張情勢，甚至地區性的戰爭。可是要將此主義具體落實在外交政策的制訂與國際問題的解決，則還需要適當的轉化。這說明到今天，還是有不少人認為此主義其實只是對現有國際關係的另外一種解釋，是一種研究途徑而已。

(四) 儘管溫特的「社會建構主義」對國際關係理論具有重要的貢獻，但是「現實主義」批判其有先天性的缺陷，最大的缺陷是此主義無法適當的解釋存在現實世界的最重要問題：不確定性（uncertainty）。對於「現實主義」而言，國家一直對他國的企圖存在疑慮，也就是無法確定他國的真正意圖為何？因此導致某些國家從事戰爭，不確定性的問題也可能會因為國家之間相互欺騙而更加惡化。但是溫特並沒有解釋此問題，溫特強調理念可以決定國家之間的關係，但理念是看不見的，必須從其外在的行為來觀察。然而外在的行為並非一定真正反映出其內心的理念或想法，一個國家展現合作的態度，是否真正代表其就是一個愛好和平的國家？或者是毒藥外面的一層糖衣？[74]如果每一個國家或政治人物都能夠言行如一，國際間就不

---

[74]　Dale C. Copeland, Fall 2000, "The Constructivist Challenge to Structural Realism," *International*

會有如此多爾虞我詐的事情發生。

第六節　社會建構主義的貢獻

「社會建構主義」雖然還具有許多的爭議，但其主張帶給國際關係研究許多正面的影響與發展，根據我國國際關係學者鄭端耀教授認為，此主義對國際關係研究至少有三項主要的貢獻：[75]

一、豐富國際關係本體論的研究

以往國際關係研究並不重視「本體論」，視物質化的權力政治為理所當然，而且也不強調理念思維。然而，「社會建構主義」卻能從最根本的「本體論」出發，指出國際關係研究只重物質而輕理念思維的缺失，並給予理念思維在國際關係研究合理的地位。姑且不論物質與理念孰重孰輕，僅就研究的層面而言，該主義擴大了國際關係的視野，豐富理論基礎的內涵，讓國際關係多一些人本社會的氣息。

二、補充現有國際關係研究的不足

「新現實主義」認為「安全困境」（security dilemma）是國際社會常出現的現象，但事實上有些國家經常處於友好和平狀態，此點該主義無法提出說明，但「社會建構主義」卻能以國家的認同與利益提供有力的解釋。「新自由制度主義」倡議可藉由制度的功能促進國際合作，但卻不能解釋何以制度對某些國家發生作用，而對其他國家不能發揮作用，在此方面「社會建構主義」的

Security, Vol. 25, No. 2, p. 189.
[75] 鄭端耀，〈國際關係「社會建構主義理論」評析〉，頁216-218。

認同與利益主張也可以提供適當的解釋。而且此主義被廣泛用來解釋地區的經濟整合，為歐盟、東協，甚至於亞太經合會及北美自由貿易區開拓一個嶄新的解釋面向。[76]

三、開拓國際關係研究的新領域

多數評論者都同意「社會建構主義」對國際關係研究新領域的開拓具明顯貢獻，例如Yosef Lapid認為以往國際關係研究並未重視文化，然而「社會建構主義」的主張卻改變此種觀點，不僅強調文化與權力因素是同等重要，而且文化具有解釋國際關係運作的能力。[77]溫特也強調，如果人類都是從權力物質思考問題，則這個世界就太令人悲觀了，但如果能從文化看待這個世界，則世界才有改變的可能。[78]

由美國哈佛大學教授奈伊（Joseph S. Nye）於1990年的著作《美國日不落》（*Bound to Lead*）中提出「軟實力」（soft power）的概念指出，一個國家的「軟實力」主要基於三種資源：文化、政治價值觀及外交政策。他認為「硬實力」（hard power）是指一國利用其軍事與經濟的力量，去強迫或收買其他國家的能力；而「軟實力」則是「一國通過吸引與說服他國服從，使自己得到想要達到目的的能力」。也就是「硬實力」的概念在於「迫使就範」；而「軟實力」則為「遠悅近來」。[79]

由於傳統的「硬實力」必須利用強大的武器以迫使他人屈服，其效果是短暫的；但「軟實力」則是以文化、政治價值觀及外交政策來展現其影響力，

---

[76] 林碧炤，〈國際關係的典範發展〉，頁24。

[77] Yosef Lapid, 1996, *Cultures' Ship: Returns and Departures in International Relations Theory* (Boulder, Colorado: Lynne Rienner Publishers), pp. 3-11.

[78] Alexander Wendt, 2000, "On the Via Media: A Response to the Critics," *Review of International Studies*, Vol. 26, No. 1, p. 167.

[79] 〈軟硬兼施的新實力〉，《哈佛商業評論中文版》，〈http://www.hbrtaiwan.com/Article/article_content.aspx?aid=AR0000941〉（瀏覽日期：2010年8月20日）。

容易為他國人民所接受，因此其影響更甚於「硬實力」。例如美國在文化方面，其好萊塢電影文化及麥當勞的速食文化已傳播到全世界各地；在政治價值觀方面，美國的民主政治制度廣為各國所接受；外交政策方面，美國總統歐巴馬上台之後，其新外交格局採取奈伊所提出的新概念——「巧實力」（smart power）[80]為其主要外交策略，並透過國務卿希拉蕊（Hillary Clinton）的亞洲之行，展示於世人面前，以企圖化解過去小布希政府所強調「硬實力」的強硬外交政策，所造成的美國與許多國家的緊張及疏遠的外交關係。

由近來國際關係的發展趨勢可見，「社會建構主義」所提倡的文化概念，已經逐漸受到世人的廣為重視，此發展趨勢有別於過去傳統國際關係理論所強調，國際關係是國際權力分配的概念。因此，國內層次的研究途徑再度受到重視，國際關係學者Ted Hopf 就認為，過去國際關係理論常忽略國內政治層次的研究，而「社會建構主義」的主張可使國際關係的研究重新重視國內政治與國際關係的連結。[81]在今天的國際大環境之下，「現實主義」與「自由主義」還是有它們獨到之處，只是國際關係對於文明、文化及發展愈來愈重視的大趨勢之下，「社會建構論」的成長是不可避免的，它的重要性也會逐漸的提升。[82]

第七節　對社會建構主義的批判

雖然「社會建構主義」對國際關係提出新的見解，但也遭受許多學者的批

---

[80] 「巧實力」是由「軟實力」與「硬實力」結合而構成更上一層樓的戰略觀，其內涵包括外交、經濟、軍事、政治、法律與文化等手段。希拉蕊在就任國務卿時發表聲明強調，未來美國將以「巧實力」做後盾，外交（而非武力）將是美國對外政策的先鋒，她表示：「我們將向友人與對手伸出我們的雙手，強化與舊盟邦的關係，但亦將結交新伙伴」。此聲明可說是美國歐巴馬政府的外交宣告，其基調包含三點：一是與布希政府先發制人的單邊主義政策劃清界線；二是外交不再靠邊站，以協商取代對抗；三是「巧實力」將是未來美國對外政策的引導力量。參見〈硬實力‧軟實力‧巧實力：希拉裡權力被架空〉，2009年2月15日，《多維新聞網》，〈http://www.dwnews.com/big5/MainNews/Forums/BackStage〉（瀏覽日期：2010年5月16日）。

[81] Ted Hopf, "The Promise of Constructivism in International Relations Theory," pp. 192-196.

[82] 林碧炤，〈國際關係的典範發展〉，頁24。

判，批評主要來自「新現實主義」、「新自由主義」這兩大主流學派，甚至包括一些「社會建構主義」內部的學者。

一、新現實主義者的批判

(一)「社會建構主義」太偏重理念的作用，因為實際生活中起決定性作用的仍然是物質力量。Stephen D. Krasner就認為，物質力量對國家行為的影響比理念因素更為重要。國際體系的根本問題是國家物質力量的強弱，而國際體系文化，包括規範（norms）與制度（institutions）等因素是不可靠的。大國一直在試圖利用自己的實力控制小國，大國之所以沒有吞併小國，不是因為主權制度的原因，而是因為吞併的成本高於收益。[83]

(二) 戈巴契夫對冷戰終結起了關鍵性的作用，這是「社會建構主義」者最常引用的例證。但冷戰的結束是否根本改變國際政治，以及戈巴契夫將蘇聯軍隊撤出東歐的決定是否基於追求世界和平的理念，都值得懷疑。因為事實顯示，當時蘇聯正飽受經濟及政治危機，迫切希望與西方合作以解決其問題。所以其決定仍是基於「現實主義」的權力考量，而非「社會建構主義」者所稱的「理念」的轉變。另外，北約東擴明顯是擔心俄羅斯未來仍可能恢復其實力與侵略野心，北約的行為也激怒了俄國，現在俄國明顯帶著「現實主義」的眼鏡來審視世界，甚至不再提與西方合作以建設戈巴契夫所稱的「共同歐洲家園」。[84]

　　另外，美國堅持在東歐地區部署飛彈防禦系統，而使美、俄關係惡化，再加上2008年8月8日所爆發的俄國與喬治亞在南奧塞提亞（South Ossetia）地區

---

[83] Stephen D. Krasner, 2000, "Wars, Hotel Fires, and Plane Crashes," *Review of International Studies*, Vol. 26, No. 1, pp. 131-136.

[84] John J. Mearsheimer著，《大國政治的悲劇》，第十章，頁523。

的武裝軍事衝突，使俄國與西方國家的關係更加惡化。美國拉攏親美的波蘭、烏克蘭、喬治亞及以色列；俄國則結合白俄羅斯、伊朗、敘利亞，[85]及中南美洲左派國家委內瑞拉、尼加拉瓜等國。美、俄關係雖然尚未走向所謂的「新冷戰」之趨勢，但是卻也形成相互對峙的局面。總而言之，認為蘇聯解體是違背「現實主義」的觀念，並認為這是一個「後現實主義」國際體系的先兆，都不是正確的。[86]

二、新自由主義的批判

理念似乎在「新自由主義」中扮演著重要的角色，但是其所重視的是理念能否展現有形物質的作用而言。也就是理念只是被用來彌補權力解釋的不足，[87]因此理念在解釋國際關係時，仍是居於次要的地位。另外，「新自由主義」對溫特將物質／理念二分的作法，表示不以為然，例如基歐漢（Robert Keohane）就認為這兩者其實是很難分離。[88]並認為溫特將國際政治的世界一分為二，把理念與物質對立的作法是無意義的。[89]因為任何事物的存在與發展都是與兩種因素有關的，尤其與兩種因素的共同作用有關。[90]基歐漢表示「現實主義」與「新自由主義」的主張從未排除理念因素，例如「現實主義」論及權力因素時，通常包括有形與無形能力，而此無形能力就是溫特所指的理念。[91]

---

[85] 陳文和、楊明暐，2008年8月26日，〈新冷戰？俄揚言切斷與北約所有關係〉，《中國時報》（台北），版A3。

[86] John J. Mearsheimer著，《大國政治的悲劇》，第十章，頁514。

[87] 李英明，〈新現實主義、新自由主義與社會建構論之反思〉。

[88] Robert O. Keohane, 2000, "Ideas Part-Way Down," *Review of International Studies*, Vol. 26, No. 1, pp. 125-130.

[89] Hayward R. Alker, 2000, "On the Learning from Wendt," *Review of International Studies*, Vol. 26, No. 1, pp. 141-150.

[90] 秦亞青，〈國際政治的社會建構——溫特及其建構主義國際政治理論〉，頁262。

[91] 鄭端耀，〈國際關係「社會建構主義理論」評析〉，頁226。

三、其他社會建構主義者的批判

　　「社會建構主義」是一個仍在發展中的理論，此派學者們的觀點也在變化中，所以很難找到一個明確的準則。此派的學者們在「本體論」的立場雖然沒有差異，但是他們在「認識論」與「方法論」上卻有很大的不同。因為此主義存在著不同的流派，他們反對主流學派運用演繹或歸納等研究方法，試圖建立一般性的通則，並認為應採取多元的方法來探討問題。所以其最困擾人的問題是存在不同流派及立場，常使得學習者不知所從。主要原因是因為此主義非起源於單一思維，而是透過若干非主流學派間的相互激盪所形成，而且有些觀點還是相互衝突。[92]因此，如何對「社會建構主義」的不同主張進行整合，將是一項困難的挑戰。[93]

　　另外，「社會建構主義」重視國家過去的行為，由國家之間過去交往的歷史來決定現在的關係，所以此主義無法分析及研判領導者如何應對現今棘手的問題。[94]我國學者鄭端耀教授與袁易教授認為，此主義的弱點在於該理論僅具有解釋力，但缺乏預測力，它僅能對過去與現在發生的現象提供解釋，但卻很難告訴我們未來的國際結構或文化將會如何。此理論缺乏預測能力是因為其原本就對未來抱持不可知的態度，這是此理論的弱點。[95]在實際的外交政策上，此主義不如「新現實主義」與「新自由主義」，它的論述雖然可以幫助西方國家的領導人瞭解國際關係，但是在決定國家戰略或外交政策時，卻往往被忽略。究其原因，是因為此主義的學術性過高，與現實政治距離太遠，難免曲高和寡。[96]

　　但是筆者認為，「社會建構主義」其實還是有預測能力。因為此主義提出

---

[92] 同前註，頁211-213。

[93] Stephen M. Walt, Spring 1998, "International Relations: One World, Many Theories," *Foreign Policy*, Vol. 110, pp. 40-41.

[94] Dale C. Copeland, "The Constructivist Challenge to Structural Realism," p. 210.

[95] 鄭端耀，〈國際關係「社會建構主義理論」評析〉，頁226-227。

[96] 林碧炤，〈國際關係的典範發展〉，頁22。

國際社會可以是敵對式的「霍布斯文化」、競爭式的「洛克文化」或友好式的「康德文化」，而國際社會呈現何種文化，則有賴各國的互動情況，由各國的互動可推知未來國際社會的型態，所以此主義仍是具有預測力。只是不像「現實主義」或「自由主義」一樣，可以斬釘截鐵的認為國家間的關係一定是競爭式或合作式的關係。此不但顯示此主義具有上述所稱的社會性、動態性及多樣性等的特性外，而且也比較符合國際關係不斷變動的特性。這正是它的優點所在，因為在「社會建構主義」的觀點中，所有社會現象皆是相互主觀建構的，它可以朝向正面的方向發展，也可以朝向負面的方向；它可以持續現狀，也可以尋求現狀的改變，這一切都由行為體的互動與實踐來決定。由於這項特點，此主義可提供世人追求國際社會進步的動力與希望。[97]

　　這些特性是現今國際關係學者必須調整及適應之處，因為過去在冷戰時期，「現實主義」可以解釋全球的國際關係，例如美蘇、東西德、南北韓以及台海兩岸的對抗等情勢。然而冷戰結束之後，有些國家化敵為友，不再相互對抗，甚至相互統一，例如東西德的例子；有些國家卻仍相互敵對，例如南北韓。雖然台海兩岸在大部分的時間是處於敵對的狀態，但台灣在第二次政黨輪替之後，馬政府開始實施較為寬鬆的大陸政策，使兩岸目前呈現既含有敵對的「霍布斯文化」，又含有競爭的「洛克文化」，未來是否能進一步走向友好的「康德文化」，仍有待觀察。所以，由於「社會建構主義」理論的觀點，使國際關係上具有潛在的可塑性（malleability），[98]這也是社會科學與自然科學不一樣的地方，因為社會科學無法像自然科學一樣，有一個具體及絕對的結果。

---

[97]　同註95。

[98]　Aaron L. Friedberg, "The Future of U.S.-China Relations: Is Conflict Inevitable?", p. 34-35.

　　「英國學派」（English School）在國際關係學中是一門非常獨特的學派，此學派提出有別於以美國學說為主流的思維及研究方法，在國際關係學的領域中獨樹一格。由於現今國際關係學界仍是以美國的學說為主流，因此一般學者對於此學派感到陌生。然而此學派對於國際關係有其獨到的見解，而且對於溫特的「社會建構理論」有所啟發，因此值得我們對其加以探索。

第一節　英國學派的興起

　　國際關係學雖然起源於1919年英國威爾士大學（University of Wales）設立第一個國際關係學系開始，但是在第二次世界大戰結束後，歐洲各國陷入衰敗的境地，許多歐洲著名的國際學者於是移居逐漸興起並成為世界強權的美國，使美國成為研究國際關係的重鎮。從此以後，以「美國中心觀」的國際關係理論，一直主導著國際關係研究的主題與方向。Stanly Hoffman就曾不諱言的表示，由於國際關係學在美國崛起，且因為美國的政治優勢，使得國際關係學成為一門美國的社會科學（American Social Science）。根據國內學者廖文義表示，如果我們檢索重要的國際關係期刊，如《世界政治》（*World Politics*）、《國際安全》（*International Security*）、《國際研究評論》（*International Studies Review*）、《國際研究季刊》（*International Studies Quarterly*）等，就會發現對於國際關係的相關探討大多數圍繞在「美國」議題上，至於「非美國」議題的文章占少部分，而論及「非美國」的國際關係理論更是少之又少。[1]

　　然而，在美國受到重視的「結構現實主義」無法充分解釋前蘇聯瓦解後的「後冷戰時期」的國際局勢變化與當代全球議題，例如無法解釋前蘇聯瓦解的內部因素，東西德為何能夠統一之原因，也不能解釋再次發生的巴爾幹衝突與盧安達的種族屠殺，更無法解釋最近的國際恐怖主義現象等，顯示「現實主義」有其侷限性。因為「現實主義」主要是從國際結構來檢視國家行為，亦認為國家是國際結構主要的單元，而非個人，因此無法解釋國家內部因素對國家外在行為的影響。「現實主義」理論的侷限性，給予了「英國學派」再次崛起的契機。[2]

　　從1980年代初期開始，這個學派社群的成員們已經發表了相當數量的著作，並在國際關係研究領域上建立了一定的理論地位。在此學派的著作中，除了有些是針對美國「現實主義」的批判外，大部分是朝向走中間路線的國際關係研究，既非朝向悲觀的「現實主義」，也不偏向樂觀的「理想主義」。[3]而且他們提出一些不同於美國主流學者的研究方法、理論視野與價值取向，已經受到國際關係學界的重視。這些英國學者中較具代表性的人物如次：

　　查理斯‧曼寧（Charles Manning）：最先提出「國際社會」（international society）[4]的概念，他雖然贊成國際體系是一個以國家為主要單位的無政府狀態，但是反對「現實主義」認為這種無政府狀態是失序的混亂狀態。他深信國際體系內存在一個國際社會，儘管缺乏中央權威機構，但是此國際社會是「有秩序」地在運行；[5]

　　馬丁‧懷特（Martin Wight）：強調「文化」在國際社會互動關係中的重

（台北），頁181。

[2] 黃恩浩、陳仲志，2010年1月，〈國際關係研究中的「英國學派」典範及其對「中國學派」之啟示〉，《遠景基金會季刊》（台北），第11卷第1期，頁41-42。

[3] 黃恩浩、陳仲志，〈國際關係研究中的「英國學派」典範及其對「中國學派」之啟示〉，頁42。

[4] 英文譯文還有Society of States, Interstate Society。

[5] Charles Manning, 1962, *The Nature of International Society* (London: George Bell and Sons Ltd.)；倪世雄等，2006年，《當代西方國際關係理論》（上海：復旦大學出版社），頁234。

要性，此觀點與美國學派重視「物質」的觀點不同，他曾表示：「成員之間如果在文化上沒有一定程度的一致性，國家體系是不可能形成的」。[6]因此國際體系必定會有共同的文化，或許我們可將其所認為的國際體系稱之為「具有共同性文化的國際體系」。另外他所提出的三大傳統模式，成為此學派日後理論探討的核心議題；

　　赫德利・布爾（Hedley Bull）：是「英國學派」最具影響力的學者，他於1977年出版的《無政府社會：世界政治秩序的研究》（*The Anarchical Society: A Study of Order in World Politics*），被認為是最著名的代表作。他認為國際社會一定是國際體系，但是國際體系就不一定是國際社會。他提出辨別國際社會的三個條件：第一，各國間存在著彼此認同的共同利益；第二，各國間認同相互約束與共存之原則；第三，各國間已建立一個確保上述兩個條件可實現的制度。簡而言之，這三個條件就是：共同利益、價值觀念與規則制度；[7]

　　巴里・布贊（Barry Buzan）：曾任英國國際關係學會主席（1988-1990年）及國際關係學「英國學派」召集人，所以被認為是此學派新一代的領導人物。他在前人的理論基礎上，反思前輩的不足與缺陷，對此學派的三個主題：國際社會理論的核心命題、國際社會的價值取向與首要制度，以及未來的研究議題，進行整合與改造，使此學派的內涵更加深刻，範圍更加寬廣，主題更加豐富，使此學派在理論與實踐兩方面都進入全新的發展階段，所以他具有承上啟下的作用。[8]

---

[6]　Martin Wight, 1977, *System of States* (Leicester University Press), p. 33.

[7]　Hedley Bull, 2002, *The Anarchical Society: A Study of Order in World Politics* (New York: Columbia University Press, 3rd ed.), pp. 16-18；參見李常裕，「中共建構『中國特色』國際關係理論之研究（1998-2006）」，頁78。

[8]　唐小松、黃忠，2007年4月19日，〈巴里・布贊的國際社會思想評述〉，《中國政治學網》，http://www.cp.org.cn/show.asp?NewsID=2543。

第二節　有關英國學派起源與名稱的爭議

　　在美國主導的國際關係研究中，以國名為標籤的「英國學派」顯得很突兀。[9]「英國學派」一詞最早是由Roy E. Jones於1981年所創的，[10]一般學者認為其基地為倫敦政經學院（London School of Economics, LSE），因為其主要的學者大多出自於該學院，例如曼寧、懷特、F. Northedge、布爾、Michael Donelan、Robert Punell等人。[11]Roy E. Jones雖然創造「英國學派」一詞，但他卻不看好此學派，對其理論也多所批評，並認為此學派將劃上句點並走入歷史。然而此學派的發展並未如他所料，從國關理論的舞台上消失，反而持續發展與茁壯。[12]主要是因為有許多後起之秀的倡導，以及要歸功於「社會建構主義」的興起，因為該主義有許多觀念是來自此學派。

　　學界對此學派的起源仍有不同的看法，例如英國愛塞特大學（University of Exeter）學者杜恩（Tim Dunne）於1998年在其所著的《發現國際社會》（*Inventing International Society*）一書中就認為，此學派起源於1959年成立的「不列顛國際關係理論委員會」（The British Committee on the Theory of International Relations）[13]，此委員會最初成立目的在於超越舊有國關理論思維，轉而將研究焦點置於國際社會的本質與結構，[14]他們所訂的任務是「探究國家體系的性質、外交的思想、對外政策的原則、國際關係與戰爭的倫理」。[15]但

9　姜家雄，2003年12月，〈國際關係中的英國學派〉，《國際關係學報》（台北），第18期，頁181。

10　在Roy E. Jones之前，Hedley Bull使用「不列顛學派」（British School）一詞。Tim Dunne, 1998, *Inventing International Society: A History of English School* (UK: Palgrave Macmillan), p. 21.

11　同註9，頁182。

12　楊立彥，〈Inventing International Society: A History of English School之書評〉，頁13。

13　「不列顛國際關係理論委員會」是在美國的「洛克斐勒基金會」（Rockefeller Foundation）資助之下，由劍橋大學（Cambridge）的現代史教授、時任Peterhouse學院院長Herbert Butterfield教授與倫敦政經學院懷特（Martin Wight）教授共同發起成立。

14　同註12，頁13-14。

15　Herbert Butterfield & Martin Wight eds., 1966, *Diplomatic Investigations* (London: Allen and Unwin), p. 11.

該學會在第四任主席布爾於1985年辭世後，就無任何活動。[16]杜恩更主張，沒有參加此委員會的學者就不屬於此學派。[17]但此主張引起有關「圈內／圈外」（insider/outsider）的爭議，而且他還將對國際社會有深入研究的前「倫敦政經學院」教授曼寧排除於此學派之外，卻將被公認為「古典現實主義」學者卡爾（E. H. Carr）列入，更令人難以信服。[18]

　　此學派的另一個爭議點為，有些學者對於「英國學派」一詞有不同的意見，因為以英格蘭為名不免帶有地理與文化的意涵，容易予人此學派的學者皆為英國人，或是此學派專屬於英國的錯覺。[19]事實上此學派學者來自世界各國，例如重要的學者布爾就是澳洲籍，另外還有來自南非、挪威、加拿大甚至美國。因此Martha Finnemore就認為「倫敦政經學院學派」（LSE School）比起「英國學派」更為適當，因為大部分學者都來自此學院。[20]但是杜恩不贊成此論調，因為還有許多學者並非來自於此學院，並主張應該以「不列顛國際關係理論委員會」召開的地點「劍橋大學」為其據點。

　　另外，於英國從事教學研究的日本學者菅波英美（Hidemi Suganami）也提出「不列顛制度主義」（British Institutionalists）一詞，強調此學派主要研究重點為國際社會中的制度、規則及實踐。[21]也有學者主張以「國際社會學派」（International Society School）來命名，以彰顯此學派的研究焦點為──「國際社會」。還有學者將此學派稱之為「自由現實主義」（Liberal Realism），強調此學派作為「自由主義」與「現實主義」之間的折衷媒介或中間路線（via media）。[22]甚至有學者稱其為「布贊主義」（Buzanism），以凸顯布贊

16　姜家雄，〈國際關係中的英國學派〉，頁183。
17　Tim Dunne, *Inventing International Society*, p. 12.
18　同註16，頁191。
19　楊立彥，〈Inventing International Society: A History of English School之書評〉，頁15。
20　Martha Finnemore, 1999, *National Interests in International Society* (Cornel: Cornel University Press).
21　Hidemi Suganami, 1983, "The Structure of Institutionalism: An Anatomy of British Mainstream International Relations," *International Relations*, Vol. 7, pp. 363-381.
22　同註16，頁181。

在此學派中之重要地位。因為他挑戰美國主流國際關係理論學派與建樹，使他享有極高的國際聲譽，也成為重聚此學派的理想人選，而且其在2004年出版的著作《從國際社會到世界社會？英國學派理論與全球化的社會結構》（*From International to World Society? English School Theory and the Social Structure of Globalization*）重塑了該學派。[23]中國大陸學者郝妍就認為，他為推進「英國學派」的發展指出了一種方向。[24]

有一段很長的時間，英國學者的研究並未能引起重視。後來在反思主義對主流學派發動攻擊聲中，英國學者的聲音逐漸被大家聽到。[25]再加上布贊對「英國學派」理論研究的投入與推進，壯大了此學派的聲勢。[26]雖然很多學者對於「英國學派」一詞仍有許多不同的意見，但此名詞已普遍被國際關係學界所接受，並成為一個「全球知名的品牌」（globally recognized brand name），[27]而且在許多不同國籍的學者加入此學派的研究後，使其變成一種跨國界的學術網路，[28]打破美國在國際關係學中的獨尊地位，使此學科不再是美國的社會科學了。

第三節　英國學派的重要主張

許多學者對於「英國學派」及其主張並沒有非常清楚的瞭解，由於北美學界在國際關係理論發展中的強勢地位，使我們對於北美地區以外所發展出來的其他國關理論，無法深入地認識。[29]此學派的學者對於其起源及名稱雖然仍有

---

[23] 劉德斌，2007年，〈巴里・布贊與英國學派〉，《吉林大學社會科學學報》，第2期。

[24] 郝妍，2006年，〈試論巴瑞・布贊對英國學派理論的重塑〉，《世界經濟與政治》，第10期，頁21-28。

[25] 苗紅妮，2008年，〈英國學派與國際社會理論〉，秦亞青編，《理性與國際合作：自由主義國際關理論研究》（北京：世界知識出版社），頁141。

[26] 劉德斌，〈巴里・布贊與英國學派〉。

[27] Barry Buzan, 2001, "The English School: An Underexploited Resource in IR," *Review of International Studies*, Vol. 27, p. 471.

[28] 苗紅妮，〈英國學派與國際社會理論〉，頁149。

[29] 楊立彥，〈Inventing International Society: A History of English School之書評〉，頁13。

不同的意見，但是對於此學派的主張則有著共同的見解，例如他們都主張「國際社會的存在」、「制度的重要性」以及「傳統的研究方法」，以下針對此學派的基本主張加以討論。

一、主張國際社會的存在

最先提出「國際社會」概念的為英國學者曼寧，此概念後來成為「英國學派」最主要的學術核心概念，甚至成為此學派思想上的一面鮮明的旗幟，[30]讓學者可以從國際社會而非國際體系的途徑去分析國際關係。[31]而且此概念也是此學派與美國為主的國際關係學派──「新現實主義」與「新自由主義」所主張的「國際體系」（international system）最主要區別之一，因為後兩者都主張國際社會並不存在。尤其是「現實主義」，主張國家間沒有社會契約的存在，只有自然狀態或體系，而體系僅表現出物理型態的互動模式，一種根植於國家相對物質能力的機械式「權力平衡」分析。[32]

何謂「國際社會」？根據曼寧表示，國際社會與國內社會不相同，因為後者具有最高及共同的權威，而國際社會則沒有，但它有其特殊性，因為它不是以實體來表現其存在，而是一種人類理念的產物。[33]另外，布爾對「國際社會」所下定義為：「當一群國家意識到某些共同利益與價值，認為彼此的關係受到一套共同的規則所約束，並遵守共同制度的運作時，於是就形成了社會」。[34]他並從歷史的演進著手，就「國際體系」與「國際社會」兩者的差異及發展進行研究，以驗證「國際社會」的存在，而開創了此學派的研究路

---

[30] 苗紅妮，〈英國學派與國際社會理論〉，頁150。
[31] 章前明，2009年5月，《英國學派的國際社會理論》（北京：中國社會科學出版社），前言，頁1。
[32] 蔡政修，2008年，〈國際關係英國學派之理論評介：兼論其與建構主義和建制理論的異同〉，《亞太研究通訊》，第6期，頁156。
[33] Charles Manning, *The Nature of International Society*.
[34] Hedley Bull, 1977, *The Anarchical Society: A Study of Order in World Politics* (New York: Columbia University Press), p. 13.

徑。[35]

　　「英國學派」另一先驅懷特於1950年代利用歷史及哲學的方法，將國際關係研究的爭論分類成「現實主義」（Realism）、「理性主義」（Rationalism）與「革命主義」（Revolutionism）的「3R傳統」（Three R' Traditions），這三個傳統是相互連結的且相互影響的，而非相互獨立的。[36]後繼的布爾根據這「3R傳統」加以修改，[37]並在其代表著作《無政府的社會》（*The Anarchical Society: A Study of Order in World Politics*）一書中認為，在現代國家體系的歷史中，存在三個相互競爭的傳統思想，分別為：「霍布斯主義」（Hobbesianism）[38]、「格勞秀斯主義」（Grotianism）[39]以及「康德主義」（Kantianism）[40]。他並且追溯「國際社會」思想的發展歷史發現，「格勞秀

---

[35] 張亞中主編，《國際關係總論》，頁17-18。

[36] David S. Yost, April 1994, "Political Philosophy and the Theory of International Realtions," *International Affairs*, Vol. 70, No. 2, p. 267.

[37] Tim, Dunne, Milja Kurki & Steve Smith, 2007, *International Realtions Theories* (New York: Oxford University Press), p. 129.

[38] 將國際政治視為戰爭狀態，因為國家的利益是相互衝突的，因此國際關係是一種「零和的遊戲」（zero-sum games）。由於國家可自由追求其目標，不受任何道德與法律的限制，所以戰爭是典型的國際行為。和平只是上一次戰爭後的恢復期，與下一次戰爭的準備期。Hedley Bull, 2002, "Does Order Exist in World Politics?," *The Anarchical Society: A Study of Order in World Politics* (New York: Columbia University Press, 3rd ed.), pp. 23-52. 參見秦亞青編，2009年，《西方國際關係理論與經典導讀》（北京：北京大學出版社），頁 68-69。

[39] 介於「現實主義」與「世界主義」之間，格勞秀斯反對「霍布斯主義」主張的國家如同在競技場中的鬥士，相互殺伐，他認為國家間的衝突受到共同規範的限制；但是，他接受該主義的一個基本觀點，即國家是國際政治中的主要成員，而非如世界主義者所稱的個人。「格勞秀斯」主義認為，國際政治既非國家間利益的完全對立，亦非利益完全一致，而是一種經濟與社會的往來關係。他提出國家在交往時，應該受社會規範的約束，然而這些規範並非如世界主義者所稱的將推翻國家體系，以世界人類共同體取而代之，而是在國家社會中實現共處與合作的目標。參見秦亞青編，《西方國際關係理論與經典導讀》，頁70-71。

[40] 與「霍布斯主義」完全相反，認為國際政治不是國家間的衝突，而是跨國界的社會連結。國際關係表面上呈現出國家間的關係，實質上是人與人之間的關係，並形成一個人類共同體。在此共同體中，人們具有共同的利益，國際政治並非如霍布斯所稱的「零和的遊戲」，而是合作的或「非零和的遊戲」。雖然國家之間存在著利益的衝突，但這只是現存國家體系的暫時現象，全人類的利益應該是一致的。而且國際關係中存在著限制國家行為的道德規範，這些規範不是鼓勵國家共處與合作，而是推翻國家體系，並以世界社會取而代之。參見秦亞青編，《西方國際關係理論與經典導讀》，頁69-70。

斯主義」才是「國際社會」理念的主要根源。[41]

　　他認為當兩個或兩個以上的國家有足夠的互動，且有足夠的相互影響力時，則「國際體系」就形成。而當國家察覺他們共同享有若干利益及價值時，彼此的交往會受到共同規則的約束，進而建構共同的制度，此時「國際社會」就會出現。由此可知，「國際體系」的出現並不意味「國際社會」的存在；而「國際社會」的出現就表示「國際體系」的存在。歐洲的歷史經驗亦顯示，「國際體系」要比「國際社會」較早產生。[42]現代國家所形成的不僅是一個「國際體系」，而且已經是一個「國際社會」了。[43]

　　「國際體系」與「國際社會」的主要差異在於對「無政府狀態」（anarchy）的詮釋，前者強調此狀態是國家之間為了生存而進行你死我活，硬碰硬式的「零和遊戲」權力鬥爭，所以是一種無秩序的狀態；然而後者則強調，此狀態並非是一種「零和遊戲」的權力鬥爭，而是「非零和遊戲」及有秩序的一種無政府國際社會。「新現實主義」與「新自由主義」主張國家之間的相互關係構成了「國際體系」，此體系的主要成員為國家，也就是「國家中心論」（state-centered），它是一種「無政府狀態」的結構，體系的本質是國家間的權力政治（power politics）。[44]霍布斯稱在此種無政府的國際體系中，國家之間相互追逐權力，以求自身的安全。因此「英國學派」將「國際體系」的概念稱之為「霍布斯主義」或「馬基維利主義」（Machiavellianism）。[45]

　　布爾批判那種認為在無政府狀態下不存在社會的說法，而主張「國際社會」雖處於無政府狀態，但卻存在著秩序。秩序是社會的特徵，所以「國際社會」是「無政府的社會」。大多數國家都會服從「國際社會」的規範，因此國家是可以建立「無政府的社會」，並在無政府的條件下，維持「國際社會」的

---

[41]　秦亞青編，西方國際關係理論與經典導讀，頁67。
[42]　姜家雄，〈國際關係中的英國學派〉，頁194。
[43]　同註41。
[44]　同註42。
[45]　Barry Buzan, 2004, *From International Society to World Society? English School Theory and the Social Structure of Globalisation* (Cambridge: Cambridge University Press), p. 9.

秩序。他對於無政府社會概念的闡述，對「英國學派」的「國際社會」理念起了承上啟下的重要性。[46]

另外，此學派非常強調國際社會的共同文化與實踐，它對於國際社會的概念，其實就是1914年以前歐洲國家體系的理想化。當時歐洲國家彼此之間具有相當高度的文化同質性，因為他們都具有共同的歷史起源——希臘以及羅馬文化，也經歷了共同的歷史事件與經驗，這些都是建立國際規範的文化基礎。[47]所以在「英國學派」看來，國際社會中的合作不僅是有可能的，而且是必然的。「國際社會」與「國際體系」之間的最重要區別就是秩序的存在與否，而秩序的存在與否，則有賴於國家之間合作關係的有無。「國際社會」強調成員之間的關係是透過合作而形成一種社會的網絡，並將彼此維繫在一起；[48]而「國際體系」就好比一個國際撞球台，體系內的成員就如同撞球，彼此之間的關係是透過力量的作用而發生互動。[49]

二、主張制度的重要性

「制度」的存在是國際社會的一個基本特質，它規範國與國之間相互交往的行為，使國際關係更為有秩序。「英國學派」所主張的「國際社會」包含著重要的社會要素——共同的規則、規範、原則與理念，它重新發現了這些要素對於國際社會的重要性。[50]例如布爾就表示，國際社會的主要特徵就是各國在共同的制度之下（例如國際法、外交、國際組織章程等），進行有秩序的交往與互動，以建立共同的利益。[51]

46　同註41。
47　Tim Dunne, 2005, "Global Governance: A English School Perspective," in Alice D. Ba & Matthew F. Hoffmann, eds., *Contending Perspective on Global Governance: Coherence, Contestation and World Order* (London and New York: Routledge), p. 76.
48　苗紅妮，〈英國學派與國際社會理論〉，頁156。
49　同前註。
50　章前明，《英國學派的國際社會理論》，前言，頁1。
51　Hedley Bull & Adam Watson, 1984, *The Expansion of International Society* (Oxford: Clarendon

他並且從歷史的研究中發現，不論是15至17世紀的「基督教國際社會」（Christian International Society）、18至19世紀的「歐洲國際社會」（Europe International Society）或是20世紀的「世界性國際社會」（World International Society），都具有這些重要的社會要素，[52]只不過各時期所注重的要素有所不同。這些重要的社會要素形塑了「國際社會」的首要價值以及主要的特徵——國際秩序。然而為了要維護「國際社會」的秩序，就必須建構良好及可長可久的制度，因此許多此學派的學者就致力於研究制度是如何被建構出來，以及何種制度最為重要。

　　「制度」的角色在「英國學派」中相當的重要，但是以前的學者對於「制度」的選定並沒有統一的標準，並提出各自認為最重要的「制度」。對此問題，布贊付出很大的努力來加以解決，並提出詳盡的解釋。他首先提出以下三個理由，以解釋為何「制度」的概念為此學派的中心思想：第一、因為它反映出「國際社會」的本質內涵；第二、因為它鞏固「英國學派」學者所稱的國際關係中的秩序；第三、因為「英國學派」思想對於制度的認識，使其與主流學派——「現實主義」、「自由主義」之主要不同處之一。[53]

（一）制度與建制的差異

　　雖然「建構主義」與「英國學派」所強調的「制度」（institution），與「新自由制度主義」所強調的「建制」（regime）存在許多的相似性，甚至有許多重疊之處，因此常容易被混淆。為了易於分辨「制度」與「建制」之間的差異，布贊提出以下幾個區別的方法：[54]

　　第一，建制理論（regime theory）較重視現代存在的建制；而「英國學派」則較重視歷史發展出來的制度。因為此學派所說的國際社會是由國家之間

Press), p. 1.
[52] 同註41。
[53] Barry Buzan, *From International to World Society?*, p. 161.
[54] 同前註，p. 161-162。

的共同價值、規範與制度所構成，而這些價值、規範與制度是在某種歷史與文化的背景下形成與發展起來，所以其所主張的制度可說是歷史與文化的產物；[55]

第二，「建制理論」採取「理性主義」的研究方法（rationalistic method），主要關注「人類所建構的特殊協議」；而「英國學派」則採取歷史、規範性政治理論（normative political theory）以及國際法理論（international legal theory）的觀點，並關注於根據歷史演進所建構的規範性架構（historically constructed normative structures）；

第三，「新自由主義」（尤其是「新自由制度主義」）在「理性主義」的基礎下，將建制視為影響國家行為的變數，國家只能被動的接受國際制度的限制。但是「英國學派」認為，國際制度在形成與運作上主要是依靠成員相互主觀與社會實踐，而非僅受限於物質性的制度限制；

第四，「建制理論」主要運用於經濟及科技議題的制度化上，此兩者為「英國學派」所忽略，因為此學派主要集中於政治及軍事部門的研究；

第五，「建制理論」主要在分析行為者運用理性合作的機制，以追求「自我利益」（self-interest）；但「英國學派」主要集中於追求「共同利益」（common interest）、「共同價值」與「國際秩序」機制的建立；

第六，「建制理論」主要在研究「次全球」（sub-global）現象，其慣用手法在特殊建制的研究，通常包含某些國家之間對於某些特殊議題的協議規範（例如漁撈、污染、海運、軍備控制、貿易等）；而「英國學派」則將這些「次全球」現象歸列於體系層級之下，主要在談論國際社會整體的特性與運作。

（二）制度的定義

根據布贊的主張，「制度」有狹義以及廣義的定義，狹義的定義是指「為

---

[55] 章前明，《英國學派的國際社會理論》，前言，頁2。

特殊目的而設立的組織或是機構」，而廣義的定義則是指「在社會中已經確立的慣例、法律或關係」。「建制理論」採取狹義的定義，而「英國學派」則採取廣義的定義。「新自由制度主義」大師基歐漢（Robert Keohane）特別重視「規則」（rules），並主張特殊制度的存在是因為有一組持續存在的規則，這些規則必須能夠限制活動、形成期望與規定角色。他的主張使制度成為「具有執行能力的正式組織」，或是「包含錯綜複雜規則與組織的國際建制（international regimes）」。因此我們可以說，此種「制度」的意義與「國際間政府組織」（intergovernmental organizations）是相同的。[56]

然而「英國學派」並不認為「制度」僅是「國際間政府組織」而已，此學派認為，當一個社會功能與身分地位被賦予至某項事務時，制度就已經被建立起來了。在人類社會中包含大量的制度，最後這些制度會造成大量的「制度事實」（institutional facts），例如婚姻制度產生丈夫與妻子的事實，並賦予他們之間應有的權利及應盡的義務。所以「制度事實」為「社會事實」（social facts）的次級架構，它是由集體意向所造成的，「社會事實」與沒有人類思想的「原始事實」（brute facts）是有區別的。

基於此種主張，可知「英國學派」所稱的「制度」，是由國家及國際社會兩者所共同建構出來的，由於它定義了任何一個社會的特徵，以及界定社會中每個成員的基本行為與目的，因此其所稱的「制度」就被歸類為「首要制度」（primary institutions），而「建制理論」所主張的「制度」則被歸類為「次要制度」（secondary institutions）。[57]

（三）英國學派之首要制度

既然「英國學派」所主張的制度被稱為是國際社會中的「首要制度」，然而何種制度才有資格被視為是此種制度呢？布贊從「英國學派」的文獻中搜

---

[56] Barry Buzan, *From International to World Society?*, p. 164-165.
[57] 同前註，p. 166-167。

尋及研究發現，此派學者對於制度有不同的概念，並各自提出認為很重要的制度。所以在此學派中有各式各樣的制度，有些制度被學者一致認為重要，有些僅有某些學者提出而已。例如大部分的學者都認為外交（diplomacy）、戰爭（war）、權力平衡（balance of power）、國際法（international law）與主權（sovereignty）為國際社會重要的制度。[58]他綜合許多學者的意見之後，認為國際社會的「首要制度」主要特徵可歸納如下：[59]

第一，「首要制度」是長久的，以及被國際社會成員共同認為一種具有價值性的共同實踐模式，而且它是由規範、規則與原則所組合而成。在某些例子上，這些共同實踐與價值可能擴及至非國家行為者；

第二，這些制度或許沒有「構成的」（constitutive）與「規範的」（regulatory）制度，或是「基礎的」（fundamental）與「程序的」（procedural）制度的區分，但是在參與者及競賽者間，扮演著規則制訂的角色；

第三，雖然「首要制度」是長久的，但它並不是永遠不變的，他們也會類似人類一樣的成長、發展與沒落。例如在過去幾世紀，主權制度逐漸的興起，而戰爭制度則逐漸的沒落。

布贊根據上述所提出「首要制度」的主要特徵，從許多「英國學派」學者的文獻當中萃取出現代的國際制度（如下表所示）。而其中值得一提的是有關「環境保護論」（envronmentalism）的出現，此主張在早期的「英國學派」學者中很少被討論，因為此議題在當時並不是很重要，而現在環保議題已逐漸為各國所重視，並成為全世界重要的議題。所以布贊將「環境管理」列入「首要制度」，符合現今「國際環境政治」的發展趨勢，可見「英國學派」也注視世界的潮流。

---

[58] Barry Buzan, *From International to World Society?*, p. 174.
[59] 同前註，p. 181。

現代的國際制度

首要制度		次要制度
主要的（master）	衍生的（derivative）	範例（examples）
主權 （sovereignty）	非干涉 （non-intervention）	聯合國大會 （UN General Assembly）
	國際法 （international law）	大部分的建制、國際法院、國際刑事法庭 （most regimes, ICJ, ICC）
領土權 （territoriality）	國界 （boundaries）	維和行動 （PKOs）
外交 （diplomacy）	雙邊主義 （bilateralism）	大使館 （embassies）
	多邊主義 （multilateralism）	聯合國 （United Nations）
		會議 （conferences）
		政府組織、建制 （IGOs, regimes）
大國管理 （great power management）	同盟 （alliances）	北大西洋公約組織 （NATO）
	戰爭 （war）	聯合國安理會 （UN Security Council）
	權力平衡 （balance of power）	
人類平等 （equality of people）	人權（human rights）	聯合國難民署（UNHCR）
	人道干涉 （humanitarian intervention）	
市場 （market）	自由貿易自由化 （trade liberalization）	世貿組織、最惠國待遇 （WTO, MFN agreements）
	金融自由化 （financial liberalization）	國際復興開發銀行、國際貨幣基金、國際清算銀行 （IBRD, IMF, BIS）
	霸權穩定論 （hegemonic stability）	

首要制度		次要制度
民族主義 （nationalism）	自決 （self-determination）	維和行動 （PKO）
	普遍主權 （popular sovereignty）	
	民主 （democracy）	
環境管理 （environmental stewardship）	物種生存 （species survival）	瀕危野生動植物種國際貿易公約 （CITES）
	氣候穩定 （climate stability）	聯合國氣候變遷綱要公約、京都議定書、聯合國跨政府氣候變遷小組、蒙特婁議定書（UNFCCC, Kyoto Protocol, IPCC, Montreal Protocol）

資料來源：Barry Buzan, *From International to World Society?*, p. 187.

（四）國際社會的分類

曼寧提出了「國際社會」的概念，而布贊則對此概念具體化，他提出五個構成國際社會的要素：成員的資格（membership）、官方性的溝通（authoritative communication）、財產權的分配（allocation of property rights）、武力使用的限制（limits to the use of force）、協議神聖性（sanctity of agreements）。[60] 他根據這些要素，以及國家之間互動的情況，將國際社會劃分成以下五個層次：

第一個層次為「權力政治的國際社會」（a power political interstate society，屬於「霍布斯國際社會」）：這是最基礎的國際社會。此種國際社會主要是充滿敵意，與戰爭隨時可能爆發的霍布斯社會，生存是國家最主要的動機，國家之間沒有共同的價值。因此「首要的制度」是缺乏的或是薄弱的（thin），而且「次要的制度」是不可能存在的。在此薄弱的社會（thin society）中，成員的資格並沒有詳細的規定，成員間的關係可能僅建立於宗主權或

60　同前註，p. 188-189。

是武力之上。在古代，國際系統是由城邦、帝國、游牧民族等所構成的。此種社會所需要的溝通手段，只是為了建構同盟而進行的「官方性的溝通」，因此會有許多的外交作法。在財產權的分配方面，存在一些類似土地所有權的制度，而貿易是當時普遍被接受的制度。在此社會中，對武力的使用沒有進行限制，因此戰爭是大家普遍能接受解決爭端的手段，因為戰爭是保護領土完整與建立政治目的一種手段。因此以「協議神聖性」為原則的國際法，在此種社會中是不可能獲得發展。[61]

第二個層次為「共存的國際社會」（a coexistence interstate society，屬於「洛克國際社會」）：以西發里亞（Westphalia）權力平衡體系為基礎，在此體系中「權力平衡」為大國所接受的原則，而且主權、領土權、外交、大國管理、戰爭與國際法等為此社會的核心制度。這是布爾所描述的多元化國際社會，為現代歐洲至1945年前的國際社會。在此社會中，制度包含發展良好的成員的資格（主權）、官方的溝通（外交）、武力使用的限制（權力平衡、大國管理）、財產所有權（領土權）與協議神聖性（國際法）。

第三個層次為「合作的國際社會」（a cooperative interstate society，屬於「格勞秀斯國際社會」）：此社會超越「共存的國際社會」，而主要建立在合作的基礎上，但是仍缺乏內部的整合，此國際社會的大部分制度都承襲「共存的國際社會」之制度。在此社會中，對成員的資格有更精細的標準，對於協議神聖性有更嚴格的制度，並對於武力的使用有更嚴格的限制，甚至取消戰爭作為一種制度。

如果當代的西方國際社會被認為是一種模範，那麼「市場」（market）制度將被提升至首要的制度。市場比貿易的意義更為廣泛，它是一種組織與合法化的原則，此原則影響國家如何定義與構成。市場制度的存在，不見得必須取消「權力平衡」制度，但是兩者之間有時會相互的矛盾。布贊將此矛盾稱之為「自由主義者與現實主義者的困境」（liberal-realist dilemma），而且在當代的

---

[61] 同前註，p. 190-191。

西方、日本、台灣與中國之間的關係最為明顯。「現實主義」者（也就是「權力平衡主義」者）主張與潛在的敵國貿易、投資是不智的；而「自由主義」者（也就是「市場主義」者）主張可藉由經濟市場的運作來降低對抗，並對潛在的敵國進行民主化。[62]

第四個層次為「整合的國際社會」（a convergence interstate society，屬於「康德國際社會」）：此社會是指在某些國家之間發展出共同的價值，並採取相同的政治及經濟制度。此不但表示在所有的功能方面都發展出綿密的制度，而且在成員資格上有非常嚴格的規定。成員之間的政治經濟模式將決定何種整合的國際社會，例如自由主義式的、回教神權式的、世襲君主式的、帝國式的、共產極權式的國際社會。選擇何種的社會，將決定制度的合法性及其運作方式。在自由式的（或稱康德式的）國際社會中，市場、財產權、人權與民主為首要的制度。但如果是回教神權式的或是共產極權式的整合國際社會，這些制度將會有極大的不同。[63]

第五個層次為「邦聯的國際社會」（a confederative interstate society，屬於「世界社會」）：當整合的國際社會趨向邦聯主義（confederalism）的方向發展時，次要制度的特徵將有所改變。他們將不會僅是類似聯合國或是政府間組織（IGOs）的形式，而將是更進一步的整合，形成類似歐盟（EU）的形式。在此階段中，將完全限制武力的使用，外交大部分轉變成類似國內的政治，國際法轉變成類似國內法，並且有強制的機構加以執行。[64]

三、主張傳統的研究方法

以上所述為「英國學派」與美國學者對於國際關係內涵的爭論。而在方法

---

[62] 同前註，p. 193-194。
[63] 同前註，p. 194。
[64] 同前註，p. 194-195。

論方面，兩者也採取不同的研究途徑。「行為主義」可說是美國的科學，但此學術革命對歐洲的國際關係的研究，並沒有形成很大的影響，此造成美國與歐洲學術界在研究國際關係的重大分野。美國強調實證與比較分析，大量運用其他社會科學的方法，企圖使國際關係的研究能夠朝向科學化的發展；相反地，歐洲的國關研究仍強調傳統的途徑，並重視國際關係的獨特性，及決策者與菁英集團在國際互動中的作用。[65]

歐洲學者認為，國際關係理論源於法律、歷史與哲學知識。所以我們可以從「英國學派」的許多代表性學者的研究發現，他們大多屬於典型的歐洲傳統學者，他們熟悉政治典故，擅長於歷史分析，精通哲學邏輯，而且大多是虔誠的基督教徒。[66]因此在科學方法甚受青睞之時，英國學術界並沒有一味的追隨，而是堅持傳統的研究方法。此學派對國際關係的歷史與現狀都有一套較為完整與獨特的解釋，有其核心概念與理論主張。[67]而且布爾在1960年代領導包括國際社會學者與「古典現實主義」學者等的傳統學派，與「行為主義」者展開方法論的大辯論，[68]此即所謂的第二次大辯論。

此派學者主張國際關係的研究應該從歷史、哲學與法律等的人文科學傳統與質化研究方法，對美國學者採用「行為主義」的主張，抱持懷疑與反對的立場。此學派經歷半個世紀的發展，已經有了豐厚的知識累積，大大推動國際關係研究多元化發展的趨勢。[69]它同時對我們在研究國際關係學時，提供不一樣的研究方法。另外，「英國學派」的理論帶有濃厚道德與規範的色彩，所以不相信國際關係能運用自然科學的方法來進行研究，並反對以「價值中立」為藉

---

[65] Steven Smith, 1985, *International Relations: British and American Perspective* (U.K.: Martin Robertson & Co. Ltd.), p. 45.

[66] 王逸舟，1998年，《西方國際政治學：歷史與理論》（上海：上海人民出版社），頁370。

[67] 張振江，2004年，〈英國學派與建構主義之比較〉，《歐洲研究》，第5期，頁49。

[68] Tonny B. Knudsen, 2000, "International Society and International Solidarity: Recapturing the Solidarist Origins of the English School," *Workshops of the European Consortium for Political Research*, <http://www.essex.ac.uk/ecpr/events/jointsessions/paperarchive/copenhagen/ws11/knudsen.PDF>, p. 7.

[69] 苗紅妮，〈英國學派與國際社會理論〉，頁163。

口，而逃避對道德與規範問題的處理。[70]

　　根據Steve Smith表示，英國在國際關係研究方面有以下幾個特色：第一，其研究範圍相當豐富，可包括經濟、歷史、社會、政治、哲學、性別及後殖民等議題的研究，有別於美國國際關係學界獨尊政治科學；第二，其研究途徑較為多元，並無所謂的正統途徑，所以較美國學界抱持開放的態度，接受不同的研究方法；第三，雖然其研究途徑較為多元，但仍然較為注重以詳細的歷史研究來探索國際關係，而未接受「行為主義」及「實證主義」；第四，其研究重點與政府的政策關聯度不高，也就是其不若美國國際關係學界與政府的決策具有高度的關聯性，也因此使英國的國際學者不像美國的學者一樣學官兩棲，或是在政府中擔任重要的職務。由於其政治性不高，所以能拋開與政策相關的議題，而討論更廣泛的議題，例如環境議題、正義、人道議題等。[71]

第四節　英國學派的貢獻

一、社會建構主義的先驅

　　「英國學派」雖然是國際關係學界的非主流學派，而且一向為國際關係學者所忽視，但是其學說內涵，尤其是對「國際社會」概念的提倡，讓我們對國際關係有不同的瞭解。此學派也給予「社會建構主義」思想上的啟發，該主義大師溫特就表示「英國學派」是「社會建構主義」的先驅（forerunner），[72]一些「社會建構主義」學者也表示，此學派是其觀點的來源。[73]例如溫特就承認其所提倡無政府狀態的三個文化，包括「霍布斯文化」、「洛克文化」及「康

---

[70] 楊立彥，〈Inventing International Society之書評〉，頁14。

[71] Steve Smith, October 2000, "The Discipline of International Relations: Still An American Social Science?," *British Journal of Politics and International Relations*, Vol. 2, pp. 396-399.

[72] Alexander Wendt, *Social Theory of International Politics* (Cambridge: Cambridge University Press), p. 31.

[73] 蔡政修，〈國際關係英國學派之理論評介：兼論其與建構主義和建制理論的異同〉，頁155。

德文化」，就是採用此學派所提出的「現實主義」（或是「霍布斯主義」）、「理性主義」（或是「格勞秀斯主義」）及「革命主義」（或「康德主義」）等三個傳統。[74]由於「社會建構主義」現在已經被認為與「新現實主義」與「新自由主義」並列為三大國際關係理論，因此有必要對這兩個前後輩之間的關係進行暸解，如此才能凸顯「英國學派」的重要性及對國際關係的貢獻。

根據菅波英美（Hidemi Suganami）的分析認為，這兩個學派有以下幾個相類似之處：[75]第一，都主張國家為國際關係最主要的行為者。「英國學派」將國家視作為國際政治的主要行為體，將國際社會理解為由主權國家組成的社會。例如布爾認為，國家是國際政治的基本行為體。[76]而「社會建構主義」基本上並不否認「現實主義」以「國家中心論」為依據的核心觀點，只是不同意國際社會必然會成為該主義者所描繪的弱肉強食的世界；[77]第二，強調人類理念在國際關係中的重要性。在「本體論」方面，兩者都堅持理念主義，認為人類的關係主要是由共有理念，而不是物質力量來決定的，所以國際政治的本質是「理念」而非「物質」，強調國際體系的文化與理念對國家身分與利益的建構作用；[78]第三，主張以社會學的詮釋方法來宏觀研究國際關係，[79]強調結構與能動者之間的相互關係。在結構與能動者之間關係的問題上，他們都以整體為分析單位，強調國際體系結構對能動者的制約與建構的作用，因此都明顯地表現了整體主義的特徵。[80]

由於這兩個學派有如此多的相似之處，因此在溫特的國際關係學的分類當中，他們同屬於「整體主義（holism）／理念論（idealism）」，並被其他學

[74] Alexander Wendt, *Social Theory of International Politics*, p. 247.

[75] Hidemi Suganami, December 2001, "Alexander Wednt and English School," *International Relations and Development*, Vol. 4, No. 4, pp. 406-411.

[76] 章前明，《英國學派的國際社會理論》，前言，頁265。

[77] 張亞中，2010年4月3日，〈認同乃最終統一充分條件〉，《中國評論新聞網》，http://mag.chinareviewnews.com/crn-webapp/mag/docDetail.jsp?coluid=0&docid=101278718&page=9。

[78] 章前明，《英國學派的國際社會理論》，頁265。

[79] Emanuel Adler, 1997, "Seizing the Middle Ground: Constructivism in World Politics," *European Journal of International Relations*, Vol. 3, No. 3, p. 331.

[80] 章前明，《英國學派的國際社會理論》，頁267。

者一同歸類為國際關係學中的反思陣營當中。甚至有些學者將「英國學派」歸併入「社會建構主義」學派之中，認為前者是後者的一部分。[81]這是一種非常錯誤的想法，因為兩者雖然有許多的相似，但是彼此之間仍然存在著許多的相異之處，所以不可將他們看做是同一個學派。溫特也僅稱「英國學派」是其先驅，而未稱他們是同一個學派，或是同門師兄弟。所以僅能將「英國學派」看做是「社會建構主義」的前輩，後者則「青出於藍，而勝於藍」，並成為國際關係的第三大理論。

　　雖然這兩個學派有以上的相似處，但是也有以下幾點相異之處：第一，在研究方法上，「英國學派」偏愛從歷史、哲學與法學的研究途徑，而「社會建構主義」則主張採用科學方法來研究；第二，在規範問題上，對於「英國學派」來說，規範具有道德與法律的意義，它包含價值的判斷，例如他們對於人道與正義議題的關注。而「社會建構主義」的規範在本質上是客觀的與價值中立的，並不具有價值判斷的問題；第三，對於國際體系變化的問題，「社會建構主義」是一種有關國際體系的進化理論，它有系統的論述「霍布斯文化體系」如何進化至「洛克文化體系」或是「康德文化體系」，這三種體系是有先後的順序。但是在「英國學派」的著作中，並未發現任何有關國際體系變遷的比較，以及國際體系、國際社會、世界社會這三者之間因果變化的闡述。[82]

二、提供研究國際關係學一條中間道路

　　既然稱為「英國學派」，就表示其有別於以美國為主流的國際關係學派——「新現實主義」與「新自由主義」。此學派拒絕在「現實主義」與「自由主義」之間劃出生硬的分界線，[83]尤其是懷特反對將國際關係的思維作此種

---

[81] 章前明，《英國學派的國際社會理論》，頁263。
[82] 章前明，《英國學派的國際社會理論》，頁269。
[83] 崔順姬，2006年，〈人民、國家與恐懼：布贊及其對國際關係的貢獻〉，《世界經濟與政治》，第5期，頁62。

二元性的區分法，他認為此種分法僅適用於20世紀的國際關係，而不適用於更為寬廣的國際關係歷史上，因此提出了「現實主義」、「理性主義」與「革命主義」三個傳統的國際關係思維。[84]

此學派也注重與其他學派的交流與融合，因此其大部分著作是朝向走「中間路線」（via media）的國際關係研究。[85]由於它是在批判「新現實主義」與「新自由主義」的過程中發展起來的，因此不可避免的帶有這兩個主義的許多特點，[86]例如它在「現實主義」的國家主權概念上，加上「新自由主義」之國際建制在促進國家合作及國家社會化過程的角色等因素，可協助我們理解全球化時代，國際關係中存在的權利、利益價值與規範的複雜關係。[87]並且為這些不同的，甚至相互爭論的學派搭起「對話的橋樑」，[88]所以有學者將此學派稱之為「自由現實主義」（Liberal Realism）。大體上，此學派對國際關係論述的核心主要建立在對國際現象中庸的詮釋，既非朝向悲觀的「現實主義」，也不偏向樂觀的「自由主義」，[89]而是走「中間路線」的「理性主義」，可說是為解決國際關係理論中不同學派之間的爭論，開闢了另外一條道路。

根據Andrew Linklater與菅波英美歸納此學派有五個特點：第一，對於規範與價值的議題保持多元的態度；第二，反對「行為主義」的研究方法；第三，以社會學的整體主義來解釋國際關係；第四，反對將國內社會與國際社會相互比較；第五，反對烏托邦的思維。[90]這些特點使此學派與美國的主流有所區別，也無法產生交流。布贊認為過去由於國際關係的研究受到美國的影響，

---

[84] Hidemi Suganami, 2006, "The English School and International Theory," in Andrew Linklater & Hidemi Suganami eds., 2006, *The English School of International Relations: A Contemporary Reassessment* (Cambridge: Cambridge University Press), p. 40.

[85] 苗紅妮，〈英國學派與國際社會理論〉，頁139。

[86] 章前明，《英國學派的國際社會理論》，前言，頁3。

[87] 蔡政修，〈國際關係英國學派之理論評介〉，頁153。

[88] 魯鵬，2006年，〈創建中國國際關係理論四種途徑的分析與評價〉，《世界經濟與政治》，第6期，頁6。

[89] 黃恩浩、陳仲志，〈國際關係研究中的『英國學派』典範及其對『中國學派』之啟示〉，頁42。

[90] Andrew Linklater & Hidemi Suganami, 2006, *The English School of International Relations: A Contemporary Reassessment* (N.Y.: Cambridge University), pp. 20-21.

而分為「實證主義」的科學研究方法與「詮釋主義」的歷史、哲學與法律研究方法，這兩種不同的研究途徑。但是他認為兩者是可以互補的，並非相互的排斥，若能夠將兩者結合，對於國際關係的研究將會有很大的助益。[91]

基本上，「英國學派」與美國的「現實主義」之間的主張存在著相互重疊的部分，例如「英國學派」所主張的三個傳統中的「現實主義」與美國的「古典現實主義」之間沒有什麼不同；[92]另外其「理性主義」中的「多元主義」強調國家主權及非干涉原則，則與「現實主義」也相當的接近。而此學派與「新自由主義」同樣存在著重疊的問題，例如兩者都認同世界政治雖然是一種不存在共同權威的「無政府狀態」，但是國際間還是存在一定的規範、規則與制度，例如外交、司法豁免、國際組織等，使得國際關係呈現有秩序的狀態，進而使國家之間在「無政府狀態」下的合作成為可能。[93]對於他們而言，「無政府狀態」並非類似「現實主義」所主張的無秩序狀態。

由於「英國學派」與「現實主義」及「新自由主義」有許多的共同特點，因此常被學者分別歸納入這兩個學派當中。例如哈利德（Fred Halliday）認為此學派實際上是一種「現實主義」，所以將它稱為「英國的現實主義」；[94]另外，菅波英美也提出「不列顛制度主義」（British Institutionalists）一詞，強調此學派主要研究重點為國際社會中的制度、規則及實踐。[95]甚至為了強調此學派作為「自由主義」與「現實主義」之間的折衷媒介或中間路線，有學者將它稱作「自由現實主義」（Liberal Realism）。這些都是一種極大的誤解，因為儘管此學派與美國主流理論有一定的關聯，但它們也存在著重大的區別，所以

---

[91] Barry Buza, "The English School: An Underexploited Resource in IR," pp. 483-484.

[92] Alastair Iain Johnston, 1995, *Cultural Realism: Strategic Cultural and Grand Strategy in Chinese History* (Princeton, NJ: Princeton University Press).

[93] Robert Keohane, 1989, *International of Institutions and State Power* (Boulder: Westview Press), pp.1, 132.

[94] Fred Halliday, 1994, *Rethinking International Relations* (London: The Macmillan Press LTD), pp. 94-99.

[95] Hidemi Suganami, "The Structure of Institutionalism: An Anatomy of British Mainstream International Relations," pp. 363-381.

此學派本質上是一個獨特國際關係學理論。[96]因此上述的名稱都不如「英國學派」一詞較為恰當，因為此名稱正足以彰顯此學派的獨特性，以及與「新現實主義」及「新自由主義」的差異。布贊的目的在於讓「英國學派」擔當起不同學派之間的橋樑角色，並提供一條中間的道路，而非將這些學派加以結合在一起。

三、擴大國際關係研究的歷史時程

　　一般的主流國際關係學者都認為，在西元1648年以前，世界上並沒有像今日的國際社會一樣，存在著許多主權獨立的國家。主權國家（Sovereign State）是從1648年西歐各國簽訂「西發里亞條約」（The Treaty of Westphalia）之後才開始出現的一種新的政治單元。此條約的簽訂，結束了從1618至1648年，長達30年歐洲地區天主教徒與新教徒間的宗教戰爭，[97]不但使歐洲國家走向政教分離之路，也讓教皇的神權臣服於國家的主權，教皇的地位不再高於國家政府之上，國家開始在國際體系中扮演著主要的角色。此種以主權國家為主體的國際體系，就被稱為「西發里亞體系」（Westphalia System）。[98]

　　因此，主流的國際關係學派就以1648年「西發里亞條約」的簽訂為其研究的起點，所以其歷史的範圍顯然較為短暫。[99]由於「英國學派」以歷史方法作為其主要的研究途徑，其研究的範圍必然會超越「西發里亞條約」的界線，而向上延伸，不會像主流學派一樣，僅關注於1648年以後國際關係的演變。此學

96　章前明，《英國學派的國際社會理論》，頁235。
97　「三十年戰爭」是歐洲歷史上第一次大規模的國際戰爭，是由德意志民族所建立的神聖羅馬帝國內戰發展成為歐洲主要國家捲入的大規模國際性戰爭。參見孫鐵，2006年，《影響世界歷史的重大事件》（台北：大地出版社），頁242-245。
98　陳欣之，〈國際關係學的發展〉，張亞中主編，《國際關係總論》，頁2。
99　Barry Buzan、Richard Little著，劉德斌譯，2004年，《世界歷史中的國際體系：國際關係研究的再建構》（*International Systems in World History: Remaking the Study of International Relations*）（北京：高等教育出版社），頁1。

派甚至認為，「國際社會」的存在至少可回溯到西元1648年前。[100]布贊於2000年出版《世界歷史中的國際體系──國際關係研究的再建構》一書，就以長時間的歷史方式來觀察國際體系的變化過程。他指出，因為當今主流國際關係理論普遍將「西發里亞條約」視為是國際體系的起源，因而產生了現代主義、非歷史主義、歐洲中心主義、無政府狀態偏好、國家中心主義等五大弊端。

「英國學派」將史前的「前國際體系」作為探究國際體系的起源，不但使我們對世界歷史認識的視野更為開闊，同時也擴大了研究的對象。[101]此學派不像主流的國際關係學派一樣，認為國際體系主要是由主權國家所組成，所以就僅以國家為主要的研究對象。例如前面所述，布贊將國際關係的發展具體的分為「西發里亞體系」以前的「權力政治的國際社會」、「西發里亞體系」的「共存的國際社會」、現代的「合作的國際社會」、正在進行的「整合的國際社會」以及未來的「邦聯的國際社會」五種。在不同的國際社會當中，組成國際體系的單位就有不同，國際體系的組成單位可包括個人、部落、城邦、帝國、國家、國際組織等，不應該只有主權國家而已。

四、提倡道德的重要性

對於主流的國際關係理論而言──尤其是「現實主義」者，「權力」（power）為國際關係中最主要的因素，此因素被認為是國際政治活動的一種形式，政府與其他國際關係行為體透過它，可以實現其對外政策的目標。[102]「現實主義」者蔑視「道德」在國際關係中的作用，並認為國家的一切行為都是基於自身利益的考慮，而非道德考量，並批評說，存心將權力因素置於

---

[100] Richard Little著，劉德斌譯，2005年，〈世界歷史、英國學派與國際關係理論〉，《史學集刊》，第4期，頁5。
[101] 唐小松、黃忠，〈巴里·布贊的國際社會思想評述〉。
[102] John M. Rothgeb, Jr., *Defeading Power: Influence and Force in the Contemporary International System*, p. 13-29.

腦後，而憧憬一種法律、制度及道德至上的夢幻世界。[103]因為國際關係的運作
端賴權力與利益，而非規範或理念。[104]主張以高標準的道德良心來拘束或消滅
權力，在現實的國際社會中是不可能實現的。「現實主義」者不但重視「權
力」，更重視「權力平衡」的概念，因為他們認為控制「權力」最好的方法，
莫過於「權力平衡」（balance of power），而非道德。由此可知，「現實主
義」者較為悲觀，它重視世界的客觀現存因素，否認人的善良本性，並認為人
類相互殘殺的本能是與生俱來的，是無法用道德來加以消滅。

　　與「現實主義」完全排斥國際道德問題的國際關係研究方法不同，「英國
學派」則致力於國際關係價值取向的研究，懷特與布爾就是典型的例子：懷特
曾經嚴厲的批判主流的國際理論忽視國際道德因素，布爾則認為國際關係研究
無法迴避價值判斷的問題。[105]文森特（R. J. Vincent）也對國際道德中有關人權
的議題表示，基本人權就如同生存權一樣，不應該受到政治、經濟與文化所影
響，而應該是一項被普遍接受的基本價值，如果一個國家無法保障其國民的基
本人權時，國際社會就有干涉的責任。[106]由此可知，「英國學派」的理論帶有
濃厚道德與規範的色彩。

　　其實「英國學派」並不是第一個重視國際道德問題的學派，例如早期的
「理想主義」（Idealism）也非常重視此議題，此主義的代表人物美國總統
威爾遜（Woodrow Wilson）就嚴厲批判「權力平衡」的方法，他並且相信國
家會基於理性的思維，可以透過合作及互賴來創造雙贏，避免戰爭並使彼此
能共存共榮。[107]因此在1918年1月第一次世界大戰末期，威爾遜總統在美國國
會提出了被人們稱之為「人類自由宣言」的「十四點和平綱領」（Fourteen

---

[103] I. L. Claude Jr.著，《權力與國際關係》，頁123。

[104] Robert O. Keohane, 1986, "Laws and Theories," p. 11.

[105] 唐小松、黃忠，〈巴里・布贊的國際社會思想評述〉。

[106] R.J. Vincent, 1987, *Human Rights and International Relations* (Cambridge: Cambridge University Press).

[107] 李英明，〈新現實主義、新自由主義與社會建構論之反思〉。

Points）[108]，積極倡導具有濃厚理想色彩的「道義外交」。[109]但可惜的是，第二次世界大戰的爆發，證實「理想主義」及其所倡導的「集體安全」制度運作的失敗，並遭受到「現實主義」的嚴屬批判，而黯然退出國際關係學的舞台，以後也很少有國際關係學者再提到道德的議題。所以「英國學派」的主要貢獻之一，就是將道德議題重新帶回到國際關係學的領域當中，為現今注重權力的主流國際關係注入一些人道的色彩。

第五節　英國學派的缺點

任何一個社會科學的學說並非是完美無缺的，就連主流的「新現實主義」與「新自由主義」也是如此；同樣的，屬於非主流的「英國學派」雖然有其優點與貢獻，但是也有其先天上的缺陷。根據國內學者陳欣之的研究發現，此學派有以下的缺點，而可能會造成其發展的困境：[110]

一、對世界社會的解釋較為薄弱

此學派在20世紀的新發展是受到全球化的影響，而將其理論視野從「國際

---

[108] 威爾遜自己則稱此「十四點計畫」為「世界和平綱領」。其中第1至5點提出了有關國際政治、經濟、軍事、外交的原則性意見，包括：公開外交，不得有任何秘密國際諒解；無論平時或戰時，公海航行絕對自由；撤除一切關稅壁壘，以保障國際貿易機會均等；以維持國內治安為度，將軍備縮減至最低額；兼顧當地居民的利益和殖民地政府的正當要求，公正地解決殖民地問題。第6至13點提出美國關於戰後和平諸問題如撤軍、邊界劃分、領土調整、國家獨立、民族自治等問題的具體建議。第14點，也是威爾遜最注重的一點，就是組織一個普遍性的國際聯合機構，以相互保證的共同盟約，來確保世界各國的政治獨立與領土完整。他強調這是締造永久和平的外交結構的基礎。參見陳潮、胡禮中主編，《玉帛干戈——世界十大外交家》，頁170。

[109] 威爾遜認為，凡屬有道義的國家，在處理相互關係時都應該遵守國際法，以國際法而非同盟體系的軍事結盟來保障世界和平。參見陳潮、胡禮中主編，玉帛干戈——世界十大外交家，頁151。

[110] 陳欣之，〈新自由制度主意、社會建構主義及英國學派〉，頁111-112。

社會」延伸到「世界社會」（world society）的領域。[111]因此「國際體系」、「國際社會」以及「世界社會」[112]就成為此學派的三個主要觀念，[113]但是基本上仍以「國際社會」為其學術的核心內涵。此派學者對於「國際體系」與「國際社會」的關聯性有良好的解釋，他們認為後者是前者的進一步發展。但是對於「世界社會」的概念，以及其與「國際社會」關聯性的解釋則顯不足，內部學者的研究也沒有一致的共識。[114]而且幾乎所有此派的學者都忽視「世界社會」，[115]所以「世界社會」是此學派發展較弱的一環。[116]

二、對於國際道德問題的爭議

如前面所述，由於「英國學派」重視國際人道的議題，所以帶有濃厚道德與規範的色彩。但是對於維護國際社會道德與秩序的重要制度之一——國際法的內涵、性質以及維護人權的人道干預議題上，此學派內部卻存在嚴重的分歧。為此，布爾將「英國學派」分成「多元主義」（pluralism）及「社會連帶主義」（solidarism）兩個派別。「多元主義」較為傾向懷特「3R傳統」中的「現實主義」，他們是強烈的國家中心主義，認為國家是人類社會中實際的支配單元，以及國家主權的法律與政治優勢。所以國際法是國家之間相互實踐所形成的習慣法、條約與協議等。若採取此觀點，則「國際社會」的範圍就狹

---

[111] 蔡政修，〈國際關係英國學派之理論評介〉，頁169-170。

[112] 「世界社會」的概念源自於「康德主義」（Kantianism）或是「革命主義」（Revolutionism），此社會將焦點置於個人、非國家組織與跨國行為者（TNA），並重視共同規範及價值在個人層面所扮演的角色，此概念與「國際體系」及「國際社會」所主張的國家層次有所不同。

[113] Richard Little, 1995, "Neorealism and the English School: A Methodological Ontological and Theoretical Reassement," *European Journal of International Relations*, Vol. 1, No. 1, pp. 15-16.

[114] Barry Buzan & Richard Little, *International Systems in World History: Remaking the Study of International Relations*, p. 105.

[115] 苗紅妮，〈英國學派與國際社會理論〉，頁160。

[116] 姜家雄，〈國際關係中的英國學派〉，頁193。

小，而且其道德的意涵就甚為薄弱（thin）。[117]因為此主義認為，秩序比正義更為重要，國家是國際社會秩序的唯一保障者。對於人權問題，國際社會沒有一致的見解，因為人權的普遍標準總會帶有文化上的偏見。而且國際和平與安全是建立在主權與不干涉原則的基礎上，人道主義干涉因為違背國際社會根本的規範，是不合法的，[118]所以反對國際社會藉人權問題來干涉他國的內政。

而「社會連帶主義」（solidarism）[119]則與「多元主義」相反，它較為傾向懷特「3R傳統」中的「革命主義」，他們不僅重視國家的主權，更重視個人的人權，國際社會是由個人所組成，所以個人也是國際關係的主體，國際社會的基礎就是人類道德的普世主義與意識型態的統一。[120]他們認為國際法屬於自然法的範疇，所以應該關注普世的人權價值。若採取此觀點，則「國際社會」的範圍就比「多元主義」寬廣，而且其道德的意涵就甚為濃厚（thick）。[121]此主義主張國際社會存在著某種共同的、各國都必須遵守的行為與道德規範，並認為國際社會對於違反人道主義的議題上已經達成共識，現今國際人權制度的發展就是證明。如果一國政府未能提供給本國公民一些基本權利，國際社會就有權利進行人道干涉，所以主權並不能成為侵犯人權的藉口，而且此種共識也在逐漸的形成。

長久以來，這兩個學派都各持己見，造成國際社會的理論始終難以統一，因而成為「英國學派」發展的一個障礙。對於這兩派的爭議，布贊則採取折衷的取向。他將「多元主義」與「社會連帶主義」視為是光譜的兩端，前者的共同規範、規則與制度較薄弱，而後者則較濃厚。他對於國際法的觀點則介於兩者之間，認為個人仍然是國際法的客體，但非獨立行使權利的主體。只要個人不強調高於國家的權利，人權與主權的發展就不會有衝突。只要國家願意，國

---

[117] Hedley Bull, 1966, "The Crotian Conception of International Society," in H. Butterfield & M. Wight eds., *Diplomatic Investigations* (London: Allen and Unwin), p. 63.

[118] 吳丹，〈人道干涉的理論分析──以中美在達爾問題上的博奕為例〉，頁14-15。

[119] 也有學者將其翻譯為「團結主義」、「共同主義」或是「普遍主義」。

[120] 唐小松、黃忠，〈巴里‧布贊的國際社會思想評述〉。

[121] James Mayall, 2000, *World Politics: Progress and Its Limits* (Cambridge: Polity), p. 14.

家可在人權保障上達成協議。[122]國家在國際社會中的角色是「應該負起什麼責任、以及如何負起責任」，而非「該不該負起什麼責任」；規則與制度的功能是「能夠在多大的程度上被共享」，而非「該不該被共享」。因此，這兩個主義對國際社會功能與作用的爭論只有量的差別，而沒有質的區分，其矛盾並非是不可調和。布贊的努力使兩者重新回到理性主義的架構之內，避免國際社會走向極端化，並保持自己的「中庸」特色。[123]

　　雖然布贊努力調和「多元主義」與「社會連帶主義」之間的矛盾，希望能夠保持該學派的「中庸」特色，但是卻也陷入道德的困境。因為道德應該是一個放諸四海而皆準的標準，不應該在不同的國家、地區內或不同的情況下而有不同的標準。若道德有不同的標準，則反而容易被其他有心國家所操弄。例如中國大陸學者在引用「英國學派」中的「理性主義」時，是指「多元主義」而非「社會連帶理性主義」，因為「多元主義」的國家主權觀念，以及重視「秩序」而非「正義」的主張，可以為其違反國際人權的內政及外交政策作為辯護，以消弭來自西方國家對中國大陸的譴責。

　　過去中國在聯合國對於人權議題杯葛的回應態度，始終保持「國家主權」優先，中國不但在聯合國人權委員會上多次成功杯葛對中國之人權制裁案件，另外在90年代，中國對聯合國制裁海珊侵略科威特的決議，以及對於決議派維和部隊到索馬利亞、波西米亞、海地、盧安達與蘇丹等國，中國不是棄權就是投反對票。其實中國反對介入他國主權，也是為新疆、西藏、台灣問題以及境內人權問題先預留國家主權優先的立場做準備，[124]以排除他國以人道主義對中國進行干預。

---

[122] Barry Buzan, *From International to World Society?*, p. 49.
[123] 唐小松、黃忠，〈巴里‧布贊的國際社會思想評述〉。
[124] 劉尚昀，2007年8月3日，〈中國的達富爾考題〉，中國時報（台北）。

三、缺乏理論性

在研究方法上，此學派不同於「新現實主義」、「新自由主義」一樣使用實證的方法，它所採用的研究方法為歷史、哲學及法律的傳統途徑，所以無法提出明確的理論假設以及清楚的因果關係，其研究結果也無法被重複檢驗，[125]所以難以進行嚴格的科學驗證。[126]若應用於國際關係的案例上，也難以獲致可信的結果。[127]「新現實主義」大師華爾滋（Kenneth N. Waltz）就批評懷特、布爾等人稱：「他們所從事的理論建立，就某種意義來說，是不被社會科學家所承認的」。[128]這也正說明在實證主義掛帥的國際關係研究中，「英國學派」何以會受到忽略的原因。

由於此學派使用歷史的研究方法，它雖然能夠清楚的解釋過去的國際現象，但是它是否具備預測未來國際關係的發展方向，仍是值得懷疑的。此學派在理論的建立方面甚為貧乏，也缺乏理論應該具有的預測功能，形成此學派發展的一項致命傷。[129]相較之下，美國學派的實證研究方法，不但方法單純，而且其研究結果具有清楚的因果關係，可被重複的檢驗，甚至能夠對未來加以預測，因此其理論性比「英國學派」較強。此情形正可以說明為何大部分英國研究國際關係的智庫，無法像美國智庫一樣受到政府的重視；而大部分英國研究國際關係的學者，也無法像美國學者一樣受到政府的重用，進入重要的決策階層。

對於「英國學派」缺乏理論性的批評，學者菅波英美為此加以辯護。他首先將理論分為「解釋性理論」（explanatory theory）、「規範性理論」（normative theory）以及「國際性理論」（international theory）三種。「解釋性理

---

[125] Dale C. Copeland, 2003, "A Realist Critique of the English School," *Review of International Studies*, Vol. 29, No. 3, p. 427.

[126] 苗紅妮，〈英國學派與國際社會理論〉，頁149。

[127] 蔡政修，〈國際關係英國學派之理論評介〉，頁177。

[128] Fred Halliday & Justin Rosenberg, July 1998, "Interview with Ken Waltz," *Review of International Studies*, Vol. 24, p. 385.

[129] 陳欣之，〈新自由制度主意、社會建構主義及英國學派〉，頁112。

論」在於幫助我們更加瞭解世界政治是如何運作，它強調因果的關係；「規範性理論」則在闡述如何透過某些步驟，使一些基本的規範在世界政治中被實踐；「國際性理論」則是一種協助思索國與國之間關係以及國際事務的工具，而非一種引導我們解決問題的系統性主張。因此若以「解釋性理論」的標準來看，此學派確實是非常缺乏理論性；但是若以重視「規範」的「規範性理論」以及思索「國與國之間關係及國際事務」的「國際性理論」角度來看，則此學派就能夠符合理論的標準。[130]尤其是以「規範性理論」而言，此學派有其獨特的見解，例如布爾有關此理論的主張可歸納為以下七個步驟：[131]

第一，反對暴力、遵守協議與維護財產安全是社會生活的基本與首要目標，如果無法達成這些目標，社會就會毫無秩序，而秩序是維護這些目標的一種活動模式；

第二，秩序並非是唯一重要的目標，正義也是很重要的；

第三，至於國際秩序方面，在現代的國際社會中，目前主要國家在追尋六個基本目標：1.對抗某些欲追求帝國或超級國家地位的行為者，以維護現行以國家為主的國際社會體系之穩定；2.維護個別國家的主權獨立；3.只有在特殊的情況，以及被大家所接受的原則之下，和平才可以破壞；4.限制國家之間的暴力行為；5.遵守國際協議；6.尊重國家的管轄權；

第四，這些目標的維護必須結合現代國際社會中的規則與制度，規則包括以下三種類型：1.現代世界政治的基本規範原則；2.共存的規則；3.有關規範國家之間合作的規則。而制度則包括：1.主權國家；2.權力平衡；3.國際法；4.外交；5.戰爭；6.大國協商；

第五，由於這些制度運作良好，因此維護了國際社會的基本與首要目標，進而維護整個世界秩序；

第六，雖然有些人會認為現今以國家為主的國際制度，不是獲得和平與安

---

[130] Hidemi Suganami, "The English School and International Theory", p. 30, 41.
[131] 同前註，p. 35-36。

全、經濟與社會正義、有效管理環境的最佳方法，但是尚未有更好的制度能夠比此種制度更好；

　　第七，如果現存的架構已經能夠達成維護和平與安全、經濟與社會正義、有效管理環境的目標，這些因素就應該被保存與加強。為了達到此目的，大國之間會基於共同利益而進行合作。而且未來的國際社會也可能發展出一種包含非西方因素在內的世界性文化。

第五節　小　結

　　由上述的討論可知，雖然國際關係學界仍以美國的學說為主流，「英國學派」仍然是一門被忽略的學派，但是因為此學派在國際社會、制度與研究方法等方面，有其獨特的見解，因此已經逐漸引起國際關係學界的重視。此學派對於國際關係學界也有其貢獻，例如它給予「社會建構主義」思想上的啟發，被譽為此主義之先驅；提供研究國際關係學者一條「中間的道路」，讓國際關係學不再僅侷限於「新現實主義」與「新自由主義」之二分法；擴大國際關係研究的歷史時程，不再類似主流的學說，僅侷限於研究1648年「西發里亞條約」以後的國際關係發展；以及提倡道德的重要性，將道德議題重新帶回到國際關係學的領域中。

　　雖然此學派有其優點及貢獻，但是它也有先天上的缺陷，例如「國際體系」、「國際社會」以及「世界社會」為此學派的三個主要觀念，它對於前兩者的關聯性有良好的解釋，但是對於「世界社會」概念的解釋則顯不足，所以尚無法充分解釋現今全球化的發展；此學派雖然重視國際人道議題，但是對於維護國際社會道德與秩序的重要制度之一——國際法的內涵、性質以及維護人權的人道干預議題上，內部仍存在嚴重的分歧；另外它所採用的歷史、哲學及法律的傳統研究途徑，無法清楚的解釋事件的因果關係，所以難以進行嚴格的科學驗證。由於此學派有這些缺陷，所以仍然被大多數的國際關係學者所忽略。

　　在我國，由於國內國際關係學者幾乎都以美國學派為馬首是瞻，因此過去對「英國學派」的相關研究並不多，雖然現在已經有許多人開始關注此學派，也發表許多的論文及文章，[132]但是尚未有自詡為此學派的學者出現，因此我們普遍對此學派的瞭解，不如對美國學派的透徹；相對的，中國大陸的學者對於此學派的研究就較多，主要原因是中國並沒有自己的國際關係理論，在其國力日漸增強之後，也想在國際關係上創立自己的論述，此學派正好給予中國大陸學者另創新學派的啟發。

　　由於中國正在崛起，促使中國大陸政治及學術菁英開始認真思考中國未來在國際關係中的地位。[133]另外，為了避免其崛起而被扣上「中國威脅論」的大帽子，所以他們正在嘗試發展自己的國際關係學說，以解決此問題。[134]儘管「英國學派」沒有像北美學派那樣取得學科霸權的地位，但是它仍然堪稱非美國學派崛起的一個成功範例。[135]因此以英國為名稱的「英國學派」，給予一些企圖創設「有中國特色」的國際關係理論之中國大陸學者啟發與鼓舞。迄今，中國國際關係學術界對此學派的研究大增，可說是亞洲地區研究此學派最為熱衷的國家。未來此學派能否在中國大陸或其他國家繼續發展，值得我們予以關注。

---

[132] 經作者的搜尋，國內對於「英國學派」的相關文章計有（以發表時間排列）：姜家雄，〈國際關係中的英國學派〉（2003年）；李卓濤，〈英國學派：被忽視的國際關係理論〉（2004年）；楊立彥，〈Inventing International Society: A History of English School之書評〉（2004年）、〈國際關係英國學派之研究〉（2004年）；譚偉恩，〈國際法規範的認知與評價：現實主義的觀點〉（2005年）；陳欣之，〈新自由制度主意、社會建構主義及英國學派〉（2007年）；蔡政修，〈國際關係英國學派之理論評介〉（2008年）；李常裕，〈中共建構「中國特色」國際關係理論之研究〉（2008年）；黃恩浩、陳仲志，〈國際關係研究中的「英國學派」典範及其對「中國學派」之啟示〉（2010年）；廖文義，〈國際關係理論的英國學派：持續與轉變〉（2010年）；林良正，〈Barry Buzan的國際社會研究：建構英國學派與美國國關理論之對話〉（2010年）；過子庸，〈英國學派發展之研究──探討其對國際社會、制度與研究方法之觀點〉（2010年）。總共12篇文章或論文，但可能尚有遺漏者。

[133] Daniel Lynch, March 2009, "Chinese Thinking on the Future of International Relations: Realism as the Ti, Rationalism as the Yong?," *The China Quarterly*, Vol. 197, pp. 87-107.

[134] Amitav Acharya1 & Barry Buzan, 2007, "Why Is There No Non-Western International Relations Theory?, *International Relations of the Asia-Pacific*, Vol. 7, p. 290.

[135] 苗紅妮，〈英國學派與國際社會理論〉，頁163。

第七章 地緣政治學說

第一節　地緣政治學說的興起

　　我國學者莫大華教授表示，地理是戰略之母，地理位置與條件會影響到國家的戰略決定，以及戰術與戰役的選擇。[1]國際體系強調在體系內國與國間相互影響的情形，例如貿易、投資、衝突、戰爭都是相互影響的方式。而國家所處的地理位置，會影響與其他國家的互動關係。在古代相距很遠的國家間幾乎沒有相互作用，例如西元前3世紀，迦太基與亞洲東部的秦始皇帝國沒有相互作用；甚至在21世紀的今天，加勒比海上的某些島國與喜馬拉雅山麓的不丹王國也少有相互作用，沒有相互作用的國家就不組成國際體系。[2]一個國家所處的地理位置會影響其對外政策的決定，所以瞭解地理是掌握國際關係的關鍵。[3]

　　顧名思義，有關地緣政治（Geopolitics）的國際關係學說主要是以地緣為主要的獨立變數，來探究地緣與國家的對外政治活動之間的關聯性。在東西方的世界中，研究地理環境因素在政治、軍事中的作用由來已久。例如在中國古代的重要軍事著作《孫子兵法》，就認為地理環境因素為決定戰爭勝負的五大因素之一。[4]而在西方世界中，古希臘的亞里斯多德、柏拉圖等哲學家也不乏有地緣政治的經典思想，提出根據溫度區來劃分社會政治結構的觀點。15世紀

---

[1] 莫大華，2008年6月，〈批判性地緣政治戰略之研究〉，《問題與研究》，第47卷第2期，頁57。

[2] 嚴家祺，〈國際體系的簡化模式〉。

[3] S. Joshua Goldstein著，《國際關係》（International Relations），頁17。

[4] 這五大因素包括道、天、地、將、法，孫子將他們稱之為「五事」。

的地理大發現，使人們開始用全球的概念來審視地緣政治問題。[5]很多學者也都認為，地理環境是影響國家生存發展的重要因素之一，國家的地理位置與所控制的自然資源，會使國家享有優勢或處於不利的地位。因此國家在制訂外交政策時，常會受到國家所處的地理環境所影響。[6]

　　19世紀末，社會達爾文主義的興起，為地理環境作為導向的國際事務研究提供重要的知識基礎。人們將生物的「適者生存」概念運用到國家，德國地理學家拉采爾（Friedrich Ratzel, 1884-1904）創造「人類地理學」（Anthropogeographie）一詞，他主張將地理學、人類學及政治學三者綜合，提出「生存空間」（Lebensraum）的概念，將國家視為有機體，宣稱「為了獲取生存空間，國家要不斷的進行鬥爭」。[7]後來在1916年，拉采爾的學生瑞典籍的地理學家謝倫（R. Kjellen）首次提出地緣政治學的名詞與概念，從此宣告此學科的誕生。

　　中國大陸學者王逸舟表示，當時的地緣政治學主要是研究國家為求生存，彼此之間如何爭奪地域空間的狹隘科學。此學說遭到納粹德國的利用，並為納粹德國「拓展生存空間」的狂妄叫囂提供了理論根據，[8]後來此學說遭到人們的唾棄。但是隨著時代的發展，新的地緣政治研究的範圍逐漸寬廣，並成為近代國際關係的重要理論之一。此學說以地緣關係為出發點，制訂國家的戰略與外交政策，以獲取最大的國家利益。例如法國學者阿宏（Raymond Aron）就從地理的角度，系統化的研究國家的對外政策與態度。[9]

　　由於地緣政治學重視國家的特性與其對外行為之間的關係，以國家層次作為分析及研究途徑，因此屬於「古典現實主義」的一支。此學說產生於19世紀

5　〈地緣政治的學派有哪些內容？〉，2005年4月18日，《Yahoo知識網》，〈http://tw.knowledge.yahoo.com/question/question?qid=1105041708950〉（瀏覽日期：2010年5月16日）。

6　Dougherty & Pfaltzgraff著，《爭論中的國際關係理論》，頁163。

7　同前註，頁160-161。

8　王逸舟，1998年，《國際政治析論》，（台北：五南出版社），頁143。

9　Raymond Aron, 1966, *Peace and War: A Theory of International Relations* (Garden City, NY: Doubleday & Company), pp. 591-600.

末，盛行於20世紀30與40年代。尤其是在冷戰時期，地緣政治理論是美、蘇兩強制定全球爭霸戰略的重要依據。冷戰結束後，地緣政治並沒有因此而沒落，而是以嶄新的內涵與多維的現實視角，開始出現新的理論生機。

第二節　傳統地緣政治的相關學說

與一般地理學不同之處在於，純粹地理分析的對象基本上是固定不變的；而地緣政治的觀點則必須隨著人類改造自然的能力提升而變化，並且隨著學者對這種變化的不同解釋，而提出不同的理論。[10]例如19到20世紀伴隨著工業革命，從輪船、火車與飛機等作戰或交通工具的改善與發展，促成地緣政治學說發展的重要關鍵，例如馬漢的「海權論」、麥金德的「陸權論」與杜黑的「空權論」等。[11]由此可知，地緣政治學說的發展，除了受到國家的整體戰略影響外，並受制於世界科技的發展水準。而這些地緣政治學說後來卻成為殖民帝國向外擴張的辯護工具。

一、海權論

「海權論」為地緣政治第一個重要的學說，近代海權論的創立者為美國海軍少將及海洋歷史學家馬漢（Alfred Thayer Mahan, 1840-1914）。他一生致力於美國海權的建立而奉獻，因為其理論對於曾任助理海軍部長的羅斯福（Theodore Roosevelt）總統影響極大，為美國崛起成為海軍大國有決定性的貢獻。他在研究海洋史後，於1890年發表《海權對歷史的影響》（*The Influence of Sea Power upon History*）一書，海權研究的風氣才為之大開，而海權的爭奪

---

[10] 王逸舟，《國際政治析論》，頁145。
[11] Dougherty & Pfaltzgraff著，《爭論中的國際關係理論》，頁173。

也變成一種不可停止的趨勢。[12]

　　海權的爭奪必須透過海上的鬥爭，縱觀世界戰爭史，海戰對許多國家的前途與命運曾產生過決定性的影響。例如1588年，海上霸主西班牙派遣其「無敵艦對」入侵英國，反而遭到嚴重的挫敗，並將海上霸主的地位拱手讓給英國，使本來一個僅有數百萬人口的孤島小國，一躍成為世界上頭號殖民帝國，並在以後好幾個世紀中保持著世界「第一強國」與「海上霸主」的地位，甚至號稱「日不落國」，此再一次證明了海戰對歷史的影響力。[13]

　　馬漢海權說的核心主張為：控制海洋，特別是控制具有戰略意義的狹隘航道，對於大國的地位是相當的重要。[14]他舉英國為例，英國在拿破崙戰爭後，於1814年所召開的維也納會議（The Congress of Vienna）中，與其他強權所爭取的戰利品截然不同。由於英國對於海權的興趣大於對歐洲領土的興趣，所以得到下列幾個領地：1.丹麥外海島嶼Heligoland，因該島位於波羅的海出口，極具戰略價值；2.補助荷蘭兩百萬英鎊以交換好望角；3.得到愛琴海中的愛奧尼群島，因其位於地中海東部，具戰略價值；4.以印尼與荷蘭交換斯里蘭卡。

　　因為英國控制世界海洋的所有主要航道，掌握海上咽喉要道（check points），因此才能成為世界強權。而要能成為海洋大國的先決條件，就是必須是個臨海的國家，因為內陸國家無法成為海上強權。根據馬漢的分析，海洋權力對於國家的實力與繁榮至關重要。例如16世紀的葡萄牙、17世紀的荷蘭、18到19世紀的英國、20世紀的美國都因為主導其時代的海上武力，而成為全球性的強權。[15]

　　馬漢的著作影響許多國家的政策，尤其當時英國的海洋優勢正受到法、俄兩國的聯盟威脅，其著作提供英國政府政策辯護的工具，並得以重整其海軍

---

[12] 〈馬漢「海權論」與「海軍戰略論」簡介〉，2002年6月25日，《Yahoo知識網》，〈http://taiwantp.net/cgi/roadbbs.pl?board_id=1&type=show_post&post=278〉（瀏覽日期：2010年5月16日）。

[13] 孫鐵，〈西班牙無敵艦隊從海上消失〉，頁214-220。

[14] A. T. Mahan, 1987, *The Influence of Seapower upon History*, 1660-1783 (Boston: Little, Brown,), p. 281.

[15] Dougherty & Pfaltzgraff著，《爭論中的國際關係理論》，頁169-170。

軍力；他的著作亦成為德皇威廉二世及日本帝國主義擴建海軍提供宣傳的工具。另外，馬漢的思想也鼓勵海外殖民地的擴張，所以英國史學家韋布斯特（Charles Webster）就認為馬漢的海權論是引起第一次世界大戰的原因之一。[16]

總之，馬漢的海權思想與海軍戰略理論，一直支配著西方世界國家的海洋政策和戰略，對近代史影響既深且鉅，至今歷久不衰。許多現代學者也支持他的「海權論」思想，例如George Modeski在研究霸權的興衰時，就是以一國海軍的軍力來評估該霸權是處於興起或是衰落的依據。他在分析各國的海軍軍力後認為，從1491年迄今共有4個霸權，分別為葡萄牙、荷蘭、英國與美國。[17]美國海軍如今控制著世界上的海洋，就像各國使用英鎊作為貿易的時代，英國海軍控制著全世界的海洋一樣。[18]

二、陸權論

馬漢提出「海權論」的時代，海上運輸相當便利，而陸地運輸卻相對落後，[19]當時陸上最有效的運輸工具為馬匹。但是19世紀陸上運輸技術獲得巨大的進展，尤其是火車的發明與鐵路的建造，使歐亞大陸大部分地區擁有快捷的運輸成為可能，並大大的幫助殖民帝國的擴展，例如德國已能經過陸路到達中東地區，此與英國經由海路到達中東一樣的便利。殖民帝國不但利用鐵路奪取殖民地的資源，並幫助快速運輸軍隊至各地，因此鐵路與火車成為西方霸權征服陸地的工具，例如英國在印度，列強在中國及非洲等地建造鐵路等。[20]英國牛津大學地理學家與地緣政治家麥金德（Halford John Mackinder, 1861-1947）認為，20世紀初期，曾經對海洋國家有利的交通技術，開始有利於大陸國家

---

[16] 〈馬漢「海權論」與「海軍戰略論」簡介〉，《Yahoo知識網》。
[17] Charles P. Kindleberger, *Wodd Economic Primacy: 1500 to 1990*, pp. 49-50.
[18] Robyn Meredich著，《龍與象：中國／印度崛起的全球衝擊》，頁205。
[19] Dougherty & Pfaltzgraff著，《爭論中的國際關係理論》，頁169。
[20] Stephen Luscombe, British Empire: Science and Technology: Transport: Railways,〈http://www.britishempire.co.uk/science/transport/railways.htm〉.

了。[21]由於軍艦及船隻無法深入內陸地區，因此他聲稱海權的時代已經過去了，繼之而來的是陸權稱霸的局面。

他於1904年英國皇家地理學會上發表〈歷史的地理樞紐〉（The Geographical Pivot of History）論文提出「心臟地帶理論」（Heartland Thesis），此為與馬漢「海權論」齊名的地緣政治理論。他指出歐、亞、非雖是三個洲，但其實是一塊相連的大陸，應稱之為「世界島」。而世界島的中心，應包含歐亞大陸的北部及腹地，其範圍西起俄國的伏爾加河（Volga）、東至中國的黃河流域、北至西伯利亞、南至印度半島。心臟地帶又更進一步劃分為內、外新月地帶。內新月地帶有德國、奧地利、中國、印度；外新月地帶則有英國、南非、澳洲、美國及加拿大和日本。[22]麥金德最著名主張為「誰控制東歐，誰就統治心臟地帶；誰控制心臟地帶，誰就統治世界島；誰統治世界島，誰就統治世界。」（有關「陸權論」與「海權論」參見下圖）

資料來源：張政亮，2007年3月10日，〈地緣政治的演變與發展〉，《台北：台灣大學第六屆「公共事務」研究生論文發表會》，頁1。

---

[21] Dougherty & Pfaltzgraff著，《爭論中的國際關係理論》，頁170-171。
[22] 〈英國學者麥欽德的心臟地帶說〉，2005年4月21日，《Yahoo知識網》，〈http://tw.knowledge.yahoo.com/question/?qid=1105041907438〉（瀏覽日期：2010年5月16日）。

　　麥金德清楚看到，當時的英國雖為海上霸權，但其力量仍無法影響位居歐亞大陸地區的大多數國家，因此他便提出其理論來彌補「海權論」的缺陷。但以今日的時空環境與人文技術水準來檢視他的理論，會發現其說法不符現代世界的現況。對此，我國孔令晟將軍在其《大戰略通論》一書中強調：不論誰掌握心臟地帶，如果不具有向心臟地區以外的區域，包括海洋及陸地等地區投射權力的能力，將無法控制全世界。[23]

三、空權論

　　中國大陸學者王逸舟表示，飛機的出現給地緣政治學增加了一個全新的層次。正如「海權論」的創始人馬漢與「陸權論」的奠基者麥金德分析技術在海洋與陸地交通所產生的影響，20世紀前半葉西方一些地緣政治學家藉由研究飛行器技術改善所造成的影響（如機動性的大增，地形障礙重要性的下降，前方後方觀念區別的模糊等），創立了嶄新的「空權論」，[24]使地緣政治的視角由陸、海二度空間，轉變為陸、海、空三度空間。義大利空軍杜黑（Giulio Douhet）將軍於1921年提出「空權論」，強調空軍在戰爭中的重要，制空權的理念首次被提出，可說是倡導空權的鼻祖。[25]「空權論」除了改變戰爭的模式，也使地緣政治立體化，戰場上人民與軍人的界線不再明確。

　　杜黑強調：「一個國家為保障其國防安全所採取之一切措施，應竭盡一切資源與努力，建立一優勢空軍，在武裝衝突時奪取制空權，唯有如此，國防安全始能獲得保障。」[26]受到他的學說影響，各國紛紛努力發展空中力量，使空權的發展開啟正式里程碑，所以杜黑被譽為「空軍之父」。[27]而後陸續有人對

---

[23] 〈英國學者麥欽德的心臟地帶說〉，《Yahoo知識網》。
[24] 王逸舟，《國際政治析論》，頁145。
[25] 空軍總部譯，1990年，《制空論》（台北：空軍總司令部），頁79。
[26] 史流芳譯，1990年，《制空權》（台北：空軍總部），頁19。
[27] 王振東，2005年10月22日，〈總體戰與空權〉，《空軍學術月刊》，第570期。

「空權論」提供新的元素及內容，使「空權論」的理論基礎更為完善，並成為美、蘇兩國在冷戰時期制定全球戰略的主要考量因素之一。[28]

在兩次世界大戰中，主要戰役的勝敗莫不取決於空中，能在空中獲得勝利，便也就能贏得戰爭。歷史中的著名戰役，諸如1942年中途島之戰、1944年諾曼地登陸戰及太平洋的許多島嶼戰等，都可以證明，不論是陸上或海上作戰，如無空軍先在空中取得勝利，則陸、海兩軍的作戰便無法進行。[29]美國超級大國的地位，主要的表現為其先進的航空技術。[30]例如20世紀末期的幾場戰爭，包括兩次的波斯灣戰爭、1999年南斯拉夫戰爭以及2001年的阿富汗戰爭等，美國與盟國家都先以空中精準轟炸來迫使敵軍在短期內屈服，而在這幾場戰役中美軍陣亡人數極少。此充分顯現出制空權的重要性，並強化了「空權論」的主張。[31]

台海兩岸對於制空權的爭奪，亦為「空權論」的實際驗證。過去由於台灣在美國的援助之下，我國空軍的實力優於中共空軍，而且在多次的空戰當中，我空軍屢次創下輝煌的戰果，讓中共空軍不敢出海飛行，當時的台海空域可說是我空軍的勢力範圍，對於中共的統一企圖造成阻礙，也讓台灣得以免於中共的軍事威脅。我國歷年來向美國所提的軍備採購案中，也都以採購先進的戰機為主要任務。因為能夠掌握台海的空優，就能掌握台灣的安全。

中國大陸亦體認到制空權的重要性，1991年爆發之第一次波斯灣戰爭，美國空軍在戰場中的優異表現，讓包括共軍在內的全世界軍方都感到驚訝。因此解放軍開始循外購與自主研發雙管齊下，逐步提升空中武力的質與量，美國知名智庫「蘭德公司」（RAND Corporation）於2009年所發表最新的台海軍事情勢研究報告〈均勢問題〉（A Question of Balance）中評論稱，中共空軍在軍事現代化的努力之下，其力量短時間內已經獲得顯著的提升，而且台灣兩岸的空

---

[28] 張政亮，2007年3月10日，〈地緣政治的演變與發展〉，《台北：國立政治大學政治系第六屆「公共事務」研究生論文發表會》。

[29] 同前註。

[30] Dougherty & Pfaltzgraff著，《爭論中的國際關係理論》，頁174。

[31] 同註29。

優已經傾向於中共。[32]

四、邊緣地帶論

　　二次大戰結束之後，國際體系進入以美、蘇為主的兩極對抗體系。傳統以歐亞大陸為中心的地緣政治學說，因為美國的興起並成為世界強權，而必須做出重大的調整。在這種國際情勢之下，美國學者史派克曼（Nicholas J. Spykman）於1944年出版《和平地理學》（*The Geography of the Peace*）一書，以昔日歐亞大陸的心臟地帶說為基礎，提出其有名的「邊緣地帶說」（Rimland Theory）。[33]

　　他認為心臟地帶的國家欲求生存與發展，必須要有出海口；海權國家則須仰賴於港口基地，這些基地都是位於大陸的周邊及離島地區。世界島除了其北面是終年冰封之外，自西經南而東之新月形邊緣地帶，由冰島、英倫、北非、東南亞、台灣至日本與庫頁島，構成了新月形，實比心臟地帶更為重要，因為這裡是陸權與海權之間的一個巨大緩衝地帶，可同時對抗心臟地帶與沿海島嶼的壓迫，才是主宰世界的關鍵地區。因此史派克曼提出：「誰能掌握世界島的邊緣地帶，就可以控制歐亞大陸。誰能掌握歐亞大陸，就可以控制世界的命運。」[34]如果按照「心臟地帶」的說法，史派克曼所稱的邊緣地帶，即是麥金德所建構的「內新月地帶」。

　　史派克曼的理論乃是綜合第二次世界大戰的戰況所得出的一種學說，他以全球局勢為依據，結合海權及空權，再融入英國傳統的權力平衡政策，所產生的地緣戰略構想，相當符合當時的國際局勢。尤其是冷戰期間，史派克曼的學

---

[32] David A. Shlapak, David T. Orletsky, Toy I. Reid, Murray Scot Tanner & Barry Wilson, 2009, "A Question of Balance: Political Context and Military Aspects of the China-Taiwan Dispute," *U. S.: RAND Corporation*, p. 84.

[33] 〈英國學者麥欽德的心臟地帶說〉，《Yahoo知識網》。

[34] 〈史派克曼〉，2005年12月19日，《Yahoo知識網》，〈http://tw.knowledge.yahoo.com/question/question?qid=1405121818950〉（瀏覽日期：2010年5月16日）。

說更成為美國的國家大戰略指導原則。當時的美國國務院外交委員會主席肯楠
（George Kennan）便以此為基礎，創造了美國著名的「圍堵政策」（Containment Policy）。美國開始建立各種的區域安全機制，建構一道對共產鐵幕「圍堵」的全面防線：諸如多邊的北大西洋公約、中部防禦公約、美澳紐安全公約，以及雙邊的美台、美日、美韓、美菲的協防條約等，將以蘇聯為首的共產集團包圍起來，以防止「心臟地帶」的強權繼續向海洋方向擴張，[35]此可說是「邊緣地帶說」的應用典範。

第三節　對傳統地緣政治學說的批判

傳統的地緣政治學說與其他學說一樣，受到許多的批判，有關對此學說的批判經綜整如次：

第一，不論是納粹德國所提出的「生存空間」，或是「海權論」、「陸權論」、「空權論」及「邊緣地帶論」等傳統的地緣政治學說，他們最為人所詬病的是帶有強烈的帝國主義侵略色彩，因為地緣因素是大國、強國制訂國家戰略與外交政策的基本依據，是一個國家實現其戰略目標的重要外部條件，也是其按照自己的利益與外部世界聯繫的基本紐帶。作為大國擴張與爭霸的政策依據，地緣政治理論的發展勾勒出帝國主義、殖民主義與霸權主義爭奪的歷史畫面。[36]所以地緣政治學說導致列強開始窮兵黷武與向外侵略，最後終於接連引爆兩次世界大戰，也使偏狹的地緣政治主張遭到唾棄。[37]Brian W. Blouet就批評說：「地緣政治史是壞理念的歷史，有時還是瘋狂理念的歷史，造成國家的戰爭與衰退。」[38]

第二，傳統地緣政治學說的主要特點，是以地理環境來建構其學說的基

---

[35] 〈英國學者麥金德的心臟地帶說〉，《Yahoo知識網》。
[36] 〈地緣政治的學派有哪些內容？〉，《Yahoo知識網》。
[37] 同註28。
[38] Brian W. Blouet, 2001, *Geopolitics and Globalization in the Twentieth Century* (London: Reaktion Books), p. 177；參見莫大華，〈批判性地緣政治戰略之研究〉，頁57-58。

礎。例如「海權論」主張控制具有戰略意義的狹隘航道；「陸權論」主張占領心臟地帶；「空權論」主張主宰領空；而「邊緣地帶論」則主張掌握世界島的邊緣地帶。這些學說所舉的地理分界線是相當明顯且具體的。有學者認為用單一的地理因素來解釋國際關係似嫌過於武斷，所以在冷戰結束以後，地緣政治擺脫了狹隘的地理因素的束縛，進入研究地理環境與政治、經濟、軍事、科技、文化關係的新階段。[39]

　　第三，由於傳統的地緣政治學常被解釋為，國家為了要改變其政治地理空間而進行的政治鬥爭活動的學說，而且該學說強調國際政治是一種競爭與衝突的關係。因此其本質是屬於權力政治，而且其內涵與「現實主義」相同，都是建立在民族國家的國際體系與無政府狀態的國際社會思維邏輯之上。由於地緣政治強調以理性追求國家的利益，反對道德主義與意識型態，因此其思維傾向於「現實主義」。現代學者及政治人物中，最為重視地緣學說的莫過於美國前國務卿季辛吉（Henry Kissinger），他在1979年所出版的回憶錄《白宮歲月》（*The White House Years*）一書中多次強調地緣政治的重要性，他並與具有理想主義色彩的「自由主義」者展開論戰。由於他不以漂亮的道德詞彙來解釋權力的概念，而力求在國際政治中維持「有利的均衡」，因此有人稱他是屬於強調權力至上的「馬基維利主義者」（Machiavellist）。[40]

　　第四，傳統的地緣政治是以地理的相鄰性為戰略謀劃的基礎，例如冷戰時期，美、蘇兩大強國雖在全球展開競爭，但其地緣政治戰略的重點仍在歐洲，而亞洲、非洲、拉美只是該中心戰場的外圈輻射地區。而冷戰結束之後，隨著全球化與資訊科技的發展，國家的疆界已不復以往重要了，[41]世界經濟的全球化與國際關係的一體化，從根本上衝擊傳統的地緣政治學說，使任何國家再也不可能通過地區性的相鄰關係來謀取政治優勢，而必須從全球視野思考地緣政

---

[39] 同註28。

[40] 孫相東，2008年6月，〈「地緣政治學」概念研究〉，《東方論壇》（北京），頁120-121。

[41] 莫大華，〈批判性地緣政治戰略之研究〉，頁58。

治，制定面向全球的地緣政治戰略。[42]由此可知，在全球化的趨勢之下，以地理的相鄰性為戰略謀劃基礎的傳統地緣政治，受到極大的衝擊與挑戰。

第四節　冷戰後地緣學說的新發展

一、地緣文化的提出

　　我國學者張政亮表示，冷戰結束後，地緣政治戰略的發展進入一個全新階段，當柏林圍牆倒塌、蘇聯解體時，破壞了兩極對峙的地緣政治，國際體系的制約機制開始歷史性的重組。[43]快速的全球化趨勢，使得原本被隱藏在兩極體系下的次要問題，如宗教、文化、環保等問題一一浮現在國際政治的舞台上，並逐漸成為國際關注的焦點。世界政治在全球化的激盪下，傳統的地理概念逐漸被打破，世界衝突的本質產生改變，衝突不再以意識型態與經濟利益為主導，隨之而來的衝突是因為不同文化與宗教的矛盾，並成為現今世界國際衝突的主因。[44]

　　因此人們開始重新思考地緣政治的分界，以瞭解未來衝突的可能源頭。地緣政治於是擺脫了狹隘的地理因素的束縛，進入研究地理環境與政治、經濟、軍事、科技、文化關係的新階段。[45]而在當代的地緣政治理論當中，以去世的美國哈佛大學政治學家杭廷頓（Samuel P. Huntington）教授於1993年在《外交事物期刊》（*Foreign Affairs*）所提出的〈文明衝突論〉（Clash of Civiliza-tions）一文最為引人注目，並被譽為地緣政治學「文化基礎學派」的代表。此學說將人文地理要素（宗教、語言、生活方式、科學技術等）視為國際衝突

---

[42] 同註28。

[43] 同註28。

[44] 鍾樂偉，2007年9月2日，〈文明衝突論（Clash of Civilizations）〉，《明報通識網》，〈http://www.life.mingpao.com/cfm/concept3.cfm?File=20070902/cptaa04a/017.txt〉（瀏覽日期：2010年5月16日）。

[45] 〈地緣政治的學派有哪些內容？〉，《Yahoo知識網》。

的基本因素，主張以不同國家或地區之間的文化差異為主軸，來研究國際政治。[46]因此其學說又被稱為「地緣文化論」，可說是現代地緣政治學說最大的突破。

二、地緣文化論的內涵

杭廷頓預測認為，尾隨冷戰結束而來的將是一種新的衝突，[47]因為未來決定世界各地區爆發衝突的原因，將不再是由權力或利益來決定，而是由世界上各種不同的文明所決定的，未來戰爭的型態將是不同文明所形成集團之間的衝突。他認為所謂的「文明」是涉及「人類整體生活方式」，包括客觀與主觀的因素。客觀的因素為語言、歷史、宗教信仰、民情風俗與制度等；而主觀的因素如認同感與歸屬感來區分不同文明。其中尤以客觀的宗教信仰為其核心，成為「文明」最古老與最持久的要素。[48]

他運用人文地理學的方法，將世界劃分為8個文明板塊，即西方文明、中國文明、日本文明、印度文明、伊斯蘭文明、東正教文明、拉美文明、非洲文明。並且清楚的畫出各文明之間的斷裂線，有助於預測未來可能爆發衝突的危險地區。他認為隨著共產主義的終結，回教世界對西方世界的威脅遲早會到來，因為回教世界與西方世界經過一世紀的衝突，形成所謂的「伊斯蘭的血腥邊界」（Islam's Bloody Border）。[49]因此未來國際關係的主要行為者不再是一般的民族國家，而是這些文明的核心國家。[50]冷戰後世界衝突的基本根源已不再是意識型態，而文明將是決定未來爆發衝突的主要因素。

雖然有些學者批評杭廷頓的文明衝突觀點有許多錯誤，然而2001年美國

---

[46] 同註28。
[47] 法立諾，2008年5月11日，〈攻擊中國的季節開始了〉，《星洲日報》，〈http://www.sin-chew.com.my/node/65513?tid=15〉（瀏覽日期：2010年5月16日）。
[48] 鍾樂偉，〈文明衝突論（clash of civilizations）〉。
[49] 法立諾，〈攻擊中國的季節開始了〉。
[50] 杭廷頓，1998年，《文明的衝突與世界秩序的重建》（北京：新華出版社），頁229。

「911事件」的發生，使其學說一時成為國際政治分析的新視野，也成為瞭解未來國際衝突的一項嶄新研究取向。根據其學說，冷戰結束後，世界並未如許多樂觀學者所稱的將走向民主和平。因為世界各地的衝突依舊存在，未來衝突的性質為西方文明與其他文明之間的衝突，亦即西方文明唯我獨尊的局面將受到其他文明的挑戰。

第五節　地緣政治學說的未來發展

「地緣政治學」主要是在研究國際政治權力與地理環境之間的關係，它是源於20世紀初帝國主義列強進行殖民爭奪的產物，所以一開始便引發極大的爭論。但其研究內容與其他國際關係學說一樣，也是隨著時代演變而發展。此學說初期是在研究國家與國際結構的強國學說，但是其研究的重心已隨著國際時勢的轉變大幅度地調整，現在已經擴大至以世界政治為研究的對象。[51]

在政治地理研究中，沒有一個領域像地緣政治學那樣引起如此多的爭論。從傳統地緣政治學到新地緣政治學的發展過程中，地緣政治學經歷了繁榮—低迷—復興的歷史發展過程。[52]地緣政治學者奧圖塞爾（G. O'Tuathail）將地緣政治的歷程分為：帝國主義地緣政治學、冷戰地緣政治學、新世界秩序地緣政治學、環境地緣政治學與反地緣政治學。[53]前兩者被劃歸為「傳統地緣政治學」（Traditional Geopolitics），而後三者被劃歸「新地緣政治學」（Neo-geopolitics）。[54]傳統的地緣政治學說帶著強烈的帝國主義侵略色彩，以及兩強的對抗性，但是從20世紀80年代開始，因為國際情勢的轉變，傳統的地緣政治理論遭遇到挑戰與強烈的批判，甚至被唾棄。所以，現在已經少有學者或是國

---

[51] 同註28。

[52] 〈批判地緣政治學〉，2009年5月29日，〈http://www.newslist.com.cn/html/mingjia/20090528/2747.html〉（瀏覽日期：2010年5月16日）。

[53] Gearoid O'Tuathail, Simon Dalby & Paul Routledge, eds., 1998, *The Geopolitics Reader* (London and New York: Routledge), p. 5.

[54] Gearoid O'Tuathail, 1996, *Critical Geopolitics*, pp. 57-59.

際關係的著作倡導這類的地緣政治概念。

我國學者張政亮表示，冷戰結束之後，世界權力結構論說也由陸海對峙的「兩極霸權」，趨向合作交流的區域性「多極權力論」。面對此新局勢的發展，許多學者以傳統的地緣政治學說為基礎，發展出適合時代趨勢的新學說，例如被稱為「新世界秩序的地緣政治學」是融入在一個與地緣經濟與地緣文化等相互依存的國際關係體系中，所以有些戰略家與政治家因感覺地緣政治逐漸被地緣經濟、地緣文化等概念取代而式微，故乾脆宣告地緣政治學已壽終正寢。然而值得注意的是，在全球化的趨勢之下，國家並沒有消失，當今世界上所出現的各種問題，還都是以主權國家為主角。因此未來新的地緣政治學說的發展，仍須對「國家」及「領土」等內涵持續的關注。[55]

---

[55] 同註28。

第一節　國際政治經濟學的興起

　　國際政治經濟學為國際關係學中的一門重要的領域，而且隨著冷戰結束後，其重要性越來越加重要。但是要學習「國際政治經濟學」之前，必須先瞭解「政治經濟學」的定義。例如當代美國著名的國際政治經濟學權威吉爾平（Robert Gilpin）在談國際政治經濟學時，先由政治經濟學的本質談起。此學問在研究「政治」與「經濟」兩個不同領域相互影響的情形，一方面在研究國家如何以政治手段來管理其國內的經濟事務，特別是政治決策與政治利益如何影響經濟活動發生的地域；另一方面在研究市場及經濟力量對國家與政治行為者間權力與福利分配的影響，特別是有關經濟力量如何改變政治權力的分布。就此而言，政治與經濟之間沒有孰優孰先，而其間的因果關係是互動的，更是循環的。[1]

　　吉爾平認為國家與市場的互動創造了政治經濟學，其研究重點在於「國內政治」與「國內經濟」的關聯性，其範圍僅限於國內的範疇；而國際政治經濟學則將研究的範圍提升至國際層次，其重點在於研究整個國家系統與國際市場的互動關係，主要在探討「國際政治」與「國際經濟」相互關聯性的問題。[2]國際政治經濟學也有別於國際經濟學，因為前者更關注於國家在經濟方面所扮演的角色，而後者則僅以經濟學的觀點來探討純粹經濟方面的議題。

　　傳統的國際政治學是以「權力」來解釋一切的國際關係，此因素一直是該學門的研究中心，「權力」則被狹隘的定義為政治與軍事力量，而經濟力量

1　明居正主編，《國際關係綜論》，頁510。
2　張亞中、苗繼德，〈國際政治經濟學理論〉，參見張亞中編，《國際關係總論》，頁266。

則居於次要的地位。然而現今經濟已躍升與政治、軍事同等的地位，形成「權力」的三個主要組成部分，成為處理國際關係的重要基礎，並決定一個國家的興衰。[3]因此，國際政治經濟學已經是一門認識國際關係必要的知識，特別是在冷戰結束後的經濟全球化的世界，更成為探究全化的一門必備學科。[4]

　　因為在冷戰結束之後，各國都以發展經濟為其首要的國家政策，使經濟議題躍升為國際政治的「高層政治」議題，與「權力」的議題並駕齊驅，此學科也開始受到國際關係學界極大的重視。許多的國際關係學者紛紛的投入研究，使它成為國際關係學的一門重要研究領域與分支，例如吉爾平就將其對國際關係理論的研究方向轉向國際政治經濟學的領域。[5]

　　研究國際政治經濟學的學者間雖然對此學門的內涵與研究途徑有不同的意見，但是大部分的學者都同意，政治與經濟之間的關係已經不再是一種單向的關係，而是雙向的，甚至是一種縱橫交錯相互影響的關係，兩者關係非常的密切。例如1997年發生的亞洲金融風暴，2008年因美國次級房貸所引發的全球金融海嘯，以及蔓延於歐洲地區的歐債危機，都證實政治與經濟兩者之間具有緊密的關係。

　　國際政治經濟學於1970年代開始發展，很快的成為西方國際關係理論的重要學派之一，並且有與國際安全的研究呈分庭抗禮之勢。[6]此學科發源於美國，現今研究此領域的學派林立，且內容廣泛，只要是涉及國際政治與國際經濟之間的議題，均可被歸類於此學門範圍之內，因而尚未形成一個完整的學科體系。所以目前學界對於此學門的基本理論，仍存在很大的爭議。[7]但是一般而言，國家與市場這兩個因素構成了國際政治經濟的核心內容，然而國家主權與市場力量之間經常造成磨擦。吉爾平就曾指出：「對國家而言，領土邊界是

---

[3]　Paul Kennedy, 1987, *The Rise and Fall of Major Power* (New York: Random House).

[4]　張亞中、苗繼德，〈國際政治經濟學理論〉，頁268。

[5]　〈國際政治經濟學〉，2007年4月24日，〈http://blog.yam.com/bothstraits_yblog/article/9700404〉（瀏覽日期：2010年5月16日）。

[6]　Joshua S. Goldstein著，《國際關係》（International Relations），頁4。

[7]　鄺梅，2008年7月，〈國際經濟關係的政治經濟分析──國際政治經濟學理論綜述〉，《深圳大學學報》，第25卷第4期，頁57。

國家壟斷與政治統一的必要基礎；而對市場而言，最迫切的是要消除一切阻礙價格機制運作的政治及所有其他的因素」。[8]

在國際經濟關係中，可以對國際政治造成壓力的兩個重要組成部分為「國際貿易」與「國際金融」兩個範疇，[9]所以國際政治經濟學主要也是在討論這兩個領域的議題。目前大多數的教科書將國際政治經濟學的研究途徑區分為三大主義，分別為：「現實主義」（Realism）、[10]「自由主義」（Liberalism）與「結構主義」（Structuralism）等三大學派。[11]而每一種理論又發展出各種的宏觀與微觀的解釋性理論，它們都宣稱對國際政治經濟具有很強的解釋力，並能為世界勾勒出美好的政策藍圖。（有關這三種研究途徑之基本原則，請參見下表）

	現實主義	自由主義	結構主義
政治與經濟的關係	政治決定經濟	兩者無關係	經濟決定政治
國際政治經濟的本質	為權力而鬥爭	合作	貧富鬥爭
國際制度的作用	幾乎不存在	為推進世界合作的工具	資本家控制的工具
國際政治經濟中的衝突	高	幾乎不存在	高
市場的本質	不完全	完全	不完全
資源的分配	幾乎不存在	幾乎不存在	資源必須重新分配
國家的作用	最大化	幾乎不存在	資本家控制的工具
所有制	國有	私有	應該由資本家轉向社會大眾

---

[8] Robert Gilpin, 1987, *The Polilical Economy of Intenzational Relacions* (Princeton: Princeton Uinversity Press), pp. 10-11.

[9] Frederic S. Pearson & Simon Payaslian著，楊毅、鍾飛騰、苗苗譯，2006年，《國際政治經濟學——全球體系中的衝突與合作》（International Political Economy: Conflict Cooperation in the Global System）（北京：北京大學出版社），頁7。

[10] 又稱之為「經濟民族主義」或「經濟國家主義」（Economic Nationalism）。

[11] 有些學者認為國政經的三個典範應該為「重商主義」、「自由主義」與「馬克斯主義」。參見Frederic S. Pearson & Simon Payaslian著，《國際政治經濟學——全球體系中的衝突與合作》，頁42-43。

	現實主義	自由主義	結構主義
經濟行為動機	國際擴張	個人利益	縮小貧富差距
經濟權力	國家	個人	應該由資本家轉向社會大眾
分支理論	重商主義 霸權穩定論	凱恩斯主義 功能主義學派	馬克斯主義 依賴理論 世界體系理論

資料來源：Frederic S. Pearson & Simon Payaslian著，楊毅、鍾飛騰、苗苗譯，2006年，《國際政治經濟學──全球體系中的衝突與合作》（International Political Economy: Conflict Cooperation in the Global System）（北京：北京大學出版社），頁43。

第二節　現實主義學派

基本上，現實主義學派（Realism）包含「重商主義」與「霸權穩定論」兩個學說，分述如下：

一、重商主義

在1648年的「西發里亞條約」簽訂之後，封建制度崩潰，民族國家紛紛崛起。此時商業資本主義逐漸興起，封建時代的莊園經濟開始瓦解。新興的民族國家為了生存，紛紛採取富國強兵的政策。為了要富強，國家積極的介入商業活動以及國際貿易，以獲得財富。因此在此時期，國家被認為是國際政治經濟活動中最重要的行為體。每個國家都擁有絕對的主權，控制著自己的民族經濟，並尋求安全與自我利益的最大化。在16世紀和17世紀，由國家主導國際貿易的「重商主義」（Mercantilism）已經成為國際政治經濟中的主導理論，該主義與「現實主義」一樣，都是屬於國家中心主義論，[12]所以又被稱之為「經

---

[12] Frederic S. Pearson & Simon Payaslian著，《國際政治經濟學──全球體系中的衝突與合

濟民族主義」（Economic Nationalism），當時主要的「重商主義」國家包括葡萄牙、西班牙、荷蘭、英國等。

「重商主義」[13]又被稱為「商人資本主義」（Merchant Capitalism），代表1500到1750年的經濟學說，即盛行於歐洲文藝復興（Renaissance, 1453年）之後，亞當‧史密斯（Adam Smith）的《國富論》（1776年）提出之前，是最早運用政治經濟學的方法來研究國際經濟問題的理論學派，主張國內政府對經濟的干預與控制。[14]此種經濟學說有以下的特徵：(一) 經濟學說以商人的作品最多，有別於1776年之後專業經濟學家的研究作品；(二) 看法分歧且分析主觀；(三) 著重生產面分析，忽略消費面分析；(四) 主張貿易出超，累積國家黃金等財富；(五) 用關稅、配額等措施抑制進口；(六) 由政府干預以刺激本國生產。[15]

總而言之，「重商主義」的主要觀點與思想為：第一，認為貴金屬（尤其是金銀）是衡量財富及評價國力的唯一標準；第二，對外貿易必須保持順差，即出口必須超過進口。[16]所以主張此主義的國家在經濟政策方面採取鼓勵出口，而阻止進口的貿易保護主義政策，其方法包括徵收高進口關稅與補貼出口。由於該主義把國際貿易看作是一種零和的遊戲，認為國家要改善自己的國際地位，就必須掠奪他國的財富。此主義忠告各國政府，應將追求權力與財富列為外交政策的主要目標，[17]所以被歸類為國際政治經濟中的「現實主義」。

為了爭奪海外貿易，此時期的歐洲戰爭十分頻繁．新興的歐洲國家在政治與經濟上不斷鞏固自己的勢力，於是帝國主義與民族主義興起。此主義後來

作》，頁77。

[13] 「重商主義」一詞最初是由亞當‧斯密斯在其著作《國富論》中提出。

[14] 〈重商主義〉，《維基百科》，〈http://zh.wikipedia.org/zh-hk/%E9%87%8D%E5%95%86%E4%B8%BB%E4%B9%89〉（瀏覽日期：2010年5月16日）。

[15] 〈重商主義（Mercantilism）〉，〈http://nas.takming.edu.tw/robertliu/courses/economics/classic.htm〉（瀏覽日期：2010年5月16日）。

[16] 〈重商主義〉，《MBAlib智庫》，〈http://wiki.mbalib.com/zh-tw/%E9%87%8D%E5%95%86%E4%B8%BB%E4%B9%89〉（瀏覽日期：2010年5月16日）。

[17] Federic S. Pearson & J. Martin Rochester著，《國際關係》（International Relations），頁336。

遭到經濟學家亞當‧史密斯的嚴厲批判，他在其巨著《國富論》中就批評「重商主義」的思想、理論與政策。他認為國家的財富取決於其實質的生產能力，而非名目的金銀數量，國家的生產能力可經由分工、專業化與市場的擴大而提高。國家所面對的市場會因國際貿易而擴大，因此他主張國家要提高財富或國力，應對國際貿易採取自由放任（laissez faure），讓貿易活動得以自由進行。[18]後來隨著亞當‧史密斯與其他古典經濟學家的論點勝出，以及世界形勢與各國之間力量的不斷變化，「重商主義」所代表的零和貿易及海外殖民從18世紀後期起趨於衰弱。[19]

二、霸權穩定論

「霸權穩定論」（Hegemonic Stability Theories, HST）為國際政治經濟學中「現實主義」學派的另外一個分支，是由美國麻省理工學院經濟學家金德伯格（Charles P. Kindleberger）在1971年出版的《蕭條中的世界，1929-1939》（*The World in Depression, 1929-1939*）一書中所提出的論述。他認為國際秩序必須由大國來維持，特別是當中最強的「霸權」國家，所以霸權對創造世界經濟制度及秩序具有相當的貢獻。在對30年代經濟大危機的研究中，他認為之所以會發生世界性的經濟大蕭條，是因為沒有一個大國有能力或願意承擔制止危機的責任，因此世界經濟必須有一個「穩定者」（stabilizer）。兩次世界大戰的主要教訓，是世界經濟想要穩定就必須有個穩定者。他認為不但危機時期需要一個穩定者，在承平時期也同樣需要。[20]

他進一步解釋，國際秩序的維持需要成本，包括維持軍事均勢的現狀、

[18] 楊政學，2007年，《總體經濟學》（台北：新文京出版社），頁449。
[19] 〈重商主義〉，《維基百科》。
[20] 〈霸權穩定論〉，2010年3月8日，《MBAlib》，〈http://wiki.mbalib.com/zh-tw/%E9%9C%B8%E6%9D%83%E7%A8%B3%E5%AE%9A%E7%90%86%E8%AE%BA〉（瀏覽日期：2010年6月8日）。

國際金融秩序的穩定等。但多數國家根本無力承擔，也不願承擔這些成本，而必然需要霸權國出面支付此種成本，也就是提供「國際公共財」（international public goods）。此種公共財最重要的是和平，其次是開放的貿易體制，統一的度量衡與固定的匯率等。一個社會的公共財通常是由政府提供，但在無政府的國際社會中，只有大國才有能力提供國際公共財。[21]若沒有霸權提供公共財，政治與經濟秩序必大亂，對多數國家都沒有好處。一個能夠提供公共財的霸權才是和平與穩定的保障，因此其他國家願意共同依循霸權的遊戲規則，將有助於維持國際的和平。[22]

　　因此依據「霸權穩定論」的論述，此霸權是國際體系中的良性霸權。許多美國的國際關係學者與大部分決策者都認為，美國的超級強權使全球趨於穩定，其在經濟上的強權促進國際經濟的穩定與成長。美國試圖與其他國家相互合作以維持世界秩序，並於建構有關管理國際安全與經濟關係的制度上，扮演著領導者的角色，此霸權通常是世界秩序的倡導者。例如美國1944年所主導創立的「布列頓森林體系」（Bretton Wood System），將美元與黃金保持固定匯價，世界各國的貨幣與美元保持固定匯率，此體系對世界金融體系的穩定產生很大的貢獻。

　　美國在建立「布列頓森林體系」之後，確實扮演著世界經濟穩定的角色，此發展也符合金德伯格所倡導的「霸權穩定論」。然而好景不長，由於美國長期的貿易逆差，導致黃金大量外流，無法支撐1英兩黃金兌換35美元的固定匯率，1971年8月15日，美國總統尼克森（Richard M. Nixon）宣布美元貶值，1盎司黃金兌換38美元，但是此並未能挽救「布列敦森林體系」，到1973年，美元第二次貶值，歐洲國家及其他主要國家紛紛退出固定匯率制，使固定匯率制徹底瓦解，國際間因此在1979年通過「牙買加協議」，改採「以美元為中心的多元化國際儲備與浮動匯率的貨幣體系」，正式結束了「布列頓森林體制」，

21　〈霸權穩定論〉，《MBAlib》。
22　〈何謂霸權穩定論〉，2007年6月23日，《奇摩知識網》，〈http://tw.knowledge.yahoo.com/question/question?qid=1607062309152〉（瀏覽日期：2010年6月8日）。

自此美元便由一種「金本位」的貨幣變成不受黃金儲備約束的「管理紙幣本位貨幣」體制。[23]

　　「布列頓森林體系」的瓦解也等於宣告「霸權穩定論」的正確性受到質疑，此發展顯示要靠單一個霸權國家來維持整個國際政治經濟的穩定顯然是個神話，因為單靠一個國家是無法負擔如此沈重的責任。然而為了解決國際政治經濟的管理問題，1976年美國、英國、法國、德國、加拿大、義大利、日本等國組成「七大工業國家組織」（G7）來共同管理國際政治經濟的相關議題。於1997年俄羅斯加入後，成為「八大工業國家組織」（G8）。因此Alison Bailin提出「集體霸權」（group hegemony）的概念，[24]也就是依靠幾個重要的國家來維持國際的經濟秩序。後來法國與英國希望能夠擴大G8，邀請中國、印度、巴西、墨西哥與南非參加G8高峰會的會前會，形成所謂的「G8加5」。

　　1997年亞洲爆發金融危機之後，包括世界主要先進國家與發展中國家在內的20個主要經濟體，於1999年組成所謂的「二十國集團」（G20），而有所謂「霸權團結」（hegemonic incorporation）的主張出現。[25]G20成立之初，其功能雖然受到許多人的質疑，但是由於其經濟實力及眾多會員，使其在管理全球經濟及財政方面具有很高的合法性及影響力。[26]接著在2008年全球金融危機之後，G20於美國華盛頓召開會議，大大的提升開發中國家在國際政治經濟中的地位。尤其在2009年12月25日於美國匹茲堡首度舉辦G20領袖高峰會（Pittsburgh Summit），使G20從危機處理機制轉變為全球經濟治理的論壇，成為全

[23]　〈淺談布列敦森林體系（Bretton Woods System）〉，2008年1月28日，《YesFX外匯最前線》，〈http://yesfx-global-invest.blogspot.com/2008/01/bretton-woods-system.html〉（瀏覽日期：2010年6月13日）。

[24]　Mark Beeson & Stephen Bell, 2009, "The G20 and International Economic Governance: Hegemony, Collectivism, or Both?," *Global Governance*, Vol. 15, p. 68.

[25]　Mark Beeson & Stephen Bell, "The G20 and International Economic Governance: Hegemony, Collectivism, or Both?," p. 68.

[26]　G20會員國包括美國、英國、加拿大、德國、法國、義大利、俄羅斯、中國、日本、韓國、印度、印尼、澳洲、阿根廷、巴西、墨西哥、沙烏地阿拉伯、南非、土耳其等19個國家以及歐洲聯盟。這20個政治體占90%的全球總生產、80%的世界貿易總額與2/3的世界總人口數。參見〈About G-20〉，《Republic of Korea 2010》，〈http://www.g20.org/about_what_is_g20.aspx〉（瀏覽日期：2010年6月14日）。

世界最重要的政治經濟會議。

由上述的發展可知，國際政治經濟的管理由原來的單一霸權美國，轉移至少數幾個國家所組成「集體霸權」（G7及G8），再到許多國家所組成的「霸權團結」（G20），此發展顯示國際政治經濟的錯綜複雜性，未來已經無法僅靠一個國家或少數國家，來負擔如此沈重的管理責任，而必須借助許多重要國家的協調合作來加以管理，這就是在全球化時代所倡導的「全球治理」（global governance）的概念，因此金德伯格所倡導的「霸權穩定論」顯然已經不再適合今日全球化時代的國際政治經濟發展了。

第三節　經濟自由主義

與「重商主義」相反的是「經濟自由主義」，此主義的提出是為了對抗「重商主義」的主張。[27]「重商主義」主張國家與政府應該介入經濟事務，而「經濟自由主義」卻主張不應該介入，兩者形成強烈的對比。此派最具代表性的學者莫過於被譽為現代經濟學之父的亞當・史密斯（Adam Smith），他極力反對「重商主義」式的國家，更反對國家以安全、生存的理由來干涉市場運作。因為市場是一個可以自我調節的平衡系統，任何國家的干預不但無助於市場的發展，反而會破壞市場的穩定性。他在《國富論》（*The Wealth of Nations*）一書中更主張國家是危險，而且是不能信賴的。[28]

亞當・史密斯之所以認為市場是一個可以自我調節的平衡系統，主要論點是將人視為是一種具有理性的經濟動物，就是所謂「經濟人」（economic man）的概念。他認為人類的行為動機主要是根源於經濟誘因，每個人都在爭取其個人最大的經濟利益，因此會促進個人最大效用（utility）的提升，當個人最大效用獲得提升之後，整個國家社會的經濟利益也就獲得成長。他重視個

---

[27] Federic S. Pearson & J. Martin Rochester著，《國際關係》（International Relations），頁336。

[28] 張亞中、苗繼德，〈國際政治經濟學理論〉，頁275-276。

人的主張，與「重商主義」重視國家的主張，可說是完全相反。

　　亞當・史密斯基於上述「經濟人」及「市場機能」的理念，所以在國際貿易方面積極倡導自由貿易機制。他並提出「絕對利益法則」（Law of Absolute Advantage），來解釋自由貿易會使各國更有效利用不同的技術與資源，以提升各國利益。此法則是指以同量的「生產要素」（factor of production）投入，一國若能比他國生產出較多物品，即稱該國對這種物品之生產具有「絕對」優勢。[29]

　　若A國生產某產品的成本低於其他國家時，則A國生產該產品就具有「絕對利益」，因此應該生產並出口此產品，而進口別國具有「絕對利益」的產品。例如英國生產1公升酒需100名工人，1件衣服需90名工人；而葡萄牙生產1公升酒需80名工人，生產1件衣服需120名工人。同樣生產1公升酒，葡萄牙使用勞工較少，故在酒的生產具有絕對利益，應該生產酒並出口至英國；而在衣服的生產，英國使用勞工較少，故應該生產衣服並出口至葡國。[30]但是此理論後來被發現有缺點，因為某國家若在任何物品的生產均沒有「絕對」優勢時，以「絕對利益法則」觀點，此國家就無法進行「國際分工」，而無法產生「國際貿易」（international trade）。此論點與國際現實情況不符合。

　　對於「絕對利益」理論的缺陷，李嘉圖（David Ricardo）在1815年出版《政治經濟學與賦稅原理》（*On the Principles of Political Economy and Taxation*）一書中，提出著名的「比較利益法則」（Law of Comparative Advantage）對「絕對利益法則」加以修正。「比較利益」是指國內社會的每個人都從事「相對機會成本最低」的事務，如此所有參與交易者都能得到最多好處，社會福祉也得以達到最大。[31]而推到國際貿易上，若每個國家都能從事「相對

29　夏玉泉，2007年7月1日，〈從國內分工到國際分工〉，《亞洲國際工商資訊》，〈http://www.aiou.edu/banews/072009/03072009.doc〉（瀏覽日期：2010年5月16日）。

30　劉秋華，2003年，〈「小三通」對馬祖經濟發展前景影響之研究〉，《台北：世新大學》，頁6。

31　吳惠林，2006年12月8日，〈天生我才必有用──「比較利益」的真義〉，《奇摩部落格》，〈http://tw.myblog.yahoo.com/jw!xIZMN_SBBRnGERLIKzulkSKH/article?mid=3955〉（瀏覽日期：2010年5月16日）。

機會成本最低」的事務，那麼其在某些物品的生產上就存在「比較」優勢，因此就會產生國際貿易。為了讓讀者更清楚瞭解「比較利益法則」的原理，根據學者夏玉泉所舉的例子加以說明如次：

兩國生產米及布匹所需的勞動時間

	甲國	乙國
1公斤米	4小時	5小時
1匹布	2小時	4小時

　　從上表可知，甲國生產米及布兩種產品所需的勞動時間都較乙國少，該國對於這兩物品之生產都擁有絕對的優勢，若以亞當·史密斯的觀點而論，兩國根本不會存在國際分工，也不會進行貿易；但是李嘉圖從「比較利益」角度，認為兩國依然可以進行國際分工與貿易，因為兩國對兩種物品之製造所須付出的「機會成本」（opportunity cost）有所差別。例如乙國為了生產1公斤米，就必須放棄原本可以用來製造布的5個小時勞動力，換言之，即放棄1又1/4匹布的產量；在甲國，為了生產1公斤米，要減少4小時的勞動力去製造布，即放棄2匹布的產量。因此米的「機會成本」在乙國較甲國低廉，乙國對米的生產便擁有「比較」優勢。同理，生產布在甲國的「機會成本」則較乙國低廉，因為甲國製造1匹布只需放棄半公斤米的產量；而乙國則需放棄4/5公斤米的產量，於是甲國對於布的生產便擁有「比較」優勢，[32]因此甲國專注於生產布，乙國則生產米，相互進行貿易，並各得其利。

　　「絕對利益」與「比較利益」兩個著名的經濟法則，建構了「經濟自由主義」的基礎，他們都被歸類於「古典經濟學派」（School of Classical Economics），此學派不但奠定後來的「自由主義」學者對國際貿易的主要觀點，其主張後來也成為國際政治經濟學的主流學派。但是因為「古典經濟學派」的自由放任主張無法解決後來所發生的經濟大蕭條（Great Depression）問題，

---

[32] 夏玉泉，〈從國內分工到國際分工〉。

所以遭到學者的質疑，其中最著名的就是英國經濟學家凱恩斯（John Maynard Keynesian）。

　　凱恩斯雖然支持自由的國際貿易，但是反對毫無管制的國際經濟活動，他主張應該透過國際經濟合作組織，來促進自由貿易及經濟發展。所以他積極參與國際政治經濟體制的創立，例如他是布列敦森林會議英國代表團的團長，後來出任「國際貨幣基金會」（IMF）與「世界銀行」（WB）的董事，對於第二次世界大戰後的國際政治經濟理論與實務都有深遠的影響。「布列敦森林體系」並不是完全自由放任的經濟體系，而是依靠美國領導的機制。凱恩斯所主張「政府應介入經濟運作」的理念，後來取代了「古典經濟學派」成為政府奉行的圭臬。[33]雖然後來因為美國雙赤字（twin deficits）的惡化，無法再支撐原來所設定的1盎司黃金兌換35美元的固定匯率，而於1973年正式放棄「布列敦森林體系」。但是凱恩斯所推廣管理式的國際經濟活動的主張，仍受到大部分國際政治經濟學者所認同。

第四節　結構主義

　　「經濟自由主義」強調效率（efficiency）與利益（benefit），而不重視公平（equality）與正義（justice），所以容易造成貧富不均的現象，但是國際政治經濟中的另一個學派「結構主義」所重視的議題則與「經濟自由主義」相反。之所以稱為「結構主義」，是因為該學派的主要分析單位是以「階級」（class）為起點，尤其是「貧」與「富」兩個階級，來研究不同階級之間的政治經濟關係，而不是「重商主義」主張的國家，或是「經濟自由主義」主張的個人為出發點。國家與個人對於「結構主義」來說，只是扮演著次要的角色，此主義是對「重商主義」與「經濟自由主義」的一種批判學說。基本上此學派的中心思想是「結構決定一切」，經濟決定政治，國際政治經濟的結構決定個

33　張亞中、苗繼德，〈國際政治經濟學理論〉，頁279。

人、階級以及國家的行為。[34]此學派的淵源可追溯至馬克思（Karl Marx）的哲學思想，後來並加上許多拉丁美洲國家的經驗而形成不同的學說。

一、馬克思主義

「馬克思主義」（Marxism）可說是「結構主義」的發源者，其核心思想就是階級鬥爭，他認為在工業化時代，資本主義產生了資本家與工人之間兩極化的發展，由於前者握有生產資料，而後者除了勞動力之外一無所有，因此勞資雙方之間會產生不停的鬥爭。馬克思否認市場會朝向均衡趨勢發展的觀點，並認為生產與消費間的差距加大，會導致經濟的波動與蕭條，由於經濟危機的加劇，最終驅使一無所有的勞工階級起來反抗資產階級。他並反駁「古典自由主義」所主張政經分離的觀點，而認為兩者之間有著緊密的關聯性，而且經濟決定了政治的發展，所以馬克思主義可說是經濟決定論。而且馬克思與當時的社會主義者都認為，資本主義的快速國際化，將不可避免地引發世界性的「無產階級革命」，最終導致資本主義的滅亡。[35]

基本上，馬克思一生專注於政治經濟的研究，國際關係並非其研究重點。[36]而將馬克思主義運用於國際關係層次者為列寧，他是馬克思主義最為重要的繼承人。因為他將馬克思主義理論加以引申，來解釋國際的政治、經濟現象，將馬克思主義從國內經濟理論，轉變為闡述資本主義國家間國際政治關係的理論。[37]列寧在1916年發表的《帝國主義是資本主義的最高階段》一書（簡稱為《帝國主義論》）中認為，資本主義的國家壟斷性的生產方式，以及全球性的市場與原物料爭奪，最後必將導致帝國主義的產生。只有資本主義國家才

---

[34] 張亞中、苗繼德，〈國際政治經濟學理論〉，頁283-284。
[35] Frederic S. Pearson & Simon Payaslian著，《國際政治經濟學——全球體系中的衝突與合作》，頁55-56。
[36] 顏建程，2007年，《依賴理論再思考：淵源、流派與發展》（高雄：國立中山大學政治學研究所），頁21。
[37] 張亞中、苗繼德，〈國際政治經濟學理論〉，頁286。

有基礎實行帝國主義，該主義可能衍生殖民主義、軍國主義與法西斯主義。帝國主義是壟斷的、寄生的、腐朽的、垂死的資本主義，是資本主義發展的最高與最後階段。[38]

　　但是第二次世界大戰後的世界局勢發展，沒有如列寧所預測的「帝國主義是資本主義的最高階段」。第二次世界大戰後，主張帝國主義的國家雖然已經瓦解，但是資本主義則因為本身改革，例如股份制的產生（藉由此制度，工人可以入股成為股東，使勞資雙方的關係獲得改善）以及福利國家的出現而存活下來，並且逐步走上全球化，此種發展證實列寧的主張有嚴重的缺陷，人們開始對馬克思主義的正確性產生質疑。一群德國法蘭克福大學的學者於是宣布要創立新的「馬克思主義」，這群以霍爾德海默、阿多諾、馬庫色等人為首被稱為「法蘭克福學派」的學者，就是所謂的「新馬克思主義」（Neo-marxism）（或「西方馬克思主義」）。他們雖然仍相信「馬克思主義」的某些原則，但也嘗試重新檢討或修正馬克思的古典理念。[39]

　　「新馬克思主義」學者仍然以批判資本主義為職責，他們認為資本主義雖然存活下來，但是它的剝削本質並沒有改變，因為先進國家工人生活的改善，是因為剝削的對象已經藉著全球化的生產模式轉移到第三世界。[40]他們將「馬克思主義」由國內階級鬥爭，延伸至國際相互剝削的體系。而這套富國輸出資本，在經濟上壓榨窮國的理論架構，吸引不少學者及左派人士。例如後起的「依賴理論」、「世界體系理論」等，均可視為「帝國主義論」的餘緒，[41]他們也都被歸類為「新馬克思主義」。國內學者林碧炤教授表示，在全球化的今天，馬克思沒有被遺忘，也不會被遺忘。[42]

---

[38]　〈帝國主義〉，《維基百科》，〈http://zh.wikipedia.org/zh-tw/%E5%B8%9D%E5%9B%BD%E4%B8%BB%E4%B9%89〉（瀏覽日期：2010年5月16日）。

[39]　〈新馬克思主義〉，2009年12月28日，《維基百科》，〈http://tw.myblog.yahoo.com/jw!6JocOyeRExvkofdcEaGr/article?mid=6713〉（瀏覽日期：2010年5月16日）。

[40]　〈新馬克思主義〉，《維基百科》。

[41]　〈帝國主義〉，《維基百科》。

[42]　林碧炤，〈國際關係的典範發展〉，頁24。

二、依賴理論

「依賴理論」（Dependency Theory）[43]為20世紀50、60年代研究殖民主義與帝國主義的理論之一，它延續「馬克思主義」對於生產力與生產關係的研究基礎，因此在國際政治經濟學中被歸類於「新馬克思主義」的分支。[44]國內學者顏建程教授表示，「馬克思主義」主要在探討國內政治與經濟之間的關係，而「依賴理論」之所以能夠借用其理論，乃是基於馬克思的《資本論》書中提到：「資產階級創造了大城市，農村人口大量的流入都市，造成農村依賴城市的現象。此現象也發生在貧窮民族與資產階級民族之間、東方與西方之間」。他更進一步描述資本主義國家如何以殘酷的手段，在美洲、非洲及中國等地進行無情的殖民、掠奪與剝削。[45]

此論述後來被不滿西方國家的學者用來解釋未開發與開發國家之間不平等的經濟關係，他們創造了邊緣國家依賴核心國家的「依賴理論」，此理論解釋北方富裕的工業國家與南方貧窮的不發達國家之間的差異。其主要觀點為，在南北關係中，富裕國家（核心國家）透過剝削，榨取人力與原材料等各種資源，使發展中國家（邊緣國家）處於從屬的地位。此理論主要是由阿根廷經濟學家Raúl Prebisch針對拉丁美洲國家發展的情形所提出的論述，並獲拉丁美洲國家知識份子的廣泛支持。因為拉美國家早在19世紀初期就獲得獨立，但是他們在經濟上卻未能擺脫對富裕國家的依賴。他們認為主要原因在於，工業國家的政府與跨國公司向發展中國家的菁英份子行賄，並與當地的資本家進行合作，對這些國家的政治與經濟進行控制，進一步延長這種依賴關係。[46]

「依賴理論」全盤推翻了西方國家所提出的「現代化理論」（Moderniza-

---

[43] 有些學者翻譯成「依附理論」。
[44] 顏建程，《依賴理論再思考：淵源、流派與發展》，頁21。
[45] 同前註，頁24-25。
[46] Frederic S. Pearson & Simon Payaslian著，《國際政治經濟學——全球體系中的衝突與合作》，頁60-61。

tion Theory），[47]國內學者李銘義教授稱，該理論的主要觀點認為，目前世界上的所有國家可劃分成「傳統的」與「現代的」兩種類型。現代化的過程也就是傳統社會向現代社會邁進的過程，此發展軌跡有其普遍性，現代化是全球性的變遷，是人類文明的共同趨勢，因此所有的傳統社會都會朝向現代社會的方向演變。這就是所謂的世界共同的藍圖（或世界共同的歷史），而西方世界則是這個歷史藍圖的先驅者，其他發展中國家最終都會跟隨這個藍圖走向現代化之路。[48]

　　而且「現代化理論」還指出，社會發展的主要動力是來自於內部，而發展中國家社會發展的不順利，根本的原因也是來自內部的障礙，此種障礙主要歸結為其文化與價值觀的因素。因此發展中國家若要現代化，必須先改變其內部的文化與價值觀。艾森斯塔特（Eisenstadt, 1966）甚至表示：從歷史上看，現代化是一個朝著歐美型的社會、經濟與政治系統演變的過程，這就是該理論中的所謂「社會趨同論」。[49]

　　國內學者林麗菊教授稱，「現代化理論」含有強烈的西方種族中心主義，它否定傳統社會的一切文化，認為國家落後的原因，主要是其內部的問題，也就是他們的民族性或社會制度欠佳之故，因此只要改變其傳統的價值、行為模式及各種制度，向西方先進國家學習，便可以蛻變成為現代國家。然而，此理論忽略了外在因素對國家發展的影響，例如戰爭征服及受到殖民帝國的剝削，亦為第三世界落後的重要原因。[50]

　　她並稱，「依賴理論」強烈反駁「現代化理論」的世界共同藍圖假設，認

---

[47] 「現代化理論」發源於歐美先進國家，認為西方的現代化模式可作為落後的非西方世界（主要是指亞洲、非洲以及拉丁美洲等第三世界國家）發展的典範，非西方世界將循西方模式逐漸現代化，所以現代化就意謂著「世界的西方化」（The Westernization of the World）。參見〈資本主義與世界體系〉，〈http://www.mao52115.tcu.edu.tw/handout/sociology/%B8%EA%A5%BB%A5D%B8q.pdf〉（瀏覽日期：2010年5月16日）。

[48] 李銘義，〈現代化與依賴理論〉，〈http://www.sa.isu.edu.tw/user/19267/932/14.ppt#256,1,現代化與依賴理論〉（瀏覽日期：2010年5月16日）。

[49] 〈現代化研究：理論與批判〉，〈http://www.geo.ntnu.edu.tw/faculty/moise/words/information/economy/New%20economic%20geography/n02.doc〉（瀏覽日期：2010年5月12日）。

[50] 林麗菊，〈國家發展理論〉。

為一個國家之所以會落後，主要是因為先進國家對其進行剝削。先進國家藉由
剝削而越加富裕進步；相反的，落後國家則大量喪失資源，而變得更加貧窮落
後。形成富者越富，窮者越窮的全球兩極化不平等現象。歐美國家運用國際體
系間的社會經濟依賴，使位於邊陲的衛星國家（satellite）成為核心的都會國
家（metropolis）發展的踏腳石。由於先進國家以高科技的獨占成為科技產品
價格的決定者，兩者間的貿易是「不平等的交換」，平等互惠的國際貿易根本
無法存在。[51]

另外，「依賴理論」更批判所謂「傳統—現代」的二分法，認為這種分法
帶有濃厚的西方種族中心主義色彩，是從目前西方國家（現代化國家）與非西
方國家（非現代化國家）的差別中歸納出來的。此意味著將西方社會中所具有
的特徵視為是進步的因素，而非西方社會所具有的特徵則是落後的因素。[52]林
麗菊教授為了擺脫對西方先進國家的依賴關係，此理論所提出的國家發展策略
分為兩派：溫和者提出政府應扮演積極角色，發展民族工業，保護本國工業，
並聯合邊陲國家修改列強所建構的國際經濟貿易秩序；而激進者提出以革命手
段來斬斷與資本主義體系之間的關聯，以求自給自足。但是該理論最大的缺失
為：把國家不能發展的原因完全歸咎於列強的外在因素，如同「現代化理論」
所強調的內在因素一樣，都是一偏之見。[53]

三、世界體系理論

世界體系理論（World System Theory）是由美國紐約州立大學學者華勒斯
坦（Immanuel Wallerstein）所提出，他不但對「現代化理論」進行批判，也延
續「依賴理論」的「核心—邊緣」主張，並對其加以修正。此理論也與「依賴

---

[51]　同註50。
[52]　〈現代化研究：理論與批判〉。
[53]　同註50。

理論」一樣，強調整體性的分析。但不一樣的是，「依賴理論」主要是針對拉丁美洲國家的經驗而歸納出的論述，所以有其區域性的限制，在其他地區不一定適用。而「世界體系理論」顧名思義，就是強調要將整個世界作為一個整體來研究，並不只是拉美國家的經驗而已。

此理論將焦點置於整個世界的經濟體系（world economy system），並且回顧近代西方資本主義體系的形成與擴張過程。此理論認為現代世界體系為資本主義體系（capitalist world system），其起源可追溯至16世紀的西歐，[54]要瞭解現在必須對過去的歷史加以深入探討，所以此理論是屬於一種長時期的、宏觀的理論。基本上，「世界體系理論」與「依賴理論」有以下三點不同之處：[55]

第一，「依賴理論」所講的是單向的依賴關係，是專指發展中國家對發達國家的依賴；而「世界體系論」者所強調的則是雙向的互相依存關係。隨著世界經濟的發展，世界成為一個整體的體系，在此體系中實行世界性的區域分工，各個地區不但履行不同的經濟職能，也相互依存。也就是說，一個國家的發展不僅取決於與其他國家的關係，更重要的是要取決於它在國際分工中所處的結構位置。

第二，「世界體系理論」避免「依賴理論」所主張世界為「核心—邊緣」的簡單「兩分法」傾向，它將世界體系劃分成「核心」（core或nuclear）、「半邊緣」（semi-peripheral）及「邊緣」（peripheral）三個等級。也就是在原來的「核心」及「邊緣」兩個等級之間，插入「半邊緣」的等級，此地區不但是「核心」與「邊陲」的緩衝帶（buffers），更是兩者上下垂直流動的中介

---

[54] 16世紀之前，「封建主義」（feudalism）主宰西歐的社會。到15世紀底，封建主義社會出現危機，其原因有三：一、農業生產下降或停頓，但統治階級的擴張，讓農民的負擔加重；二、封建經濟已經達到最大化的程度，而開始逐漸走下坡；三、氣候的快速變化造成農產下降，並導致傳染染病的擴散。Immanuel Wallerstein, 1974, *The Modern World System: Capitalist Agriculture and the Origins of the European World Economy in the Sixteenth Century* (New York: Academic Press).

[55] 〈現代化研究：理論與批判〉。

地帶。[56]若依據現今的經濟發展程度來分，這三個等級就是「已開發國家」、「新興工業化國家」及「開發中國家」。

　　第三，「世界體系理論」進一步指出，這個三級的世界體系結構不是固定不變，而是會變動的，也就是世界經濟體系的基本格局是可以被重新排列，例如邊緣國家可以透過結構位置的流動而上升到「半邊緣」，例如台灣與南韓。甚至由「半邊緣」上升到「核心」的位置，例如日本與義大利；[57]相反的，核心的國家也可能沈淪至「半邊緣」，或甚至「邊緣」的位置，例如早期的西班牙、葡萄牙。因此華勒斯坦認為，發展的意義就在於如何改變自己在世界體系中的結構位置，實現自己的升級。

　　對於「邊緣」或「半邊緣」國家如何改變自己在世界體系中的結構位置，有些「依賴理論」主張走自主發展之路或是採取激烈的革命路線，但是一些拉丁美洲國家的實踐證明此方法行不通。而「世界體系理論」則主張這些國家可力爭上游，藉由經濟的發展、產業的升級，為「核心」國家進行生產以增加獲利，最後改變自己在世界體系中的位階。由此可見，「世界體系理論」在方法上比「依賴理論」溫和，在態度上則較為積極而不激進。林麗菊教授稱此理論一方面承續「依賴理論」的「剝削結構」與「不平等交換」觀點，另一方面卻反對其「依賴有弊無利、斷絕依賴」的消極主張，而發展出一套由「邊陲」提升至「半邊陲」及「核心」的積極策略。[58]「世界體系理論」不但修正「依賴理論」的僵固性，更擴大其適用的範圍，展現其富有彈性的論點，使其對國際關係的解釋更具有說服力。

56　李銘義，〈現代化與依賴理論〉。
57　龔宜君，2005年，〈半邊陲之台灣企業在世界體系的鑲嵌〉，《東南亞學刊》（台灣），第1卷第2期，頁71。
58　林麗菊，〈國家發展理論〉。

第一節　全球化議題的興起

在1980年代以前，由於世界正處於美、蘇所領導的兩個集團相互鬥爭的格局，所以全球化（globalization）的議題並未受到研究國際關係學者們的重視，當時也僅有少數學者從事全球化議題的研究。根據國內學者李文志的統計，在1980年代以前，約僅有13本專著或論文在探討全球化的議題。然而在冷戰結束之後，越來越多書籍與文獻如雨後春筍開始討論起全球化。[1]國內學者林碧炤教授稱，1995年《全球治理》季刊的發行，代表國際關係學界開始對全球化現象的重視。[2]

另外在1998年，聯合國就贊助主辦三場會議，討論有關全球化所創造的機會與傷害。同年，聯合國秘書長的年度報告（此報告為一項有關世界發展的重要訊息）中就首次宣稱，世界組織將面對挑戰，確保「全球化能夠帶領全人類走向進步、繁榮與安全」。[3]從此以後，「全球化」一詞才逐漸被學者所注意，開始此議題探討的熱潮，並被稱之為「全球主義」（Globalism）。[4]我國外交部也在2007年「大專院校學生國際問題論文」比賽時，以「在全球化趨勢中台灣如何扮演好其角色」作為比賽的題目。由此可見，我國政府也極為重視

1　李文志，2004年，〈全球化對亞太安全理念的衝擊與重建：理論的初探〉，《台北：政治科學論叢》，第22期，頁31-66。

2　林碧炤，〈國際關係的典範發展〉，頁43。

3　Samuel S. Kim, 2006, *Chinese Foreign Policy Faces Globalization* Challenges (Stanford, CA: Stanford University Press), p. 301.

4　Paul R. Viotti & Mark V. Kauppi, *International Relations Theory: Realism, Pluralism, Globalism*, p. 449.

此議題。[5]

　　國內學者羅立稱，全球化議題已成為國際關係學中的一門顯學，並成為「新自由主義」者所關注的焦點，所以成為此主義的主要流派之一。[6]但是基本上，「全球主義」比「新自由主義」更具有理想的色彩。[7]現在幾乎每個領域都在談論這個議題。學者現在若不討論全球化，好像就跟不上時代的潮流。例如政治學者在談論全球民主化的議題，經濟學者在談論全球貿易自由化的議題，安全學者在談論全球反恐、反國際犯罪等議題，環境學者在談論全球環保與氣候變遷的議題，文化界在談論全球文化傳播的議題，甚至醫學界也在談論全球防疫的議題。由此可知，幾乎每個領域都與全球化有關，也都在探討此議題，所以國際關係學者當然不能落人於後。

　　雖然有人對全球化仍抱持著懷疑的態度，但客觀而言，全球各地區、社會或國家之間的關係將日趨緊密，全球化顯然已經是現今國際社會無法逆轉的趨勢。然而是什麼樣的動力驅使全球化的發生，這是學者們積極想要探討的議題，學者們也提出各式各樣的因素來解釋全球化的原因。國內學者任德厚教授稱，基本上，全球化乃拜人類科技進步所賜，例如交通科技的發達，使人們可以輕易在各地之間旅遊；資訊科技的發達，強化人們價值信念的共同性。[8]全球化讓人與人之間的距離大大的縮短，就如同中國諺語所說的「天涯若比鄰」，讓人類有「四海一家」的感受，世界彷彿走向如Marshall Mcluhan提的「地球村」（Global Village）方向前進。[9]

---

[5] 中華民國外交部研究設計委員會，2007年12月，〈「2007年大專校院學生國際問題論文」比賽得獎文章摘要〉，《台北：中華民國外交部通訊》，第27卷第1期。

[6] 羅立，2009年，《國際關係精要》（台北：精華出版社），頁80。

[7] 同前註，頁81。

[8] 任德厚，2005年，《政治學》（台北：三民書局），第5版，頁65。

[9] 「地球村」（Global Village）一詞最早是由Marshall Mcluhan在其 *The Gutenberg Galaxy: The Making of Typographic Man*（1962）與 *Understanding Media* 2003, 兩本著作中提出，他描述全球如何藉由電子科技，讓地球每個角落的訊息都能迅速的傳遍全球，而形成一個類似村落的緊密關係。Marshall McLuhan, 2003, *Understanding Media* (U.S.: Gingko Press,), p 6.

第二節　有關全球化議題的主張

要瞭解學界對「全球化」的主張之前，先要瞭解學者對此議題的定義。但是因為不同的學界對於全球化有不同的定義，呈現大家各自表述的現象，所以迄今對此名詞尚無一個共同的定義。而對於國際關係而言，筆者在此採用知名的美國國際關係學者Samuel S. Kim 對於「全球化」所下的定義：「邊界範圍的擴張、穿透或弱化的一種過程，此過程強化了國家之間或社會之間相互連結及相互滲透的層次，它是一種對全人類的安全、福利與認同影響深遠的世界性革命。最終，『地方』與『全球』之間與『國內』與『國外』之間的區別已經逐漸的模糊了。或許全球化最顯著的特徵為，國內與外部連結的強化」。[10]

由上述的定義可知，國際關係學者所認知的全球化在於強調國家之間相互影響的議題，而且相互影響的內容包括政治、經濟、安全、文化、環保、疾病防制等所有的領域都在進行全球化。所以關於全球化的討論涉及到許多不同的議題，但對於全球化所討論的中心議題，無疑的集中在全球化潮流之下，主權國家的地位與發展前景。由於經濟、政治仍是現今人類最主要的活動項目，因此對於全球化議題的討論，大部分國關學者都集中在這兩個領域，本書也以這兩大領域的全球化作為討論焦點。

國內學者羅立稱，由於「全球主義」屬於「新自由主義」的流派之一，所以其主張也類似此主義，例如：[11]

第一，國際關係除了國家之外，還有甚多非常重要的行為者。這些行為者包括國際的民間組織、多國籍企業以及個人之間的互動，而此跨國關係和國際民間關係乃是構成國際關係的主要結構之一。

第二，相互依存的國際社會。全球主義認為相互依存是國際社會的重要特性，全球性的經濟互賴，使得以權力為主的國際政治之論點，顯得不符時宜。

第三，非國家的利益觀。全球主義認為在國際關係中，現實主義所強調的

---

[10] Samuel S. Kim, *Chinese Foreign Policy Faces Globalization Challenges*, p. 279.
[11] 同註6，頁81-82。

國家利益已經被個人利益或全體人類的利益所取代。

第四，強調建制／典則（regjmes）與國際組織之重要性。維護國際社會的穩定，就必須依靠國際社會中的某些共同行為的準則與價值標準，而建制／典則與國際組織就是甚為必要者。

第五，軍事安全不再是國際政治的唯一核心議題。全球主義認為國際政治之議題，不再侷限於安全、戰爭與和平，其他的經濟、社會、資源以及環境議題已逐漸取而代之。

第六，國際問題須靠集體力量才能解決。全球主義認為國際問題變得更加複雜，單一國家並無法解決，而這種全球性的問題，必須藉由國際社會的全體力量才能夠解決之。

第三節　有關全球化議題的爭論

雖然現在學界正在如火如荼的討論全球化的議題，但是並非所有的學者對於經濟與政治全球化的發展都抱持著一致的看法，根據學者David Held、Anthony McGrew、David Goldblatt、Jonathan Perraton等人在1999年的《全球大轉變：對政治、經濟及文化的衝擊》（*Global Transformations: Politics, Economics and Culture*）一書中，將國際關係學者對於全球化的相關討論區分為三個流派，分別為「超全球主義者」（Hyperglobalist）、「懷疑論者」（Skeptics）以及「轉型論者」（Transformationalist）。[12]顧名思義，「超全球主義者」對於全球化抱持著樂觀的態度；「懷疑論者」則完全相反，不相信有所謂全球化的存在，這兩者在此議題的光譜中都屬於極端者；而「轉型論者」則介於兩者之間，屬於折衷派（參見下表）。

---

[12] David Held, Anthony McGrew, David Goldblatt, & Jonathan Perraton, 1999, *Global Transformations*: Politics, Economics and Culture (Stanford, CA: Stanford University Press).

樂觀		悲觀
超全球主義者	轉型論者	懷疑論者

資料來源：作者自繪。

一、超全球主義者

（一）經濟全球化的主張

　　「超全球主義者」對於全球化的趨勢抱持著肯定及樂觀的態度，認為全球化不但有利，而且是一種必然的趨勢。一般而言，支持此論點者大部分是屬於「自由主義」學派的學者。全球化的概念主要起源於經濟的領域，所以當前討論最為熱烈的議題，主要還是集中於經濟領域的全球化。此正如「功能主義」學派所預測的，在過去的20多年間，國際政治經濟的最顯著特徵就是經濟活動的全球化。[13]

1.經濟全球化思潮的起源

　　國內學者黃俊榮教授稱，經濟全球化思潮可追溯至「經濟學之父」英國經濟學者亞當・史密斯（Adam Smith）的自由主義觀點，[14]雖然在他之前已經有許多學者提出國與國之間貿易應該自由化的主張，但是都是一些片段且無系統的論述。史密斯於1776年出版其著名的著作《國富論》（*The Wealth of Nations*）一書，開始有系統的倡導自由貿易（free trade）對國家有益的觀念。他認為自由貿易可使國家富強，因此英國應該盡一切的努力促進自由貿易，政府也不應該對貿易採取任何干涉的政策，包括關稅或任何的保護國內產業的作

---

[13] Frederic S. Pearson & Simon Payaslian著，《國際政治經濟學──全球體系中的衝突與合作》，頁26。

[14] 黃俊榮，2007年12月，〈在全球化趨勢中台灣如何扮演好其角色？〉，《台北：中華民國外交部通訊》，第27卷第1期。

為。[15]

　　他的思想影響後來的經濟學家，尤其在19世紀初期，許多經濟學家將史密斯的自由貿易思想發揚光大，這派學者後來被稱為「古典學派經濟學家」（Classic Economists）。他們不但支持史密斯的自由貿易觀點，更修正史密斯的「絕對利益法則」，使自由貿易的理論基礎更加穩固。而在「古典學派」的經濟學家當中，以李嘉圖（David Ricardo）最具代表性。[16]因為他在1817年出版的《政治經濟以及租稅之理論》（*The Principle of Politial Economy and Taxation*）一書中，提出「比較利益法則」（Law of Comparative Advantage），以補充史密斯「絕對利益法則」的不足之處。

　　「比較利益法則」正好可以為經濟全球化提供辯護，因為有些學者批評經濟全球化將會造成全世界經濟形成贏者與輸者兩個對立的團體。但是「自由主義」學者不認為經濟全球化會造成「零和」（zero-sum）的結果，國內某些特殊團體或許會因為經濟競爭而受害，但是幾乎每個國家在某些產品上都具有比較利益，因此這些產品在國際上具有競爭的優勢，所以長期來看會因經濟全球化而受益。[17]從此以後自由貿易一直都被認為是國際貿易的準則，任何妨礙自由貿易的論述都會遭受到嚴厲的批判。

　　另外，「新自由主義」也大力歌頌自由貿易的重要性，例如該主義的主要學說之一──「經濟互賴和平論」就認為，自由貿易不但有利於各國的經濟發展，而且國家間經濟若高度相互依存，他們之間就不可能相互發動戰爭，和平因而將會來臨，所以世界和平穩定的根基在於維持一個自由的經濟秩序。如果國家建立廣泛的經濟聯繫上，他們就會避免戰爭，而專注於財富的累積。因此任何傷害全球貿易的保護措施，例如補貼或關稅等都應該被取消。

---

[15] Douglas A. Irwn, 1996, *Against the Tide: An Intellectual History of Free Trade* (US: Princeton University Press), p. 75.

[16] 同前註，p. 87。

[17] David Held, Anthony McGrew, David Goldblatt & Jonathan Perraton, 1999, *Global Transformations: Politics, Economics and Culture* (U.K.: Polity Press), p. 5.

2.經濟全球化的內涵及發展

「超全球主義者」主張世界各國的經濟有逐漸走向一體化的趨勢,「無國界經濟」(borderless economy)的崛起是21世紀的世界經濟趨勢。[18]也就是在全球化之下,一個全球性的市場正在形成,單一市場趨勢將無可避免,全世界各地的人們將逃不出全球市場的法則。而國家的主權與疆界,也將因為全球市場的力量及資金的自由流動,而逐漸失去其保護的作用。甚至有一些極端的全球主義者主張,國家將因全球化而終結。[19]

例如英國的國際政治經濟學者Susan Strange曾說:「世界經濟的力量現在已經大於國家的力量了,而國家權威的衰弱反映在此權威正逐漸分散至其他的機構與社團,與地方或區域的組織」。[20]因此在探討現代世界經濟時,必須認識一項重要觀念,那就是阻礙人員、事物、資金等流通的國境壁壘已經日漸降低。[21]而且「超全球主義者」深信經濟全球化正在建構一個新的社會組織型態,以取代目前國際社會的最主要單元——傳統的民族國家(nation-states)。[22]

為了促進國際間的自由貿易,國際間成立了許多重要的國際組織,其中以「關稅暨貿易總協定」(GATT)最具代表性,該協定自1948年成立以來,一直致力於強化國際貿易規範、降低進口關稅、減少非關稅貿易障礙等方面的努力,最後成為全球最具影響力的國際經貿協定。為了加深國際間的自由貿易,各國在1993年的烏拉圭回合談判中達成協議,決定成立「世界貿易組織」(World Trade Organization, WTO)以取代GATT,使GATT由原先單純的國際經貿協定,轉化成為實質的世界貿易組織,[23]我國也以「台澎金馬關稅領域」

---

[18] 黃罡慶,2000年,《世界經濟金融訊息解讀入門》(台北:實川出版社),頁11。

[19] 張亞中主編,《國際關係總論》,頁334-335。

[20] S. Strange, 1996, *The Retreat of State: The Diffusion of Power in the World Economy* (Cambridge: Cambridge University Press).

[21] 黃罡慶,《世界經濟金融訊息解讀入門》,頁10。

[22] David Held, Anthony McGrew, David Goldblatt & Jonathan Perraton, *Global Transformations: Politics, Economics and Culture*, p. 5.

[23] 〈何謂關貿總協(GATT)?〉,2005年2月26日,〈http://tw.knowledge.yahoo.com/question/

的名稱於2002年成為世貿組織之第140個會員。「世界貿易組織」的成立，象徵著人類在經濟全球化的路程上更向前踏出一步。

　　我國經濟學者楊政學教授稱，在封閉的經濟體系中，供給與需求間往往採取自給自足的方式來達成。但在開放經濟體系中，卻可以獲得比自給自足的經濟制度更多的好處。首先是不需要自己生產所有的產品，而可以根據各自的比較利益來進行專業分工，更有效率地生產更多的財貨，再經由自由貿易交換，個人得到比自給自足時更多的財貨消費，從而提升彼此的總體生活水準，優於各自封閉的經濟體系，這正是鼓勵自由貿易而成立「世界貿易組織」的最主要目的。[24]（有關自由貿易的理論可參見以下楊政學教授所舉的例子）

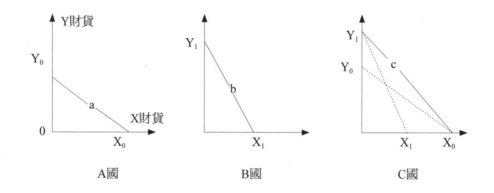

A國　　　　　　　　B國　　　　　　　　C國

　　由上圖可知，A國在生產X財貨時較具有比較利益，B國在生產Y財貨時較具有比較利益。在自給自足的情況下，A國只能在X_0Y_0生產曲線上選擇一組的生產量（如a點）；而B國也只能在X_1Y_1生產曲線上選擇一組的生產量（如b點）。但是在自由貿易下，A國可以專業生產具有比較利益的X財貨，B國可以生產具有比較利益的Y財貨，因此世界總生產量為提升至X_0Y_1的產量（如c點），顯然比兩國在自給自足的情況下具有更高的福利水準（welfare），此即為貿易利得（gains of trade）。貿易利得之所以會產生，就是因為在開放的經

　　question?qid=1005022506644〉（瀏覽日期：2010年5月17日）。
[24] 楊政學，《總體經濟學》，頁443。

濟體系下，各國可以按照其資源的比較利益來專業生產，達到資源的最適分配使用，因而創造出更多的財貨，再經自由貿易來互通有無，而得到比原先自給自足下更高的福利水準。[25]因此可證明經濟全球化的好處。

除了國際組織與機制之外，跨國公司也是國際政治經濟全球化的主要因素之一。尤其是第二次世界大戰之後，跨國公司有如雨後春筍的快速發展，全球跨國公司及其所擁有的海外子公司數目多得不可勝數。香港學者吳美玲稱，有五百間跨國企業控制了全球七成貿易。聯合國貿易與發展會議（UNCTAD）每年列出全球最大一百家跨國公司的業績，她們共控制全球海外資產總和的五分之一，以「富可敵國」來形容這些企業並不誇張。跨國公司可說是工業國家的產物，全球超過九成的海外直接投資（foreign direct investment），都是源自於以美國、日本、英國、德國等先進的工業國家為基地的跨國公司。跨國公司的影響力日漸壯大，在自由經濟為主導的思潮下，她們所享有的權利與保障愈來愈多。挾著高科技而來的全球化潮流趨勢，更為跨國企業造就天時地利，使她們無論在經濟、政治，甚至社會民生的範疇上，都成為一股重要的勢力。[26]

（二）政治全球化的主張

就目前的全球化趨勢來看，經濟全球化的速度遠遠超越政治全球化的速度，而且經濟全球化也正在影響著政治的全球化發展。「超全球化主義者」就認為，國際經濟及國際貿易領域正在進行全球化的發展，而這股潮流也正刺激著國際政治領域逐漸走向全球化的道路，他們認為政治全球化是現今及未來一股不可抵禦的世界潮流。例如美國哈佛大學教授杭廷頓（Samuel P. Huntington）於1991年出版的《第三波：二十世紀末的民主化浪潮》（*The Third Wave: Democratization in the Late Twentieth Century*）一書中認為，在19世紀以來，全

---

[25] 楊政學，《總體經濟學》，頁444。
[26] 吳美玲，2000年11月1日，〈跨國企業對第三世界發展的意義〉，《思》，第70期，〈http://www.hkace.net/globalization/articles/detail.php?hkace_ID=84〉（瀏覽日期：2010年5月17日）。

球性的民主化浪潮有三波。

　　其中第三波民主化是從1974年西班牙政變開始，一直持續到20世紀90年代，整個世界經歷了現代最重要、最激動人心的一個發展階段：大量在威權主義統治下的國家開始邁向民主。自從1974年的第三波民主化到20世紀結束後，全球民主國家的數量首次超過了非民主國家。[27]此波民主革命帶動30多個國家進行政治變革，台灣也是這波民主國家的一員。

　　另外，國際關係學者法蘭西斯·福山（Francis Fukuyama）提出「歷史終結論」，他認為冷戰的結束，代表民主制度戰勝極權制度，沒有比自由民主的政治模式與資本主義經濟模式更為優越的體系，因此各國將會朝這個方向發展，形成一股世界的潮流。[28]自由民主制度的全球傳播，將更促進具有共同經濟與政治規範的組織出現，而形成所謂的「全球文明」（global civilization）。這種文明當中，國家消失了，各國人們之間開始相互合作，人類因為全球的交通與通訊的便捷，而逐漸產生共同的利益與認知，這些現象顯示「全球公民社會」（global civil society）的逐漸出現，[29]

　　這或許就是我國師聖孔子所說的「世界大同」的到來。所以有些人主張在政治全球化的趨勢之下，國家的疆界已經不再是保護國家的堅固屏障，甚至宣稱「無疆界的世界將到來，民族國家也將走向終結並消失」。[30]就如著名的社會學者季登斯（Anthony Giddens）所說的：「全球化運動正在影響全世界各個國家的地位與能力，主權不再是一個全有全無的事物，國家邊界與過去相比，正在不斷的變模糊了。」[31]

---

[27] Samuel P. Huntington, 1991, *The Third Wave—Democratization in the Late Twentieth Century* (Norman: University of Oklahoma Press), pp. 113-114.

[28] Francis Fukuyama, "The End of History?" pp. 3-18.

[29] David Held, Anthony McGrew, David Goldblatt & Jonathan Perraton, *Global Transformations: Politics, Economics and Culture*, pp. 4-5.

[30] 林萬億，2008年10月22日，〈全球政治經濟向左轉〉，《中國時報》（台北），版A12。

[31] Anthony Giddens著，鄭武國譯，1999年，《第三條路──社會民主的更新》（台北：聯經出版社），頁37。

二、懷疑論者

由於全球化的步伐並非走得一路順暢，有時還顯得步履蹣跚，跌跌撞撞，因此並非所有的人都支持全球化，不論是在經濟或是政治領域的全球化方面，都引起許多人的反對。而與「全球主義者」觀點截然不同的是「懷疑論者」，他們對於全球化抱持著否定與懷疑的態度，認為全球化帶給人類的壞處大於好處，批評「全球主義者」對於全球化的態度過於樂觀，並認為全球化僅是一個「神話」（myth）。基本上，對於全球化抱持懷疑態度者一般都是屬於「現實主義」學派的學者。

（一）反經濟全球化

1.懷疑論者的主張

在經濟全球化的浪潮之下，雖然「新自由主義」學者認為自由貿易是最佳的國際經濟形式，但是也有許多學者持反對的意見，例如德國著名經濟學家李斯特（Friedrich R. Liszt）就抨擊英國古典學派的自由放任與「世界主義」政策，認為它忽視了國家的作用與不同國家經濟發展的民族特點，因而竭力反對自由貿易政策，並主張實行保護關稅制度。[32]美國第一位財政部長漢彌爾頓（Alexander Hamilton）也同樣的不主張自由貿易，他在1791年向美國國會提交的報告中，建議制訂政策來保護美國各項剛起步的工業，美國經濟在後來150年間，在高貿易壁壘的保護下成長，工業貿易關稅很少低於25%，甚至最高曾達40%之多。[33]

也有些對經濟全球化持懷疑的學者引用19世紀的世界貿易、投資及勞工的統計數字證明，認為現今世界經濟的互賴程度並不是絕無僅有，而且其整合程

---

[32] 弗里德里希·李斯特，2010年3月19日，〈http://wiki.mbalib.com/w/index.php?title=%E5%BC%97%E9%87%8C%E5%BE%B7%E9%87%8C%E5%B8%8C%C2%B7%E6%9D%8E%E6%96%AF%E7%89%B9&variant=zh-tw〉（瀏覽日期：2010年5月17日）。

[33] 〈破除市場自由化的迷思〉，2005年12月14日，〈http://www.wretch.cc/blog/leonard-world/3292283〉（瀏覽日期：2010年5月17日）。

度甚至不超過19世紀末的「金本位制」（gold standard）的時代。因為歷史的證據最多只能證實，現今國際關係僅是「國際化」（internationalization）程度的增加，也就是主要國家之間的經濟互動增加而已。[34]因此「懷疑論者」認為「超全球主義者」的理論基本上發生了錯誤，而且在政治意識上顯得無知與天真，因為後者低估國家在規範國際政治經濟活動上的力量。為了不使世界經濟發生失控，「國際化」本身的力量仍然必須依賴國家所具有的規範力量，來確保經濟能夠持續維持自由化。[35]

另外，「自由貿易區」的建立與經濟全球化間的關係，也是值得探討的議題。現今各國為了降低國與國間貿易的交易成本，而相互簽訂「自由貿易協定」（Free Trade Agreement, FTA），世界正朝向歐洲（Europe）、亞太（Asia-Pacific）與北美洲（North America）這三大主要金融與貿易區塊發展。[36]「超全球主義者」認為「自由貿易區」不但是區域經濟一體化的重要形式，並象徵全球化進程的推進；然而「懷疑論者」認為「自由貿易區」的建立象徵著「區域化」（regionalization）的發展，而區域化與全球化是相互對立。例如澳洲雪梨大學政治學教授Linda Weiss就認為，與「金本位」時代相比較，國際經濟因為趨向區域化的發展，而大大降低全球化的趨勢。[37]

2.經濟全球化的負面影響

由於經濟全球化的影響，使今日全球經濟緊密的結合在一起，也為東方與西方都帶來風險。隨著世界經濟環環相扣，各國變得更容易因為地方性的騷動而受損害。[38]或許可以引用著名的「蝴蝶效應」（butterfly effect）理論，來說

---

[34] P. Hirst & G. Thompson, 1996, *Globalization in Question: The International Economy and the Possibility of Governance* (Cambridge: Polity Press).

[35] David Held, Anthony McGrew, David Goldblatt & Jonathan Perraton, *Global Transformations: Politics, Economics and Culture*, p. 5.

[36] R. Boyer & D. Drache eds., 1996, *States agaimt Markets* (London: Routledge).

[37] Linda Weiss, 1998, *State Capacity: Governing the Economy in a Global Era* (Cambridge: Polity Press).

[38] Robyn Meredich著，《龍與象：中國／印度崛起的全球衝擊》，頁241。

明經濟全球化所產生的依賴或互賴效應，對世界各國經濟的負面影響情形。該理論認為：「一隻蝴蝶在巴西輕拍翅膀，會使更多蝴蝶跟著一起輕拍翅膀。最後將有數千隻的蝴蝶都跟著那隻蝴蝶一同振翅，其所產生的巨風可以導致一個月後在美國德州發生一場龍捲風。」

「蝴蝶效應」的論點雖然最初是用於氣象預報中，也只是一個未經證實的誇張預言（fable）而已。卻可借用來描述現今世界經濟深深的相互依賴情形。例如發生於1997年7月的亞洲金融危機，剛開始是由泰國開始，之後進一步影響鄰近亞洲國家的貨幣、股票市場與其他的資產價值。這波金融風暴幾乎席捲亞洲國家，雖然印尼、南韓與泰國是受此金融風暴波及最嚴重的國家，但是寮國、馬來西亞、菲律賓與香港也都被波及，[39]此次的金融危機也讓人們開始驚覺到全球化也可能帶來弊端。

1997年的金融危機或許只是亞洲的區域性危機，然而美國於2008年所爆發嚴重的金融危機，讓大家終於感受到經濟全球化的負面影響力。美國打一個噴嚏，全球就患傷風感冒，各國股市紛紛得了股災。俄羅斯總理普丁在出席聯合國大會時就公開指責美國是此次所有經濟與金融問題的罪魁禍首。[40]緊接著在2010年希臘也爆發債務危機，接著愛爾蘭及葡萄牙也傳出警訊，現在更是如骨牌效應一樣的連西班牙及義大利也都告急。這幾次的金融危機突顯出一個重要的全球化問題，那就是「我們都被連結在一起，但是沒有人來負責管理。」經濟全球化雖然帶來好處，金融民主化促成全球的經濟快速增長，並讓印度、中國與巴西許多人民脫離貧窮；但是現今經濟全球化也帶走好處，這種金融民主化讓美國不良房貸影響全世界。[41]

1997年的亞洲金融危機、2008年的全球金融危機以及2010年的歐債危機，顯然強化了「懷疑論者」的觀點，所以經濟全球化的效益仍是個甚具爭議性的

---

[39] 〈1997年亞洲金融風暴過程〉，2007年6月24日，〈http://bbs.qoos.com/viewthread.php?tid=1368239&extra=page%3D3〉（瀏覽日期：2010年5月17日）。
[40] 陸以正，2008年10月6日，〈世界經濟將持續低迷〉，《中國時報》（台北），版A11。
[41] 佛里曼，2008年10月21日，〈冰島銀行崩盤　揭露全球化危機〉，《中國時報》（台北），版A2。

議題。甚至有人認為，強調全球化的「新自由主義」只是虛幻的夢想。據英國「泰晤士報」於2008年10月20日的報導稱，在全球金融危機中，提倡自由化及全球化的資本主義摔得灰頭土臉，反而強調國家管制的「馬克思主義」重新引起世人的重視。[42]

（二）反政治全球化的主張

根據全球化主義者的主張，冷戰結束後各國的政治將走向自由民主的道路。例如國際關係學者法蘭西斯‧福山提出「歷史終結論」，就是認為沒有比自由民主的政治模式與資本主義經濟模式更優越的體系，各國必將會朝這個方向發展，而當各國均採取相同的政治體系時，將有助各國之間的理性溝通，達到世界和平的境地。美國哈佛大學教授杭廷頓也認為，現今整個世界經歷了現代最重要、最激動人心的一個發展階段：大量在威權主義統治下的國家開始邁向民主制度。

但是事實上，許多新興國家的民主發展並未如全球化主義者所預測的樂觀，因為這些國家都遭遇嚴重的民主轉型問題，包括政治、經濟與社會等各層面的轉型問題。在政治方面，有些國家的軍隊與反民主份子的勢力仍然很大，例如近年泰國的紅衫軍及黃衫軍之間的政治惡鬥；在經濟方面，例如非洲國家大多面臨經濟的問題；在社會方面，新的民主國家仍為廣大的社會問題所困擾，例如貪污腐化、社會制度落後、種族鬥爭、社會治安、毒品交易等。

根據「自由之家」（Freedom House）對世界各國所做的自由度調查顯示，現今世界上仍有約超過一半的國家屬於不自由或部分自由。[43]此調查顯然與法蘭西斯‧福山所主張自由民主的生活方式將會成為全球的標準與模式，及杭廷頓教授所稱的大量在威權主義統治下的國家開始邁向民主制度的論述，

---

[42] 尹德瀚，2008年10月21日，〈金融海嘯　馬克思主義鹹魚翻身〉，《中國時報》（台北），版A2。

[43] "Map of Freedom in the World," Freedom house,〈http://www.freedomhouse.org/uploads/fiw09/MOF09.pdf〉.

顯然有些出入。所以對於有關民主政治的未來發展前途如何？杭廷頓後來提出測試新民主國家是否鞏固的簡便方法——「兩次輪替檢定」（Two Turn-over Test），也就是一個新興的民主國家是否能夠成功的從「民主轉型」（democratic transition）到「民主鞏固」（democratic consolidation），必須「政權經過兩次民主而和平的轉移」。[44]台灣在2000年及2008年的兩次和平政黨輪替，已經符合杭廷頓的「兩次輪替檢定」，所以我國的民主制度應該算是已經上了軌道。

另外，「懷疑論者」對於「超全球主義者」所強調的，在政治全球化的趨勢下，民族國家將被消滅的論點加以反駁。因為此主張與現實不相符，國家目前仍然是現今國際政治最主要的行為者。所以他們反駁「超全球主義者」所主張的全球化將弱化國家主權，是一種過於誇大與目光短淺的看法。[45]

三、轉型論者

對於全球化的議題，除了「超全球主義者」以及「懷疑論者」之外，另外還有一派學者被稱為「轉型論者」。他們的立場較為中立，不像「全球主義者」的樂觀，也不像「懷疑論者」的悲觀，他們雖然承認全球化正在發生，但對於其未來的結果是好或壞，仍保持觀察的態度。「轉型論者」的論點為，在新的21世紀之初，全球化是社會、政治與經濟產生快速變化的背後驅動力（driving force）。[46]現今全球化的過程是歷史上前所未有的，全世界的政府與社會在面對國際社會時都必須加以調適，因為現在的世界在國際與國內、外部與內部事務之間的界線，已經不再如此的明顯。[47]全球化被認為是一個巨大的轉型力量，因為它讓各國的社會、經濟、統治機構與世界秩序產生巨大的改變

---

44 Samuel Huntington, ,*The Third Wave: Democratization in the Late Twentieth Century*.
45 Samuel S. Kim, *Chinese Foreign Policy Faces Globalization Challenges*, p. 278.
46 M. Cstells, 1996, *The Rise of the Network Society* (Oxford: Blackwell).
47 J. Rosenau, 1990, *Turbulence in World Politics* (Brighton: Harvester Wheatsheaf).

（shake-out）。[48]

　　雖然發生如此巨大的改變，但是「轉型論者」卻認為改變的方向仍然是不確定的，因為全球化是偶然的歷史過程，所以充滿著矛盾。[49]與「超全球主義者」以及「懷疑論者」的論點相比較，「轉型論者」對於全球化的未來軌跡並未做出明確的論斷，他們對於其他人所提出的理想型全球化世界，例如全球市場（global market）或是全球文明化（global civilization），也不加以評論。而「轉型論者」強調全球化是一個長期的歷史過程，在此過程中不但充滿著矛盾，並且會受到許多因素的影響。[50]

　　對於「轉型論者」而言，全球化與新型的全球階層型態有關，在此新的階層型態當中，許多國家、社會與社群逐漸融入全球的秩序當中，但是有些逐漸遭到邊緣化。過去以「南－北」（North-South）作為劃分世界的權力分配架構，已逐漸變成「中心－邊緣」（Core-Periphery）階級式的國際分工架構。世界權力不再以地緣來劃分，而是以世界的經濟地位來劃分。[51]

　　「轉型論者」的核心信念是，現代的全球化正在重新建構國家的權力、功能與權威。雖然國家毫無疑問的對於其國內的事務仍然具有管轄權，但是此管轄權在某種程度上已經受到國際組織的管轄權及國際法所限制。例如歐盟的例子顯示，會員國的某些主權已被分配至國際、國家與地區政府。另外，世界貿易組織（WTO）也是一個明顯的例證，因為它對國與國之間的貿易爭端具有仲裁權，並直接影響到國家的對外貿易。[52]所以，未來世界社會的架構可被視為是由國際、國家與地方政府的三層結構，各階層代表不同層級菁英的利益與

---

[48] A. Giddens, 1996, *15*, "Globalization: A Keynote Address," *UNRISD News*.

[49] M. Mann, 1997, "Has Globalization Ended the Rise and Rise of the Nation-state?," *Review of International Political Economy*, Vol. 4.

[50] David Held, Anthony McGrew, David Goldblatt & Jonathan Perraton, *Global Transformations: Politics, Economics and Culture*, p. 7.

[51] A. Hoogvelt, 1997, *Globalisalion and the Postcolonial World: The New Political Economy of Development* (London: Macmillan).

[52] J. Goodman, 1998, "The European Union: Reconstituting Democracy Beyond the 'nation-state'," in A. McGrew ed., *The Transformation of Democracy? Democratic Politics in the New World Order* (Polity: Cambridge), pp. 171-201.

主張；而不再是類似傳統金字塔的結構，僅有少數的大國處於優勢的地位，其餘大多數國家都必須臣服於其之下。[53]全球化因此與主權（sovereignty）、領土（territory）及國家權力（state power）間關係的轉變有關聯。[54]

由此可知，「轉型論者」的主張不像「超全球主義者」主張民族國家的主權已經終結，或是「懷疑論者」主張國際關係一點都沒有改變。他們聲稱一個新的「主權體制」（sovereignty regime）正在取代絕對的（absolute）、不可分割的（indivisible）、領土排他性的（territorially exclusive）與零和的（zero-sum）傳統概念的國家關係，因此今天主權的概念已經不能夠再被領土所限制。[55]

「轉型論者」除了認為全球化與新的「主權體制」出現有關之外，而且也與強有力的新型非領土型態的政治與經濟組織的出現有關，例如跨國公司、跨國社會運動、國際管理機構等。世界秩序不能再被認為主要是由國家來管理，因為權威已經逐漸被分配到地方、國家、區域與全球階層的政府與私人的機構。因此民族國家不再是世界治理或權威的唯一或是主要形式。[56]

在全球秩序的轉型過程當中，當政府在尋求融入全球世界的策略時，國家的形式與功能也必須加以調整。各國政府已經逐漸對外追求合作的策略，與建構國際的管理機制，以更有效處理許多的跨國議題。全球化並不會使國家終結，而是鼓勵國家採取一系列的調整策略，在某些方面而言，就是讓國家在國際間扮演更為積極的角色。因此國家的權力不一定會因為全球化而削弱；相反的，它正逐漸的重新被建構，在更加相互連結現代世界，以因應日漸複雜的管理程序。[57]

---

[53] A. Hoogyelt, *Globalisalion and the Postcolonial World: The New Political Economy of Development*.

[54] J. G. Ruggie, 1993, "Tenitoriality and Beyond," *International Organization*, Vol. 41.

[55] R. O. Keohane, 1995, "Hobbes Dilemma and Institutional Change in World Politics: Sovereignty in International Society'," in H. H. Holm & G. Sorensen eds., *Whose World Order?* (Boulder: Westview Press).

[56] J. Rosenau, 1997, *Along the Domestic-Foreign Frontier* (Cambridge: Cambridge University Press).

[57] 同前註。

英國學者赫爾德（David Held）等學者根據上述全球化三大爭論的內涵，整理出彼此之間的差異點（參見下表）：[58]

	超全球主義	懷疑論	轉型論
新觀點	全球化世紀的來臨	貿易區塊的形成	全球的相互聯繫達到歷史上前所未有的程度
主要特徵	全球資本主義、全球治理、全球公民社會	世界的互賴比1890年代還少	全球化的範圍擴大與密度的增加
國家統治權力	下降	加強	重新建構
全球化驅動力	資本主義、科技	國家、市場	現代化的綜合力量
階級型態	舊官僚階級遭侵蝕	南方國家更加邊緣化	世界秩序新架構的形成
中心思想	類似麥當勞的跨國企業	國家利益	政治社群的轉變
全球化概念	人類活動組織的重組	國際化、區域化	跨區域的關係與行為正在重組
歷史發展軌跡	全球文明化	區域集團、文明衝突	全球是否整合或分裂尚無法確定
簡要論點	民族國家的終結	國際化須依賴國家的支持	全球化正在改變國家權力與世界政治

---

[58] David Held, Anthony McGrew, David Goldblatt & Jonathan Perraton, *Global Transformations: Politics, Economics and Culture,* p. 10.

第（十）章　國際環境政治

第一節　國際環境政治的興起

國內學者李登科教授稱，在傳統的國際關係學界中，由於一向以權力、安全及利益為核心的討論議題，軍事安全的重要性遠超過於一切，所以政治及軍事議題一般被稱為高層政治（high politics），也為國際關係學者所重視。而有關環境保護的議題則被歸類於低層政治（low politics）的範疇，一般認為由技術專家即可以解決。而且，當環保問題與一國軍政問題相衝突時，通常是後者蓋過前者。例如在捕鯨問題上，1988年冰島與日本違反國際捕鯨委員會（International Whaling Commission）於1986年所規定保護鯨魚條例，繼續捕鯨。依照美國法律應停止從這兩國進口水產品，但是因為冰島威脅關閉租給美國的軍事基地，而日本則是美國在亞太地區最重要的盟友，因此雷根政府並未對他們採取制裁措施。[1]

然而現今各國所面臨的國際環境，已不同於冷戰以前兩極對壘般的緊張。各種過去較不被重視的低階政治議題，逐漸在政策優先序列上獲得各國政府的關注。環境議題便屬其中之一，且由於全球暖化對人類社會與天然環境造成的衝擊與威脅，使其重要性迅速上升。[2]李登科教授稱另外由於近年來全球人口快速成長，加上國際經濟快速的發展，使地球資源過度的開發與利用，隨之導致全球環境的惡化，嚴重影響人類未來的生存環境。致使全球環保意識逐漸抬

---

[1]　李登科等合著，1996年，《國際政治》（台北：國立空中大學），頁370。

[2]　〈我外交應如何因應後京都議定書及其機制〉，2008年2月，《台北：中華民國外交部》，頁1，〈http://www.mofa.gov.tw/webapp/public/Data/2008033101.pdf〉（瀏覽日期：2010年5月17日）。

頭，各國也才逐漸認知此議題的重要性。有學者甚至將全球環保問題與國際安全、世界經濟並列為國際政治的三大主要課題。1990年代歐美出版的國際關係教科書都將環保專列章節加以討論，可見其重要性。[3]

對於政治及經濟全球化的議題，引發各界不同意見的爭議，有人贊成推動政治及經濟的全球化，有人則持反對的意見，也有人抱持著懷疑及觀望的態度。然而對於共同對付全球化的環境危機，各界都抱持一致的態度。過去環境污染影響的範圍主要集中於污染源附近，具有局部性與區域性的特性，對全球環境的影響不大，所以不太受到國際的重視。然而當前環境危機則是無國界的限制，一國所產生的水或空氣的汙染，可能汙染他國的水或空氣。例如在美國的觀測站，科學家發現來自中國的灰塵、煤灰與水銀，[4]所以現今的環境問題呈現出全球化的特性。

國際政治最早對於國際環境議題產生關注乃始於19世紀，例如1856年克里米亞戰爭後所簽訂的「巴黎條約」（Peace Treaty of Paris），就設立「多瑙河委員會」，將流經9個國家的多瑙河當作一條國際航道來監管，這算是第一個由各國所成立管理河川的組織。然後其他領域也簽訂國際性的環保條約，例如1889年於瑞士首都伯恩（Bern）所簽訂第一個保護植物的國際條約，主要在避免葡萄虱（Phylloxera）疾病的擴散，以威脅歐洲的葡萄園。1946年聯合國設立「糧農組織」（FAO），以保護自然資源。1948年「國際海事組織」（International Maritime Organization, IMO）成立，此組織原本只是船東們所組成的一個俱樂部性質的組織，主要目的在提升國際航運及航行的安全，在1954年該組織被賦予維護海洋免於遭受石油污染的責任。[5]後來許多各類國際性的環保條約也不斷的陸續簽訂。

溫室效應更是現今全球所關切的議題，因為其所造成的全球暖化問題，造

3　李登科等合著，《國際政治》，頁371。

4　Robyn Meredich著，《龍與象：中國／印度崛起的全球衝擊》，頁221。

5　John Baylis & Steve Smith, 2001, *The Globalization of World Politics: An Introduction to International Relations*, 2nd ed. (Oxford: Oxford University Press), p. 389.

成海平面不斷升高，將對很多濱海的國家造成嚴重的災害。因此國際環境的問題已經無法單靠一個國家的能力，而必須靠各國的通力合作才能夠獲得解決。雖然過去傳統的安全議題忽略對環境議題的討論與研究，但是環境保護在現今全球化時代，已經是一項重要的挑戰。[6]所以要解決全球的環保問題，必須要有全球的思維及合作，才能得到事半功倍的效果。

　　李登科教授稱，各國都認知共同致力解決環境問題的重要性，但是由於環保問題常與國家的經濟發展相衝突，因此各國都有各自的利益考量，尤其是發展中國家，他們主張當前最重要的是經濟發展，環保問題屬於次要的問題。[7]另外，各國在交涉合作解決環境議題時，對於合作的範圍與內涵常產生相互衝突的情況。例如南北國家分別處於不同的經濟發展階段，所需要與重視的問題不同，自然的對環保問題的看法會產生差距。一般而言，發展中國家認為今日地球環境污染危及生態，已開發國家應負主要的責任，所以已開發國家應出資來改善環境污染。[8]

　　另外，全球環保議題也因為牽涉到跨國的問題，所以常涉及到國家的管轄與主權問題，使環保問題與國際政治問題糾纏在一起。另外，環境保護問題不僅是純粹的如何改善環境污染的問題，它還牽涉到人與人之間，以及人與環境之間的複雜關係。因此全球的環境問題已經不再僅是簡單的技術問題，而逐漸成為全球的政治問題，並形成所謂的「國際環境政治」或「全球環境政治」（global environmental politics）的議題，此問題近年來逐漸躍上國際舞台，並成為另一個國際政治角力的議題。

　　因此，國際關係的研究開始關心與傳統的戰略安全、國家力量等不相關的環境議題，而國際環境政治的研究也越來越有系統化。國內學者王順文稱，Michael Zurn便曾對國際環境政治進行研究，他將國際環境政治的研究發展分為兩個階段：第一階段從1980年代開始，此時期在試圖建立某些觀念，並將環

6　Samuel S. Kim, *Chinese Foreign Policy Faces Globalization Challenges*, p. 292.
7　李登科等合著，《國際政治》，頁372。
8　同前註，頁371。

境與國際政治（例如國際制度、外交政策等）的研究相連接；第二階段除了研究領域的擴大外，也開始加入實證研究，其對象包括跨國性制度、跨國社會運動、非國家行為者、知識社群等。這些研究與新的發展趨勢，都顯示出一個「後現實主義」（Post-realism）的發展情況。[9]

　　而國際環境政治主要內涵除了探討環境問題如何產生之外，還要解決各國在環境議題的利益衝突問題，以及尋求如何解決這些衝突的方法，使各國在環保議題上能夠排除困難，並相互合作。在21世紀之初，地球的生態遭受前所未有的破壞，全球環保議題毫無疑問的是一項嶄新的、重要的國際關係議題。而且藉由對全球環境議題的探討，可以讓我們更深入瞭解及觀察國際關係的變化。所以，國際關係學者未來除了要研究權力、安全、利益、經濟、文化及理念等議題之外，也要深入瞭解國際環保政治的議題。

第二節　國際環境政治的觀點

　　當國際關係學者開始著手研究國際環境政治議題時，他們自然而然的會將原本所學的理論觀點與偏見帶進來，所以對於如何處理環境議題，也會產生不同的意見。[10]例如Jennifer Clapp與Peter Dauvergne兩位學者在其著作《通向綠色世界的道路》（*Paths to a Green World: The Political Economy of the Global Environment*）一書中，從經濟、政治、生態與社會等觀點，廣泛的檢視有關環境改變的因果關係後發現，對於國際環境破壞的情形是否可以改善的問題，有人抱持著樂觀的觀點，有人卻抱持著悲觀的觀點。樂觀的觀點包括「自由市場主義」（Market Liberalism）及「制度主義」（Institutionalism）；而悲觀的觀點則包括「生態環境主義」（Bioenvironmentalism）及「綠色社會主義」（Social

---

9　王順文，2003年7月10日，〈生物多樣性典則的建立與執行之分析〉，《國政研究報告》（台北），〈http://old.npf.org.tw/PUBLICATION/IA/092/IA-R-092-011.htm〉（瀏覽日期：2010年5月17日）。

10　John Baylis & Steve Smith, *The Globalization of World Politics: An Introduction to International Relations*, p. 393.

Green）。不論何種觀點，他們對於如何改善國際環境的問題，都提供重要的見解與觀點。

　　國內學者李河清教授稱，樂觀的「自由市場主義」與悲觀的「綠色社會主義」兩者位於國際環境政治領域光譜的兩極，其觀點較為極端；而「制度主義」與「生態環境主義」位於光譜的中間地帶，其觀點較為溫和（參見下表）。值得注意的是，這四種不同的觀點未必相互排斥，可能同時存在，我們也無法武斷的決定哪一種為正確的分析環境政治觀點，所以在探討國際環境政治時，必須從經濟（市場）、政治（制度）、生態（環境）與社會（正義）等四個面向來綜合探討。[11]有關這四種觀點的內涵分述如下：[12]

樂觀			悲觀
自由市場主義	制度主義	生態環境主義	綠色社會主義

資料來源：作者自繪。

一、自由市場主義

　　李河清教授稱，「自由主義」是西方所發展的一種政治與經濟思潮，強調個人自由的重要性。此主義認為人是理性的動物，個人的行為是在實現其最大的效益，並達成社會最大的公益。所以「自由主義」主張政府對個人選擇的干預應減至最低，經由個人的競爭，市場會對有限的資源產生最有效的配置，促進集體的公益（general welfare）。[13]由於此主義相信自由市場的運作，因此對於環境改善的問題，主張政府應該盡量減少干預，以免資源錯置。例如補貼政策只會扭曲市場運作，而無法真正解決環境問題。[14]所以此主義也反對制訂法

[11] 李河清，〈國際環境政治〉，張亞中主編，《國際關係總論》，頁539。
[12] Jennifer Clapp & Peter Dauvergne, 2005, *Paths to a Green World: The Political Economy of the Global Environment* (U.S.: MIT Press's publication), pp. 1-17.
[13] 李河清，〈國際環境政治〉，頁74。
[14] 李河清，〈國際環境政治〉，頁537。

律來干預環境的問題，支持此主義者認為藉由制訂環境法以改善國內或國際的環境，是多餘而且沒有必要的。[15]

自由市場擁護者不認為我們正面臨一個前所未有的環境危機，他們認為現在所面臨的環境問題，是經濟發展中的必要之惡。追根究底，環境問題的根源是貧窮、市場及政策的失靈。他們主張經濟發展與消除貧窮是解決環境問題的途徑。因此主張全球化讓資本更有效率的流動，同時利用市場機制鼓勵企業進行各種綠色研發，未來隨著經濟的發展與科技的進步，環境問題也將迎刃而解。[16]由此觀之，「自由市場主義」對於解決國際環境問題相當的樂觀。

但是事實顯示，「自由市場主義」顯然是太過於樂觀，因為很多環境問題是無法依賴該自由市場的運行。例如雨林的問題，在人類商業利益的驅使之下，包括印尼的婆羅洲雨林與巴西的亞馬遜河雨林等，都遭受大規模的濫砍，如果各國政府不積極採取相關的限制政策與行動，未來可能將會被砍伐殆盡。所以，以現在的雨林開發情況看來，我們沒有任何可以樂觀的理由。

二、制度主義

「制度主義」的觀點源自於社會科學中的制度理論，該主義雖然與「自由市場主義」都對於環境問題採取樂觀的態度，認為環境惡化的問題是可以被解決。但是他們與「自由市場主義」所不同的是，對於環境惡化問題採取積極治理的觀念——也就是「環境治理」（environmental governance）。各國政府必須採取積極的干預政策，制訂相關的法律與制度，以避免潛在的環境惡化危機。他們認為環境問題可歸咎於無效率的政府與國際組織，所以我們必須建立

---

[15] Tean-Sen Teng, "International Environmental Law," 〈http://microbiology.scu.edu.tw/wong/cours-es/greensci/unit4/International%20Environmental%20Law20071116.ppt#256,1,International Environmental Law〉(latest visited 2010, 5, 17).

[16] 〈憂鬱的環境科學〉，2007年2月27日，〈http://www.wretch.cc/blog/chungenliu/11047741〉（瀏覽日期：2010年5月17日）。

強而有力的管理機制，與國際合作平台來處理環境問題，必須對全球化的影響做出適當的導正，以謀求全人類的福利，而且已開發國家有責任轉移技術與資金協助開發中國家。[17]

　　1972年聯合國在瑞典斯德哥爾摩（Stockholm, Sweden）所召開史無前例的「聯合國人類環境會議」就是此主義的具體實現，會中通過「人類環境宣言」（Declaration on Human Environment），在此宣言中列舉出26條原則，這些原則構成後來環境法的基石。[18]「制度主義」在學術界頗受到社會與政治學科的研究者喜愛，例如國際著名的環境政治學者楊格（Oran Young）教授就是該主義的擁護者，他認為「環境治理」的根本問題必須與制度的問題相結合。[19]

　　另外，荷蘭Vrije大學「政治與環境政策學」（Political Science and Environmental Policy Sciences）教授Frank Biermann提出「地球系統治理」（earth system governance）的概念。他認為「全球治理」（gobal governance）的概念通常被用於描繪現代的世界政治，而且有時被限定於傳統的國際關係範疇，較不適合處理國際環境的議題。而「地球系統治理」的概念可被視為是一項政治計畫，該計畫包含很多的行為者，這些行為者企圖在區域與全球的領域中加強現有制度與網路的建構，所以此概念其實就是「制度主義」概念的實現。然而，他認為「地球系統治理」必須面臨以下5個挑戰：[20]

(一) **不確定性（uncertainty）**：是指全球環境處於經常改變的狀態，而且大部分的變化是非線性的，無法預測的，例如全球氣候的改變，要克服此種問題需要新的全球規範與架構來應付；

(二) **跨世代依賴（intergenerational dependencies）**：是指地球系統的變化通常需要幾個世代的時間，所以減緩地球環境的惡化也需要很長的時間，要

17　〈憂鬱的環境科學〉。
18　Tean-Sen Teng, "International Environmental Law."
19　Oran R. Young, 2008, "The Architecture of Global Environmental Governace: Bringing Science to Bear on Policy," *Global Environmental Politics*, Vol. 8, No. 1, p. 29.
20　Frank Biermann, 2007, "Earth System Governance As a Crosscutting Theme of Global Change Research," *Vrije University Amsterdam: Global Environmental Change*, Vol. 17, pp. 329-331.

克服此種問題需要我們這一代負起相關的責任；

(三) **功能互賴**（functional interdependence）：是指地球次級系統的相互依賴與影響，例如氣候變化與生態變化或土地惡化之間的相互影響，要克服此種問題需要某種程度的政策整合；

(四) **空間互賴**（spatial interdependence）：是指自然與社會之間的互賴，也就是環境問題對人類社會所造成的傷害，例如氣候變化造成糧食減產，而影響到人類的生存，要克服此問題需要全球合作以建立一套有效的制度架構；

(五) **劇烈破壞**（extraordinary degree of harm）：是指包括海水水位上升、食物短缺、旱災、暴風雨、土地惡化等問題，人類面對這些問題似乎都還準備不足，要克服此種問題需要全球救濟制度的建立。

由於面臨上述的挑戰，所以Frank Biermann教授強調「地球系統治理」要成功，必須要符合4個基本原則：

(一) **可信性**（credibility）：是指每個政府都必須相互承諾執行相關政策或貢獻相關資源，因為此種治理需要每個參與者的相互信任與互惠，才能有效執行；

(二) **穩定性**（stability）：是指此種治理必須至少超過數十年以上的穩定執行，不會因為個別國家的政治變化而受到影響；

(三) **適應性**（adaptiveness）：雖然此種治理強調穩定性，但是也需要適應性，此指在穩定的架構內，行為者必須要有足夠的能力，來反應外界的快速變化，尤其在現今的21世紀中，適應性更是需要；

(四) **包容性**（inclusiveness）：是指此治理最好能包括所有的利益關係者，此種強調「參與治理」（participatory governance），除了大國的參與之外，缺乏影響力的弱國，尤其是開發中國家也必須參與，同時也必須要求非國

家行為者一起共同參與。[21]

「制度主義」相當受到各國決策者的歡迎，各國紛紛透過條約的簽訂，來實現國際環境的治理制度。經過20多年的時間，全球環境治理已經是國際關係非常具有活力的領域之一。迄今完全以環境為主題的國際條約已超過300條以上，而在一般條約中涉及環境議題者更超過700條以上。[22]李河清教授稱，國際組織是執行這些環境條約的主要行為者之一，其中以聯合國為「制度主義」最主要的支持者與實踐者，例如「聯合國環境規劃署」（UN Environment Programme, UNEP）就是該主義的代表機構，該主義希望藉由國際組織、國際條約等制度，來逐漸改善國際環境問題。[23]另外許多原有的國際組織，例如「世界銀行」（World Bank）、「經濟合作與發展組織」（OECD）等也紛紛將環境治理包含在其工作計畫當中。[24]所以觀諸現代國際社會中，有關環境議題的國際組織如雨後春筍的成立可知，「制度主義」顯然要比「自由市場主義」更具體可行。

三、生態環境主義

許多科學家認為，現今人類生存的環境已經達到地球支持能力的極限了。「生態環境主義」者主張地球的承載力（carrying capacity）並非是無限的，而是有一定的極限，現今人類的活動已經超過此極限，因此已經對環境造成嚴重的破壞，進而威脅到全人類的生存。該主義將環境問題歸咎於人口的過度膨脹與經濟快速的發展。在人口方面，根據世界人口學家估計，目前全球正以每年1億人的速度在增長，到2030年人口將可能達到100億，地球資源在開發利用的

---

[21] Frank Biermann, 2007, "Earth System Governance As a Crosscutting Theme of Global Change Research," p. 331.

[22] Tean-Sen Teng, "International Environmental Law."

[23] 李河清，〈國際環境政治〉，頁537。

[24] Eern Siebenhuner, 2008, "Learnnig in International Orgnizations in Global Environmental Governance," *Global Environmental Politics*, Vol. 8, No. 4, p. 92.

速度已趕不上人口增長的速度。[25]美國學者哈丁（Carrett Harding）於1968年曾提出所謂「共有物的悲劇」（The Tragedy of Commons）的觀念，[26]以批評自由經濟制度的弊端。該主義認為，拯救地球環境之道不但在於創造一種新的經濟體，也須限制人口成長與過度消費，改善貪婪的人心，制訂政策時需要計算「人」以外的因素，並且考慮整體生物圈的均衡。[27]

而自由市場經濟制度也存在此種弊端，在這種經濟制度下，人類的共有物（例如水資源）常被少數人或集團所控制，作為牟取個人利益的工具，但是代價卻是犧牲大眾的利益。美國學者康門勒（Barry Commoner）教授也指出：在自由市場經濟體制下，資金流向能在最短時間內產生最大收益的產品，所以公司的投資選擇能在最短時間內產生收益的產品。不幸的是，有利於環境的產業，通常需要大量的投資，且資金與利潤的回收週期較長，因此不可能被投資者所歡迎。此時就需要政府以「有形之手」對經濟活動進行干預，以克服自由經濟「無形之手」所無法解決的個人權利濫用與資源浪費的流弊，防止共有物悲劇的發生。[28]

四、綠色社會主義

李河清教授稱，「綠色社會主義」又稱為「社會正義主義」，此主義認為經濟問題、社會問題、環境問題是不可分割的，[29]環境問題肇因於不平等的社

---

[25] 〈人類破壞大自然，帶來哪些嚴重後果？〉，2009年1月21日，《天涯問答》，〈http://wenda.tianya.cn/wenda/thread?tid=471b981be2f9cfb1〉（瀏覽日期：2010年8月20日）。

[26] 此觀念可以用海洋的漁資源（parable）例子來解釋，例如海洋是公開的漁場，每個人都可以捕魚，也都盡量的撈捕，以獲取個人最大的漁貨量，但是此行為不但導致海洋生物的浩劫，最後人類也面臨漁資源的日漸匱乏，而共同遭受損害。此例子說明個人「理性」的行為（獲取最大的利益），往往會導致集體的不理性行為，並產生災難性的後果。Carrett Harding, 1968, "The Tragedy of Commons," *Science*, No. 162, pp. 1243-1248.

[27] 〈憂鬱的環境科學〉。

[28] 〈人類破壞大自然，帶來哪些嚴重後果？〉，《天涯問答》。

[29] 李河清，〈國際環境政治〉，頁538。

會結構，而這種不平等的社會結構乃是由於經濟全球化所帶來的結果，所以該主義反對全球化。因為在全球化之下，大規模工業化的生活加速資源消耗，資本主義不但剝削勞工、女性與社會弱勢群體，使他們成為經濟的邊緣人外，同時也剝削地球的環境。該主義認為全球化不但不能帶來社會福利，反而會造成資源掠奪與分配不平均的惡果，並加劇社會的不平等，所以我們應該鼓勵在地發展，並賦予邊緣族群更多的發聲空間，進而逆轉全球化。[30]

國內環保人士邱花妹稱，「綠色社會主義」不但反對全球化，也反對資本主義，認為資本主義是生態危機的頭號戰犯。早在工業主義開始之前，就已經有人在破壞環境。當前日益增加的生態危機與社會不平等，導因於現代國際資本主義毫無節制、擴張性與利潤取向的性格，在資本主義的生產模式下，極盡所能地被商品化。「綠色社會主義」認為，很難將環境惡化與社會不平等的問題切割開來。一些事實說明了生態危機的社會性質，例如富國過度消耗資源，而窮國人民則靠剝削脆弱環境以維生。[31]「綠色社會主義」者大多是屬於較為積極的社會運動份子，例如「國際綠色和平組織」（Greenpeace International）就是著名及積極的國際環保團體。

第三節　國際環境政治建制的發展

毫無疑問，人類是生態環境的最大破壞者，有些學者試圖將人類對於環境的破壞情形加以分類。然而對於全球環境問題的分類方法各方說法不一，例如世界銀行將其分為8大類，另外也有人將其分為11類[32]。李河清教授稱，但是基本上，全球環境議題可概括的分為「共同資源過度使用」與「跨國環境污染」兩大問題。其中「共同資源過度使用」的問題包括：生物多樣性消失、淡水枯

---

30 〈憂鬱的環境科學〉。
31 邱花妹，〈全球化下的紅綠政治實踐〉，2008年8月6日，《台灣民間聯盟》，〈http://twpa.ioe.sinica.edu.tw/?p=1208〉（瀏覽日期：2010年5月17日）。
32 Gareth Porter, Janet Welsh Brown & Pamela S. Chasek, 2000, *Global Environmental Politics* (Westview Press).

竭、沙漠化與土壤貧瘠化、森林資源枯竭、海洋生態污染與資源匱乏等；而「跨國環境污染」的問題包括：氣候變遷與全球暖化、臭氧層破洞與持久性化學污染物等。[33]不論是「共同資源過度使用」或是「跨國環境污染」問題，都不是單一國家有能力解決，必須透過各國運用政治力來通力合作，因此才有日後幾次大型國際環境會議的召開，讓國際環境政治建制逐漸的發展成形。

李河清教授續稱，國際環保意識因國際環境問題日趨嚴重而逐漸抬頭，世界各國有識之士為了解決此問題，藉由國際環境會議的召開，共同商議尋找解決的方法。國際會議不但促使各國對於國際環保觀念的改變，也促成國際環境政治建制的形成，這些跨越國界的環境問題，不再只是科學爭辯的問題，或是污染防制的技術問題，而是逐漸成為國際政治的問題了。[34]從1972年至2011年將近40年期間，世界各國曾召開過幾次重要的國際性環境會議，藉由這些會議的召開，與環境有關的典則不斷的被建立起來。

一、人類環境會議

1972年在瑞典首都斯德哥爾摩（Stockholm, Sweden）所召開史無前例的「聯合國人類環境會議」（U.N. Conference on the Human Environment），當時有113個國家參加，這是聯合國第一次以環境為主題所召開的國際會議。保護自然環境的觀念正式被引入國際舞台，也正式促使現代國際社會對於環境發展決策的形成。[35]

雖然該會議僅通過「人類環境宣言」（Declaration on the Human Environment），並沒有締結任何具有約束力的條約，但是該宣言中所列舉的26條原則，構成後來國際環境法的基石。另外此次會議也促成了「聯合國環境規劃

---

[33] 李河清，〈國際環境政治〉，頁519-520。
[34] 同前註，頁555。
[35] Michele M. Betsill & Elisabeth Corell, 2008, *NGO Diplomacy: The Influence of Nongovernmental Organizations in International Environmental Negotiations* (U.S.: The MIT Press), p. 1.

署」（U.N. Environment Programme, UNEP）的成立，此機構的功能在監控全球環境發展趨勢、召開國際環境會議及協商國際環保條約等。

　　但是可惜的是，由於當時世界正處於冷戰時期，蘇聯與東歐的共產集團卻因為東、西德的代表權問題，而杯葛該會議，使該會議蒙上政治的陰影。因此直到經過20年冷戰結束之後，才在1992年再度召開有關環境議題的國際性會議。

二、環境與發展會議

　　經過了20年之後，於1992年6月在巴西里約熱內盧（Rio de Janeiro, Brazil）召開第二次國際性的環境會議——「聯合國環境與發展會議」（U.N. Conference on Environment and Development, UNCED），此會議又稱為「地球高峰會」（Earth Summit），此次參與的人數及團體相當的多。[36]這個會議簽署了幾個重要的文件，包括「里約環境發展宣言」（Rio Declaration）[37]、「生物多樣性公約」、「森林原則」、「氣候變化綱要公約」。其中的「生物多樣性公約」與「氣候變化綱要公約」兩者皆是具法律拘束力的協議，「氣候變化綱要公約」更是世界上第一個關於控制溫室氣體排放、遏制全球變暖的國際公約。另外還成立「聯合國永續發展委員會」（The Commission on Sustainable Development, UNCSD）。此次會議並提出「21世紀議程」（Agenda 21）[38]，以作為落實該會結論的行動綱領。

---

[36] 此次會議共有172國家，108位元首，2,400個非政府組織（NGOs）的代表，共計有17,000位代表出席。

[37] 或稱為「地球憲章」（Earth Charter）

[38] 此議程規劃全球從1993至2000年執行「永續發展」的工作藍圖，其內容包括國際目前關心的議題，例如：住宅及都市發展、國際環保問題、經濟自由貿易、人權問題、婦女權益、貧窮問題、智慧財產權保護、貧窮國家龐大外債等問題。

三、永續發展世界高峰會議

第三次國際性的環境會議於2002年8月在南非約翰尼斯堡（Johannesburg, South Africa）所召開，稱為「永續發展世界高峰會議」（World Summit on Sustainable Development, WSSD），此時已經有多達191個國家參加，其參加人數更是創新高。[39]此會議召開的目的是聯合國為檢討1992年「地球高峰會」中所提出「21世紀議程」（Agenda 21）的執行情形。會議中討論五大議題，分別為水資源、能源、健康、農業及生物多樣性與生態系經營。此次會議我國農委會也派與農業、生物多樣性兩大議題相關的官員參加。

此次會議中提及「各國皆有保護地球資源與人類永續發展的責任，但富有的工業化國家較貧窮的國家須承擔更多的責任。」此會議也要求已開發國家除了自身的發展之外，對於發展中國家的金錢援助、技術支援及人才培育等，都具有責任及義務。以美國為例，美國近幾年來提供55個國家，3,000多位研究員從事溫室氣體的研究。加拿大也設立「永續發展技術基金」（Sustainable Development Technology Fund），補助各項永續發展相關計畫。[40]

許多觀察家已經注意到，從第一次1972年在瑞典斯德哥爾摩召開的「聯合國人類環境會議」，到第二次1992年在巴西里約熱內盧召開的「聯合國環境與發展會議」，再到第三次2002年在南非約翰尼斯堡召開的「永續發展世界高峰會議」，這段期間有關人類與環境之間的議題建構發生了變化。例如1972年的「聯合國人類環境會議」將焦點置於「環境保護」（environmental protection），到了1992年的「聯合國環境與發展會議」則強調「環境與發展」（environment and development）的相互協調，這些改變於2002年的「永續發展世界高峰會議」中更加被強調。[41]

---

[39] 全球有104位國家元首及190個國家的代表、非政府組織領袖及主要團體代表約3萬人參加。

[40] Teng, Tean-Sen, "International Environmental Law."

[41] Bradnee W. Chambers, 2005, "From Environmental to Sustainable Development Governnance: Thirty Years of Coordination within the United Nations," *in Reforming International Environmental Governnance: From Institution Limits to Innovaive Reforms*, edited by W. Bradnee Chambers

四、有關控制全球氣候暖化的會議

國際環境政治發展迄今，最為世人所重視且最為急迫的問題，就是如何扼制全球氣候持續暖化的問題，所以近年來在國際舞台上，「氣候變化」問題已成為國際社會上最受注目的議題，美國、歐盟、日本、東南亞國協都將「環保外交」列為外交主軸之一。[42]以下是人類為了解決此問題所召開的幾次國際性會議。

（一）日本京都會議

1992年6月在巴西里約熱內盧召開的「聯合國環境與發展會議」中，通過世界上第一個關於控制溫室氣體排放、遏制全球變暖的國際性公約「氣候變化綱要公約」。但是全球氣候暖化的問題卻越來越嚴重，於是在1997年12月由「聯合國氣候變化綱要公約」（United Nations Framework Convention on Climate Change, UNFCCC）召開的第3屆締約國會議（COP3），並通過了「京都議定書」（Kyoto Protocol）[43]。

該議定書規定，36個工業化國家在2012年之前應將二氧化碳、甲烷、氧化亞氮、氫氟氯碳化物、全氟碳化物及六氟化硫等6種「溫室氣體」（Greehouse Gases, GHGs）排放量，降到比1990年水準再減少5.2%的程度。此議定書是人類歷史上第一個限制溫室氣體排放的國際法律文件，而且規定若沒有達到目標

& Jessica E. Green (Tokyo: UN University Press,), pp. 13-39.

[42] 〈我國為因應全球暖化及環境永續保存積極推動參與「後京都機制」之具體作法〉，《中華民國外交部》，〈http://www.mofa.gov.tw/webapp/ct.asp?xItem=30960&ctNode=2034&mp=1〉（瀏覽日期：2012年1月14日）。

[43] 「京都議定書」於1997年12月11日簽訂，但直到2005年2月16日才正式生效，其主要目的在限制全球各國溫室氣體的排放量，以減緩地球緩化的效應。不過，以其目前的形勢看來，它已不能有效因應日益嚴重的氣候變遷問題。聯合國秘書長潘基文於2007年12月11日慶祝該議定書10週年紀念會的閉幕式中強調，政府間氣候變遷專家小組（IPCC）的第四次評估報告結論：「除非我們採取行動，否則後果嚴重：海平面上升；洪水更加頻繁和更難以預料，會出現嚴重的乾旱，世界各地（特別是非洲和中亞）將發生飢荒；地球上將有多達三分之一的動植物物種滅絕。」參看蔡靜怡，〈「京都議定書」意涵探討〉，2008年2月，《台北：台灣經濟研究院》，頁10，〈http://energymonthly.tier.org.tw/200802/10.pdf〉（瀏覽日期：2010年5月17日）。

的簽署國，將需要支付鉅額的罰款。此議定書的立意相當良善，並為解決氣候
變化踏出重要的第一步。然而議定書中規定減量的溫室氣體，大多是各國經濟
賴以發展的重要工業所排放出來的氣體，因此該議定書實施迄今，成效一直不
彰。

（二）印尼巴厘島會議

為解決「京都議定書」執行成效不佳的問題，聯合國於2007年12月3日
在印尼巴厘島（Bali）召開氣候變遷綱要公約第13屆締約國會議（UNFCCC-
COP13），來自世界190多個國家的官員以及專家出席會議，此會議的主要討
論議題是世界上是否需要硬性的廢氣排放限制。但是美國在氣候談判上立場一
貫強硬，堅持經濟利益與自願性減量，不願意接受強制性削減排氣量的國際協
議，並企圖拉進中國共同承擔減碳責任。[44]

在談判過程中美國飽受指責，最後在美國與各國相互妥協之下，於會後達
成了「巴厘路線圖」（Bali Roadmap），雖然沒有設定任何的強制減量目標，
但是規定各國同意依不同國情訂定減量目標，而且已開發國家必須協助發展中
國家技術轉移。在2009年「哥本哈根會議」訂出明確溫室氣體減量目標前，各
國將依循此架構，進行更密切的相關技術移轉與資金援助。[45]

（三）丹麥哥本哈根會議

依據巴厘島會議的決議，聯合國於2009年12月7日至18日在丹麥首都哥本
哈根（Copenhagen）召開第15屆聯合國氣候變遷會議（COP15），希望就2012
年至2017年的國際氣候制度安排做出最後決定，提出一個各國都願意遵守的新
遊戲規則，並達成減少溫室氣體排放的協議。此次會議是繼1997年京都會議

---

[44] 彭郁娟、莫聞，〈美國讓步　巴里島氣候峰會終獲結論　未來「調適」與「緩和」並
　　進〉，2007年12月15日，《環境資訊中心》，〈http://e-info.org.tw/node/29080〉（瀏覽日
　　期：2012年1月14日）。
[45] 同前註。

後，史上第二次由各國部長或代表協議溫室氣體減排目標，也是史上規模最大的氣候會議，包括美國總統歐巴馬、歐洲聯盟領導人、中國大陸國家主席胡錦濤與日本首相鳩山由紀夫等105位世界領袖都親自出席，可見此會議的重要性。此會議討論的議題主要包括：[46]

1. **發達國家的減排指標**：在「攝氏兩度」的前提下，科學界呼籲發達國家必須在2020年前，在1990年的水平上減少25%-40%的溫室氣體排放，至2050年減少80%（達到1990年的水平），才能有效控制增溫的幅度；

2. **發達國家對發展中國家財物援助**：發達國家應向發展中國家提供穩定、適量的資金與技術援助，讓發展中國家在兼顧國內溫飽與發展的同時，也有足夠的能力應對氣候變化，如使用再生能源、保護森林、適應氣候災難等；

3. **發展中國家的減排途徑**：在發達國家承諾資金與技術支援下，發展中國家應在自身的能力情況下，循序漸進地展開減排行動，並制訂相關緩排政策；

4. **保護森林方案**：制訂全球合作機制，確保主要的森林區域（如亞馬遜與印尼雨林）於2015年後不會再有非法砍伐的情況，至2020年所有發展中國家的森林都得到充份的保護。

　　雖然各國都知道地球暖化問題的嚴重性以及減少溫室氣體排放的重要性，然而由於每個國家所具有的條件不一樣，所以對於減排的標準有不同的立場。例如在哥本哈根會議就形成三個集團，一個集團是歐盟，他們在這件事情上責任感比較強，作法比較積極；第二個集團是美國、日本、加拿大等國家，他們願意做一些承諾，但仍有很多顧忌；最後一個集團就是以中國為首的開發中國家，這樣的國家多達77個，他們的看法是：「你們吃香喝辣的，現在卻要我們分攤，你們得拿出具體的行動展現誠意。」所以在此次會議中，可說是「各國各懷鬼胎」。[47]

---

[46] 〈甚麼是哥本哈根會議？〉，《哥本哈根氣候直擊》，〈http://www.greenpeace.org/china/ch/cop15/about〉（瀏覽日期：2010年6月10日）。

[47] 〈哥本哈根會議第一天，各國各懷鬼胎？〉，2009年12月8日，《醒報新聞網》，〈http://

　　最後在各國基於自身利益的考量之下，致使此會議的結果不如外界預期，僅達成將升溫幅度控制在攝氏2度以內的共識，這個共識不但沒有法律的基礎，也沒有具體的行動表。前英國首相布朗就指責有一小部分的國家挾持了哥本哈根會議，並阻擾通過相關方案，英國氣候變遷大臣米利班德在《衛報》撰文，對中國與印度沒有支持用法律來約束大會的協議感到失望，並且指控中國、蘇丹及玻利維亞等左翼拉美國家，挾持了哥本哈根會議，阻止通過具有法律約束力的氣候條約。[48]

　　然而也有些人認為一面倒的批評哥本哈根會議的成果是不公平的，他們樂觀的表示，很多國家願意在減排問題上展現善意，甚至已經做出一些承諾，例如過去最不合作的美國及中國，態度其實已經鬆動了，而且也出席這次會議，並且也相當程度的表態，這都是很不容易的事情。哥本哈根的會議其實有著宣示效果，也引起全球矚目，並有良好的教育效果。更重要的是，世界各國開始有這樣的共識，因此這次參與的國家數量之多、層次之高，連國際上最大的排碳國家都比過去的作法積極。此次會議雖然沒有達到令人最滿意的結論，不過能讓大家都有這樣的環保意識，就是一個良好的開始。[49]

（四）墨西哥坎昆會議

　　聯合國「氣候變化綱要公約」（UNFCCC）的194個締約國於2010年11月29日聚集於墨西哥坎昆（Cancun），召開第16屆聯合國氣候變遷會議（COP16），包括政府、企業、環保組織與研究機構代表等將近1萬5千人，繼續討論哥本哈根會議未解決的問題。取代《京都議定書》的新合約原本預定在2009年哥本哈根會議中完成，然而在該次會議上，各國對於溫室氣體排放標

　　anntw.com/awakening/news_center/show.php?itemid=10395〉（瀏覽日期：2010年6月12日）。

[48]　洪雅芳、文俊杰，2009年12月22日，〈英國官員指責中國「劫持」哥本哈根會議〉，《鳳凰網》，〈http://news.ifeng.com/world/special/gebenhagenqihou/zuix-in/200912/1222_8755_1482995.shtml〉（瀏覽日期：2010年6月12日）。

[49]　〈哥本哈根會議第一天，各國各懷鬼胎？〉，《醒報新聞網》。

準，以及已開發與開發中國家的差別待遇等議題缺乏共識，最後不歡而散。因此，坎昆會議的進展是UNFCCC成敗關鍵，也成為全世界矚目的焦點。[50]

此次會議的主要議題有四項：一是《哥本哈根協議》法律化；二是各國減排目標的確立；三是先進國家轉讓新技術問題；四是如何保障先進國家的資金援助即時投入。由於世界各國領袖在哥本哈根高峰會上未能簽署條約，所以此次會議就降低期望，各國並不期望達成像「京都議定書」那樣具有法律效力的協議。在經過兩個星期的馬拉松式徹夜談判之後，雖然未能完全達成上述之目標，但是也達成了一些協議，包括成立「綠色氣候基金」（Green Climate Fund）、保護熱帶森林的措施，以及分享潔淨能源科技，幫助開發中國家適應氣候變遷的方法。此協議也再次確認在2020年前每年籌款1,000億美元援助窮國的目標，並設定限制全球平均溫度不得比工業化前時代上升超過攝氏2度的目標。[51]

國內學者譚偉恩與蔡育岱稱，對於此次會議，各方有不同的意見，有褒也有貶。例如有人認為工業國家眼中狹義的公平，以及開發中國家與第三世界國家對經援的執著，讓本次氣候會議再度失焦，所以直接宣稱：「坎昆氣候會議已可宣告失敗」。[52]另外，「綠色和平組織」也對此次會議潑冷水，形容「坎昆協議」拯救了氣候會義談判程序，但拯救不了氣候。[53]該組織的氣候與能源項目經理楊愛倫則表示，本次大會還有一些關鍵問題沒有解決，例如發達國家減排目標過低、氣候資金如何真正落實等。全球氣候合作現在從哥本哈根的瓦礫上艱難邁出了一步，但離達成有效的氣候保護協議還有一大段波折長路要走。[54]

---

[50] 戴佳慧，2010年12月2日，〈聯合國氣候變遷會議本週在墨西哥坎昆召開〉，《數位時代》，〈http://www.bnext.com.tw/article/view/cid/141/id/16678〉（瀏覽日期：2011年7月9日）。

[51] 〈墨西哥坎昆氣候會議各國通過溫和方案〉，2010年12月12日，《中央社》，〈http://only-perception.blogspot.com/2010/12/blog-post_12.html〉（瀏覽日期：2011年6月24日）。

[52] 譚偉恩、蔡育岱，2010年12月10日，〈坎昆氣候會議　已可宣告失敗〉，《中國時報》。

[53] 〈坎昆協議聊勝無　氣候應對路漫漫〉，2010年12月13日，《太陽報》（香港）。

[54] 李洋，2010年12月11日，〈解讀坎昆協議：艱難妥協獲成果　關鍵問題待落實〉，

　　但是我國參加坎昆會議的低碳環境學會理事長、台大大氣系教授柳中明表示「哥本哈根會議最後得到噓聲，但坎昆會議卻獲得掌聲」。中央大學通識教育中心教授李河清也表示「雖然沒有大突破，小進展卻不少」「這次會議可以說是『低期望、高產出』」。哥本哈根會議產出的「哥本哈根協議」（Copenhagen Accord）只有3頁，而且是由美國、中國等少數26國起草研議；但是坎昆會議所產出的「坎昆協議」（Cancun Agreement）篇幅將近30頁，且由193國代表共同決議通過。無論在內容篇幅、條文細節，以及決議過程的開放參與程度，坎昆會議的成績均高於哥本哈根會議。[55]

（五）南非德班會議

　　第17屆聯合國氣候變遷會議於2011年11月27日在南非德班（Durban）召開，在經歷了哥本哈根氣候變遷大會與墨西哥坎昆峰會之後，德班大會被各界喻為是人類為拯救地球達成共識的最後一次機會。德班會議被視為哥本哈根會議與坎昆會議的延續，雖然坎昆氣候峰會取得一些進展，但是最核心的《京都議定書》第二期承諾的談判還未結束，所以能否簽署正式的國際公約，就留給了2011年的南非德班會議。[56]這次計有來自全球各國及相關組織團體，超過1萬4千位代表齊聚一堂。

　　德班會議經過14天的馬拉松會議，其結果並沒有達成世人所關注的通過具有法律約束力的協定來取代《京都議定書》。但是這次會議也達成許多具體的結果，例如與會國通過歐盟支持的「路線圖」，各國代表也將原訂於2012年到期的《京都議定書》，延長法律效力5至8年，並成立「德班行動平台」（Durban Platform for Enhanced Action）執行協調談判工作。歐盟、印度、中國和美

　　《中新網》，〈http://big5.chinanews.com.cn:89/gate/big5/www.chinanews.com/gj/2010/12-11/2715938.shtml〉（瀏覽日期：2011年7月9日）。

55　黃浩榮，〈坎昆氣候會議沒有大突破，但小進展不少〉，《遠見雜誌》（台北），2011年1月號第295期。

56　劉鈺，〈南非德班氣候峰會今日將開幕〉，《新浪網》，2011年11月27日，〈http://daily-news.sina.com/bg/news/int/sinacn/20111127/18502949860.html〉（瀏覽日期：2012年1月12日）。

國都將參與此一平台的運作。[57]

　　此會議最大的突破是首次將美國、中國及印度等碳排放大國，納入強制性管理的新減排架構，預計從2015年開始施行較為嚴格的遏止溫室氣體排放標準，而且發展中國家與已開發國家用同一減少碳排放的標準。此不同於「京都議定書」中規定，已開發國家與發展中國家採用不同的減排標準。之所以會有此突破，乃是經過十幾年之後，中國與印度都已成為碳排放量的大國，不能再逃避減排的責任了。溫室效應與氣候變遷的壓力直逼眼前，現在各國雖然同意承擔一樣的減碳責任，但是能夠否落實仍有待觀察。[58]

第四節　國際環境政治的轉變

　　藉由上述幾次大型國際環保會議的召開，促成國際環境政治建制的逐漸形成。根據Ken Conca與Geoffrey D. Dabelko的研究稱，由這些國際性會議的召開，可觀察從1972年迄今，全球環境政治有幾項重要的演變與發展。[59]

　　第一個轉變是國際政治內容的轉變。1972年在斯德哥爾摩所召開的第一次全球環境高峰會議時，由於當時世界正處於冷戰時代，雖然這是有關環境的會議，但蘇聯與東歐的共產集團卻因為東、西德的代表權問題，而杯葛該會議，使該會議蒙上政治的陰影。由此可知，在冷戰時期政治仍凌駕於環境議題，環境議題只不過是附屬於政治領域之下，而且是被用來作為國家之間政治鬥爭的工具而已。20年之後所召開的「聯合國人類環境會議」，由於冷戰已經結束，使全球合作露出樂觀的希望。然而10年後在約翰尼斯堡召開會議時，由於全球化的爭議；美國單邊主義的興起；全球政治、經濟、文化的衝突；以及2001年

---

[57] 〈南非·德班會議取得5大成果·減碳達協議仍路漫漫〉，《星洲日報》，2011年12月12日，〈http://www.sinchew.com.my/node/229917〉（瀏覽日期：2012年1月13日）。

[58] 〈氣候問題也是生存問題〉，《聯合新聞網》，2011年12月13日，〈http://udn.com/NEWS/OPINION/OPI1/6778343.shtml〉（瀏覽日期：2012年1月12日）。

[59] Ken Conca & Geoffrey D. Dabelko, 2004, *Green Planet Blues: Environmental Politics from Stockholm to Johannesburg* (Boulder, CO: Westview Press, third edition 2004), pp. 4-6.

的911事件等，都使得全球環保合作的樂觀氣氛逐漸消失。

第二個轉變是全球公眾對於環保意識的興起。1972年斯德哥爾摩會議的參與者主要是歐美等先進的工業國家為主，而他們所關注環保問題是水與空氣的汙染，因為這些問題是由工業化所造成的。而落後的貧窮國家因為沒有遭受此問題，所以對此問題並不關切；但是在1992年的巴西里約熱內盧會議前，貧窮國家也開始產生環境污染的問題，此問題已經不再是先進工業國家的專屬問題，於是里約熱內盧會議不僅重視環境保護的問題，也重視環境發展的問題。所以在「地球高峰會」前，環境發展的問題已經成為中心的議題。

第三個轉變是對於環境問題的瞭解產生重大的發展。1972年斯德哥爾摩會議主要的焦點侷限於狹隘的空氣與水汙染，然而里約熱內盧會議所涵蓋的議題較為廣泛與複雜。此轉變是因為科學界對於環境概念的改變，科學家將地球視為一個複雜的生態系統，包括土地、海洋、大氣與生態等。所以在1992年里約熱內盧會議所討論的議題，就包括對環境的改變進行科學的測量與監測等措施，而各國代表也同意在有關環境方面的資訊進行交換。

第四個轉變是各國環保機構的設立。在1972年斯德哥爾摩會議時，當時沒有一個參與國有國家層級的環保機構，到了1992年里約熱內盧會議時，幾乎所有參與國都有此機構的設立，此顯示各國逐漸對全球環保議題的重視，並採取具體的行動。這些環保機構使國家能夠利用有關環境的資訊，以瞭解環境問題的因果關係，以制訂環境政策。例如我國政府為了配合此發展趨勢，行政院於1994年8月成立「行政院全球變遷政策指導小組」，並於1997年提升為「行政院國家永續發展委員會」，負責國家永續發展相關業務的決策。

第五個轉變是南半球非政府組織參與的增加。在1972年斯德哥爾摩會議時，有134個非政府組織參加，而且都是來自於先進的北半球工業化國家。然而到了1992年的里約熱內盧會議時，有1,400個非政府組織參加，其中約有1/3的成員來自於南半球的非工業化國家。而且這些組織之間所相互建立的國際網路或聯盟，成為非常普遍的現象。此現象表示南半球國家已從先前的消極觀望態度，轉為積極參與有關國際環保事務了。

　　第六個轉變是國際環境條約的增加。有人估計,現在已經有超過1,000個國際性的環境條約。過去大部分條約的範圍都相當的狹窄,例如兩個鄰國針對特殊的環境問題所締結的雙邊條約,或是涉及少數國家的區域性條約。但是自從1972年的斯德哥爾摩會議後,國際間締結了幾個重要的多邊國際環境條約。例如1978年簽訂致力於減少海洋污染的「防止船舶污染條約」;1987年簽訂致力於減少氟氯碳化物(CFCs)以修補臭氧層的「蒙特婁議定書」(MontrealProtocol on Substances that Deplete the Ozone Layer);1992年簽訂致力於保護瀕臨絕種生物的「生物多樣性公約」(Convention on Biological Diversity, CBD);1994年簽訂致力於減緩沙漠化的「聯合國抗沙漠化公約」(The Desertification Convention);1997年簽訂致力於減少溫室氣體(GHGs)的「京都議定書」(Kyoto Protocol);2001年簽訂致力於減少「持久性有機污染物」(POPs)的「斯德哥爾摩公約」(Stockholm Convention on Persistent Organic Pollutants)等。

　　第七個轉變是國際環境會議召開的頻率增加。第一次國際性的環境會議於1972年在瑞典首都斯德哥爾摩召開;經過20年之後的1992年,才在巴西里約熱內盧再度召開第二次的國際性會議;第三次的國際性環境會議則於2002年在南非約翰尼斯堡召開,距上次會議相隔10年的時間。現在為了應付全球氣候暖化的問題,國際間頻頻召開國際性的會議,例如2007年的巴厘島會議、2009年的哥本哈根會議、2010年的坎昆會議、2011年的德班會議等,此趨勢代表著世人對於環境的日漸重視。

第五節　國際環境政治的參與者

　　根據國內研究國際環境政治的學者李河清教授指出,國際環境政治的重要參與者包括:主權國家、政府間組織、非政府組織及跨國公司等四種,這四者除了各自在環保上發揮其功能外,也相互影響,形成複雜的國際網路,此種現象與傳統國際政治中以國家為主要角色,有明顯的不同。有關這些參與者的角

色及功能分述如下：[60]

一、主權國家

　　國際環境政治的第一個重要參與者為「主權國家」。在國際關係中，國家的重要性是無庸置疑的。[61]它是國際環境政治中最重要的參與者，因為國家目前還是國際社會中最主要的行為者，而且也擁有人力及物力等各項豐富的資源。國家對於環境保護的立場可被區分為四類：「主導型國家」（lead state）、「輔助型國家」（supporting state）、「搖擺型國家」（swing state）、「否決型國家」（veto or blocking state）。每個國家基於其本國利益考量，對於不同的環境議題，會採取不同的立場。例如美國對於「京都議定書」最早是屬於「主導型國家」，但後來發現要達到減碳目標所需的成本過鉅，所以後來轉成「否決型國家」，而拒絕簽訂該議定書。[62]

　　另外，Detlef Sprinz及Tapani Vaahtoranta兩位學者提出「利基途徑」（interest-based approach）來解釋國家對某項環境議題所採取的相關政策。他們以「生態的脆弱性」（ecological vulnerability）及「降低傷害的成本」（abatement costs）為指標，將國家區分為四大類（參見下表）：「推動者」（pushers）、「推託者」（draggers）、「中間者」（intermediates）與「旁觀者」（bystanders）。顧名思義，屬於「推動者」的國家致力於嚴格國際環境規範的制訂；「推託者」則剛好相反，這類國家反對制訂嚴格的規範；「中間者」則態度搖擺，雖然他們一方面致力於參與國際環境規範的制訂，但是另一方面卻不願意負擔有關的成本；而「旁觀者」因為其生態脆弱性很低，所以對於環境規範採取旁觀者的立場，但是他們所涉及的「降低傷害成本」較低，因此也

---

[60]　李河清，〈國際環境政治〉，頁539-543。
[61]　Michael Nicholson著，《淺說國際關係》（International Relations: A Concise Introduction），頁17。
[62]　同註60，頁540。

可能採取比「推託者」較為積極的立場。[63]

生態的脆弱性

降低傷害的成本		低	高
	低	旁觀者 （Bystanders）	推動者 （Pushers）
	高	推託者 （Draggers）	中間者 （Intermediates）

　　對於氣候變遷的議題，南北半球的國家也是採取不同的立場與態度。例如南半球國家因為是此問題的主要受害者，所以要求製造此問題的北半球國家負起責任。然而南半球國家因為在國際政治上缺乏影響力，而且北半球國家也不願付出昂貴的成本來解決此問題，歐盟（EU）國家雖然承諾減少溫室氣體的排放，但是其排放量仍持續增加中。[64]這些例子都是國家利益超越國際利益最典型的例子，所以迄今僅有少數幾個國家達成「京都議定書」（Kyoto Protocol）所設定的排放標準。[65]

　　由此可知，國家在國際環境政治中所扮演的角色可以是積極的，也可以是消極的。而Hard K. Jacobson認為，一般的國家之所以會對國際環境議題採取消極與抵制的態度，其主要原因有下列三個：[66]

(一) 由於各界對於造成環境問題的因果關係尚缺乏科學的共識，國家基於自我利益（self-interst）的考量，所以在制訂相關環保政策時，採取保留及謹慎的態度。例如科學界對於全球溫室的問題仍存有爭議，鼓勵美國拖延簽署全球溫室效應的協議，此乃因為很多的美國政治與商業界領袖考量，執

[63] Detlef Sprinz & Tapani Vaahtoranta, "The Interest-Based Explanation of International Environmental Policy," , p. 81.

[64] Peter M. Haas, 2008, "Climate Change Governance after Bali," *Globl Environmental Poitics*, Vol. 8, No. 3, p. 2.

[65] Peter M. Haas, "Climate Change Governance after Bali," p. 3.

[66] Hard K. Jacobson, 1984, *Networks of Interdependence: International Orgnazation and the Global Politics System*, 2d ed. (New York: Knopf), pp. 85-86.

　　　行控制溫室氣體排放的巨大成本，將使美國失去比較經濟利益。

(二) 國家擔憂經濟成本的增加。例如美國在1980年代拖延對酸雨污染的問題採取行動，部分原因是考量國內汽車工業與出產煤炭的密西根州、西維吉尼亞州的生存問題。同樣的，同時期的英國對於北歐國家要求其減少污染氣體排放的要求，也置若罔聞。直到英國發現其境內的森林也遭受損害，以及在歐盟制訂法律的要求之下，才不得不採取相關的改善措施。

(三) 雖然有些國家是國際組織的成員國或是國際條約的簽約國，但是這些國際組織或國際條約卻沒有權力強迫違反的國家遵守相關規定。而且條約通常只要求國家遵守某些原則，而非達成特定的目標。最明顯的例子就是1979年的「日內瓦長距離跨界空氣污染公約」（Geneva Convention on Long-Range Transboundary Air Pollution），該公約只要求簽署國致力於採取相關技術，以減少空氣污染，卻沒有制訂具體的目標。

二、政府間組織

　　第二個重要參與者為「政府間組織」（Inter-Governmental Organizations, IGOs）。該等組織是由主權國家所組成，所以也具有官方的性質，其主要功能在於提供各個國家一個正式的協商與合作平台，其重要性僅次於主權國家。具有重要影響力的政府間環境組織大都是屬於聯合國的機構，例如「聯合國環境規劃署」（UNEP）、「世界氣象組織」（WMO）、「聯合國永續發展委員會」（UNCSD）[67]等。他們對於國際環境政治規範的制訂、執行、監督、甚至援助等方面，都發揮很大的功能。例如2007年挪威的諾貝爾委員會將和平獎

---

[67] 「聯合國永續發展委員會」為聯合國於1992年12月所成立的機構，該委員會是目前國際上推動「永續發展」的主力。永續發展也已成為許多國家調和經濟發展、環境保護與社會公平正義之原則。〈永續發展研究之推動〉，《行政院國家科學委員會89年年報》（台北），頁212，〈http://nr.stpi.org.tw/ejournal/YearBook/89/chi/212-219.pdf〉（瀏覽日期：2010年5月17日）。

頒給美國前副總統高爾與「聯合國政府間氣候變遷委員會」（UNIPCC）[68]，以表揚他們對於環保的關注與貢獻，此證明「政府間組織」對於國際環保議題的重要功能。

Hard K. Jacobson認為「政府間組織」主要可分為五大類型，此分類也可適用於所有的政府組織，包括政治性的、經濟性的與環保性的組織：[69]

1. **資訊類型（informative）**：此類組織主要在蒐集、分析與交換相關資料，例如聯合國的專門機構與「經濟合作暨發展組織」（OECD）。

2. **規範類型（normative）**：此類組織主要在定義某些標準與宣揚某些原則及目標。

3. **執行類型（operational）**：此類組織有權力監督某些機構的執行情形，例如「世界銀行」（World Bank）、「國際貨幣組織」（IMF）等。

4. **立法類型（rule-creating）**：此類組織涉及國際條約的制訂，例如「世貿組織」（WTO）。

5. **法規監督類型（rule supervisory）**：此類組織有權監督條約與其他法規的施行情形，例如「世貿組織」（WTO）。

雖然國際環境的相互依賴增加，國際體系卻缺乏一個中央權威單位來促進國際環境的保護。各國只好各自採取不同的政策來降低國際環境的問題，但是對於必須付出昂貴代價的規範卻不受到多數國家的支持。[70]所以近年來，有人呼籲應該對有關環境治理的「政府間組織」進行改革，並已獲得包括開發中國家與已開發國家的支持。例如法國外交官Denys Gauer就曾表示：「環境惡化

---

[68] 該組織是由「聯合國環境規劃署」與「世界氣象組織」於1988年所共同成立的，成員有約3,000個氣候、科學與海洋專家，研究全球變暖對生態環境造成的破壞，再向國際社會提出改善建議。〈戈爾與聯合國環保組織同奪諾貝爾和平獎〉，2007年10月12日，《亞視新聞》，〈http://www.hkatvnews.com/v3/share_out/_content/2007/10/12/atvnews_109793.html〉（瀏覽日期：2010年5月17日）。

[69] Hard K. Jacobson, *Networks of Interdependence*, pp. 88-90.

[70] Detlef Sprinz & Tapani Vaahtoranta, "The Interest-Based Explanation of International Environmental Policy," p. 77.

問題對各國產生了嚴峻挑戰，所以需要強化多元的合作，在這方面，聯合國應該扮演主要的角色」。[71]

在諸多改革「政府間組織」的呼籲當中，包括要求提升與強化「聯合國環境規劃署」（UNEP）的功能與地位，或成立「聯合國環境組織」（UN Environment Organization, UNEO），使其與「聯合國糧農組織」（FAO）及「世界衛生組織」（WHO）等並列，有些人進一步呼籲應該成立類似「世界貿易組織」（WTO）之獨立的「世界／全球環境組織」（WEO/GEO），或是將「聯合國環境規劃署」與「聯合國發展署」兩個機構加以整合，創設一個「世界環境與發展組織」（World Environment and Development Organization, WEDO）。[72]這些主張就是希望能夠將不同的國際組織整合在單一個權威之下，以利事權能夠統一，並提供效率。

這些主張未來是否能夠實現，尚未可知，因為環境議題並非像貿易或疾病防制等議題一樣，各國對這些問題都已經有相當的共識。而環境議題對於各國利益的影響並非相同，所以各國所採取的態度也並非一致。例如對於生物多樣化（biological diversity）消失的關切，北半球的國家要高於南半球的國家；而對於「陸地侵蝕」（land degradation）與「沙漠化」（desertification）的關切，則是南半球的國家要高於北半球的國家。[73]所以要如何將這些不同態度的國家加以整合，難度似乎頗高。

知名的國際環保學者楊格（Oran R. Young）教授也支持對「政府間組織」進行改革，並提倡應該建構一個全球環境治理的機構，[74]他的理由如下：[75]

---

[71] Denys Gauer, 2005, "Initiative to Establish a UN Environment Organization," *in UNEO: Towards an International Environment Organization*, edited by Andrews Rechkemmer (Nomos Verlag), p. 152.

[72] Steve Charnovitz, 2005, *Toward a World Environment Organization: Reflectiond upon a Vital Debate*, edited by Frank Biermman & Steffen Bauner, Aldershot (UK: Ashgate), pp. 87-115.

[73] Adil Najam, 2003, "The Case against a New International Environmental Organization," *Global Governance*, Vol. 9, No. 3, pp. 367-384.

[74] Oran R. Young, "The Architecture of Global Environmental Governace," p. 14.

[75] 同前註，pp. 16-20。

1. **整合與效率（coherence and efficiency）的提高**：若成立該組織，不但可以整合各相關組織，而且可以提升解決環境問題的效率。

2. **議題的連結整合（issues linkages and synergy）**：若成立該組織，不但連結各相關環境議題，並可將這些議題加以整合，如此就可以提升功效（efficacy）。就如同「世界貿易組織」（WTO）對國際貿易問題，以及「國際貨幣基金」（IMF）對國際金融問題，提供一個整合的治理體系。

3. **政治影響力（political clout）的提升**：若成立該組織，將可創造出一個政治影響力大於「聯合國環境規劃署」的組織。未來環境議題將與其他議題（例如貿易問題）相連結，因此需要一個具有更大政治影響力的組織，來處理與環境相關聯的問題。

三、非政府組織

第三個重要參與者為「非政府組織」（Non-Governmental Organizations, NGOs），例如「世界野生動物基金會」（World Wildlife Fund, WWF）、「國際綠色和平組織」（Greenpeace International）、「地球之友」（Friend of the Earth），都是國際著名的非政府環保組織。學者楊格稱，非政府組織對於環境議題的關注是近年來國際社會的重要現象，而且其組織、活動與影響力日益增長。一些規模比較大的非政府組織對於大的環境議題（例如環境變遷與生態多樣化消失等）的影響力迅速增加。而且他們已經能夠干預許多國家的內部事務，並在與國家談判協議時，對他們施加壓力。[76]

在1992年巴西里約熱內盧所召開「地球高峰會」提出的「21世紀議程」計畫中，也正式承認「非政府組織」為國際環境永續發展的夥伴，並賦予這些組織參與聯合國有關環境議題的機會。「非政府組織」的重要性也因為組織的眾多而逐漸上升，例如1972年在瑞典斯德哥爾摩所召開的「聯合國人類環境會

---

[76] Oran R. Young, "The Architecture of Global Environmental Governace," p. 28.

議」，當時僅有約250名「非政府組織」的代表參加，但是到2002年南非約翰尼斯堡所召開的「永續發展世界高峰會議」時，已經有超過3,200名的代表參加。[77]所以不論在環保輿論或對相關法令的推動上，「非政府組織」都十分活躍，也發揮很大的作用。

根據Michele M. Betsill與Elisabeth Corell兩位學者認為，非政府組織必須符合三個原則：(一) 不是由政府間的協定所組成的；(二) 對於國際制度有專業知識與興趣；(三) 其意見獨立於任何一個國家政府。他們還提出「非政府組織外交」（NGO diplomacy）的概念，非政府組織參與國際事務的增加，反映出世界政治中外交的本質出現了變化。因為在傳統的國際關係領域中，外交被視為是國家對外的政策工具，外交官則是國家的代表。而現在非政府組織的代表也與外交官一樣穿梭於國際間，只不過他們代表某特別議題的共同價值、知識與利益。[78]

「非政府組織」擁有各種專業的技術專家，其功能不但在提供專家意見，並且參與相關國際環保會議，以協助國際社會制訂各項環境法規。有關「非政府組織」的影響力問題，根據Michele M. Betsill與Elisabeth Corell的研究發現，若某項環保議題的政治與經濟風險越低，則其影響力就越高。另外，「非政府組織」之間的關係並非是「零和」（zero-sum）的遊戲，因為不同的組織有其不同關注的焦點議題，相互不衝突。[79]

另外，美國學者Paul Wapner提出「跨國環境行動主義者團體」（Transnational Environmental Activist Groups）一詞，例如「有害廢棄物公民情報中心」（Citizens Clearinghouse for Hazardous Waste）、「地球行動」（Earth Action）、Kids Against Pollution都屬於此種組織。此種團體常採取積極、激烈、危險的方式來發掘環境破壞的活動，以喚起全球民眾對環保議題的關注。他們

---

[77] Michele M. Betsill & Elisabeth Corell, *NGO Diplomacy: The Influence of Nongovernmental Organizations in International Environmental Negotiations*, p. 1.

[78] 同前註，p. 2。

[79] Michele M. Betsill & Elisabeth Corell, *NGO Diplomacy: The Influence of Nongovernmental Organizations in International Environmental Negotiations*, p. 16.

曾發動「退回」（send-back）的活動，呼籲大眾將麥當勞的塑膠餐盒寄到該公司的總部，以表示抗議，此活動成功的讓麥當勞公司於1991年決定改用紙餐盒。Paul Wapner認為此種團體不但致力於推動國家相關環保政策的制訂，而且他們的活動更擴展至全球公民社會，以達到「世界公民政治」（world civic politics）的境界。[80]

　　必須說明的是，非政府組織雖然都有致力於改善與提升國際環境的共同目標，但是由於現今該等組織數量眾多，所以他們的理念、組織結構、性質、大小、名聲不盡相同，甚至於他們所使用的方法也可能出現衝突。John McCormick將非政府組織從理念、結構與所使用的方法三個層面進行分類（參見下表）[81]，讓讀者能夠對此等組織有更進一步的瞭解。

組織的理念 （philosophy）	組織的結構 （structure）	使用的方法 （method）
北半球的組織：關注於工業與商業化所造成的環境問題。	跨國的非政府組織：由各國非政府組織所組成的組織，其功能在創造成員之間有利的溝通與合作的機制。	與官方機構及公司共同合作
南半球的組織：關注於因全球經濟不平等與貧窮所造成的環境問題。	全球會員式的結構：也就是全球任何的單位、機構與個人都可參加的組織。	募款與捐款給某些團體
保守與樂觀的組織：在既有的政治程序內，尋求獲得改變。	跨洲的組織：該等組織的興趣超越特定的區域，但尚未達到全球性的範圍。	組織群眾進行抗爭
		致力於環境議題的媒體宣傳
		監督環境法律的執行
綠色環保組織：在人類之間，與在人類與環境之間尋求根本的改變。	區域性的組織：其興趣集中於某些特定的區域。	交換環保訊息
	某些國家從事國際性環保議題的組織：該等組織部分或全部致力	進行環保研究
激進組織：運用對抗方法		

[80] Paul Wapner, 1996, *Environmental Activism and World Civic Politics* (New York: State University of New York Press), p. 123.

[81] J. McCormick, 2005, *The Role of Environmental NGOs in International Regimes* (Washington, D.C.: The Global Environment: Institutions, Law, and Policy, CQPress), p. 92.

組織的理念 （philosophy）	組織的結構 （structure）	使用的方法 （method）
以吸引人們對某問題的注意力，他們並且主張傳統政治的程序也是問題的一部分，所以也必須加以改革。 代表社會經濟團體的組織：對某些環境討論有興趣，例如婦女、少數團體與商業等議題。	於國際環境議題，例如我國著名的「慈濟功德會」就是此類組織。	購買與管理相關資產 致力基層環保工作

四、跨國公司

最後，第四個重要參與者為跨國公司。學者楊格稱，全球化的趨勢加強了跨國公司在國際環境議題中所扮演的角色，他們有助於國際社會獲得永續發展的目的。[82]而且大部分跨國公司擁有的資產與經濟實力非常雄厚，有些甚至達到富可敵國的程度。跨國公司由於規模龐大及財力雄厚，所以對於國際環保議題也擁有巨大的影響力。今天跨國公司為了支持環保，幾乎每家都會提出年度環保報告，以符合「OECD多國籍企業環保準則」（OECD′s Environmental Guidelines for MNEs）的規定。[83]

但是由於跨國公司是屬於營利的私人機構，甚至是環境污染的元兇，所以在從事國際環保活動時，常會選擇從事與自身有關的議題，以改善公司的形象。例如麥當勞公司於1991年決定將其塑膠餐盒改為紙餐盒；另外，美國Starkist與海底雞（Chicken of the Sea）這兩家世界最大的鮪魚公司，於1990年宣布停止收購使用流刺網（drift nets）捕獲的鮪魚。雖然這些跨國公司大部分

---

[82] Oran R. Young, "The Architecture of Global Environmental Governace," p. 28.
[83] 倪世傑，2007年9月11日，〈審慎面對「可持續發展」〉，《台灣立報》（台北）。

是在環保團體的壓力下才採取環保措施，但表示他們也有意願承擔環保的責任，及配合執行相關的環保措施。這也是近幾年來企業界所倡議的「企業社會責任」（corporate social responsibility, CSR）的具體表現。

而且已經有愈來愈多的大企業認知「企業社會責任」的重要性，也紛紛投入全球性的環保議題，例如總部位於英國的英傑華集團（Aviva），很早以前就相當關注二氧化碳排放所造成的全球暖化問題。2007年該集團在全球各地贊助風力發電及「碳抵銷」的各項專案計畫，期望能夠抵銷全球27個營運據點所產生的二氧化碳排放。另外台灣的「天下雜誌」從2007年開始，也將環境保護作為評估「企業公民」的4個指標之一（另外3個指標為公司治理、企業承諾、社會參與）。[84]

雖然有些企業致力環保工作，然而中國大陸的民間團體「公眾與環境研究中心」在2007年8月公布一份污染企業的名單，發現百事、惠爾普、博世、日清、花王、嘉仕伯等國際品牌都在列，此顯示轉移環境污染是某些跨國公司進行對外投資的重要動機之一。先進國家嚴格限制企業在其國內從事污染的產業，但卻促使企業利用對外投資，將污染產業向其他落後國家轉移。因此可發現在先進國家對外投資中，高污染產業所占比重非常高。此外根據英國媒體披露，2005年英國運往中國大陸的垃圾數量達190萬噸。美國也將大量的廢棄物運往中國、泰國等開發中國家丟棄。[85]由此可知，要讓以營利為目的的跨國企業真心從事環保事業，需要各界很大的努力方能成功。

第六節　國際環境規範與國家政策

由上所述可知，國際環境政治的重要參與者可包括：主權國家、政府間組織、非政府間組織及跨國公司等四種。由於國家仍是國際社會最重要的行為

---

[84] 奈特，2008年7月24日，〈企業做環保 落實社會責任〉，《聯合理財網》，〈http://udn.com/NEWS/STOCK/STO9/4439487.shtml〉（瀏覽日期：2010年5月17日）。

[85] 倪世傑，〈審慎面對「可持續發展」〉。

者,因此國際環境政治最重要的參與者仍是以國家為主。國家對於國際環境政治除了上述的參與問題之外,還必須探討如何將許多國際組織所制訂的規範（norms）,轉化為國家具體可行的政策。因為這些國際規範要能夠實行,仍然有賴國家制訂具體可行的政策,才能夠獲得施行。

國際強權願意接受某些國際環境規範,是這些規範能夠被執行的重要條件之一。因為規範通常都是規定國家「應該」（oughts）與「不應該」（oughts-nots）執行某些作為的強制規定,所以若沒有強國的參與,這些規範不是無法實行,就是會被打折扣。例如很多學者就認為,美國不參加「京都議定書」（Kyoto Protocol）的決定,讓許多有關降低溫室氣體的努力很難達到效果。[86] 由此可知,國際環境規範與國家政策之間存有差距。對於如何將前者轉化成後者,學者Loren R. Cass提出從「事不關己」至「理所當然」的8個步驟:[87]

第一,「事不關己」（irrelevance）:國家領導者完全不承認有國際環境規範的存在,而且也不認為它是其國家政策的一部分,他們不會迫使自己去改變與國際規範相牴觸的國內行為。

第二,「拒絕」（rejection）:國家領導者雖已認知有國際規範的存在,但仍拒絕承認與接受。國家可能支持另一個較不令人滿意的替代規範,並與此規範的支持者進行討論與對話。此種對話主要在國際層面進行,尚未進入國內政治主流的對話之內。

第三,「與國內有關」（domestic relevance）:國家領導者仍拒絕承認與接受既有的規範,但此規範已經進入其國內政治領域來討論,此時政府開始面對來自國內與國外的行為者要求肯定這些規範的壓力。

第四,「言詞肯定」（rhetorical affirmation）:國家領導者因為來自國內外的政治壓力,而肯定國際環境的規範。此規範並成為國內與國外政策意見交換的一部分,但尚未轉變成為國內的具體政策。

---

[86] Loren R. Cass & Mary E. Pettenger, July 2007, "The Constructions of Climate Change," in Mary E. Pettenger, ed., *The Social Construction of Climate Change* (Ashgate Publishing), pp. 235-246.

[87] 同前註,pp. 235-246。

　　第五，「影響外交政策」（foreign policy impact）：國家領導者調整其外交政策以確認此規範，並支持將這些規範納入國際協定之內。此立場的轉變，可能是因為適合本國的規範出現，或是來自於國內或國外的壓力。但是國家領導者仍拒絕在國內政策方面進行改變，以及執行該規範所必須履行的責任。

　　第六，「影響國內政策」（domestic policy impact）：國家領導者與其他行為者開始在既有國際規範基礎上，改變其國內政策。此規範深深的存在國內政治的對話中，但規範的支持者仍然負有為改變現況而辯護的責任，因為此改變可能影響到其他國內的利益團體。

　　第七，「規範優先」（norm prominence）：此時國內的利益團體欲繼續其原有政策或追求新提案，而這些政策與提案都與規範相牴觸時，他們必須提出證明來為自己辯護，因為此時規範已經深植於國內的機制與國家政策之內。

　　第八，「理所當然」（taken for granted）：規範已經深植於國家的每個機制內，順從此規範已經幾乎是一種習慣性的行為，而且每個人都認為尊從此規範乃是理所當然的事情。例如我國立法院於2010年5月18日通過「環境教育法」，規定從2011年起，各機關、公營事業機構、高中以下學校及政府捐助基金累計超過50%的財團法人，每年必須參加4小時以上的環境教育課程，沒有依法辦理的單位，將被處以罰款。環保署表示，推動立法最重要的目的，就是希望透過全民終身教育課程，推廣環保、永續發展的概念，具備應有的知識、態度、技能及價值觀，與環境共生和諧、共存共榮。台灣因此能與美、日、韓、巴西等國家共同加入保護地球、維護家園的行列。[88]

第七節　國際環境政治的成功與失敗案例

　　各國雖然都瞭解維護國際環境的重要性，也都在致力於改善各種國際環境

---

[88] 蔡佩芳，2010年5月18日，〈環境教育法三讀／明年要上4小時環境課〉，《聯合晚報》（台北），〈http://examination.pixnet.net/blog/post/7092863〉（瀏覽日期：2011年6月23日）。

的問題，然而因為改善國際環境常涉及到各國的利益，因此並非每項問題都獲得解決，以下將針對成功與失敗的案例加以討論。在成功的案例方面，以致力於降低酸雨的「赫爾辛基公約」及修補臭氧層破洞的「蒙特婁公約」為討論的對象；而在失敗的案例方面，以致力於減緩氣候變化的「京都議定書」為討論的對象。Detlef Sprinz及Tapani Vaahtoranta兩位學者以「利基途徑」（interest-based approach）來解釋為何有些案例能夠成功，而有些案例失敗。

一、成功的案例

（一）赫爾辛基公約（The Helsinki Protocol）

1970年代，世界正處於冷戰的時代，東西兩極緊張對峙，兩陣營之間幾乎毫無交集可言。然而，聯合國「歐洲經濟委員會」（United Nations Economic Commission for Europe, UNECE）發現環保議題是東西雙方具有合作潛力的領域。第一個合作的產物就是「跨國長程空氣污染物公約」（Convention on Long-Range Transboundary Air Pollution, CLRTAP），於1979年首次由35個會員國共同簽署該公約。根據此公約，簽署國同意減少空氣污染。

此公約規定要減少所有的空氣污染源，然而由於酸雨污染嚴重，因此瑞典、挪威與芬蘭於1983年提出應該優先減少造成酸雨的硫化物排放量，獲得其他國家的支持，並於1985年簽署「赫爾辛基公約」。該公約的主要內容為：以1980年的硫氧化物排放量為標準，各簽署國在1993年之前，至少要削減30%的排放量。[89]此公約於1987年正式實施迄今，許多報告證實酸雨的問題獲得很大的改善。[90]此公約之所以能夠成功，我們可利用「利基途徑」來加以解釋。由

---

[89] Evan J. Ringquist & Tatiana Kostadinova, January 2005, "Assessing the Effectiveness of International Environmental Agreements: The Case of the 1985 Helsinki Protocol," *American Journal of Political Science*, Vol. 49, No. 1, pp. 86-102.

[90] Oran R. Young, ed., 1999, *The Effectiveness of International Environmental Regimes: Causal Con-*

下表可看出，大部分的簽署國在「生態的脆弱性」方面都偏高，而且在「降低傷害的成本」方面較低，因此扮演「推動者」的國家居多，所以此公約較容易獲得成效。

生態的脆弱性

		低	高
降低傷害的成本	低	「旁觀者」： 芬蘭、愛爾蘭、葡萄牙、西班牙	「推動者」： 奧地利、比利時、前捷克斯洛伐克、丹麥、西德、法國、匈牙利、義大利、荷蘭、挪威、前蘇聯、瑞典、瑞士、英國
	高	「推託者」： 保加利亞、希臘	「中間者」： 前東德、波蘭、羅馬尼亞、前南斯拉夫

資料來源：Detlef Sprinz & Tapani Vaahtoranta, "The Interest-Based Explanation of International Environmental Policy," p. 100.

（二）蒙特婁公約（The Montreal Protocol）

「蒙特婁公約」[91]是另外一個成功的國際環保案例。國際社會之所以會在1987年簽訂此公約，其主要的目的在致力於停止「氟氯碳化合物」（CFCs）的生產，因為此物質會造成臭氧層（ozone layer）產生破洞。此化學物質原來是不存在大自然的空氣中，而是由人類製造出來。1950年代後大量生產，運用在冷凍、空調設備、清洗溶劑及噴霧劑上，原本被認為是無害的物質，被排放到大氣層中，因紫外線的照射而分解出氯原子，並與臭氧層中的氧原子結合，使臭氧濃度越來越稀薄。因為臭氧會吸收紫外線，缺少臭氧層的保護，更多的紫外線會進入地球，使罹患皮膚癌的人口會增加。[92]

---

nections and Behavioral Mechanisms (Cambridge, MA: MIT Press,).

[91] 全名為「蒙特婁破壞臭氧層物質管制議定書（Montreal Protocol on Substances that Depletethe Ozone Layer）」。

[92] 湯志民，〈學校綠建築的世界趨勢〉，〈http://www3.nccu.edu.tw/~tangcm/doc/2.html/article/E218.pdf〉（瀏覽日期：2010年8月14日）。

　　此公約後來成功的控制氟氯碳化合物的生產，是一個全球非常成功的國際環保合作範例。現在已被認為是先進國家與開發中國家合作最卓越的範例，同時為解決全球性複雜環境問題提供絕佳的模式。[93]根據「利基途徑」的分析發現，當時有許多國家對此公約持反對的態度（參見下表）。然而最後卻能成功，根據Detlef Sprinz及Tapani Vaahtoranta兩位學者的分析認為，此公約之所以會成功是因為有6個因素所促成：1. 科學界對於臭氧層稀釋的瞭解；2. 公眾壓力對於決策者的影響；3. 科技的發展使新替代品出現；4. 美國所扮演領導者的角色；5. 知識界所扮演的角色；6. 國際機構所扮演的角色。[94]

生態的脆弱性

		低	高
降低傷害的成本	低	「旁觀者」：無	「推動者」： 奧地利、加拿大、丹麥、芬蘭、挪威、瑞典、瑞士
	高	「推託者」： 法國、西德、義大利、英國、前蘇聯、日本	「中間者」：美國

資料來源：Detlef Sprinz & Tapani Vaahtoranta, "The Interest-Based Explanation of International Environmental Policy," p. 90.

二、失敗的案例

　　「京都議定書」（Kyoto Protocol）是國際環保議題的失敗案例之一，也是最具有爭議性的案例。1997年12月，「聯合國氣候變遷綱要公約」（United Nations Framework Convention on Climate Change, UNFCCC）第3屆締約國會議

---

[93] 〈蒙特婁公約名人榜啟動〉，《聯合國環境規劃署（UNEP）》，〈http://www.unep.org/chinese/documents/launch_montereal_whoswho_CN.pdf〉（瀏覽日期：2010年5月17日）。

[94] Detlef Sprinz & Tapani Vaahtoranta, "The Interest-Based Explanation of International Environmental Policy," p. 83.

通過「京都議定書」，規範36個已開發國家應在2008年到2012年間，將二氧化碳、甲烷、氧化亞氮、氫氟氯碳化物、全氟碳化物及六氟化硫等6種「溫室氣體」（Greehouse Gases, GHGs）排放量，降到比1990年的平均水準再減少5.2%的程度，[95]該議定書於2005年2月16日正式生效，表示人類對地球暖化問題進入歷史性的最高警覺。

此議定書的立意可說是相當的良善，然而由於規定減量的「溫室氣體」，大多為各國經濟賴以發展的重要工業所生產，一旦減少溫室氣體排放量，也就等於宣告經濟將停止成長，甚至衰退，而牽動全球工業化國家的經濟神經，因此各國反應不一。其中廢氣排放量占全球21%的歐盟是最樂觀其成者，25個會員國一致肯定要遏止地球暖化。相對於歐盟的大力支持，美國雖為全球溫室氣體最大排放國，卻以影響經濟發展為理由拒絕簽署，是美中不足之處。[96]

美國柯林頓政府雖然於1998年簽署此議定書，然而小布希政府於2001年上台之後，以「減少溫室氣體排放將會影響美國經濟發展」及「發展中國家也應承擔減排與限排溫室氣體的義務」為藉口，而拒絕批准。由於最大排放量的美國（約占全世界排放量的1/4）未加入，使議定書的覆蓋面大打折扣，其目標也不能完全實現。[97]由於此約施行迄今爭議頗多，且所獲得的成效不彰，因此一些關心氣候變遷問題的國家與組織，開始積極推動新的方案。

2007年12月，「聯合國氣候變遷綱要公約」第13屆國際會議於印尼巴厘島舉行會議，會後提出「巴厘島路線圖」（Bali Roadmap或Bali Action Plan），此路線圖確立：未來各國溫室氣體的減量標準，將考量各國的差異，而不是訂定一體適用的標準，開發國家也將提供相關的技術與資金協助。在2009年哥本哈根會議訂出明確減量目標前，各國將按照這個架構，進行更密切的技術移轉

---

[95] 董珮真，〈京都議定書帶來什麼衝擊？〉。
[96] 董珮真，〈京都議定書帶來什麼衝擊？〉。
[97] 〈遏制全球變暖迎來「後京都」時代〉，2007年12月9日，《新華網》，〈http://big5.xin-huanet.com/gate/big5/news.xinhuanet.com/world/2007-12/09/content_7219434.htm〉（瀏覽日期：2010年8月24日）。

及資金援助。[98]哥本哈根會議原本是要擬定出新的溫室氣體排放標準，以啟動「後京都議定書」時代，然而由於各國仍關心各自的國家利益，此次會議最後僅達成將升溫的幅度控制在攝氏2度以內的共識，這個共識不但沒有法律的基礎，也沒有具體的行動表。後來國際間又於2010年召開坎昆會議、2011年召開德班會議，但是都無法達成具體的減排成效，因此未來在降低溫室氣體方面，仍將是一條遙遠而且艱辛的道路。

第八節　國際環境政治的發展趨勢

從1972年至2010年將近40年間，全球環境政治議題雖然有上述幾項重要的進步與發展。但是有幾件事仍然是難以改變，例如南半球與北半球國家之間的不信任與猜忌、國際合作與傳統國家主權觀念的衝突、生態長期發展願景與短期經濟利益及政治穩定的衝突、國際環保觀念及規範、各國主觀認知及客觀環境差異等問題。[99]

國內學者王順文稱，面對這些問題，雖然各國都有許多理由為自己辯護，但是追根究底，其實還是為了自身的利益。環保問題最困難的是在設定範圍的問題上，因為設定範圍一定會涉及到權力與利益的衝突；再者，在議題討論的過程中也會面臨是否要干涉他國內政的問題。[100]由此可知，環境的永續發展觀點固然得到全球的認同，但各國在實際執行上，卻有很多窒礙難行之處。這些問題不但阻礙各國在環境議題方面進行合作的可能性，也阻礙國際環境政治建制的進一步發展。

雖然有這些困難的存在，但是因為各國對於解決環境問題有一致的信念，環境保護已成為普世的價值（universal value），所以國際環境政治的問題將會

---

[98] 〈巴里島路線圖〉（Bali Roadmap），2008年7月16日，《yam天空》，〈http://blog.yam.com/antaress/article/16237661〉（瀏覽日期：2010年5月17日）。

[99] Ken Conca & Geoffrey D. Dabelko, *Green Planet Blues: Environmental Politics from Stockholm to Johannesburg*, p. 4.

[100] 王順文，〈生物多樣性典則的建立與執行之分析〉。

較國際政治與國際經濟等問題,較有合作及成長的空間。例如酸雨防制、臭氧層破洞修補等問題,在各國的努力合作之下,都已獲得可觀的成就。而且美國前副總統高爾與「聯合國政府間氣候變遷問題小組」(UNIPCC),因為積極參與防治溫室效應,而獲得2007年諾貝爾獎的鼓勵與肯定。由於全球環保議題受到如此高度的重視,因此未來國際間會再召開大型的國際環保會議,進一步討論環保合作的議題。

整體而言,各國對於國際環境保護的觀念有以下幾個轉變,這些轉變將影響國際環境政治的發展趨勢。

第一,從「無限」到「有限」的「觀念轉變」。過去我們認為地球資源是取之不盡、用之不竭的觀念已徹底的改變了,近年來我們才猛然地發現,地球的資源不是「無限」,而是「有限」的,過去過度的開發與利用,使各種資源逐漸枯竭,例如海洋的漁業資源、陸地的能源及森林資源等,以及各種稀有動植物在人類的貪慾之下,有逐漸滅絕的危機;

第二,從「當代」到「下一代」的「永續發展」(sustainable development)。「聯合國世界環境與發展委員會」於1987年在聯合國第42屆大會召開時,向安理會提交「我們共同的未來」(Our Common Future)研究報告,正式提出「永續發展」的概念,其定義為「能夠滿足當前的需要,又不危及下一代滿足其需要之發展。」[101]也就是提高地球所有人民的生活素質,而不增加使用自然資源,此概念已經成為全球科學課題研究之對象,也是各國在制訂發展計畫時優先考慮之基本原則。從此之後,「永續發展」代替了對抗性的「環境保護」,也意味著資本主義的工業成長與環境問題不再是天平的兩端,進行生產活動的同時也可以進行環保工作。我們不僅在追求提升這一代的生活環境品質,更要為下一代著想,此觀念已成為全球各國的共識;[102]

第三,從「專業科技」到「多面整體」的「範圍擴大」。解決國際環境問

---

[101] 王湘齡,〈「永續發展」議題〉,〈http://www.ncu.edu.tw/~phi/teachers/lee_shui_chuen/course_onnet/ae01.pdf〉(瀏覽日期:2010年5月17日)。
[102] 倪世傑,2007年9月11日,〈審慎面對「可持續發展」〉,《台灣立報》(台北)。

題雖然有賴環保科技的發展，但在實際推動時卻可能牽涉到很多國家的合作。例如解決溫室效應問題，除了要運用相關的科技外，還要動員各國制訂配合的政策，督促其國內相關單位執行該政策，甚至要向國內民眾宣導環保的觀念。相形之下，純粹技術問題在國際環保議題領域中，所占的比例反而有限。因此若要落實全球環保政策，更需要各國多面整體的配合進行改革，方能盡全功。

　　第四，從「國家」到「非國家」的「參與增加」。傳統國際政治的參與者主要是主權國家，然而在國際環境政治的領域中，除了主權國家外，還包括政府間組織、非政府組織及跨國公司等。國家或政府在國際環境政治的領域中，因為有其國家利益的考量，所以其角色視議題而定，其態度可以是積極或消極。而其他的參與者，包括政府間組織、非政府組織，其態度卻是非常的積極，而且經常扮演著議題領導者的角色，有時還迫使國家接受他們的提議，這明顯的與傳統的國際政治運作方式不同。最後，跨國公司對於環保議題雖然有時是居於被動的角色，但是在長期環保教育的薰陶與相關法令的規範之下，他們逐漸積極的參與環保工作。

總　結

　　當讀者翻卷至此時會發現，「國際關係學」所涉及的範圍不但廣泛、複雜，而且是一門動態的以及快速改變的學科，[1]林碧炤教授稱，因為它與國際情勢的演進俱進，並不墨守成規。在過去60年，國際關係的成長是有目共睹的事實。[2]例如該學門從1919年剛開始設立的時候，主要探討的範圍由狹窄的國際政治議題，逐漸擴大到各種的國際關係議題，並隨著全球化的發展，所討論的議題更擴大到所有影響人類安全的議題。林碧炤教授續稱此學門是實用性很高的學問，它與其他社會科學一樣，不是只有學術的研究，還嘗試解決人類所面臨的各項問題。若不去面對與解決人類面臨的各項問題，其未來發展不會有太大的遠景。[3]由此可知，此學門與人類生存與發展息息相關，值得讀者深入探討。

　　但是讀完本書之後，或許會有國際關係的範圍好像是包山包海，無所不包的感覺。確實，只要是有關國際間的議題，都可被歸納入國際關係學研究的範圍。而且國際成員已經由傳統的國家，延伸至國際組織、跨國公司，甚至是個人，要釐清這些關係相當的不容易，因此產生各種不同的學說來解釋複雜的國際關係。然而這些學說並沒有一個共同的觀點，所以形成「百花齊放，百家爭鳴」的現象。中國大陸學者秦亞青教授稱，國際關係學的領域有如現代世界一樣，充滿了分歧與分裂。[4]

1　Michael Nicholson著，袁鶴齡、宋義宏譯，《淺說國際關係》（International Relations: A Concise Introduction），頁237。
2　林碧炤，〈國際關係的典範發展〉，頁54。
3　同前註，頁11。
4　秦亞青，〈國際政治的社會建構──溫特及其建構主義國際政治理論〉，頁236。

　　林碧炤教授稱，因此，要使用主要的三大學派——「現實主義」、「自由主義」與「社會建構主義」來涵蓋所有的國際關係，已經是不可能。而處理與分析一連串的非傳統安全議題需要求助於不同的學科。氣候變遷在未來必然是國家安全的重要研究議題，能源、疾病、衛生醫療、糧食、人口、環境污染、移民、資源保護等都是影響國際安全的重大問題，而核武擴散、武器管制、衝突預防及解決一樣不是三大學派可以提供完整的答案。以前他們或許還可以應付，將來就更為困難。國際關係理論或模式的多元化是不可避免，依靠單一的主義作為研究的基礎是不可能的。[5]

　　國際關係雖然複雜、議題雖然多樣、範圍雖然廣泛，但是本書以國際關係學中的四大辯論為主軸，來探討此學門中不同的學說，讀者若能夠透過這些辯論，徹底的瞭解這些主義及學說的內容，基本上就能抓住國際關係學的精義，讓讀者具備研究國際關係最基本的知識，以利未來對國際關係再作深入的研究。而且本書也包含國際關係最新的發展趨勢及相關的議題，所以能夠協助讀者以最有效率的方式，學習國際關係學的主要內涵，以期能夠達到事半功倍的效果，這正是本書所希望能夠達到的目的。

---

[5]　同註2，頁23。

附件　環境與氣候變遷相關之國際協定一覽表

項次	中文名稱	英文名稱	成立日期
1	南極條約	The Antarctic Treaty	1959年12月1日制訂 1961年6月23日通過
2	聯合國人類環境會議宣言	Declaration of the United Nations Conference on the Human Environment	1972年通過
3	防止傾倒廢棄物及其他物質污染海洋的倫敦公約與1996年的議定書	The 1996 Protocol to the Convention on the Prevention of Marine Pollution by Dumping of Wastes and Other Matter	1972年制訂公約 1996年修正議定書
4	瀕危野生動植物種國際貿易公約	Convention on International Trade in Endangered Species of Wild Fauna and Flora	1973年簽署 1979 年6月22日修訂
5	經1978 年議定書修訂的「國際防止船舶污染公約」（「防止船污公約」73/78）	International Convention for the Prevention of Pollution from Ships, 1973, as modified by the Protocol of 1978 relating thereto (MARPOL 73/78	1973年
6	拉姆薩爾公約	Ramsar Convention	1975年
7	保護地中海海洋環境和沿海區域公約（巴塞隆納公約）及1995 年議定書	Convention for the Protection of the Marine Environment and the Coastal Region of the Mediterranean (Barcelona Convention), 1995 Protocol concerning Specially Protected Areas and Biological Diversity in the Mediterranean (1995 Protocol to the Barcelona Convention	1976年
8	遷移物種公約（又稱「波昂公約」）	Convention on MigratorySpecies（Bonn Convention）	1979年制訂
9	南極海洋生物資源保護公約	The Convention for the Conservation of Antarctic Marine Living Resources	1980年5月20日簽署

項次	中文名稱	英文名稱	成立日期
10	世界自然憲章	World Charter of Nature	1982年通過
11	保護臭氧層維也納公約	Vienna Convention for the Protection of Ozone Laya	1985年制訂
12	南極礦物資源活動管理公約	Convention on the Regulation of Antarctic Mineral Resource Activities	1988年制訂
13	控制危險廢棄物越境轉移及其處置巴塞爾公約	Basel Convention on the Control of Transboundary Movements of Hazardous Wastes and Their Disposal	1989年制訂
14	經修正的關於消耗臭氧層物質的蒙特婁議定書	Montreal Protocol on Substances That Deplete the Ozone as Amended	1991年制訂
15	關於環境保護的南極條約馬德里議定書	Madrid Protocol on Environmental Protection to the Antarctic Treaty	1991年修訂
16	生物多樣性公約	Convention on Biological Diversity	1992年簽署
17	聯合國氣候變遷綱要公約	United Nations Framework Convention on Climate Change	1992年制訂
18	里約環境與發展宣言	The Rio Declaration on Environment and Development	1992年制訂
19	21世紀議程	Agenda 21	1992年制訂
20	北太平洋溯河魚類養護公約	Convention for the Conservation of Anadromous Stocks in the North Pacific Ocean	1992年制訂
21	公海捕魚遵守協定	High Seas Fishing Compliance Agreement	1993年制訂
22	中白令海峽鱈資源養護與管理公約	Convention on the Conservation and Management of Pollock Resources in the Central Bering Sea	1994年2月11日簽訂 1995年12月8日生效
23	西北太平洋行動計畫	The Northwest Pacific Action Plan	1994年9月制訂

項次	中文名稱	英文名稱	成立日期
24	保護海洋環境免受陸地活動污染全球行動綱領	Global Programme of Action for the Protection of the Marine Environment from Land-based Activities	1995年
25	負責任漁業行為守則	Code of Conduct for Responsible Fisheries	1995年
26	國際珊瑚礁倡議	The International Coral Reef Initiative, ICRI	1995年
27	國際海上運載有害和有毒物質造成損害的責任和賠償公約	The International Convention on Liability and Compensation for Damage in connection with the Carriage of Hazardous and Noxious Substances by Sea	1996年
28	京都議定書	Kyoto Protocol	1997年制訂 2005年正式生效 2008年開始執行
29	養護和管理鯊魚國際行動計畫	International Plan of Action for the Conservation and Management of Sharks	1998年
30	卡塔赫納公約議定書	the Cartegena Protocol on Biosafety	2000年1月29日制訂
31	養護和管理西中太平洋高度洄游魚類種群公約	Convention on the Conservation and Management of Highly Migratory Fish Stocks in the Western and Central Pacific Ocean	2000年制訂
32	對危險和有毒物質污染事件的準備、反應和合作議定書	Protocol on Preparedness, Response and Cooperation to Pollution Incidents by Hazardous and Noxious Substances	2000年
33	預防、阻止和消除非法、未報告和無管制的捕撈活動國際行動計畫	International Plan of Action to Prevent, Deter and Eliminate Illegal, Unreported and Unregulated Fishing	2001年

項次	中文名稱	英文名稱	成立日期
34	雷克雅維克海洋生態系統負責任漁業行為宣言	The Reykjavik Declaration on Responsible Fisheries in the Marine Ecosystem	2001年
35	養護和管理東南大西洋漁業資源公約	The Convention on the Conservation and Management of Fisheries Resources in the South East Atlantic Ocean	2001年簽署 2003 年4月生效
36	關於持久性有機污染物的斯德哥爾摩公約	Stockholm Convention on Persistent Organic Pollutants	2001年
37	永續發展世界高峰會執行計畫	Plan of Implementation of the World Summit on Sustainable Development	2002年
38	非法、未報告和無管制捕撈問題羅馬宣言	Rome Declaration on Illegal, Unreported and Unregulated Fishing	2005年3月12日
39	安提瓜公約	Antigua Convention	2003年
40	全球海洋環境定期報告與評估進程	Regular Global Assessment of The Marine Environment, GMA	2004年開始執行
41	模里西斯戰略	Mauritius Strategy	2005年
42	UNFCCC巴厘行動計畫	Bali Action Plan	2007年通過
43	哥本哈根協議	Copenhagen Accord	2009年通過
44	坎昆協議	Cancun Agreement	2010年通過
45	德班協議	Durban Agreement	2011年通過

資料來源：〈我外交應如何因應後京都議定書及其機制〉，2008年2月，《台北：中華民國外交部》，頁 40-43，〈http://www.mofa.gov.tw/webapp/public/Data/2008033101.pdf〉（瀏覽日期：2010年5月17日）。

參考文獻

中文部分

Bush, Richard C.，2011年2月1日，林添貴譯，《台灣的未來》（Untying The Knot）（台北：遠流出版社），第2版。

Buzan, Barry & Richard Little著，劉德斌譯，2004年，《世界歷史中的國際體系：國際關係研究的再建構》（International Systems in World History: Remaking the Study of International Relations）（北京：高等教育出版社）。

Chen, Jonathan & Chih-Wei Yu，2009年6月11日，〈胡、溫執政正當性與中共對台政策型塑之關連性（2002-2007）〉，《台北政治大學國際事務學院「大中華地區和平發展與深化整合」國際學術研討會》。

Claude, Inis L., Jr.著，張寶民譯，1990年，《權力與國際關係》（Power and International Relations）（台北：幼獅文化事業公司）。

Dougherty, J. E. & R. L. Pfaltzgraff著，閻學通、陳寒溪等譯，2002年，《爭論中的國際關係理論》（Contending Theories of International Relations－A Comprehensive Survey, 5th ed.）（北京：世界知識出版社）。

Giddens, Anthony著，鄭武國譯，1999年，《第三條路－社會民主的更新》（台北：聯經出版社）。

Goldstein, S. Joshua著，歐信宏、胡祖慶譯，2003年，《國際關係》（International Relations）（台北：雙葉書廊出版公司）。

Holsti, K. J.著，李偉成、譚溯澄譯，民80年，《國際政治分析架構》（International Politics, A Framework for Anslysis）（台北：幼獅文化事業公司）。

Hughes, Barry B.，歐信宏、陳尚懋譯，2002年，《最新國際政治新論》（Continuity and Change in World Politics）（台北：韋伯出版社）。

Kant, Immanuel著，李明輝譯，2002年，《論永久和平》（Zum ewigen Frieded）（台北：聯經）。

Little, Richard著，劉德斌譯，2005年，〈世界歷史、英國學派與國際關係理論〉，《史學集刊》（宜蘭縣：佛光大學人文學院），第4期。

Mearsheimer, John J.著，王義桅、唐小松譯，2003年，《大國政治的悲劇》（The Tragedy of Great Power Politics）（上海：上海人民出版社）。

Meredich, Robyn著，藍美貞、高仁君譯，2007年，《龍與象：中國/印度崛起的全球衝擊》（The Elephant and the Dragon: The Rise of India and China and What it Means for All of Us）（台北：遠流出版社）。

Nicholson, Michael著，袁鶴齡、宋義宏譯，2001年，《淺說國際關係》（International Relations: A Concise Introduction）（台北：韋伯出版社）。

Nicholson, Michael著，袁鶴齡、宋義宏譯，2006年，《國際關係的基礎》（International Relations: A Concise Introduction）（台北：韋伯出版社）。

Pearson, Federic S. & J. Martin Rochester著，胡祖慶譯，2000年，《國際關係》（International Relations）（台北：五南圖書公司）。

Pearson, Frederic S. & Simon Payaslian著，楊毅、鍾飛騰、苗苗譯，2006年，《國際政治經濟學－全球體系中的衝突與合作》（International Political Economy: Conflict Cooperation in the Global System）（北京：北京大學出版社）。

Zakaria, Fareed著，杜默譯，2008年，《後美國時代》（The Post-American World）（台北：麥田出版社）。

中華民國外交部研究設計委員會，民96年12月，〈「2007年大專校院學生國際問題論文」比賽得獎文章摘要〉，《台北：中華民國外交部通訊》，第27卷第1期。

尹德瀚，2008年10月21日，〈金融海嘯　馬克思主義鹹魚翻身〉，《中國時報》（台北），版A2。

王振東，2005年10月22日，〈總體戰與空權〉，《空軍學術月刊》（台北），第570期。

王逸舟，1998年，《西方國際政治學：歷史與理論》（上海：上海人民出版社）。

王逸舟，1998年，《國際政治析論》，（台北：五南出版社）。

王瑋，2010年，〈國際制度與新進入國家的相互合法化〉，《國際政治》（中國人民大學學報）。

王慶榮，民96年，〈「六方會談」對朝鮮半島區域安全之影響：從權力平衡觀點〉《桃園：國防大學戰略與國際事務研究所83週年校慶基礎學術研討會論文》。

包宗和主編，2011年，《國際關係理論》（台北：五南出版社）。

史流芳譯，民79年，《制空權》（台北：空軍總部）。

田弘茂主編，民80年，《比較政治學》（台北：五南圖書出版公司）。

江麗鈴，2009年3月3日，〈西歐拒金援東歐，新鐵幕成形？〉，《中國時報》（台北），版A2。

佛里曼，2008年10月21日，〈冰島銀行崩盤　揭露全球化危機〉，《中國時報》（台北），版A2。

宋學文，2008年12月，〈層次分析與國際關係研究的重要性及模型建構〉，《問題與研究》（台北），第47卷第4期。

宋學文、楊昊，民2006年6月，〈整合理論研究之趨勢與應用：東南亞區域安全的分析〉，《政治科學論叢》（台北），第28期。

李文志，2004年，〈全球化對亞太安全理念的衝擊與重建：理論的初探〉，《台北：政治科學論叢》，第22期，頁31-66。

李濟編著，民84年，《國際關係與國際現勢》（台北：鼎茂圖書出版有限公司）。

李登科等合著，1996年，《國際政治》（台北：國立空中大學）。

李英明，2002年7月31日，〈新現實主義、新自由主義與社會建構論之反思〉，《國政研究報告》（台北）。

周方銀，2006年，〈清朝外交變化動因：理念還是物質〉，《國際政治科學》（北京：中國社會科學院），第2期。

杭廷頓，1998年，《文明的衝突與世界秩序的重建》（北京：新華出版社）。

林民旺，2007年，〈論歐洲聯盟的「民主赤字」問題〉，《國際問題研究》（北京：中國國際問題研究所），第5期。

林萬億，2008年10月22日，〈全球政治經濟向左轉〉，《中國時報》（台北），版A12。

林碧炤，1999年，《國際政治與外交政策》（台北：五南出版社）。

林碧炤，2010年1月，〈國際關係的典範發展〉，《國際關係學報》（台北：國立政治大學），第29期。

空軍總部譯，1990年，《制空論》（台北：空軍總司令部）。

明居正主編，2010年，《國際關係綜論》（台北：晶典出版社）。

邱淑美，2000年12月30日，〈兩岸關係與歐盟經驗（上）〉，《新世紀智庫論壇》（台北：中央研究院），第12期。

姜家雄，2003年12月，〈國際關係中的英國學派〉，《國際關係學報》（台北：國立政治大學外交學系），第18期。

胡宗山，2007年，《國際關係理論方法論研究》（北京：世界出版社）。

胡龍騰，2007年12月，〈政黨輪替前後高階行政主管流動之比較〉，《國家菁英季刊》（台北：中華民國考選部），第3期第4卷。

苗紅妮，2008年，〈英國學派與國際社會理論〉，收於秦亞青編，《理性與國際合作：自由主義國際關係理論研究》（北京：世界知識出版社）。

倪世傑，2007年9月11日，〈審慎面對「可持續發展」〉，《台灣立報》（台北）。

倪世雄等，2006年，《當代西方國際關係理論》（上海：復旦大學出版社）。

唐正端，2000年，《中美棋局中的「台灣問題」》（上海：上海人民出版社）。

夏立平，2006年4月，〈和平與發展為主題的時代與建立和諧世界〉，《同濟大學學報》（上海），第17卷第2期。

孫相東，2008年6月，〈「地緣政治學」概念研究〉，《東方論壇》（北京）。

孫鐵，2006年，〈威斯特發利亞和約〉，《影響世界歷史的重大事件》（台北：大地出版社）。

秦亞青，2001年，〈國際政治的社會建構－溫特及其建構主義國際政治理論〉，《美歐季刊》（台北：政治大學國際關係研究中心），第15期第2卷。

秦亞青，民90年，〈國際政治的社會建構－溫特及其建構主義國際政治理論〉，《美歐季刊》（台北），第15期第2卷。

秦亞青編，2009年，《西方國際關係理論與經典導讀》（北京：北京大學出版社）。

耿曙，2003年，《分析層次與國際體系》（台北：揚智出版社）。

郝妍，2006年，〈試論巴瑞·布贊對英國學派理論的重塑〉，《世界經濟與政治》（北京：中國社會科學院），第10期，頁21-28。

〈「愛台灣」是否非要MIT不可？〉，民98年4月14日，《聯合報》（台北），版A2。

崔順姬，2006年，〈人民、國家與恐懼：布贊及其對國際關係的貢獻〉，《世界經濟與政治》（北京：中國社會科學院），第5期。

張京育，1983年，《國際關係與國際政治》（台北：幼獅出版社）。

張亞中，1998年，《歐洲整合：政府間主義與超國家主義的互動》（台北：揚智文化）。

張亞中主編，2007年，《國際關係總論》（台北：揚智文化事業有限公司，第2版）。

張政亮，2007年3月10日，〈地緣政治的演變與發展〉，《台北：國立台灣大學政治學系第六屆「公共事務」研究生論文發表會》。

張振江，2004年，〈英國學派與建構主義之比較〉，《歐洲研究》，第5期。

莫大華，民92年12月，〈理性主義與建構主義的辯論：國際關係理論的另一次大辯論？〉，《政治科學論叢》（台北），第19期。

莫大華，民97年6月，〈批判性地緣政治戰略之研究〉，《問題與研究》（台北：國立政治大學國際關係研究中心），第47卷第2期。

郭楓，2002年，〈在與新現實主義的比較中認識新自由主義〉，《中國人民大學國際關係學院學報》（北京），第5期。

陳一新，2000年，〈柯林頓政府台海危機決策制訂過程－個案研究〉，《遠景季刊》（台北），第1期第1卷。

陳文和、楊明暐，2008年8月26日，〈新冷戰？俄揚言切斷與北約所有關係〉，《中國時報》（台北），版A3。

陳俊涵，民國96年12月，〈歐洲聯盟預算的法律規範〉，《淡江人文社會學刊》（台北：私立淡江大學），第32期。

陳毓鈞，民97年1月1日，〈美國衰落與臺美關係〉，《中國時報》（台北）。

陸以正，2008年10月6日，〈世界經濟將持續低迷〉，《中國時報》（台北），版A11。

章前明，2009年5月，《英國學派的國際社會理論》（北京：中國社會科學出版社）。

黃俊榮，民96年12月，〈在全球化趨勢中台灣如何扮演好其角色？〉，《台北：中華民國外交部通訊》，第27卷第1期。

黃恩浩、陳仲志，2010年1月，〈國際關係研究中的「英國學派」典範及其對「中國學派」之啟示〉，《遠景基金會季刊》（台北），第11卷第1期。

黃浩榮，〈坎昆氣候會議沒有大突破，但小進展不少〉，《遠見雜誌》（台北），2011年1月號第295期。

黃罡慶，民89年，《世界經濟金融訊息解讀入門》（台北：寶川出版社）。

楊永明，1997年11月，〈聯合國維持和平行動發展：冷戰後國際安全的轉變〉，《問題與研究》（台北：國立政治大學國際關係研究中心），第36卷第11期，頁23-40。

楊永明，2010年，《國際關係》（台北：前程文化事業）。

楊立彥，2004年9月，〈Inventing International Society: A History of English School之書評〉，《政治科學季刊》（台北），第3期。

楊名豪，2004年，〈軟權力：世界政治的成功之道〉，《中華歐亞基金會研究通訊》（台北），第7卷第9期。

楊念祖，2002年3月18日，〈美核武新策左右全球安危〉，《國政評論》（台北）。

楊政學，2007年，《總體經濟學》（台北：新文京出版社）。

廖文義，2009年，〈中國大陸的國際關係研究與「中國學派」之倡議〉，《復興崗學報》（台北），頁179-200。

趙建民主編，2005年，《大陸研究與兩岸關係》（台北：晶典文化事業出版社）。

劉尚昀，2007年8月3日，〈中國的達富爾考題〉，中國時報（台北）。

劉秋華，2003年，〈「小三通」對馬祖經濟發展前景影響之研究〉，《台北：世新大學》。

劉富本，2003年，《國際關係》（台北：五南出版社），第5版。

劉勝湘，2005年，〈西方自由主義國際安全理論及其批評〉，《太平洋學報》（北京），第9期。

劉德斌，2007年，〈巴里‧布贊與英國學派〉，《吉林大學社會科學學報》（吉林），第2期。

劉蕭翔，2007年，〈國際政治與國內政治互動的評析〉，《歐洲國際評論》（嘉義縣：南華大學歐洲研究所），第3期。

蔡明螢，2004年7月1日，〈瑞士中立政策轉變之研究－以瑞士加入聯合國為例〉，《國際論壇》（自2005年起更名為《歐洲國際評論》）（嘉義縣：南華大學），第3卷第1期。

蔡政文，1997年，《當前國際關係理論：發展及其評估》（台北：三民書局）。

蔡政修，2008年，〈國際關係英國學派之理論評介：兼論其與建構主義和建制理論的異同〉，《亞太研究通訊》（嘉義縣：南華大學亞太研究所），第6期。

蔡翠紅、倪世雄，2006年7月，〈國際體系解構分析〉（上海：復旦大學美國研究中心），《教學與研究》。

鄭端耀，2001年夏季號，〈國際關係「社會建構主義理論」評析〉，《美歐季刊》（台北），第15期第2卷。

鄭端耀，2005年，〈國際關係新現實主義理論〉，《問題與研究》（台北：國立政

治大學國際關係研究中心），第44期第1卷。

魯鵬，2006年，〈創建中國國際關係理論四種途徑的分析與評價〉，《世界經濟與政治》（北京：中國社會科學院世界經濟與政治研究所），第6期。

閻紀宇，民96年10月20日，〈大國小國各為己利　協商分外艱辛〉，《中國時報》（台北）。

賴怡忠，2004年6月，〈中國大陸和平崛起：是問題還是事實〉，《兩岸共同市場基金會通訊》，第10期。

閻紀宇，2007年10月20日，〈歐盟憲法翻版　里斯本條約草案通過〉，《中國時報》（台北）。

戴芸樺，2007年，〈日本外交政策之研析〉《台灣：南華大學亞太研究所碩士論文》。

薛力，2004年8月31日，〈台灣問題－種建構主義的分析〉，《台北：二十一世紀》，第29期。

顏建程，2007年，《依賴理論再思考：淵源、流派與發展》（高雄：國立中山大學政治學研究所）。

鄺梅，2008年7月，〈國際經濟關係的政治經濟分析－國際政治經濟學理論綜述〉，《深圳大學學報》，第25卷第4期。

鄺艷湘，2008年，〈商業自由主義〉，秦亞青主編，《理性與國際合作：自由主義國際關係論》（北京：世界知識出版社）。

譚吉華，1997年，〈「民主和平論」評析〉，《武陵學刊》（湖南省：湖南文理學院），第4期。

譚偉恩，2007年1月，〈女性主義視野下的國際安全〉，《國際關係學報》（台北：國立政治大學外交學系），第23期。

譚偉恩，2007年1月，〈女性主義視野下的國際安全〉，《《國際關係學報》（台北：國立政治大學外交學系），第23期。

譚偉恩、蔡育岱，2010年12月10日，〈坎昆氣候會議　已可宣告失敗〉，《中國時報》（台北）。

關中，2001年9月29日，〈後冷戰時代美國外交政策的批判（下）〉，《國政研究報告》（台北）。

羅立，2009年，《國際關係精要》（台北：精華出版社）。

羅至美，2010年9月，〈歐盟統合的多樣性路徑與對兩岸關係的政策意涵〉，《問

題與研究》（台北：國立政治大學國際關係研究中心），第49卷第3期，頁1-28。

羅慶生，2000年，《國防政策與國防報告書》（台北：揚智出版社）。

顧忠華，2010年3月，〈國會監督在兩岸關係中的角色〉，《台灣民主季刊》（台北），第7卷第1期。

龔宜君，2005年，〈半邊陲之台灣企業在世界體系的鑲嵌〉，《台灣東南亞學刊》（南投縣：國立暨南大學東南亞研究中心），第2期第1卷。

網際網路

〈1997年亞洲金融風暴過程〉，2007年6月24日，〈http://bbs.qoos.com/viewthread.php?tid=1368239&extra=page%3D3〉。

〈Globalization〉，引言，《e-lecture》，〈http://www.cuhk.edu.hk/soc/courses/ih/globalization/lect05/e_lecture-chi-01.htm?page=1〉。

〈人類破壞大自然，帶來哪些嚴重後果？〉2009年1月21日，《天涯問答》，〈http://wenda.tianya.cn/wenda/thread?tid=471b981be2f9cfb1〉。

王湘齡，〈「永續發展」議題〉，〈http://www.ncu.edu.tw/~phi/teachers/lee_shui_chuen/course_onnet/ae01.pdf〉。

王順文，2003年7月10日，〈生物多樣性典則的建立與執行之分析〉，《台北：國政研究報告》，〈http://old.npf.org.tw/PUBLICATION/IA/092/IA-R-092-011.htm〉。

〈戈爾與聯合國環保組織同奪諾貝爾和平獎〉，2007年10月12日，《亞視新聞》，〈http://www.hkatvnews.com/v3/share_out/_content/2007/10/12/atvnews_109793.html〉。

〈巴里島路線圖〉（Bali Roadmap），2008年7月16日，《yam天空》，〈http://blog.yam.com/antaress/article/16237661〉。

〈永續發展研究之推動〉，《台北：行政院國家科學委員會89年年報》，〈http://nr.stpi.org.tw/ejournal/YearBook/89/chi/212-219.pdf〉。

〈史派克曼〉，2005年12月19日，《Yahoo知識網》，〈http://tw.knowledge.yahoo.com/question/question?qid=1405121818950〉。

弗里德里希·李斯特，2010年3月19日，〈http://wiki.mbalib.com/w/index.php?title=%E5%BC%97%E9%87%8C%E5%BE%B7%E9%87%8C%E5%B8%8C%C2%B7

%E6%9D%8E%E6%96%AF%E7%89%B9&variant=zh-tw〉。

〈印巴核戰危機稍緩解　和解曙光微露〉，《大紀元》，2002年6月3日，〈http://www.epochtimes.com/b5/2/6/3/n194147.htm〉。

〈地緣政治的學派有哪些內容？〉，2005年4月18日，《Yahoo知識網》，〈http://tw.knowledge.yahoo.com/question/question?qid=1105041708950〉。

吳美玲，2000年11月1日，〈跨國企業對第三世界發展的意義〉，《思》，第70期，〈http://www.hkace.net/globalization/articles/detail.php?hkace_ID=84〉。

〈何謂關貿總協(GATT)?〉，2005年2月26日，〈http://tw.knowledge.yahoo.com/question/question?qid=1005022506644〉。

吳惠林，2006年12月8日，〈天生我才必有用—「比較利益」的真義〉，《奇摩部落格》，〈http://tw.myblog.yahoo.com/jw!xIZMN_SBBRnGERLIKzulkSKH/article?mid=3955〉。

〈何謂霸權穩定論〉，2007年6月23日，《奇摩知識網》，〈http://tw.knowledge.yahoo.com/question/question?qid=1607062309152〉。

〈我外交應如何因應後京都議定書及其機制〉，民97年2月，《中華民國外交部》，〈http://www.mofa.gov.tw/webapp/public/Data/2008033101.pdf〉。

〈批判地緣政治學〉，2009年5月29日，〈http://www.newslist.com.cn/html/mingjia/20090528/2747.html〉。

〈坎昆協議聊勝無　氣候應對路漫漫〉，2010年12月13日，《太陽報》，http://the-sun.on.cc/cnt/china_world/20101213/00425_001.html。

李洋，2010年12月11日，〈解讀坎昆協議：艱難妥協獲成果　關鍵問題待落實〉，《中新網》，〈http://big5.chinanews.com.cn:89/gate/big5/www.chinanews.com/gj/2010/12-11/2715938.shtml〉。

李銘義，〈現代化與依賴理論〉，〈http://www.sa.isu.edu.tw/user/19267/932/14.ppt#256,1,現代化與依賴理論〉。

李英明，2002年7月31日，〈新現實主義、新自由主義與社會建構論之反思〉，《國政研究報告》（台北），http://www.npf.org.tw/PUBLICATION/IA/091/IA-R-091-074.htm。

〈我國為因應全球暖化及環境永續保存積極推動參與「後京都機制」之具體作法〉，《中華民國外交部》，〈http://www.mofa.gov.tw/webapp/ct.asp?xItem=30960&ctNode=2034&mp=1〉。

〈法國為何否決歐盟憲法？〉，《奇摩知識網》，〈http://tw.knowledge.yahoo.com/
　　question/question?qid=1105060101300〉。

奈特，2008年7月24日，〈企業做環保　落實社會責任〉，《聯合理財網》，
　　〈http://udn.com/NEWS/STOCK/STO9/4439487.shtml〉。

法立諾，2008年5月11日，〈攻擊中國的季節開始了〉，《星洲日報》，〈http://
　　www.sinchew.com.my/node/65513?tid=15〉。

邱垂正，2007年，〈「兩岸三角和平理論模式」的適用〉，《財團法人台灣促進
　　和平文教基金會》，〈http://www.peace.org.tw/crossstrait/note/20070627_06.
　　htm〉。

〈重商主義（Mercantilism）〉，〈http://nas.takming.edu.tw/robertliu/courses/eco-
　　nomics/classic.htm〉。

〈重商主義〉，《MBAlib智庫》，〈http://wiki.mbalib.com/zh-tw/%E9%87%8D%
　　E5%95%86%E4%B8%BB%E4%B9%89〉。

〈重商主義〉，《維基百科》，〈http://zh.wikipedia.org/zh-hk/%E9%87%8D%E5%
　　95%86%E4%B8%BB%E4%B9%89〉。

〈姑息主義的代名詞－慕尼黑協定〉，《歷史文化學習網》，〈http://culture.edu.
　　tw/pioneer/subject_list.php?subjectid=61〉。

〈帝國主義〉，《維基百科》，〈http://zh.wikipedia.org/zh-tw/%E5%B8%9D%E5%
　　9B%BD%E4%B8%BB%E4%B9%89〉。

洪財隆，2005年3月7日，〈貿易、和平與區域整合〉，《台灣經濟研究院中華台北
　　APEC經濟研究中心》，〈http://www.ctasc.org.tw/05subject/s_02_27.asp〉。

〈英國學者麥欽德的心臟地帶說〉，2005年4月21日，《Yahoo知識網》，〈http://
　　tw.knowledge.yahoo.com/question/?qid=1105041907438〉。

邱花妹，〈全球化下的紅綠政治實踐〉，2008年8月6日，《台灣民間聯盟》，
　　〈http://twpa.ioe.sinica.edu.tw/?p=1208〉。

〈甚麼是哥本哈根會議？〉，《根本哈根氣候直擊》，〈http://www.greenpeace.
　　org/china/ch/cop15/about〉。

〈哥本哈根會議第一天，各國各懷鬼胎？〉，2009年12月8日，《醒報新聞網》，
　　〈http://anntw.com/awakening/news_center/show.php?itemid=10395〉。

洪雅芳、文俊杰，2009年12月22日，〈英國官員指責中國「劫持」哥本哈根會
　　議〉，《鳳凰網》，〈http://news.ifeng.com/world/special/gebenhagenqihou/

zuixin/200912/1222_8755_1482995.shtml〉。

〈南非‧德班會議取得5大成果‧減碳達協議仍路漫漫〉，《星洲日報》，2011年12月12日，〈http://www.sinchew.com.my/node/229917〉。

〈破除市場自由化的迷思〉，2005年12月14日，〈http://www.wretch.cc/blog/leonardworld/3292283〉。

〈馬漢「海權論」與「海軍戰略論」簡介〉，2002年6月25日，《Yahoo知識網》，〈10〈孫子兵法〉，〈http://tw.myblog.yahoo.com/jw!sUh7E7abERrG.MR0ZX_fGMcXgw--/article?mid=1483〉。

徐千雅，〈歐債危機哪來？　吳志中：各國發展不均〉，2011年9月22日，《蕃薯藤新聞》，〈http://n.yam.com/newtalk/fn/201109/20110922021860.html〉。

徐慧君，2004年9月6日，〈後冷戰時代美國的對華戰略〉，《華夏經緯網》，〈http://big5.huaxia.com/zk/zkwz/00209993.html〉。

唐小松、黃忠，2007年4月19日，〈巴里‧布贊的國際社會思想評述〉，《中國政治學網》，http://www.cp.org.cn/show.asp?NewsID=2543。

夏玉泉，2007年7月1日，〈從國內分工到國際分工〉，《亞洲國際工商資訊》，〈http://www.aiou.edu/banews/072009/03072009.doc〉。

〈氣候問題也是生存問題〉，《聯合新聞網》，2011年12月13日，〈http://udn.com/NEWS/OPINION/OPI1/6778343.shtml〉。

〈現代化研究：理論與批判〉，〈http://www.geo.ntnu.edu.tw/faculty/moise/words/information/economy/New% 20economic%20geography/n02.doc〉。

〈軟硬兼施的新實力〉，《哈佛商業評論中文版》，〈http://www.hbrtaiwan.com/Article/article_content.aspx?aid=AR0000941〉。

張淑敏，2005年9月27日，〈有關simon〉，《經典閱讀》，〈http://www.mba.yuntech.edu.tw:8080/phpbb2011/viewtopic.php?p=65〉。

張亞中，2010年4月3日，〈認同乃最終統一充分條件〉，《中國評論新聞網》，http://mag.chinareviewnews.com/crn-webapp/mag/docDetail.jsp?coluid=0&docid=101278718&page=9。

〈國際政治經濟學〉，2007年4月24日，〈http://blog.yam.com/bothstraits_yblog/article/9700404〉。

〈國際關係現實主義〉，2008年2月25日，《維基百科》，〈http://zh.wikipedia.org/wiki/%E5%9C%8B%E9%9A%9 B%E9%97%9C%E4% BF%82%E7%8F%BE%E

5%AF%A6%E4%B8%BB%E7%BE%A9〉。

〈淺談布列敦森林體系（Bretton Woods System）〉，2008年1月28日，《YesFX外匯最前線》，〈http://yesfx-global-invest.blogspot.com/2008/01/bretton-woods-system.html〉。

湯志民，〈學校綠建築的世界趨勢〉，〈http://www3.nccu.edu.tw/~tangcm/doc/2.html/article/E218.pdf〉。

彭郁娟、莫聞，〈美國讓步　巴里島氣候峰會終獲結論　未來「調適」與「緩和」並進〉，2007年12月15日，《環境資訊中心》，〈http://e-info.org.tw/node/29080〉。

〈硬實力・軟實力・巧實力：希拉裡權力被架空〉，2009年2月15日，《多維新聞網》，〈http://www.dwnews.com/big5/MainNews/Forums/BackStage〉。

〈資本主義與世界體系〉，〈http://www.mao52115.tcu.edu.tw/handout/sociology/%B8%EA%A5%BB%A5D%B8q.pdf〉。

〈遏制全球變暖迎來「後京都」時代〉，2007年12月9日，《新華網》，〈http://big5.xinhuanet.com/gate/big5/news.xinhuanet.com/world/2007-12/09/content_7219434.htm〉。

〈新馬克思主義〉，2009年12月28日，《維基百科》，〈http://tw.myblog.yahoo.com/jw!6JocOyeRExvkofdcEaGr/article?mid=6713〉。

〈蒙特樓公約名人榜啟動〉，《聯合國環境規劃署（UNEP）》，〈http://www.unep.org/chinese/documents/launch_montereal_whoswho_CN.pdf〉。

蔡靜怡，〈「京都議定書」意涵探討〉，2008年2月，《台北：台灣經濟研究院》，〈http://energymonthly.tier.org.tw/200802/10.pdf〉。

蔡佩芳，2010年5月18日，〈環境教育法三讀／明年要上4小時環境課〉，《聯合晚報》，〈http://examination.pixnet.net/blog/post/7092863〉。

劉坤億，〈英國柴契爾政府改革背景與理念的探索〉，〈http://www.ntpu.edu.tw/pa/Paper/3603.pdf〉。

劉鈺，〈南非德班氣候峰會今日將開幕〉，《新浪網》，2011年11月27日，〈http://dailynews.sina.com/bg/news/int/sinacn/20111127/18502949860.html〉。

〈憂鬱的環境科學〉，2007年2月27日，〈http://www.wretch.cc/blog/chungen-liu/11047741〉。

〈墨西哥坎昆氣候會議各國通過溫和方案〉，2010年12月12日，《中央社》，

〈http://only-perception.blogspot.com/2010/12/blog-post_12.htmll〉。

〈歐洲整合研究〉，〈http://www.bikhim.com/2005/chinese/internet/contact/date〉。

〈嚇阻理論2〉，2003年6月23日，《Moonlight Frontier》，〈http://www.wretch.cc/blog/JAILCAT/4905604〉。

鍾樂偉，2007年9月2日，〈文明衝突論（Clash of Civilizations）〉，《明報通識網》，〈http://www.life.mingpao.com/cfm/concept3.cfm?File=20070902/cp-taa04a/017.txt〉。

戴佳慧，2010年12月2日，〈聯合國氣候變遷會議本週在墨西哥坎昆召開〉，《數位時代》，〈http://www.bnext.com.tw/article/view/cid/141/id/16678〉。

嚴家祺，〈國際體系的簡化模式〉，《百家爭鳴》，〈http://boxun.com/hero/200808/yanjiaqi99/10_1.shtml〉。

〈霸權穩定論〉，2010年3月8日，《MBAlib》，〈http://wiki.mbalib.com/zh-tw/%E9%9C%B8%E6%9D%83%E7%A8%B3%E5%AE%9A%E7%90%86%E8%AE%BA〉。

〈讀書筆記：新現實主義〉，2006年9月17日，《Athos's Blog－學術劍客》，〈http://www.wretch.cc/blog/athos/9187626〉。

英文部分

Acharya1, Amitav & Barry Buzan, 2007, "Why is there no non-Western international relations theory?," *International Relations of the Asia-Pacific*, Vol. 7.

Adler, Emanuel, 1997, "Seizing The Middle Ground: Constructivism in World Politics," *European Journal of International Relations*, Vol. 3, No. 3.

Alker, Hayward R., 2000, "On the Learning from Wendt," *Review of International Studies*, Vol. 26, No. 1, pp. 141-150.

Allison, Graham T., Sep. 1969, "Conceptual Model and the Cuban Missile Crisis," *The American Political Science Review*, Vol. LXIII, No. 3, pp. 689-718.

Allison, Graham T., 1971, *Essence of Decision: Explaining the Cuban Missile Crisis* (Boston: Little, Brown).

Andresen, Steinar & Shardul Agrawala, 2002, "Leaders, Pushers and Laggers in the Making of The Climate Regime," *Global Environmental Change*, Vol.12.

Aron, Raymond, 1966, *Peace and War: A Theory of International Relations* (Garden

City, NY: Doubleday & Company, 1966).

Balassa, Bela, 1961, *The Theory of Economics Integration* (London: Allen & Unwin).

Barnett, Michael N. & Martha Finnemore, 2004, *Rules for the World: International Organizations in Global Politics* (NY: Cornell University Press).

Baylis, John & Steve Smith, 2001, *The Globalization of World Politics: An Introduction to international Relations*, 2nd ed. (Oxford: Oxford University Press).

Beeson, Mark & Stephen Bell, 2009, "The G20 and International Economic Governance: Hegemony, Collectivism, or Both?" *Global Governance*, Vol 15.

Betsill, Michele M. & Elisabeth Corell, 2008, *NGO Diplomacy: The Influence of Nongovernmental Organizations in International Environmental Negotiations* (U.S.: The MIT Press).

Biermann, Frank, 2007, "Earth system governance as a crosscutting theme of global change research," *Vrije University Amsterdam: Global Environmental Change*, Vol. 17.

Bliss, Howard ed., 1970, *The Political Development of the European Community. A Documentary Collection* (Waltham: Blaisdell), pp. 195-203.

Blouet, Brian W., 2001, *Geopolitics and Globalization in the Twentieth Century*（London: Reaktion Books）.

Boyer, R. & D. Drache ed., 1996, *States agaimt Markets* (London: Routledge).

Brooks, Stephen G., 1997, "Dueling Realisms," *International Organization*, Vol. 51, No. 3.

Bull, Hedley & Adam Watson, 1984, *The Expansion of International Society* (Oxford: Clarendon Press).

Bull, Hedley, 1966, "The Crotian Conception of International Society", in H. Butterfield and M. Wight eds., *Diplomatic Investigations* (London: Allen and Unwin).

Bull, Hedley, 1977, *The Anarchical Society: A Study of Order in World Politics* (New York: Columbia University Press).

Bull, Hedley, 2002, "Does Order Exist in World Politics?" *The Anarchical Society: A Study of Order in World Politics* (New York: Columbia University Press, 3rd ed.), pp. 23-52.

Bull, Hedley, 2002, *The Anarchical Society: A Study of Order in World Politics* (New

York: Columbia University Press, 3rd ed.).

Butterfield, Herbert & Martin Wight eds., 1966, *Diplomatic Investigations* (London: Allen and Unwin).

Buzan, Barry & Richard Little, 2000, *International Systems in World History: Remaking the Study of International Relations* (Oxford: Oxford University Press).

Buzan, Barry, 2001, "The English School: An Underexploited Resource in IR", *Review of International Studies*, Vol. 27.

Buzan, Barry, 2004, *From International Society to World Society? English School Theory and the Social Structure of Globalisation* (Cambridge: Cambridge University Press).

Carr, E. H., 1962, *The Twenty Years' Crisis, 1919-1939: An Introduction to the Study of International Relations*, 2nd ed. (London: Macmillan).

Cashman, Greg, 1999, *What causes war? ? — An Introduction to Theories of International Conflict* (New York: Lexington Books).

Cass, Loren R. & Mary E. Pettenger, July 2007, "The Constructions of Climate Change" in Mary E. Pettenger, ed., *The Social Construction of Climate Change* (Ashgate Publishing), pp. 235-246.

Chambers, Bradnee W., "From Environmental to Sustainable Development Governnance: Thirty Years of Coordination within the United Nations," *In Reforming International Environmental Governnance: From Institution Limits to Innovaive Reforms*, edited by W. Bradnee Chambers & Jessica E. Green (Tokyo: UN University Press, 2005), pp. 13-39.

Charles P. Kindleberger, 1996, *Wodd Economic Primacy: 1500 to 1990* (New York: Oxford University Press).

Charnovitz, Steve, 2005, *Toward a World Environment Organization: Reflectiond upon a Vital Debate*, edited by Frank Biermman and Steffen Bauner, Aldershot (UK: Ashgate), pp. 87-115.

Christensen, Thomas J., 1997, "Perceptions and Alliances in Europe 1865-1940," *International Organization*, Vol. 51.

Clapp, Jennifer & Peter Dauvergne, 2005, *Paths to a Green World: The Political Economy of the Global Environment* (U.S.: MIT Press's publication), pp. 1-17.

Conca, Ken & Geoffrey D. Dabelko, 2004, *Green Planet Blues: Environmental Politics from Stockholm to Johannesburg* (Boulder, CO: Westview Press, third edition).

Conca, Ken & Geoffrey D. Dabelko, *Green Planet Blues: Environmental Politics from Stockholm to Johannesburg.*

Copeland, Dale C., Fall 2000, "The Constructivist challenge to Structural Realism," *International Security*, Vol. 25, No. 2, pp. 187-212.

Copeland, Dale C., 2003, "A Realist Critique of the English School", *Review of International Studies*, Vol. 29, No. 3.

Cronin, Bruce, 2002, "The Two Faces of the United Nations: The Tension Between Intergovernmemtalism and Transnationalism," *Global Governance*, Vol. 8.

Cstells, M., 1996, *The Rise of the Network Society* (Oxford: Blackwell).

Daugherty, William; Barbara Levi & Frank von Hippel, 1986, "The Consequences of Limited Nuclear Attacks on the United States," *International Security*, Vol. 10, No. 4, pp. 3-45.

Deutsch, Karl W. & David J. Singer, 1964, "Multipolar Power and International Stability," *World Politics*, Vol. 16, pp. 390-400.

Deutsch, Karl W. et al., 1957, *Political Community and the North Atlantic Area: International Organization in the Light of Historical Experience* (Princeton NJ: Princeton University Press).

Deutsch, Karl W. et al., *Political Community and the North Atlantic Area: International Organization in the Light of Historical Experience.*

Dimock, Marshell, 1958, *A Philosophy of Administration* (New York:

Doyle, Michael, 1986, "Liberalism and World Politics," *American Political Science Review*, Vol. 80, No. 4, pp. 1151-1169.

Doyle, Michael W., Nicholas Sambanis, *Making Warand Building Peace: United Nations Peace Operations* (Princeton University Press, 2006).

Drezner, Daniel W., 2003, "Introduction: The Interaction of International and Domestic Institutions," *Locating the Proper Authorities: The Interaction of Domestic and International Institutions* (Ann Arbor: The University of Michigan Press), pp. 3-15.

Dunne, Tim, 1998, *Inventing International Society: A History of English School* (UK: Palgrave Macmillan).

Dunne, Tim, 2005, "Global Governance: A English School Perspective", in Alice D. Ba and Matthew F. Hoffmann, ed, *Contending Perspective on Global Governance: Coherence, Contestation and World Order* (London and New York: Routledge).

Dunne, Tim; Milja Kurki; Steve Smith, 2007, *International Realtions Theories* (New York: Oxford University Press).

Easton, David, 1953, *The Political System* (New York: Knopf).

Finnemore, Martha, 1999, *National Interests in International Society* (Cornel: Cornel University Press).

Florig, Dennis, "A Theory of Hegemonic Overreach," *Korea: Hankuk University of Foreign Studies*, 〈http://www.dflorig.com/hegemony〉.

Folliot, Denise ed., 1955, *Documents on International Affairs 1952* (London: Oxford University Press).

Friedberg, Aaron L. "The Future of U.S.-China Relations: Is Conflict Inevitable?" *International Security*, Vol. 30, No. 2 (Autumn, 2005), pp. 7-45.

Fukuyama, Francis, 1989, "The End of History?" *The National Interest*, Vol. 16, pp. 3-18.

Gauer, Denys, 2005, "Initiative to Establish a UN Environment Organization," *In UNEO: Towards an International Environment Organization*, edited by Andrews Rechkemmer (Nomos Verlag).

Giddens, A., 1996, "Globalization: a keynote address," *UNRISD News*.

Gilpin, Robert, 1981, *War and Change in War Politics* (Cambridge: Cambridge University Press); A. F. K. Organski, 1968, *World politics*, 2nd ed. (New York: Knopf).

Gilpin, Robert, 1987, *The Polilical Economy of Intenzational Relacions* (Princeton: Princeton uinversity Press).

Ginsberg, R. H., 2007, *Demystifying the European Union: the Enduring Logic of Regional integration* (New York: Rowman & Littlefield), p. 1.

Glaser, Charles L., 1990, *Analyzing Strategic Nuclear Policy* (Princeton NJ: Princeton University Press).

Goldstein, Joshua S., 2003, *International Relation* (New York: Loogman,).

Goodman, J., 1998, "The European Union: reconstituting democracy beyond the 'nation-state'," in A. McGrew ed., *The transformation of democracy? Democratic politics in the new world order* (Polity: Cambridge), pp. 171-201.

Gray, Solin S., 1979, "Nuclear Strategy: A Case for a Theory of Victory," *International security*, pp. 54-87.

Haas, Ernst B. & Philippe C. Schmitter, 1966, *Economics and Differential Pattern of Political Intergration : Projections about Unity in Latin America, An Anthology* (New York: Anchor Books).

Haas, Peter M., 2008, "Climate Change Governance after Bati," *Globl Environmental Poitics*, Vol.8, No. 3.

Hager, Robert P., Jr. & Dvaid A. Lake, 2000, "Balancing Empires: Competitive Decolonization in International Politic," *Security Study*, Vol. 59, No. 3, pp. 108-148。

Halliday, Fred & Justin Rosenberg, July 1998, "Interview with Ken Waltz," *Review of International Studies*, Vol. 24.

Halliday, Fred, 1994, *Rethinking International Relations* (London: The Macmillan Press LTD).

Harding, Carrett, 1968, "The Tragedy of Commons," Science, No. 162, pp. 1243-1248.

Held, David, Anthony McGrew, David Goldblatt, Jonathan Perraton, 1999, *Global transformations: Politics, Economics and Culture* (Stanford, CA: Stanford University Press).

Hirst, P. & G. Thompson, 1996, *Globalization in Question: The International Economy and the Possibility of Governance* (Cambridge: Polity Press).

Holst, John Jorgen, 1983, "Confidence-Building Measures : A Conceptual Framework, *Survival*, Vol. 25,No l.

Holsti, K. J., 1988, *International Politics: A Framework for Analysis* (Englewood Cliff, N.J.: Prentice Hall Press).

Hoogyelt, A., 1997, *Globalisalion and the Postcolonial World: The New Political Economy of Development* (London: Macmillan).

Hopf, Ted, 1998, "The Promise of Constructivism in International Relations Theory," *International Security*, Vol. 23, No. 1.

Huntington, Samuel P., 1991, *The Third Wave--Democratization in the Late Twentieth Century* (Norman: University of Oklahoma Press).

Huntington, Samuel P., 1996, "America's Changing Strategic Interest," *Survial*, Vol. XXXIII, No. 1.

Irwn, Douglas A., 1996, *Against the Tide: An Intellectual History of Free Trade* (US:

Princeton University Press).

Jacobson, Hard K., 1984, *Networks of Interdependence: International Orgnazation and the Global Politics System*, 2d ed. (New York: Knopf).

Jervis, Robert, 1980, "Why Nuclear Superiority Doesn't Matter," *Political Science Quarterly*, Vol. 94, No. 4, pp. 617-633.

Jervis, Robert, 1999, "Realism, Neoliberalism, and Cooperation," *International Security*, Vol. 24, No. 1, pp. 42-63.

Johnston, Alastair Iain, 1995, *Cultural Realism: Strategic Cultural and Grand Strategy in Chinese History* (Princeton, NJ: Princeton University Press).

Kaplan, Morton A., 1957, *System and Process in International Politics* (New York: John Wiley, Sons, Inc.).

Katzenstein, P. J.; Robert O. Keohane & Stephen D. Krasner, 1999, "International Organization and the Study of World Politics," in Peter J. Katzenstein, Robert O. Keohane & Stephen D. Krasner, eds., *Exploration and Contestation in the Study of World Politics* (Cambridge: The MIT Press), pp. 5-45.

Kegley, Charles W., Jr. & Eugene R. Wittkopf, 1999, *World Politics*, 7th ed. (New York: St. Martin Press).

Kennedy, Paul, 1987, *The Rise and Fall of Major Power* (New York: Ran-dom House).

Keohane, Robert O. & Joseph Nye, 1977, *Power and Interdependnece: World Politics in Transition* (Boston: Little, Brown).

Keohane, Robert O., 1984, *After Hegemony: Cooperation and Discord in the World Political Economy* (Princeton: Princeton University Press).

Keohane, Robert O., 1986, "Laws and Theories," in Robert O. Keohane, ed., *Neorealism and Its Critics* (New York: Columbia University Press).

Keohane, Robert O., ed., 1986, *Neorealism and Its Critics* (New York: Columbia University Press).

Keohane, Robert O., 1989, *International of Institutions and State Power* (Boulder: Westview Press).

Keohane, Robert O., 1995, "Hobbes dilemma and institutional change in world politics: Sover-eignty in international society'," in H. H. Holm & G. Sorensen ed., *Whose World Order?* (Boulder: Westview Press).

Keohane, Robert O., 2000, "Ideas Part-Way Down," *Review of International Studies*, Vol. 26, No. 1.

Kim, Samuel S., 2006, *Chinese Foreign Policy Faces Globalization Challenges* (Stanford, CA: Stanford University Press).

Kindleberger, Charles P., 1996, *World Economic Primacy: 1500 to 1990* (New York: Oxford University Press).

Krasner, Stephen D., 2000, "Wars, Hotel Fires, and Plane Crashes," *Review of International Studies*, Vol. 26, No. 1.

Krauthammer, Charles, 1990/1991, "The Unipolar Moment," *Foreign Affairs*, Vol.70, No.1, pp. 23-33.

Lapid, Yosef, 1989, "The Third Debate: On the Prospects of International Theory in a 'Post-positivist Era'," *International Studies Quarterly*, Vol. 33, No.4, pp. 235-54.

Lapid, Yosef, 1996, *Culture's Ship: Returns and Departures in International Relations Theory* (Boulder, Colorado: Lynne Rienner Publishers), pp. 3-11.

Layne, Christopher, 1994, "Kant or Cant: The myth of the democratic peace," *International Security*, Vol. 19, No. 2.

Legro, Jeffery W. & Andrew Moravcsil, 1999, "Is Anybody Still A Realist," *Intrenational Security*, Vol. 24, No. 2, pp. 12-18.

Lieber, Robert, 1972, *Theory and World Politics* (New York: Winthrop Publishers).

Linklater, Andrew & Hidemi Suganami, 2006, *The English School of International Relations: A Contemporary Reassessment* (N.Y.: Cambridge University).

Little, Richard, 1995, "Neorealism and the English School: A Methodological Ontological and Theoretical Reassement", *European Journal of International Relations*, Vol. 1, No. 1.

Lynch, Daniel, March 2009, "Chinese Thinking on the Future of International Relations: Realism as the Ti, Rationalism as the Yong?" *The China Quarterly*, Vol. 197, pp. 87-107.

Lynn-Jones, Sean M., 1995, "Offense-Defense Theory and Its Critics," *Security Study*, Vol. 4, No. 1, pp. 660-691.

Mabbubani, Kisbore, September/ October 1993, "The danger of decadence--What the rest can teach the west," *Foreign Affairs*, Vol. 72, No. 4.

Mahan, A. T., 1897, *The Influence of Seapower upon History, 1660-1783* (Boston: Little, Brown).

Mann, M., 1997, "Has globalization ended the rise and rise of the nation-state?" *Review of International Political Economy*, Vol. 4.

Manning, Charles, 1962, *The Nature of International Society* (London: George Bell & Sons Ltd.).

March, J. G. & Olsen J. P., 1989, *Rediscovering Institutions: The Organizational Basis of Politics* (New York: Free Press).

Martin, Lisa L. & Beth A. Simrnons, 1998, "Theories and Empirical Studies of International Institution," *International Organization*, Vol. 52, Vol. 4, pp. 729-757.

Mastanduno, Michael, 1997, "Preserving the Unipolar Moment: Realist Theories and U.S. Grand Strategy after the Cold War," *International Security*, Vol. 21, No. 4, pp. 44-98.

Mayall, James, 2000, *World Politics: Progress and its Limits* (Cambridge: Polity).

McCormick, J., 2005, *The Role of Environmental NGOs in International Regimes* (Washington, D.C.: The Global Environment: Institutions, Law, and Policy, CQPress).

McLuhan, Marshall, 2003, *Understanding Media* (U.S.: Gingko Press).

McMillan, Susan M., 1997, "Interdependence and Conflict, Mershon International," *Studies Review*, Vol. 41, pp. 33-58.

McNamara, Robert S., 1983, "The Military Role of Nuclear Weapon: Perceptions and Misperceptions," *Foreign Affairs*, Vol. 62, No. 1.

Mearshimer, John J., August 1990, "Why We Will Soon Miss the Cold War," *The Atlantic Monthly*.

Mitrany, David, 1966, *A Working Peace System: An Argument for the Functional Development of International Organization* (Chicago: Quadrangle Books).

Morganthau, Hans J., 1946, *Scientific Man vs. Power Politics* (Chiago: University of Chiago Press).

Morgenthau, Hans J., 1973, *Politics among Nations: The Struggle for Power and Peace*, 5th ed (New York: Knopf).

Mueller, John, 1989, *Retreat from Doomsday: The Obsolescence of Major War* (New York: Basic Books).

Najam, Adil, "The Case against a New International Environmental Organization", *Global Governance*, Vol. 9, No. 3, 2003, pp. 367-384.

Neumann, Iver B. & Ole Waver eds, 1997, *The Future of International Relations: Masters in the Making* (New York: Routledge).

Nye, Joseph S., Jr., 2004, "Soft Power: The Means to Success in World Politics," *Public Affairs*.

Ole, Iver Neumann & Waever, *The Future of International Relations* (London: Routledge, 1997), 269-289.

Pfalezgraff, Robert L. Jr. & James E. Dougherty, 1981, *Contending Theories of International Relations* (NY: Harper & Row Publishers), pp. 410-421.

Porter, Gareth; Janet Welsh Brown & Pamela S. Chasek, 2000, *Global Environmental Politics* (Westview Press).

Posen, Barry R., "Emerging Multipolarity: Why Should We Care?" *Current History*, Vol. 108, Iss. 721.

Putnam, Robert, 1988, "Diplomacy and domestic politics: the logic of two-level games," *International Organizations*, Vol. 42, No. 3.

Richard Snyder; H.W. Bruck & Burton Sapin, 1954, *Decision Making as an Approach to Study of International politics* (Princeton: Princeton University Press).

Ringquist, Evan J. & Tatiana Kostadinova, January 2005, "Assessing the Effectiveness of International Environmental Agreements: The Case of the 1985 Helsinki Protocol," American Journal of Political Science, Vol. 49, No. 1, pp. 86-102.

Rose, Gideon, 1998, "Neoclassic Realism and Theories of Foreign Policy," *World Politics*, Vol. 51, pp. 144-172.

Rosenau, J., 1990, *Turbulence in World Politics* (Brighton: Harvester Wheatsheaf).

Rosenau, J., 1997, *Along the Domestic--Foreign Frontier* (Cambridge: Cambridge University Press).

Rothgeb, John M., Jr., 1993, *Defeading Power: Influence and Force in the Contemporary International System* (New York: St. Martin's Press), pp. 13-29.

Ruggie, John G., 1983, "Continuity and Transformation in the World Polity: Toward A Neorealist Synthesis," *World Politics*, Vol. 35, No. 2, pp. 261-285.

Ruggie, John. G., 1993, "Tenitoriality and Beyond," *International Organization*, Vol. 41.

Schuman, Frederick, 1933, *International Politics: An Introduction to the Western State* (New York: McCraw-Hill).

Schweller, 2004, "Unanswered Threats: A Neoclassic Realism Theory of Underbalancing," *International Security*, Vol. 29.

Schweller, Randall & David Priess, 1997, "A Tale of Two Realisms: The Institution Debate," *Merbosn International Studies Review*, Vol.41.

Shlapak, David A.; David T. Orletsky; Toy I. Reid; Murray Scot Tanner & Barry Wilson, 2009, "A Question of Balance: Political Context and Military Aspects of the China-Taiwan Dispute," *U. S.: RAND Corporation*.

Siebenhuner, Eern, 2008, "Learnnig in International Orgnizations in Global Environmental governance," *Global Environmental Politics*, Vol. 8, No. 4.

Singer, David, "The Level-of-Analysis Problem in International Relaions," in Klaus Knorr & Sidney Verba, eds., *The International System: Theoretical Essays* (Princeton. N.J.: Princeton University Press), pp. 77-92.

Singer, J. D., June 1963, "Inter-nation Influence: A Formal Model," *American Political Science Review*, LXII.

Smith, Micheal, 1987, *Realist Through from Weber to Kissinger* (Baton Rouge, LA: Louisiana State University Press).

Smith, Steve, October 2000, "The Discipline of International Relations: Still An American Social Science?" *British Journal of Politics and International Relations*, Vol. 2.

Smith, Steven, 1985, *International Relations: British and American Perspective* (U.K.: Martin Robertson & Co Ltd).

Sprinz, Detlef & Tapani Vaahtoranta, 1994, "The Interest-Based Explanation of International Environmental Policy," *International Organization*, Vol. 48, No. 1.

Spruyt, Hendrik, 2000, "New Institutional ism and International Relations," in Roneo Palan ed., *Global Political Economy: Contemporary Theories* (New York: Routledge).

Stockholm Inlernational Peace Research Instilule (SIPRI), 1995, *Stockholm Inlernational Peace Research Instilule Yearbook 1995: Armants, Disarmament, and Internative Security* (Oxford: Oxford University Press).

Strange, S., 1996, *The Retreat of State: The Diffusion of Power in the World Economy* (Cambridge: Cambridge University Press, 1996).

Suganami, Hidemi, 1983, "The Structure of Institutionalism: An Anatomy of British Mainstream International Relations", *International Relations*, Vol. 7, pp. 363-381.

Suganami, Hidemi, December 2001, "Alexander Wednt and English School," *International Relations and Development*, Vol. 4, No. 4, pp. 406-411.

Suganami, Hidemi, 2006, "The English School and International Theory," in Andrew Linklater and Hidemi Suganami ed., 2006, *The English school of international relations: a contemporary reassessment* (Cambridge: Cambridge University Press).

Tuathail, Gearoid O'; Simon Dalby & Paul Routledge, eds., 1998, *The Geopolitics Reader* (London and New York: Routledge).

Vincent, R.J., 1987, *Human Rights and International Relations* (Cambridge: Cambridge University Press).

Viotti, Paul R. & Mark V. Kauppi, 1993, *International Relations Theory: Realism, Pluralism, Globalism* (New York: Macmillan Publishing Company).

Viotti, Paul R. & Mark V. Kauppi, 1997, *International Relations and World Politics: Security, Economy, Identity* (New Jersey: Prentice-Hall, Inc.).

Waever, Ole, 1996, "The Rise and Fall of the Inter-paradigm Debate," in Steve Smith, Ken Booth, & Maryasia Zalewski, eds., *International Relations Theory: Positivism and Beyond* (Cambridge: Cambridge University Press), pp. 149-185.

Wallerstein, Immanuel, 1974, *The Modern World System: Capitalist Agriculture and the Origins of the European World Economy in the Sixteenth Century* (New York: Academic Press).

Wallerstein, Immanuel, Jul./Aug. 2002, The Eagle Has Crash Landed, *ForeignPolicy*, No. 131, pp. 60-68.

Waltz, Kenneth N., 1961, *Man, the State and War* (New York: Columbia University Press, 1959).

Waltz, Kenneth N., 1964, "The stability of a Bipolar World," *Daedalus*, Vol. 93, No. 3, pp. 881-909.

Waltz, Kenneth N., 1979, 1983, *Theory of International Politics* (Reading, Mass: Addison-Wesley Publishing Company).

Waltz, Kenneth N., 1997, "Evaluating Theories," *American Political Science Review*, Vol. 91, No. 4.

Waltz, Kenneth N., 2000, "Structural Realism after Cold War," *International Security*, Vol. 25, No.1.

Walt, Stephen M., Spring 1998, "International Relations: One World, Many Theories," *Foreign Policy*, Vol. 110.

Wapner, Paul, 1996, *Environmental Activism and World Civic Politics* (New York: State University of New York Press).

Weber, Max, 1978, *Economy and Society* (Berkeley: University of California Press).

Weiss, Linda, 1998, *State Capacity: Governing the Economy in a Global Era* (Cambridge: Polity Press).

Wendt, Alexander, 1992, "Anarchy is What States Make of it: the Social Construction of Power Politics," *International Organization*, Vol. 46.

Wendt, Alexander, 1994, "Collective Identity Formation and the International State," *American Political Science Review*, Vol. 88, No. 2.

Wendt, Alexander, 1995, "Constructing International Politics," *International Security*, Vol. 20, No. 1.

Wendt, Alexander & Daniel Friedheim, 1995, "Hierarchy under Anarchy: Informal Empire and the East German State," *International Organization*, Vol. 49, No. 4, p. 693.

Wendt, Alexander, 1999, *Social Theory of International Politics* (Cambridge: Cambridge University Press).

Wendt, Alexander, 2000, "On the Via Media: A Response to the Critics," *Review of International Studies*, Vol. 26, No. 1.

Wight, Martin, 1977, *System of States* (Leicester University Press).

Wohlforth, William C., Summer 1999, "The Stability of a Unipolar World," *International Security*, Vol. 24, No. 1, pp. 5-41.

Yost, David S., April 1994, "Political Philosophy and the Theory of International Realtions," *International Affairs*, Vol. 70, No. 2.

Young, Oran R., ed., 1999, The Effectiveness of International Environmental Regimes: Causal Connections and Behavioral Mechanisms. (Cambridge, MA: MIT Press).

Young, Oran R., 2008, "The Architecture of Global Environmental Governace: Bringing Science to Bear on Policy," *Global Environmental Politics*, Vol. 8, No. 1.

Zacher, Mark W. & Richard A. Matthew, 1995, "Liberal International Theory: Common

Threads, Divergent Strands," in Charles W. Kegley, ed., *Controversies in International Relations Theory: Realism and the Neoliberal Challenge* (New York: St. Martin's), pp. 107-150.

Internet

"About G-20," *Republic of Korea 2010*, 〈http://www.g20.org/about_what_is_g20. aspx〉.

Knudsen, Tonny B., 2000, "International Society and International Solidarity: Recapturing the Solidarist Origins of the English School," *Workshops of the European Consortium for Political Research*, 〈http://www.essex.ac.uk/ecpr/events/jointsessions/ paperarchive/ copenhagen/ws11/knudsen.PDF〉.

Luscombe, Stephen, British Empire: Science and Technology: Transport: Railways, 〈http://www.britishempire.co.uk/science/transport/railways.htm〉.

"Map of Freedom in the World," *Freedom house*, 〈http://www.freedomhouse.org/uploads/fiw09/MOF09.pdf〉.

"Nuclear Posture Review," February 28, 2011, *US Department of Defense*, 〈http://www. dod.mil/execsec/adr95/npr_.html〉.

Pandit, Rajat, "Nuclear weapons only for strategic deterrence: Army chief," *TheTimesofIndia*, 〈http://timesofindia.indiatimes.com/india/Nuclear-weapons-only-for-strategic-deterrence-Army-chief/articleshow/11502906.cms〉.

"Power, Politics, and Perception: Neoclassic Realism and Middle East Wars," 2009, 2, 10, *Scribd*, 〈http://www.scribd.com/doc/12086868/Neoclassical-Realism-and-Middle-East-Wars〉.

Rihani, Samir, "America's Turbulent Decline," *USA in Decline*, 〈http://www.globalcomplexity.org/USindecline.htm〉.

Teng, Tean-Sen, "International Environmental Law," 〈http://microbiology.scu.edu. tw/wong/courses/greensci/unit4/International%20Environmental%20Law20071116. ppt#256,1,International Environmental Law〉.

國家圖書館出版品預行編目資料

國際關係概論／過子庸著. — 初版. — 臺
北市：五南，2012.07
　　面；　　公分. --

ISBN 978-957-11-6676-6（平裝）

1.國際關係

578　　　　　　　　　101008026

1PM8

國際關係概論

作　　　者 — 過子庸(513)

發 行 人 — 楊榮川

總 編 輯 — 王翠華

主　　編 — 劉靜芬

責任編輯 — 李奇蓁

封面設計 — P.Design視覺企劃

出 版 者 — 五南圖書出版股份有限公司

地　　址：106台北市大安區和平東路二段339號4樓

電　　話：(02)2705-5066　　傳　　真：(02)2706-6100

網　　址：http://www.wunan.com.tw

電子郵件：wunan@wunan.com.tw

劃撥帳號：01068953

戶　　名：五南圖書出版股份有限公司

台中市駐區辦公室/台中市中區中山路6號

電　　話：(04)2223-0891　　傳　　真：(04)2223-3549

高雄市駐區辦公室/高雄市新興區中山一路290號

電　　話：(07)2358-702　　傳　　真：(07)2350-236

法律顧問　元貞聯合法律事務所　張澤平律師

出版日期　2012年7月初版一刷

定　　價　新臺幣400元